黄埔大讲堂

——黄埔人和事

陈宇 著

当代世界出版社

THE CONTEMPORARY WORLD PRESS

图书在版编目（CIP）数据

黄埔大讲堂：黄埔人和事/陈宇著. —北京：当
代世界出版社，2024.8. —ISBN 978-7-5090-1841-5

Ⅰ.E296.3

中国国家版本馆 CIP 数据核字第 2024ZE2588 号

书　　名：黄埔大讲堂——黄埔人和事
作　　者：陈　宇
出 品 人：李双伍
策划编辑：刘娟娟
责任编辑：刘娟娟　姜松秀
出版发行：当代世界出版社
地　　址：北京市地安门东大街 70-9 号
邮　　编：100009
邮　　箱：ddsjchubanshe@163.con
编务电话：(010) 83907528；(010) 83908410 转 806
发行电话：(010) 83908410 转 812
传　　真：(010) 83908410 转 806
经　　销：新华书店
印　　刷：北京欣睿虹彩印刷有限公司
开　　本：710 毫米×1000 毫米　1/16
印　　张：28.25
字　　数：366 千字
版　　次：2024 年 8 月第 1 版
印　　次：2024 年 8 月第 1 次
书　　号：ISBN 978-7-5090-1841-5
定　　价：79.00 元

代　序

黄埔军校是 20 世纪初中国国民党缔造者孙中山先生在中国共产党和苏联帮助下创办的一所新型陆军军官学校。校址最初在广州黄埔，军校因地而得名。

黄埔军校聚集了当时全国军界、政界的各路贤达，社会名流，还有苏联的军事专家，一时群英荟萃，叱咤世界风云。随之一大批将帅之才由此进入历史的大视野，名将辈出，战功显赫，国共两党的众多高级将领即出自此，黄埔弹丸之岛在中国现代史上威名大震。

黄埔军校是国共合作的产物，有着自己特殊的历史发展轨迹，经历了各个特殊的历史阶段。时代变迁中，起步于广州黄埔长洲岛的这所军校虽然几改校名，校址几易其地，但一般仍统称为"黄埔军校"。因校址改变，军校在大陆经历了广州、南京、成都时期，后又迁移到台湾凤山。

一、广州创建时期

1921 年 12 月，此时正值第一次国共合作时期，孙中山通过中国共产党人的介绍，会见了共产国际代表马林，对其提出的改组国民党、谋求国共两党合作和建立军事学校等建议十分赞赏。1923 年 8 月，孙中山派蒋介石率领由国民党人和共产党人联合组成的"孙逸仙博士代表团"赴苏联考察党务和军事。同年 11 月，国民党临时中央执行委员会决定成立"国民军军官学校"，培训陆军初级军官。在此前后，国民

党内还酝酿过筹建以"陆军讲武堂"等为校名的提案和规划，但均未
正式开办就夭折了。

1924年1月24日，由孙中山命名成立了"陆军军官学校筹备委员
会"，蒋介石任委员长。在蒋辞职（未获准）赴沪后，由廖仲恺代理，
继续进行筹备工作和负责招生事宜。"陆军军官学校"这一校名，最初
由孙中山亲自写定，最早出现在国民党中央的正式文件中，同年3月
又见于《广州民国日报》刊登的《陆军军官学校筹备处布告》和《陆
军军官学校考试委员会启事》等文告中。在孙中山以及众人的努力下，
特别是依靠共产党输送大批共产党人和革命分子担任教官或学生，陆
军军官学校在经过短短几个月的紧张筹备后，终于成立了，实现了两
党合作创办革命军官学校的目的。

军校宣布成立时，正式命名为"中国国民党陆军军官学校"，但仍
简称为"陆军军官学校"，悬挂在校大门上的校牌即如此书写。因位于
广州黄埔区长洲岛，在当时的口语中通俗称为"黄埔军校"。其实，该
校对外对内发表宣言文告和出版书报刊的署名，从来不用简称或俗称，
而用全称。此后，黄埔军校先后四迁校址，屡改校名，另有不同时期
不规范的简称或外加、冒充的名称，合计校名多达10余个，但一说到
黄埔军校，人们一般都会明白所指即是这个成立于广州黄埔长洲岛的
军校。

黄埔军校于1924年6月16日举行开学典礼，孙中山亲临发表演
说。他明确提出：以"亲爱精诚"为校训；以"创造革命军，挽救中
国的危亡"为办学宗旨；以学习苏联建军经验，采取军事与政治并重，
理论与实际结合为办学方针。寄厚望于在这里培养革命的军事政治人
才，组成以军校学生为骨干的革命军，重新创造革命事业。

军校直隶国民党中央执行委员会。孙中山任军校总理，蒋介石任
校长，廖仲恺任党代表，组成最高领导机构——校本部。校本部下设
政治、教授、训练、管理、军需、军医6个部。1924年11月以后，增

设教育长和军法处、参谋处。教职员中不少是国共两党的重要干部和社会知名人士。共产党人周恩来曾任政治部主任，叶剑英曾任教授部副主任，聂荣臻、恽代英、萧楚女、高语罕等都在黄埔军校工作过。军校先后聘请苏联专家切列帕诺夫、布柳赫尔（化名加伦）等为军事顾问。这年冬天，军校成立教导第 1 团和第 2 团。

军校仿效苏联红军的经验，设立党代表和政治部。这是在中国军队中首次建立的新型政治工作制度。除军校设党代表外，在各教导团和后来的党军中，从连至师均设党代表。其职责是监察行政、参加部队管理、指导党务和主持政治训练，并保障军事训练及一切战斗任务的完成。军事指挥官的命令，必须有党代表副署方能有效。政治部是校长和党代表政治教育的佐理机关，专司一切政治工作。各学生队设政治指导员，对政治部负完全责任。各级党代表和政治部主任、政治指导员，大多由共产党员或国民党左派人士担任。军校先后制定了《政治部服务细则》《本校政治部指导员条例》《宣传队组织条例》等较为完整的政治工作制度。

军校教育，规定学制为 3 年，因当时用人迫切，实际为半年至两年半不等。军事教育分学科（步兵操典、射击教范、战术学、兵器学、交通学、筑城学、军制学等）和术科（制式教练、战斗教练、实弹射击、野外演习等）两大类。第 1 期学生均施以步兵训练，第 2 期学生开始分步兵、炮兵、工兵、辎重兵和宪兵 5 科。第 3 期学生起实行入伍生制度，新生经过 3 个月的入伍教育，考试及格者升为正式学生。第 4 期学生以后增设政治、骑兵、交通和无线电等科。后期又增设英、德、法、日等外语教授班。政治教育：主要是对学生进行爱国主义和革命英雄主义教育。学生可阅读三民主义和马克思主义等书籍。《中央军事政治学校政治教育大纲草案》规定，政治课包括三民主义、帝国主义、社会主义、各国革命史、军队政治工作、政治学、经济学等 18 门。教学方式以讲授政治课为主；同时，定期举办政治讲演会、政治讨论会、政治问答等。国共两党及社会著名人士谭延闿、张静江、毛泽东、刘少奇、鲁迅等曾到校讲演。军校为加强对师生和群众的宣传教育，大量出版期刊、专刊、文集、丛书等，向校内外发行。此外，还制定了《革命军刑事条例》《革命军惩罚条例》《革命军连坐法》等军法，以严格军事纪律。

1924年10月，军校师生参加镇压由英帝国主义支持的广州商团叛乱。1925年2月，军校师生和教导团共3000余人组成的校军，是第一次东征广东地方军阀陈炯明的主力，同友军一起击败陈军。4月，校军改编为国民党党军第1旅，后又扩编为党军第1师。6月，奉命回师广州，参加平定滇、桂军阀杨希闵、刘震寰叛乱。6月23日，军校派入伍生和党军参加广州各界人民的反帝大游行，在沙基遭到英、法、葡帝国主义武装镇压，军校官兵和学生牺牲23人。10月，以党军第1师为基础扩编而成的国民革命军第1军，参加第二次东征陈炯明，在友军配合下彻底消灭了陈军，为统一和巩固广东革命根据地作出了重要贡献。1926年7月之后，军校许多毕业生参加北伐战争，在作战中发挥了重要作用。

军校随着革命形势大发展而扩大。从1925年起，黄埔军校先后在广州、潮州、南宁、武汉、长沙设立分校。1926年3月，国民政府军事委员会将国民革命军各军所属军事学校与黄埔军校合并，改组为"中央军事政治学校"，直隶军事委员会。蒋介石任校长，汪精卫任党代表。增设副校长，由李济深担任。设教授部、训练部、政治部、经理部、入伍生部、管理处、军械处、军医处、编译处、兵器研究处和高级班。

1930年9月，蒋介石命令停办在广州黄埔的军校。至此，以广州黄埔为校址的黄埔军校宣告结束。

黄埔军校在广州时期创造了辉煌的业绩和历史。从1924年创建到1930年停办，历时6年，共招收7期学生，毕业4期计6248人（含第

6、第 7 期部分毕业于广州黄埔本校的学生），培养出大批军事政治人才，在中国现代军事史上占有重要地位。

二、南京发展时期

1927 年 4 月，国民政府定都南京后，蒋介石决定在南京另行筹建中央陆军军官学校，习惯上仍称"黄埔军校"，又称"南京本校"。蒋介石任校长，李济深为副校长，何应钦为教育长。

1928 年 3 月 6 日，中央陆军军官学校举行开学典礼。开学典礼虽然举行了，但学校却迟迟不能授课。只因为学生数量严重不足，难以编队。原本在 1926 年广州黄埔本校招收了第 6 期 4400 多名入伍生，1927 年"四一二"与"四一五"反革命政变后，广州黄埔本校的校务被迫停止，学生纷纷退学、逃离，留在黄埔岛者仅剩 800 多人。这时，蒋介石虽然因国民党内部纷争，宣布下野，但他命令黄埔同学会在杭州设立"执行所"，对从广州黄埔本校出走的学生予以收容。在杭州中转的原广州黄埔军校第 6 期 1000 余名学生，于 1928 年 4 月 13 日到达南京本校，剩约 800 人。武汉、长沙分校的学生也陆续到达南京，共有 3500 多人。因此，南京时期的黄埔军校在举行开学典礼 1 个多月后，拖至 4 月 23 日才开始上课。

南京本校成立后，在教育体制和人事安排上较原黄埔本校有所改变。1928 年 11 月，南京本校改校长制为委员制，推定蒋介石、胡汉民、吴敬恒、戴传贤、冯玉祥、阎锡山、何应钦、李宗仁、李济深为校务委员会委员，何应钦为常务委员，由国民政府任命。此后吴稚晖、钱大钧、张学良、张治中、汪精卫、朱培德、程潜、唐生智、陈诚、刘湘、白崇禧等也陆续担任过校务委员之职。校务委员会为最高领导机构，常务委员主持工作。教育长由张治中担任，执行委员会决议，综理全校事务。校部下设各处（或部）二级机构，负责各方面工作。处下设科。对一些组织机构、制度也作了新的调整：一是校长办公厅改为总办公厅。二是教育部和训练部合并为教育处。三是管理处改为总务处。四是军械处改为军械科。五是编译处改为编译科。六是政治训练处改为隶属校本部。七是经理处和军法处按原体制不变。

军事教官和助教，少数隶属处里管辖，大部分归于各兵科。处属教官中有高级教官、技术总教官、普通学总教官、体育总教官、普通学外国文教官等。此外，军校还附设一些直属机关，如毕业生调查科、图书馆、官生同乐会、校舍设计委员会，以及军官团、军官研究班、航空队等。

学生总队是入伍生受训期满，升学学习和训练的组织，一般编有步兵大队（若干）、炮兵大队、工兵大队、交通兵大队，有时设骑辎重兵大队。各大队设大队长，负全责。大队下又编有若干队（中队或区队），由队长（中队长或区队长）负责。

南京本校建立以后，还陆续开办了昆明分校、广州分校等。

从新生至毕业的军校生活。南京本校成立初为 2 年学制，采取日式教育。1930 年以后，将学制改为 3 年制，采取德式教育。1933 年 6 月，南京本校又恢复校长制，并在校长以下设校务委员会。蒋介石为校长兼委员，其他委员较原人选略有增减。军校自第 8 期开始，又增设高等教育班、军官补习班、军官训练班，并受委托代训空军、海军、军需、军医、兵工、测量、兽医等入伍生，后又成立空军营。1937 年春，张治中辞去教育长职。5 月，由陈继承继任。这时的南京本校，已有相当大的规模。12 月，日军占领南京前夕，军校辗转进四川，校本部迁到成都。黄埔军校在南京时期随告结束。

南京本校建立以来，开办计有 9 期（5—13 期），招收了第 8 期至第 13 期军校生，共招收学生 7459 人。第 5 期至第 11 期学生在校毕业，共毕业 11 000 余人。

南京时期的黄埔军校，基本上处于相对和平时期。课程设置合理全面，学制 3 年进入常态教育，校舍有了名建筑（大礼堂、图书馆等），校史首次撰写修订成稿，军校的基本建设稳步发展。

三、成都战乱时期

1937 年年底，国民党政府从南京大撤退，黄埔军校南京本校也紧急撤离西去。11 月初，黄埔军校南京本校第 13 期入伍生于庐山举行升学典礼后，称为第 13 期学生第 1 总队。会同录取不久的第 14、第 15 期两期入伍生，经过几个月的行军，途经江西、湖南、湖北，进入四川，到达铜梁安居镇，行军计有 2000 余千米。军校在铜梁整训将近 1 年，在校学生编为第 13 期第 1 总队、第 14 期第 1、第 2 总队和第 15 期第 1 总队。在铜梁，1938 年 9 月，第 13 期第 1 总队学生毕业，11 月第 14 期第 1 总队学生毕业，1939 年 9 月，第 14 期第 2 总队学生毕业。由于此时处于战争时期，在校教育很难正规化，特别是学生队伍萎缩，军校撤销了学生总队。国民党政府迁移重庆后，军校曾有选校址在重庆的动议，但最终因为此时的重庆人满为患，军政机关太多，军校这么多师生，实在难以找到一块安身办学的地皮，只能另外选择地方。

1939 年年初，军校由铜梁迁至成都市区，原有成都分校，即第 3 分校并入本校（3 月，第 3 分校改设于江西瑞金）。成都本校在成都分校的基础上，扩编政治部，增设军官教育队，恢复原高等教育班，加设了战术研究班、校尉官研究班、射击训练班、技术训练班、特务长训练班等，军事教育趋于完善。校址的调整：将原成都分校北较场旧址改为校本部，学生总队则分驻西较场、南较场、皇城及市西郊草堂寺、青羊宫等地。校务委员作了调整：除原有人选外，又增加了唐生智、程潜、白崇禧、邓锡侯、龙云、余汉谋、陈诚、张治中等 8 人。

军校自迁成都后，先后进行了一些比较大的行政机构调整和人事调整。将原撤销的学生总队分别又在第 16、第 17、第 18 等期重新建立。1943 年，教育长陈继承调走，由陆军大学教育长万耀煌继任。

1944年春，军校曾代训两期青年远征军教导团学员。1945年秋，又撤销总队制，军校为方便管理，按照各总队地址分为4个督练区，各设督练官1人，负责转达校部命令及教学事宜。不久，日本战败投降，中国抗日战争结束，国民党军队裁员。各分校相继合并裁减，所有在校学生依肄业时间分别结束或转入各兵科学校，并选送一些优秀者进成都本校，前后达3000余人。1946年元旦，军校由南京时期"中央陆军军官学校"改名为"陆军军官学校"，确定培养对象是国民党基层干部。2月，以第20期学生为各兵科普及教育实验区，开始试行各兵科的综合教育。4月中旬，原教育长万耀煌调往湖北，由关麟徵继任教育长。关是黄埔一期生，在东征中负伤后仍英勇奋战，共产党人主办的《中国军人》杂志曾为此事赋诗称赞过，关因此伤而很快出名，后青云直上。在1947年冬以前，军校校长一直由蒋介石兼任，此后，由关麟徵继任校长。同时，军校恢复总队制。1949年9月7日，关麟徵调任国民党陆军总司令。20日，黄埔一期生张耀明继任校长。军校在成都时期，培训学生计有第14期至第23期，共10期。

1949年12月中上旬，北路人民解放军由陕入川，进抵四川北部广元。原国民党西康省政府主席刘文辉、西南军政长官公署副长官邓锡侯、潘文华联名在川西发表通电，宣布起义。蒋介石众叛亲离，再难支撑在大陆的国民党政权，12月13日登机飞往台湾。军校第23期学生虽宣布毕业，但未离校，后留2个大队守卫成都校舍，其余所有2800余名毕业学生，加上"国立政治大学"迁到成都的学生以及军校教职员工兵等，在蒋介石离开成都后，组成战斗体制，由军校第2总队总队长李邦藩指挥，冲出成都，计划突围到西昌，再作另策。当突至大邑附近时，正遇由南路入川作战的人民解放军主力，激战中李邦藩等人阵亡，少数退入川康边境。第23期学生除台湾籍77人在蒋介石于12月初由重庆到成都后令空运台湾外，其余大部临阵宣布起义，少数外逃者也很快被搜剿。在这77名台湾籍学生中，有30余人后在1954年1月受国民党特务机关派遣由朝鲜潜返大陆，在做特务恐怖破坏活动时被新中国专政机关逮捕。

至此，黄埔军校结束了在大陆的历史，成都时期则是其最后一页，第 23 期学生为这一最后一页圈上了一个重重的句号。成都时期的黄埔军校师生，入川出川，抗战内战，全部都是在战乱时期渡过的。

四、世界著名军校

黄埔军校从 1924 年创办到 1927 年大革命失败的 3 年时间里，共招收了 6 期学生，1 万余人。其中除了第 5、第 6 期是在蒋介石公开叛变、大革命失败后毕业的外，其余 1 期至 4 期共 4971 人都是大革命时期毕业的。这些学生经过严格的军事训练和纪律教育，特别是接受了革命理论的熏陶和战斗的考验，大都成为创建和壮大国民革命军、工农红军的骨干。

出身于黄埔军校的国民党军兵团司令以上高级将领有 100 余人，30 余人被授予上将军衔，50 余人被授予中将军衔、担任过集团军总司令、兵团司令以上职务。其中 3 人任国防部长：第 1 期的黄杰、陈大庆，第 4 期的高魁元。3 人任参谋总长：第 1 期的桂永清、王叔铭，第 5 期的彭孟缉。4 人任军兵种司令：第 1 期的桂永清任海军总司令；第 1 期的王叔铭任空军总司令；第 1 期的关麟徵任陆军总司令；第 2 期的沈发藻任装甲兵司令；第 7 期的罗友伦任宪兵司令；第 4 期的戴笠任军统局长；第 4 期的毛人凤任保密局长；第 2 期的郑介民任安全局长。还有国防大学、国防研究院、海军军官学校、中央警官学校、杭州笕桥中央航空学校等军校校长均为黄埔毕业生。在反共内战时期，最高军事指挥官如各"剿总"司令、绥靖司令、兵团司令、军团司令及各军师长，也多由黄埔师生担任。

在红军、八路军、新四军和解放军中，担任正军职以上领导职务的有近 40 人出身于黄埔军校。中华人民共和国 10 位元帅中有一半曾在黄埔军校求学或任教，10 名大将中的 3 位、57 名上将中的 9 人出身于黄埔军校。中国人民解放军 41 位开国将帅曾在黄埔军校工作、学习过，其中学生 36 人。还有在新中国成立后未授衔的，如时任黄埔军校政治部主任的周恩来、政治部宣传科长雷经天，以及在新中国成立前牺牲的大批黄埔军校师生，如黄埔军校政治部副主任熊雄、主任教官恽代英，第 1 期学生左权、许继慎、蔡升熙等。

黄埔军校在大陆时期，从 1924 年 6 月创办到 1949 年 12 月蒋介石国民党当局退守台湾这 25 年半的时间里，共开办 23 期。前 6 期为正宗的黄埔时期，毕业生共 8107 人，特别是前 4 期招生并毕业于黄埔本校的 4971 名学生，被视为"黄埔"的中坚；后 17 期先后在南京、成都等地开办，毕业生 4 万余人。黄埔军校本校（总校）在大陆时期的正式毕业生共计有 52 438 人。有资料统计，黄埔军校毕业生在抗日战争中牺牲有 2 万余人。

黄埔军校在各地还开办有 10 多处分校，主要有潮州分校、武汉分校、南昌分校、成都分校、洛阳分校、南宁分校、长沙分校、广州分校、昆明分校、西安分校、迪化（今乌鲁木齐）分校、武当山分校等。这些分校皆遵照本校教育大纲实施教学，共约有 12.5 万余名毕业生。加上黄埔总校的 52 400 多名毕业生，黄埔军校在大陆时期共约有毕业生近 18 万人。

1949 年年底，蒋介石国民党当局退守台湾岛，立即着手恢复黄埔军校建制，选定 1947 年成立的"陆军军官学校台湾训练班"所在地高雄县凤山为黄埔军校校址，通常称为"凤山军校"。1950 年 10 月，蒋介石在台湾凤山恢复陆军军官学校，任命罗友伦中将为校长，接续大陆时期黄埔军校的期数，招收第 24 期学生。此后的军校声望已经是今非昔比了。

黄埔军校是我国第一次国共合作的产物，那时，人们把军校看作是"革命的营寨"。一批批热血志士奔赴黄埔，一批批中华优秀儿女团结在"红色"和"蓝色"的旗帜下，为打倒列强、除军阀、统一中国，摒弃各种党争政见，打造出了"金色"名校黄埔军校。在孙中山先生"不要钱，不要命，爱国家，爱百姓"的训导下，黄埔军校铸造了"爱国革命、亲爱精诚、团结合作、奋斗牺牲"的黄埔精神。

黄埔军校,在那个年代被列为世界四大军事名校之一,与美国西点军校、苏联伏龙芝军事学院、英国桑赫斯特皇家军事学院同享盛名。20世纪初的中国以至邻国的青年,当时就喊响了"到黄埔去"的时代最强音;21世纪初的今天,黄埔建校将近百年,黄埔军校的大名,在现代中国仍可谓妇孺皆知,特别是初创时期的黄埔军校,是中国人心目中敬畏、感佩、自豪的军神。

五、校史研究现状

黄埔军校是世界著名军校,其历史意义和现实意义都非常重要。国内外军事院校以及社会团体都对其进行了不同程度的宣传和研究。

当代社会,凡带有开创性的社会团体,人们往往以"黄埔第1期"来自喻;凡抗战影视剧,黄埔师生多以正面形象出现;凡涉及海峡两岸军事文化交流,言必谈黄埔精神。这些都说明现代社会和广大民众对黄埔军校的认知和学习研究精神。社会的需要使学界对黄埔军校历史的研究更加深入和普及。

第一,研究取得了许多重大成果,表现形式为:出版刊物、图书(统计有200余种刊物,近10年出版有近百种图书)。建立网站(黄埔同学会网站、台湾凤山陆军军官学校网站、中国黄埔军校网站、黄埔军校历史研究网站,以及各省区黄埔同学会的门户网站)。创作文献纪录片等影视作品(专题片30余部)。

第二,研究的突出特点为:一是对军校"单期"历史研究比较深入(第1期至第4期研究,第23期研究)。二是对人物史研究比较多,包括孙中山、蒋介石、廖仲恺、周恩来等校领导,著名英烈左权、戴安澜、谢晋元等各期毕业生,还有各期同学关于黄埔军校的回顾。三是对黄埔军校校史综合研究不少,如在北京、广州、南京、福州、武汉、郑州各地,都有一批研究黄埔军校史的专家学者。

第三,研究向纵深发展:主要有黄埔军校史丛书的编辑出版、分校史的撰写（10 多处分校，以潮州分校、武汉分校、西安分校较为突出），以及面向大众的黄埔军校史读物，包括面向青少年学生的讲义教材。本书即是这样一本比较通俗的读物和课堂讲义。

本书各节课题，基本涵盖了黄埔军校历史。主要来自本人近年为《黄埔》杂志、《中国日报》《人民政协报》等报刊所撰写的文章，以及多年来应院校、单位邀请所讲黄埔军校史的讲义，多是突出了一个"讲"字，答疑释难，力求通俗易懂、贯通全史、自成一体。为此，本书以讲课形式排列各节，合辑成册，既可作为院校、培训团队的讲义和教材使用，也可作为黄埔军校史爱好者的普及化读物。

本书主要内容，从 2013 年开始曾在《黄埔》杂志以"访谈录"形式连载，后经多次反复修改。在此向《黄埔》杂志及各报刊的编辑朋友们，以及广大读者表示诚挚的谢意，并特别向提出宝贵意见的黄埔老人和读者们表示感谢。以"讲义"的形式撰写黄埔军校史，是本人学习和研究黄埔军校历史的一种尝试，肯定存在许多未尽人意和有待完善之处，还望同仁和广大读者提出改善意见，以便作进一步的补充和修正。

"黄埔军校历史研究"，是我在大学校园中撰写学年论文、毕业论文时的题目，与黄埔结缘 40 年来又撰写了多部著作，成为我在历史研究中的重要专题之一。谨以此书为推进黄埔军校历史研究、推动国家统一大业，再尽微薄之力。

陈 宇

于北京

目　　录

第一讲

黄埔军校成立时的中国社会状况

黄埔军校的诞生，与当时军阀混战的历史背景有着直接而深刻的关系；混战、战乱，是黄埔军校成立前后的中国社会基本状况。军事、军队、军人这"三军"问题，在当时是乱世社会最为关注的社会焦点和热点，是战争的急需直接催生了黄埔军校。

1840年发生的鸦片战争，打破了中国社会长期封闭的局面，使延续几千年的封建自然经济开始解体。但是，由于外国资本主义的侵略和国内封建势力的压迫，中国并没有能够走上独立发展的资本主义道路，而逐步沦为半殖民地半封建的国家。由于帝国主义和封建主义的双重压迫，中国的广大人民，尤其是农民，日益贫困化以至于大批地破产。中国人民的贫困和不自由的程度，是世界所少见的。这一切，也就决定了帝国主义和中华民族的矛盾、封建主义和人民大众的矛盾，是近代中国社会的主要矛盾。而帝国主义和中华民族的矛盾，则是最主要的矛盾。因此，要使国家独立富强、人民解放，唯一出路就是推翻帝国主义和封建主义在中国的反动统治，这也就是近代中国革命的基本任务。

"反帝，反封建！"成为当时社会进步力量的最响亮口号；"打倒列强，除军阀！"成为那个时代的最强音。

伟大的民主革命先行者孙中山，在年轻时曾幻想以改良的手段挽救中国。他上书清廷，但屡遭拒绝，这使孙中山"知和平之法无可复施"。之后至 1911 年武昌起义推翻清朝统治之前，孙中山领导和组织策划了数十次武装斗争，著名的起义多达 16 次。这些起义"启武汉之先声"，构成了辛亥革命威武雄壮的前奏曲。

孙中山领导的第一次反清武装起义是广州起义，又称"乙未广州之役""第一次广州起义"。1894 年 11 月，正值甲午中日战争期间，孙中山在檀香山组织了中国最早的资产阶级革命团体——兴中会。次年 2 月，在香港成立兴中会总部机关，并着手筹划组织发动武装起义，议定孙中山前往广州专任军事准备，杨衢云驻香港负责筹款、募兵及运输枪械。孙中山、陆皓东、郑士良、杨衢云、陈少白等在香港开会，决定联络广东各地会党和防营，于重阳节在广州起义，袭取广州作为根据地，并从这里北伐，以推翻清朝统治。起义总指挥部设在香港兴中会总机关，对外称"乾亨行"，以商业作为掩护。陆皓东等人在广州双门底王氏书舍设立起义指挥机关，成立兴中会广州分会，对外称"农学会"，以研讨农桑新法为号召，得到广州一些著名官绅的支援，迅速发展会员数百人。孙中山来往于广州、香港及家乡香山县之间，利用各种社会关系，从秘密和公开渠道进行起义筹备工作。当一切准备工作接近就绪时，不幸事机泄漏，清政府展开搜捕，陆皓东被捕牺牲，孙中山等被迫走避日本。这次中途夭折的起义，作为孙中山推翻清朝统治的武装斗争发端被载入史册。

之后，孙中山又直接或间接领导了多次武装起义，如 1900 年的唐才常自立军起义、惠州三洲田起义，1904 年的长沙起义，1906 年的萍浏醴起义，1907 年的潮州黄冈起义、惠州七女湖起义、皖浙起义、钦廉防城起义、镇南关起义，1908 年的钦廉上思起义、河口起义、安庆马炮营起义、云南省城起义，1909 年的广州新军起义，1911 年的黄花岗起义，等等。孙中山领导和组织发动的这些起义，沉重地打击了清朝的反动统治，震动中外，成为辛亥革命的一次次重大预演。起义将士所表现出来的慷慨赴难、英勇顽强、前仆后继、视死如归的革命精神，极大地振奋了广大革命党人和民众，推动了全国革命高潮的迅速到来。

1911 年的辛亥革命，终于推翻了清王朝的封建统治，建立了中华民国。但是，当时孙中山的"共和国"是有其名无其实。袁世凯用"枪杆子"说话，代替了清朝皇帝，日本和美国趁欧战之机，加紧了对中国的侵略。内外交困的中国，陷入北洋军阀以及全国大小军阀的混战中，长达数十年。

1916 年袁世凯死后，北洋军阀发生分歧，英、美、日等帝国主义各自寻找和培养自己的代理人，北洋军阀分裂成许多派系，北洋嫡系又分裂为皖系和直系两大派，中国开始出现了军阀割据的大混乱局面。

在北洋军阀各派系中，以段祺瑞为首的皖系军阀势力最大。1916年 6 月至 1920 年 7 月的 4 年，是皖系军阀统治时期。皖系以段祺瑞为首，他上台后的基本政策是推行亲日外交，继承北洋军阀主力，扩充皖系军事实力，窃取北京中央政权，以安徽、山东、浙江、福建等省为其势力范围，投靠日本帝国主义，企图依靠日本的扶持，武力统一中国。直系军阀以冯国璋为首，控制江苏、江西、湖北、直隶等省，投靠英美帝国主义，割据东南。在各地，东北地区的张作霖是日本军国主义扶植下的工具，在袁世凯称帝期间，形成了奉系军阀的割据势力。山西的阎锡山原是袁世凯的支持者，袁死后，仍占据山西，成为晋系军阀。西南各省，在护国运动中，许多军阀宣告独立，名义上反袁，实际上个趁机抢夺地盘和权力，分别形成了唐继尧的滇系（云南）、陆荣廷的桂系（广西）、龙济光的粤系（广东）、谭延闿的湘系（湖南）。

在这些军阀中，势力最大的皖、直、奉三系是当时中国军阀统治的主角，在此后的 10 年中，他们先后掌握了北京中央政权，进行了长期的混战。

继袁世凯之后出任大总统的黎元洪，得到了美国的支持。1917 年 6 月，皖系军阀张勋以调解黎元洪和段祺瑞的矛盾冲突为由，带兵进北京，赶走黎元洪，解散国会。段祺瑞召集临时参议院，迎接直系军阀冯国璋（原副总统）任代大总统，自任国务总理兼陆军部长。

孙中山历来把辛亥革命后的《中华民国临时约法》和国会，视为"中华民国"的象征。为维护临时约法，他于1917年夏秋之际亲自率领脱离北京政府的部分海军舰队，南下广州，并联合西南各省宣布独立的滇系、桂系军阀，进行护法。一部分国会议员也相继抵达广东。8月，召开非常会议，发表护法宣言。9月，护法军政府成立，孙中山被推举为海陆军大元帅，桂系军阀陆荣廷、滇系军阀唐继尧为元帅。在护法号令之下，西南六省的广东、广西、云南、贵州、四川、湖南，宣布以武力对抗北洋军阀政府，开始了"护法之役"，战场的中心在湖南地区。

然而，在北方的皖系军阀段祺瑞根本没有把南方的护法政府放在眼里。在日本帝国主义的支持下，皖系军阀更加肆无忌惮。皖系北京政府的军费开支，占全部财政支出的70%。为了筹措庞大的军费，皖系军阀不仅出卖国家主权，乞借外债，还对人民进行了疯狂的掠夺。除了多征捐税，搜刮民财，还竭泽而渔。在皖系军阀统治时期，适逢中国广大地区天灾流行。1917年，南方的水灾尤以湖南为重，10余县洪水滔天，房屋倒塌，田禾尽淹；北方的直隶省从1917年7月到1918年4月，水灾长达10个月，被淹地区103个县，灾区面积1万多平方千米，被淹田地24万多公顷，灾民达6300多万。这些灾患不仅得不到救治，灾区人民还要遭受军阀趁火打劫的抢掠。

段祺瑞的亲日外交，在国际上引起英美的妒忌，在国内遭到全国人民的反对。皖系北京政府签约的中日军事协定消息一传出，中国留日学生和国内学生纷纷成立救亡团体，采取行动。各界人士以及西南各省当权人物也都通电查问。全国上下的反段气氛，把本来存在的直皖矛盾更加推向尖锐化。1918年10月，冯国璋以副总统继任黎元洪总统一职期满下台。为了缓和直皖矛盾，段祺瑞也于10月辞去国务总理职务，专任参战督办。安福国会推举老官僚徐世昌为总统，供其利用。段祺瑞退居幕后，实际上仍然操纵着北京政府。

1918 年 11 月，第一次世界大战结束后，英美等国先后向北京政府和南方护法政府提出停战议和的劝告。徐世昌上台时，极力标榜"偃武修文""劝国中各派领袖牺牲意见速谋统一"。吴佩孚讨伐西南占领衡阳后，私下与南方订立休战条约，通电请罢内战，驻湘前敌两方军官也联名通电，主张从速恢复和平，一时和平空气骤增。11 月 16 日，徐世昌发布停战令。次年 2 月，南北和议会议在上海召开。南方政府代表在和会上提出废除中日军事协定、取消参战借款、解散参战军为议和先决条件，北方政府断然拒绝。如此这样互不相让，南北和议只能是反复争论，往返吵闹，毫无结果。段祺瑞无视全国舆论的指责，指使北方政府代表发布与日本订立延长军事协定的协议，公然与和议相对抗，南北和会的结局只能是最终走向破裂。

在直系军阀的主和之议发起时，西南的桂系军阀便积极酝酿妥协。为了便于向北方的军阀求和，他们在 1918 年 5 月改组了军政府，废大元帅一长制为七总裁合议制。原来的护法政府经过这样别有用心的改组，完全变成了徒具形式的议和组织，孙中山实际上被排斥在外。孙中山愤恨桂系军阀的跋扈，本身却又无力反击，被迫向国会非常会议提出辞职，离开广州，再赴上海。至此，孙中山领导的第一次护法运动遭遇失败。

经过这一番挫折，孙中山认识到："吾国之大患，莫大于武人之争雄，南与北如一丘之貉。"他从广州到上海后，回顾护法政府的情形，说："艰难支撑一年之久，孑然无助，徒为亲者所痛，仇雠所快，终于辞职以去。"

老奸巨猾的徐世昌，他上台本来就是为了操纵派系斗争以维持权位。为了保住总统的宝座，他只有纵容段祺瑞等派军阀。段祺瑞等在加强边防、国防的幌子下，进一步自由地使用卖国借款，扩充实力，准备内战。这时的孙中山仍是一筹莫展，一时间意志消沉，完全陷入苦闷和绝望困境。1919 年 10 月，孙中山将"中华革命党"改名为"中国国民党"，以图更新，东山再起。直到 1920 年 10 月，拥护孙中山的粤军驱逐了盘踞在广东的桂系军阀，由桂系操纵的政府随之瓦解，广东军民欢迎孙中山回粤主政，11 月孙中山才再次回到广州。

从 1840 年鸦片战争开始，不论是太平天国和义和团的农民战争，还是资产阶级的维新运动，或孙中山本人领导的辛亥革命，都未能完成反帝反封建的历史任务。其根本原因就在于农民阶级和资产阶级的历史局限性。而未能建立起一支真正的革命武装，则是导致革命运动悲剧结局的重要因素。

辛亥武昌首义，结束了两千多年的封建帝制，推翻了清王朝的反动统治，赶跑了皇帝，建立了中华民国，武装斗争取得了积极成果。但是，辛亥革命胜利的果实很快就被袁世凯篡夺了。辛亥革命迅速失败的重要原因之一，也是在于资产阶级革命党在长期的武装反清斗争中，始终未能建立起一支真正的革命军队。此后，孙中山虽然又多次组织讨袁和护法战争，但均告失败。这些武装斗争的失败表明旧军阀决不会成为革命的助力。

旁观者清，鲁迅总结说："孙中山奔波一世，而中国还是如此者，最大原因还在于他没有党军，因此不能不迁就有武力的别人。"

建立真正的反帝、反封建的革命武装，成为孙中山等革命党人面临的时代主题。

思考题：

1. 为什么说建立黄埔军校是时代的主题？

2. 战争催生了黄埔军校的建立，因势而建的黄埔军校，为什么建立在广东？而没有建立在战乱甚烈的北方？

3. 当时的时代，若没有"黄埔"，会有"蓝埔""红埔"出现吗？

第二讲

孙中山为什么要创建黄埔军校

要创造革命军，首先要有一个革命党。而改组前的国民党是一个成分复杂、思想混乱、组织涣散的资产阶级政党。孙中山在南方还没有自己巩固的政权，没有一个可靠的环境来创办学校，培养军事人才。因此，孙中山搜索世界新潮流的目光所到之处，有两个令他心情振奋的耀眼亮点：一个在国内，中国共产党刚成立几年就呈现出蓬勃生机；另一个在国外，俄国领袖列宁领导的革命军队，取得了十月革命的胜利。俄国十月革命爆发后，孙中山在上海致电苏维埃政府和列宁："中国革命党对于贵国革命党员之艰苦卓绝的奋斗，表示极大的敬意；而且更希望中、俄两国革命党团结一致，共同奋斗。"《民国日报》社论指出："吾人对于此近邻的大改变，不胜其希望也。"

联合中国共产党，"以俄为师"，成为孙中山创建革命军的最初认识。他决心仿效苏联红军建军经验，先创办军官学校，作为建立革命军队的基础。

共产国际和中国共产党人的帮助，使孙中山开始了他一生中最伟大的转变。综观黄埔军校创办时期的历史资料，中共领导人自始至终参与了创办军校的全过程。当时的形势复杂纷纭，其中的艰难是难以想象的。创办过程中，国共两党领导人直接见面不多，其中起穿针引线、搭桥铺路的主要人员有：共产国际代表马林，苏联驻中国大使越飞、加拉罕，全权代表鲍罗廷，中共代表张太雷等。

中国共产党从成立的那天起，就高举马列主义旗帜，并开始运用马列主义来指导中国革命的实践。然而，当时的中国共产党还处在幼年时期，对中国的国情、革命的特点和规律，缺乏深入的探讨和研究，况且受所处客观环境的制约，也不具备自己创办军事学校、培养军事人才的条件，只能是协助国民党完成国民革命。

1921年5月，广州的非常国会开会，议决成立正式政府，孙中山在广州就任非常大总统，准备北伐。孙中山以非常大总统兼陆军大元帅的名义，再度举起护法的旗帜，积极筹备北伐，以图打倒北洋军阀。年底，共产国际代表马林来到中国，在中国共产党人张太雷的陪同下，和孙中山在桂林桂王府举行了多次秘密会谈。马林向孙中山提出解决中国革命问题的3点建议：改组国民党，特别是要与农民、劳工大众实行大联合；创办军官学校，建立革命军的基础；谋求中国国民党和中国共产党合作。孙中山对马林的建议表示十分赞同，但是并没有立即付诸实施。一方面，他正在进行北伐，幻想利用两广军阀打败北洋军阀；另一方面，他对中国共产党还没有深刻的认识，因而还没有下定合作的决心。

1922年6月，北伐军进入江西后，粤军总司令陈炯明被帝国主义和直系军阀收买，在广州发动政变，炮轰总统府，妄图置孙中山于死地。孙中山避难于永丰舰，依靠拥护他的一点海军与叛军对峙，同时手令进入江西的北伐军会师靖难。后因局势无法挽回，孙中山不得不于8月9日再次离开广州，退避上海，第二次护法运动又失败了，使孙中山陷入了绝望的境地。

经过二次护法失败后，孙中山认识到，依靠一派军阀打倒另一派军阀，不能完成革命；要使革命胜利，必须寻找新的途径。

特别是陈炯明的炮声，彻底把孙中山震醒了。严酷的历史事实，不能不引起他的反思。"艰难顿挫"的教训已"逼他到自己觉悟"。他终于在惨痛的失败中认识到"没有革命军的奋斗……我们的革命，便没有完全成功"。在长期的革命斗争中，他始终没有自己的军队，只是拉拢、依靠一派军阀去攻打另一派军阀，最终充当了骄兵悍将争夺地盘的工具。陈炯明的叛变，使孙中山认识到依靠一派军阀去打倒另一派军阀是断无成就的，在建军问题上非寻找新的道路不可。

在这一时期，中国共产党也努力发展和巩固与国民党的合作。1922年6月，中国共产党发表对于时局的主张，赞扬了孙中山坚持民主革命的精神，也善意地批评了他幻想帝国主义和军阀支持中国革命的错误，指出革命必须依靠人民的力量。7月，中共二大通过《关于"民主的联合战线"的议决案》，提出要同孙中山为首的国民党合作，组织民主联合战线。8月，在共产国际的帮助下，中共中央在杭州西湖召开会议，决定进一步同国民党实行党内合作，即共产党员以个人名义加入国民党，把国民党改组为两党合作的组织形式。

9月，孙中山到达上海时，中共中央派李大钊、林伯渠会见孙中山，直接给他以帮助。孙中山在上海召集有共产党人参加的会议，研究国民党改组计划，成立专门机构，负责起草改组宣言、新的党纲和党章。他多次与李大钊、林伯渠、陈独秀等共产党领导人商谈，与苏联代表越飞会谈，要求中国共产党和列宁派人帮助。中国共产党向孙中山伸出友谊之手，李大钊、林伯渠等在与孙中山的会谈中，讨论了国共两党合作共同革命和如何建立革命军队的问题。

苏联特使越飞来华，先后与孙中山、廖仲恺举行多次会谈，特别是进一步商讨了建立革命军队的问题。同年冬，孙中山派廖仲恺为代表与苏联代表越飞再次举行谈判，苏联向孙中山提出建立联合工农群众的政党和革命武装的建议。最后发表《孙文越飞联合宣言》，确定了国民党实行联俄政策和苏联援助中国革命的原则。

1922年最后的几个冬日里，孙中山接受了苏联和中国共产党的帮助，欢迎中国共产党同他合作，决定改组国民党。李大钊等共产党人加入国民党，加快了孙中山联共的步伐。共产国际作出了关于国共合作的决议，指出：中国共产党同国民党合作是必要的，但不应与国民党合并，不应在革命运动中隐瞒自己的旗帜。

1923年1月中旬，在广西境内的滇军和桂军各一部，以拥护孙中山的名义进军广州，驱逐了陈炯明。2月，孙中山再回广州，重建大元帅府，继续推进国民党改组工作。当孙中山由上海准备返回广州重建大元帅府时，他的思想在共产国际和中国共产党人的影响下，已经发生了巨大变化。他总结和吸取以往革命斗争的经验教训，认识到在革命斗争中组建一支忠于革命的军队何等重要，他下定了建立军校和革命军队的决心，作出了先创办军校的重大决策，准备仿效苏联红军建军经验创办军官学校，并将此作为建立革命军队的基础。

这年新年伊始，国民党与苏联正式建立了联盟关系，开始了孙中山联俄政策的行动。6月，中国共产党在广州召开第三次全国代表大会，大会的中心议题是讨论同孙中山领导的国民党进行党内合作的问题。为了统一全党思想，正式确定国共合作的方针，此次党代会通过了共产党人可以以个人身份加入国民党的决议。

孙中山重回广州和中共三大的召开，加快了国民党改组工作的步伐，中国革命形势再度出现新的局面。

10月，孙中山在广州组织了有共产党员参加的中国国民党临时中央委员会，聘请苏联人鲍罗廷为顾问。11月，孙中山发表《中国国民党改组宣言》和党纲草案，并筹备召开中国国民党第一次全国代表大会，正式实现国民党的改组。中共方面则根据三大会议精神，要求各地党组织与国民党的各级党部合作，积极参加国民党的改组工作，选举优秀党员出席即将召开的中国国民党一大。

孙中山在重建大元帅府时，特别邀请苏联政府派遣军事专家和政治工作人员到广州，协助建军工作，并提出了委派代表团赴苏联考察政治、军事的初步设想，确定代表团的任务主要是学习苏联办军事学校的经验、谈判军事援助等问题。关于赴苏联考察的人选，中共领导人参与了研究，张太雷参加了许多重要会谈活动，可惜他牺牲太早，没有能把与中共领导人汇报、协商的情况记录下来，留下一段空白。

就在选择代表团人员的组成时，原来不见经传的蒋介石浮出水面。还在一年前孙中山在同共产国际代表马林会晤时，表示"愿派一个最能干的人作为使者去莫斯科"，考察苏俄的政治、党务和军事，学习俄军经验，组建自己的军队。1923年3月1日，广州革命政府重建之后，孙中山便积极开展联俄、联共、扶助农工的工作。而蒋介石对孙中山联俄、联共的政策从一开始就表示反对，但他为了博取孙中山的信任，确立自己的地位，非常想得到这个出访莫斯科的机会。况且，在十月革命胜利后，蒋介石也曾一度对苏俄产生过敬慕和向往。7月13日，他毛遂自荐，给大元帅府秘书长杨庶堪写信，向孙中山主动请缨："为今之计，舍允我赴欧外，则弟以为无一事是我中正所能办者……如不允我赴俄，则弟只有消极独善，以求自全。"

孙中山答应了蒋介石的请求，这主要因为蒋介石对孙中山表现得很忠诚，又学过军事，有一定才能，当时只有30岁出头，可说年轻有为，因此得到了孙中山的充分信任。

孙中山在与马林、蒋介石、汪精卫、张继、林业明等商谈后，决定派出"孙逸仙博士代表团"，赴苏联考察党务和军事。8月，代表团起程赴苏联考察。代表团由4人组成：蒋介石（为负责人）、张太雷（共产党员，俄文翻译）、沈定一（共产党员）、王登云（后为蒋介石的英文秘书）。这次苏联之行历时3个多月，是孙中山同中共和苏联共同商定筹划的一次重要的访问活动。

与此同时，孙中山在国内积极进行筹建军官学校的工作，对建校工作抓得很紧，并亲自勘察校址。9月，他派人到北京同苏联大使加拉罕商谈创办军事学校事宜，加拉罕后写信给孙中山，介绍鲍罗廷到广州工作。10月，孙中山签署了任命鲍罗廷为国民党组织教练员的委任状，旋又聘为顾问。在10月15日召开的国民党党务讨论会上，孙中山提出在广州设立陆军讲武堂的提案，"训练海外本党回国之青年子弟，俾成军事人才"的建设，号召海外革命青年回国学习军事。讨论军校校址时，国民党中央执行委员会原定在"测绘局及西路讨贼军后方医院"，即现在的北教场路烈士陵园一带，广州人通称为"东山"。为此，还形成了文件。但没有过多久就改了。否则，黄埔军校就叫"东山军校"了。

11月26日，孙中山召开国民党临时中央执行委员会第十次会议，讨论组织国民党志愿师和创建军事学校等问题，并决定把讲武堂改为"国民革命军军官学校"，招生对象包括党内外一切有志献身国民革命事业、具有中学文化程度的青年。孙中山亲任校长，委任廖仲恺和李大钊等5人为国民党改组委员，组成革命的核心领导组织，推动国民党改组和军校筹建工作，特别责成由廖仲恺和鲍罗廷负责军校的具体筹建工作。

1924年1月20日，中国国民党第一次代表大会决定建立中国国民党陆军军官学校。国共合作的成功，有力地推动了军校的筹建。1月24日，孙中山以军政府大元帅名义正式下令筹建陆军军官学校，命名为"中国国民党陆军军官学校"；宣布成立军校筹备委员会，蒋介石任筹备委员会委员长，李济深（邓演达代）、王柏龄、沈应时、林振雄、俞飞鹏、张家瑞、宋荣昌7人为筹备委员会委员。中国共产党委派张崧年（申府）参加筹备工作。孙中山先后聘请鲍罗廷为政治顾问，加伦为军事顾问。军校的创立，是孙中山总结辛亥革命以来历次革命失败的经验教训，试图用武装斗争寻求革命新道路的结果。

1924年1月28日，孙中山在宣布筹委会名单的同时，择定以广州近郊黄埔长洲岛原有广东陆军学校和广东海军学校旧址为陆军军官学校校址。

黄埔岛，又称"长洲岛"。位于广州市东郊，面积只有6平方千米，岛周围长约10千米，南连虎门，扼珠江要冲。从广州市区到东郊码头，再乘当时的汽船行驶约一小时，水烟连天中便远远看见黄埔岛静卧前方，兀立江心，如同一名哨兵，扼守着广州的门户，是历史上有名的长洲要塞。岛上山峦起伏，其中一座山峰名拔旗山，林木葱茏，四面环水，环境清幽，是一处既为军事要枢、又极利于兴武讲学的好地方。清道光年间，禁烟的林则徐大帅在这里修筑了多处炮台，以后又建立了军事要塞。

选址黄埔岛，体现了孙中山先生高深的战略眼光。他之所以选定这里为校址，首先是从安全角度考虑的，因为当时滇桂军阀盘踞广州，大小军阀随时发山大王脾气，弄不好就会突然袭击军校，在远离市区的孤岛办军校则可以避开军阀的控制和干扰。其次，这个四面环水的小孤岛，筑有炮台，与隔江相对的鱼珠炮台、侧面沙路炮台形成三足鼎立之势，把守控制江面，是进可攻退可守的好地方，便于学习与练武。再次，岛上的清末陆军小学堂校舍仍在，稍加修葺即可使用，节省了当时相当紧张的人力和资金。正是在天时地利人和的基础上，黄埔军校得以顺利建成，并得到良好的发展。黄埔军校有了这么个大本营，在战略上占了大便宜。

黄埔军校建立时，全国各省、广东各地都处于四分五裂、军阀混战、生民涂炭的苦难之中。孙中山革命政府局限在广州一隅之地，既有吴佩孚、孙传芳、张作霖等军阀强敌陈兵压境于省外，又有陈炯明、杨希闵、刘震寰等叛逆伺机逞兵作乱于省内。500师生困于内忧外患之境，危于旦夕之间。在四面环水的黄埔小岛创校之初，就遇到大小军阀张牙舞爪，时刻欲将之吞噬于襁褓之中。杨希闵、刘震寰先后多次扬言派兵来犯，解除黄埔武装；师生们被迫星夜过江，布防应敌。孙中山革命政府与黄埔军校，犹似慈母幼儿，相依为命。

孙中山经常亲自到军校视察，每隔一段时间都要到军校"海关楼"小住，检查工作，听取汇报。要求师生严格掌握"政治与军事并重，理论与实际结合"的教学方针，并根据"亲爱精诚"的校训，倡导

13

"团结""牺牲""奋斗"三大精神。孙中山非常关心军校的建设和发展，从 1924 年 6 月 16 日军校正式开学至同年 11 月 1 日他离广州北上，在短短的 4 个多月时间里，孙中山先后五上黄埔岛，亲临军校视察，从思想上、组织上、物质上、方针政策上给予军校巨大的关心和指导。

在开学典礼上，孙中山以国民党总理的身份致辞，发表了长篇演说。他首先郑重宣布，创办黄埔军校的目的，"就是创造革命军，求挽救中国的危亡"。强调办军校要学习苏联经验，指出俄国革命之能成功，是"因为有了革命军做革命党的后援"，"我们现在开办这个学校，就是仿效俄国"。他阐明了办校的起因和方向，指出："中国革命 13 年，一直到今天，只得到一个空名。所以中国 13 年的革命完全是失败，就是到今天也还是失败。""这个原因，简单地说，就是由于我们革命，只有革命党的奋斗，没有革命军的奋斗；因为没有革命军的奋斗，所以一般官僚军阀便把持民国，我们的革命便不能完全成功。"他接着指出了办校的目的和指导方针："我们今天要开这个学校，是有什么希望呢？就是要从今天起，把革命的事业重新来创造，要用这个学校内的学生做根本，成立革命军。诸位学生就是将来革命军的骨干，有了这种好骨干，成了革命军，我们的事业便可以成功。"[①]

孙中山的这个讲话记录稿长达 7400 余字，足足讲了 1 个多小时。他在这个著名的开学演说中号召全体师生："从今天起立一个志愿，一生一世，都不存升官发财的心理，只知道做救国救民的事业"，做革命军，除了要有坚强的革命意志和理想，还要有"高深的学问做根本"。因此，一定要学好革命理论和军事技术。要"学先烈的行为，像他们一样，舍身成仁"，不"贪生畏死"。他以很通俗的语言说道，革命党的精神，就是不怕死的精神。有了这种精神，100 个人就能打 1 万个

---

① 《孙中山选集》，北京：人民出版社，1981 年版，第 917 页。

人。有一支 1 万人的革命军，就可以打倒军阀。孙中山对第 1 期学生寄予极大的信赖和深切的期望，在他结束讲话时，表示"要用这 500 人做基础，造成我理想的革命军"，以完成拯救中国的大业。

1925 年 5 月，身患重病的孙中山获悉以黄埔军校教导团为骨干的东征军，在第一次东征中取得节节胜利的消息，特电军校，表示祝贺，并嘱咐校长蒋介石、党代表廖仲恺和政治部主任周恩来，要爱惜黄埔学生，不要轻易牺牲黄埔学生，宁可损失 1 个营，也不要损失 1 个军校学生，并对随军东征的学生表示亲切的慰问。当军校领导向学生们宣读孙中山先生发来的电报，宣布军校学生克日开拔返校时，全体学生感动得流下了热泪。孙中山先生在京逝世的消息传来后，黄埔师生无不痛哭流涕，深切缅怀孙中山 5 次来校的情景。在孙中山革命思想感召下，黄埔师生在东征、南讨和北伐战争中屡建功勋，为中国革命作出了重大贡献，被誉为"东方红军"。

黄埔军校是孙中山后期苦心经营的一所新型革命军事学校，他对军校倾注了极大精力，寄托了莫大的希望。

思考题：

1. 孙中山为什么要创建黄埔军校？

2. 孙中山在黄埔军校开学典礼上讲话的重大意义是什么？

3. 论述联俄、联共政策对创建黄埔军校的重大理论指导作用。

第三讲

黄埔军校筹备过程中的困难和艰辛

在中国近代历史上，黄埔军校是一座新型军校。它是辛亥革命推翻封建王朝后由政党组建的新式军校，也是在孙中山先生领导下国共两党合作创办的第一所军校。那时，正值国民革命政府初创时期，各政党、派系之间的明争暗斗特别严重，军事、政治斗争错综复杂，经济状况异常艰难。这些困难，在黄埔军校筹建之初就显露出来，甚至使军校筹备工作几乎夭折。但是，军校的创办在孙中山的领导和共产党人的积极合作下，终于成功完成了从筹备到开学的各项工作。

一、军校筹备处从居无定所到安营扎寨

办军校，除师资力量等条件外，选择和确定校址是头等大事，尤其是军校不同于一般学校，对校园地点和规模都有着特殊的要求。当初，校址虽然拟定在广州市东郊的黄埔岛，但开始筹建黄埔军校时的办公地点并不在黄埔岛。那时，黄埔岛上虽然有几处房屋，但因年久失修，已是败瓦颓垣，且由于远离市区，水陆交通皆艰难，不便到岛上办公。

1924 年 1 月，黄埔军校筹备处在开始工作后的近半个月里，根本没有固定地方可安置办公室。孙中山只好把乘坐的"大南洋"号船停靠在江边，作为临时军校筹备处的办公地点。"大南洋"号船上的孙中

山和国民政府要员为筹备军校殚精竭虑，彻夜不眠。招集教官及招生章程等许多文件都是在这艘大船上拟定并首先发出的。

军校筹备处漂泊于珠江上的"大南洋"号船上，筹备处的工作人员在船上船下忙碌着。随着招生工作的迅速开展，在船上接待外地来的师生已经显得很不方便，必须在陆地上设置地址相对固定的军校筹备处。后在多方努力下，在广州市区南堤2号（今沿江中路239号对面）寻找到一座西欧古罗马圆柱式小楼房，年租金200元白银。这座古建筑，矗立于珠江岸边，南瞰滔滔江水，后临八旗二马路，全楼高约15米，是一幢3间3层、后进2层的西式楼房，建筑占地面积约700平方米。当时，这里是市区最热闹、最繁华的地方，赌馆、妓院比比皆是，几家著名的百货公司大楼就在附近。

2月6日，黄埔军校筹备处由"大南洋"号船开始迁移南堤2号古楼。2月8日，在此正式开展筹建军校的工作。筹备处启用军校筹备委员会的名义，从此不断出现在广州的报刊上。

军校筹备委员会登岸入住南堤2号古楼后，在门前挂起了筹备委员会办事处的名匾，张贴出了第1期招生公告，公开打起了创建军校的旗帜。南堤2号古楼最早卷动了黄埔军校的历史风云，自黄埔军校筹备委员会驻节这里开始，黄埔军校驻省办事处、中国青年军人联合会、黄埔军校同学会都曾在这里办公。因此，这里又被称作黄埔军校的祖宗之圣地。

南堤2号古楼2楼中间会议室的会议，在广州早春的和风中是一个接着一个地开，晚间楼内灯火通明。在筹备委员会开会初期，会议由蒋介石主持，后由廖仲恺代行其责。参加会议的除大元帅府任命的原大本营高级参谋王伯龄、原粤军第8师师长兼西江善后督办李济深、原粤军西江讲武堂总教练林振雄以及俞飞鹏、宋荣昌、张家瑞6名正式委员外，还有经王伯龄刚从粤军第6旅邀请来的原参谋长叶剑英、粤军骁将邓演达以及营长严重、原保定军校炮兵队长钱大钧、建国粤军军部参议刘峙、原东路讨贼军总部副官顾祝同等。会议的内容，主要是决定有关军校开办事宜，实施各项创校工作的进行。

这一时期，由筹委会委员长主持讨论的各种工作繁多，初步安排的主要工作有 8 项：制定校章，修理校舍，任免教职员，招考学员，审查员生资格，决定第 1 期学员教练计划，决定全校员生须加入本党，决定服装、教材书籍之样式种类及购置办法。在筹备军校体制过程中，初定设立教授、教练、管理、军需、军医 5 个部，由各筹备委员暂行分工主管。先期各级办事人员则从各军军事学校在职人员中选拔，经严格挑选后再通过考试择优录用。会议规定全校员生必须加入国民党。

黄埔军校以造就革命军干部为目的，所以筹备处先期特别注意各级官长的人选，以作为学员的楷模。筹委会规定，凡是由各方举荐的人员，先填写履历表，再经过详细考察，然后任用。3 月 24 日，军校在广州市文明路高等师范学校内举行下级干部考试，对各方举荐人员严格考察。各学员队分队长、副分队长则从广东警卫军讲武堂和西江讲武堂毕业生中挑选。筹委会负责人在对下级干部考试中讲话，赞扬他们来校为党牺牲的决心，要求本校教职员必须明了党纪、军纪及自己的地位和责任。建校筹备工作至 4 月 1 日基本结束。

筹备处自 2 月 8 日到南堤 2 号古楼办公，至 5 月 9 日本校开课。军校办事机构在黄埔岛正式开张后，南堤筹委会改为军校驻省办事处。筹委会在南堤历时 3 个多月，共开筹备会议 32 次。这一时期，蒋介石在筹委会仅工作了很短的时间，许多重大事情是廖仲恺负责筹划的。

二、校长的难产和难缠的校长

筹备军校的各项工作在紧锣密鼓地进行中，自然也就涉及一个非常敏感的问题，这就是关于校长的人选。本来军校校长是由孙中山本人兼任的，但是他考虑到自己的身体状况等原因，不适宜做具体的校务工作，于是最初准备让程潜担任校长一职，而以蒋介石、李济深为副校长。谁知蒋介石不愿在程潜之下，对孙中山的这一安排大为不满。本来由孙中山任校长，蒋介石无话可说，但当孙中山透露出不兼任校长之职时，蒋介石则对校长一职志在必得，他要起了政客的惯用手段。

1924 年 2 月 21 日，蒋介石未经孙中山和廖仲恺的同意，就宣布军校不办了，并擅自发给教职员离职津贴，企图解散筹委会。他写了一份辞职书，说"筹备处已移交廖仲恺先生代为交卸"，便不辞而别。孙中山与廖仲恺对蒋介石的行为十分不满。廖仲恺当即对筹委会的工作人员说："办黄埔是党要办的，而且一定要办成。""蒋介石不要办，或因此办不成，蒋先生要开罪于全党。"

蒋介石辞去军校筹备委员长职务后，擅自离开广州，跑到上海消极对抗。他给廖仲恺的信中托词说明他为什么要离广州到上海的原因：一是对孙中山的政绩不满；二是对廖仲恺的财政不满；三是对共产国际和中国共产党不信任。与此同时，蒋介石又委托张静江找孙中山说情，明言他想当这个校长。

孙中山在蒋介石的辞职书上批复："务须任劳任怨，百折不回，从穷苦中去奋斗，故不准辞职。"为了不影响军校筹备工作的进程，2 月 23 日，孙中山立即任命廖仲恺兼理筹委会委员长之职，同时邀请邓演达、叶剑英等一道办理招生建校工作。廖仲恺忠心耿耿，积极进行筹备工作，同时竭力催促蒋介石回广州复职。孙中山后又电催蒋介石回粤复职，责问："辞呈未准，何得拂然而行？"廖仲恺也电催蒋介石南归，责令"毋负远来考者，以损党誉"。3 月 14 日，蒋介石复函廖仲恺，表示不相信国共始终合作。对蒋介石的如此要挟，孙中山和廖仲恺仍是苦口婆心地劝说，3 月 16 日，孙中山发表《中国国民党孙总理勉励同志文》，再次阐述联俄、联共的必要性。

为切实做好招生工作，孙中山指示军校筹备委员会成立入学试验委员会，仍公布以蒋介石为委员长，王柏龄、邓演达、彭素民、严重、钱大钧、胡树森、张家瑞、宋荣昌、简作桢等 9 人为委员。军校入学试验委员会经孙中山批准于3月21日成立，因当时蒋介石离职，指定李济深为代理委员长。

军校筹备工作日益繁忙，蒋介石却逍遥地由上海返回了浙江奉化老家。这期间，廖仲恺连日电催蒋介石南归，3月26日询问："归否？俾得自决。"表示作最后通知。3月30日蒋介石致电廖仲恺，借口怀疑军校经费不足，表示对军校失去信心。廖仲恺复电表示，经费不乏，尽可安心办学，惟请即来。然而，蒋介石未达目的，哪肯罢休，仍以种种理由不归，暗中也在四处探听孙中山对校长一职的安排。为了革命大业，孙中山委曲求全，又特派许崇智专程到奉化劝说蒋介石回校，并说明如果蒋介石再不回广州，军校之责就只好另请别人了。4月21日，蒋介石在感到再拖下去恐怕凶多吉少的情况下，这才重返广州。

蒋介石不顾大局，闹个人意气，孙中山欲想换人，但权衡之下又找不到更合适的人选，于是想出了一个妥协而又明智的巧妙办法：决定让出校长一职给蒋介石，另设军校总理一职由自己亲任，仍位驾于校长之上，并设校党代表，由廖仲恺担任，以制约校长。5月2日，签署了"特任蒋中正为陆军军官学校校长"的任命；5月9日，签署了"特派廖仲恺为驻陆军军官学校中国国民党代表"的任命。

蒋介石如愿以偿地当上了黄埔军校校长，这是由多种因素组合造成的历史必然。首先是国民党内缺乏军事人才；其次是蒋介石先期要求出使苏联，造成了先入为主、舍其无人的态势，从而迫使孙中山最终作出了这一决定。

三、军校师生几乎断炊，廖仲恺四处奔波筹措经费

经费问题，是军校筹建时期遇到的大问题。

当时的广东还没有统一，新建立的广东革命政府有其名无其实，尤其在财政上还没有建立自己的家底。广东虽然是一个很富庶的省份，可就是在这样的省份，军校筹备费的开支却得不到保证。那时，广东

革命政府地处广州一隅，陈炯明残部盘踞惠州，邓本殷军阀霸占南路，广州地区则有滇桂军阀掣肘。这些军阀横征暴敛还截留税款，广东革命政府财政收入有限，经济十分困难。经费没有来源，黄埔军校的筹建和运作总是捉襟见肘，难以为继，甚至连工作人员的一日三餐伙食都不能保障。

廖仲恺作为大元帅府的财政部长，受孙中山的委托，一直参与军校的筹备工作并倾注了极大的热情，多方为军校筹措经费。廖仲恺虽然身兼党政要职，是国民党的绝对核心人物，但"巧妇难为无米之炊"。从黄埔军校筹备之初，他就极力运筹。在蒋介石不辞而别离开广州后，廖仲恺只好代理黄埔军校筹备委员会委员长。

在军校筹备会上，廖仲恺向全体人员提出要求，他说："创办本党军官学校，近日在刚刚结束的全国代表大会上获一致通过。这次大会，确立了联俄、联共、扶助农工的各项政策。中国革命的高潮已经来到了，军官学校的筹办，将是涌于潮头最引人注目的一朵浪花。在这次会议结束时，已经提请两党同志回去后在全国各地为本校招生。我们一定要把那些优秀的、忠实于本党主义的人才集合到本党的旗帜下。现在，这里各项筹备工作要抓紧，加快落实。南堤2号，现已经成了全国关注的中心，诸位一定要不辱使命。"

廖仲恺是著名的革命家，正气凛然，可是为了解决军校开办经费，提供师生们衣食住行所需款项，不能断炊，他只好与滇桂军阀周旋，蒙受委屈，常常不得不以极大耐心同控制了广东财政收入的西南军阀交涉。廖仲恺经常求助于当地军阀，甚至常常要在夜里到滇系军阀杨希闵的鸦片床前耐心做工作，等他签字，然后才能够从他们霸占的税收中得到一点拨款，领到解决师生吃饭问题的款项，连夜送到军校。

有一天，廖仲恺忙到凌晨4点才回家，夫人何香凝不免有些意见。廖仲恺含泪说："我晚上在杨希闵家，等他抽完大烟才拿到这几千元，不然黄埔师生再过两天便无米食了！"堂堂国民党大员为了黄埔军校真的是忍辱负重，连尊严都放弃了。如果款项不够，廖仲恺还拿出自家积蓄，实在不行了甚至四处借贷。但面对军校经费告急，他总是说："经费由我负责，你们一心搞好学习和训练就行了。"

蒋介石在未正式担任军校校长前，回到广州后对筹委会的工作有意见，他在筹措办校经费上质问廖仲恺：军校费用"是否另有指定？"廖仲恺为使蒋放心，对他说："军校款，弟不问支出，兄亦不问来源。"

廖仲恺之于黄埔，一如黄埔之于其学子。廖仲恺在大会上对黄埔第1期学员讲，这几天大家能够开饭，是何香凝把自己的首饰拿去抵押，才能在东堤粮店买到数百担大米。何香凝的一颗钻石戒指值数万元，所以抵押后能买数百担大米。张治中在《黄埔精神与国民革命》一文中说道："当初我们在那小岛上面第1期学生500多人，都是各省各地的热血青年，然而可怜得很……我们的教育器材是不够的，武器弹药是不够的，马是没有的。这还不讲，就是一天三餐的伙食，还是有了早上不知道晚上，有了今天不知道明天……我们常常看到廖先生同我们讲起筹款时种种困难的时候，他几乎落下泪来。他晓得本校明天的伙食没有了，有时一天出去，四处奔跑，一直到晚上八九点钟还没有得到一个钱的时候，他只好跑到军阀的公馆里面去讨要。"

为了培养革命军队的骨干，廖仲恺经常到军校亲自任课、讲演。他语重心长地向学员们讲述进军校学习不是为了做官的道理，说："大家要晓得为什么进这个学校，并不是为做官，为拿指挥刀才来进这个学校。如果为国家出力，或者做官也是有的。不然，若专为做官而来当本校的学员，纵使毕业出去，当了一个司令、军长，难道就算革命成功了么？穿了一身军装，拿了一把指挥刀，就算革命成功了么？要是革命不成功的时候，我认为就是有穿有吃也是糟。"廖仲恺先生不仅是这样教育学员，而且他自己就是这样身体力行的。他身居高位，不摆架子，为办好军校，不辞劳苦，做了许多工作。

廖仲恺扶持军校的苦心，使师生深为感动，师生们誉称他为"黄埔慈母"。张治中在《黄埔精神与国民革命》一文中有这样一段记述："大家没有饭吃的时候，就由他去筹划，所以我们想到当时的这种情形，廖仲恺先生真是'黄埔的慈母'。"同时参与军校筹备工作的叶剑英后来就此事评价说："当时真正懂得中山先生建军思想的是廖仲恺先生，而不是蒋介石。"①

思考题：

    1. 创建军校的最大困难是什么？

    2. 为什么选择黄埔岛为校址？

    3. 蒋介石推辞校长之职以退为进的手段，孙中山没有识破吗？

    4. 为什么说廖仲恺是"黄埔慈母"？

---

    ①   叶剑英：《孙中山先生的建军思想和大无畏精神》，载《文汇报》，1956 年 11 月 10 日。

第四讲

黄埔军校第 1 期的招生和录取

广州市南堤 2 号门前自挂出黄埔军校筹备处的牌子后，门里门外开始忙碌起来，人群络绎不绝。与此同时，市内的大街小巷也贴出了黄埔军校的第一个《招生简章》。

一、名额分配、报考条件和招生工作

关于黄埔军校第 1 期的招生和生源，1924 年 2 月 10 日，军校筹委会决定在全国 19 个省进行招考，拟定招生名额为 324 人。分配各省区招考学生名额：直隶、山东、山西、陕西、河南、四川、湖南、湖北、安徽、江苏、浙江、福建、广东、广西 14 省每省 12 人，计 168 人；东三省、热河、察哈尔计 50 人；湘、粤、滇、豫、桂军 5 个军各 15 人，计 75 人；国民党先烈家属 20 人；留有 9 个人的名额作为机动。另招备取生 30 人至 50 人。

关于考生要求，军校筹委会最初拟定的简章，要求学生必须"明白主义"，学历上要求中学或相当于中学毕业，而身体则要"强健"，无眼病、肺病和性病。考试要考笔试和口试，考的内容是作文、政治和数学。

黄埔军校招生是全国性的，实行起来困难很大。在国民党有一定影响的几个省份和地区，可以在《民国日报》上登几则启事，但在军阀盘踞的多数省份，却不能公开招生，甚至有的省份的军阀竟下令学生不得出省一步。那时的国民党组织松散，对全国招生如何进行无能为力。眼看着各地报考工作要落空，孙中山焦急万分，廖仲恺急忙找到中共总书记陈独秀。陈独秀召集在国民党中任职的中共党员谭平山和中共广东区委书记陈延年，决定以中共中央和共青团中央名义向各地组织发电，冲破军阀障碍，挑选优秀分子赴广州应试。

黄埔军校招生消息传出后，各地有志青年报考十分踊跃。因为各地军阀并不支持甚至反对这样一个新生军事学校，招考的第1期学生采用秘密招生方式。为了保证学生政治质量，每一名学生录取时要有两名担保人。当时除在广州可以公开进行招生外，其余各省因都在军阀统治下，不能在这些地区公开招生，因而委托出席国民党一大的各省代表回原籍后，代为秘密物色选拔考生来校应考。

由于当时国民党在许多地方还没有建立组织，因此，非常重视培训革命军事干部工作的中国共产党，在黄埔军校的招生工作中起了重要作用。当时正是国共合作时期，中共党组织可以保送初试。在黄埔军校招生期间，各地党组织积极动员和选送符合条件的共产党员、青年团员和革命青年报考。3月，共青团广州地委发出第7号报告，称将在广州创办军官学校，拟派三四名同志赴考，预备在将来参加军人运动。共产党人何叔衡在湖南长沙负责办理军校第1期秘密招生事宜，介绍赵自选、陈作为和郭一予等持函到上海见毛泽东。当时，毛泽东、恽代英负责上海的招生工作。

时年31岁的毛泽东，精力过人，胆大心细，他倾全力帮助黄埔军校招收各地英才。查阅《陆军军官学校第一期第一至第四队详细调查表》，可见在学生亲笔填写的"入校介绍人"一栏中，有5名湖南学生的入校介绍人中都有毛泽东的名字，这5人是：新田县的蒋先云，耒阳县的伍文生和李汉藩，衡山县的赵楠，醴陵县的张际春。（此处所提张际春非后来的解放军第2野战军副政委张际春，两人同名同姓同乡。

考入黄埔军校第 1 期的张际春毕业后曾任国民革命军团长，在苏联学习两年回国后到上海中央军委工作，曾担任上海总工会纠察队副总指挥，1933 年病逝。）1924 年 3 月，由毛泽东出面在军阀孙传芳的眼皮底下，在上海秘密组织了一个黄埔军校分考场。所谓分考场是指整个长江流域各省份的考生先到这里集中，经过筛选，再赴广州参加总考。毛泽东在这里给许多人发放了路费和证明，送他们登上南下的火车和轮船，多年后这些热血青年还记得，在送别的时刻，毛泽东都会说一句"让我们相约在广州"，都记得毛泽东在码头上那清瘦的身影和真诚的祝愿。

二、各地优秀青年云集广州参加考试

军校的入学考试是严格的，标准要求也很高。

报考者一般要经过 3 道关，第一关是各省区的初试；第二关是大地区范围内的复试；第三关是军校的总考试。基本程序是，全国 19 个省区分别先进行招生初试，初试合格后再介绍到上海、重庆等地复试，如当时毛泽东即在上海负责复试工作，复试合格后再送到广州参加总考试。军队也是如此，东路军总部及其所辖各部队之下的军官数十人报考军校，东路军总部为慎重起见，先在本部预考，合格者再送军校复试。从总体上看，报考青年的文化水准也比较高，约有三分之一是中学或专科学校毕业生。报考人数至 3 月 27 日已达 1200 余人，超过计划招生人数 3 倍多。

在报考军校的过程中，也避免不了有鱼目混珠者。有些人把报考军校作为追名逐利的捷径，想通过不正当办法进入军校。为保证学生质量，军校试验委员会于 4 月 7 日在广州《民国日报》刊登公开启示，谢绝各方推荐函件，郑重声明坚决按考试成绩，择优录取新生。

徐向前投考黄埔军校是他在《新青年》杂志上看到了黄埔军校的《招生简章》。这个因为在学堂上大讲雪耻救国故事而被迫辞职的小学教师，从此立下宏愿，要到黄埔军校去做一番救国救民的大事业。他悄悄约上白龙亭、孔昭林、赵荣忠、郭树械等几个同乡，从山西来到上海，在环龙路一号进行了初考，被录取后又从上海直奔广州。

出身书香门第的杜聿明和他要好的同学阎揆要、关麟徵、张耀明等，也是从《新青年》杂志上得知黄埔军校招生的，便从陕西匆匆赶来。然而，考期已过，多亏了陕西同乡、同盟会元老于右任先生的举荐，才获准补考。否则，在后来的中国人民解放军将军方阵里就会少一位阎揆要中将；在后来的长城抗战中，国民革命军里也就少了一位关麟徵师长，昆仑关大战则会少了一位杜聿明军长。

陈赓、宋希濂等报考黄埔军校，则是属于现代职场中的"跳槽"行为。他们原先报考的是大元帅府军政部部长程潜主办的"湘军讲武学校"，被录取后，于 1924 年 1 月到广州入校学习。3 月，当黄埔军校招生的布告贴出后，陈赓、宋希濂等在沿珠江长堤散步时看到了招生简章，真是喜出望外，他们一面仔细地研读，一面在心中琢磨："革命青年不应分散力量，甚或为私欲者所利用，而应集中黄埔训练。"① 他们当即议定：退出讲武学校，报考黄埔。陈赓、宋希濂在入学考试后被顺利录取。他们的这一行动，也带动了原讲武学校的其他学生如左权等坚决要求转学到黄埔军校，由此有了半年后的集体大"跳槽"，原讲武学校停办，却为黄埔军校平增了 140 多名学生。

在这第 1 期考生中，以后成为著名将领的胡宗南则是哭进黄埔军校的。胡出生于浙东宁波镇海陈华埔朱家塘村一户小药店主之家，幼时随父迁居浙西孝丰，他聪慧好学，读小学时以全县第 2 名的成绩毕业，读中学时以全校第 1 名的成绩毕业。中学毕业后，因家庭经济窘迫，他失去了继续深造的机会，被迫回到孝丰县立高等小学堂担任国文、历史、地理教员。除教书外，他把大多数时间用来阅读古代史学

---

① 陈赓：《陈赓日记》，北京：解放军出版社，2003 年版，第 229 页。

名著，了解天下大事。1921年暑假，他游历了北京、天津、山海关等地，随后他便断言10年后，中日必然发生战争，恰好1931年发生了九一八事变。凭借对事物敏锐的洞察力，他在黄埔军校读书时被公认为"预言家"。

广东黄埔军校在上海秘密招生时，胡宗南决心报名投考。黄埔军校在华南国民党控制地区是公开招生的，但是在北洋政府控制的地区只能由国民党和共产党在地下秘密主持进行。先是在上海初试，然后复试，合格者再去广东参加总考试。上海复试的主考官是毛泽东。胡宗南顺利地通过了复试，并获得路费。合格的考生们被分期分批秘密送往广东。

广东的复试特别严格，首先是资格审查，按黄埔军校《招生简章》第4条第1项规定，投考者"年龄18岁以上，25岁以内"，而胡宗南当时已经是29岁，根本就不符合条件，但可以在报名册上做一下手脚。接下来便是按照黄埔军校《招生简章》第5条的规定，进行身高、肺量、视力、听力、体重等项的检查，军校考试委员会把身高放在了体检的第一位。

考官先让考生排成一队，这一下胡宗南的身高弱势十分明显地暴露了出来，在长长的队伍里，他这个不足1.60米的个子差不多比别人矮了一头还多，身体又较弱。考官当即把胡从队伍里拉了出来，并且毫不客气地说："你根本不是当兵的材料。"这也就是说，胡宗南被取消了考试资格。

这一结果对胡宗南简直是致命的打击。他看着教官那张严肃的脸，没有一点通融的余地，再想到自己有家不可回，上海的生意又欠债累累，就放声大哭起来。举目无亲，找不出一个朋友或熟悉的人来帮忙，他真的是已步入人生的绝境了。

哭了一会儿后，胡宗南猛然间站了起来，他真是火冒三丈，慷慨陈词，责问把他拎出来的教官："凭什么不让我参加国民革命？革命是每个年轻人的义务！个子矮怎么了？拿破仑的个子也不高，不一样驰骋疆场？校总理孙中山先生的个子也只有 1.68 米，校党代表廖仲恺先生更矮嘛！国民革命怎能以相貌取人呢？"那个教官见状惊得目瞪口呆，可胡宗南的嗓门越来越大，他大喊了起来："孙中山先生的主张为什么得不到实现，就是因为你们这些人让许多热血青年报国无门！"考场上这么大的动静，惊动了正在另外一个房间里的廖仲恺。

廖仲恺出门一看，就乐了，他对着胡宗南也大声喊道："这位同学，我批准你参加考试。"接着转身回到房间内，写了一张字条交给胡宗南。字条上书："国民革命，急需大批人才。只要成绩好，身体健康，个子矮一点也是应该录取的。"凭着廖仲恺的字条，胡宗南被特许参加了接下来的文化考试。整一个月后，黄埔第1期学生入学考试发榜，胡宗南被列在备取生一栏中。那时的廖仲恺当然不会想到，这个姓胡的小个子后来成了肩扛3颗金星的上将。

三、黄埔军校第1期学生的录取和开学

1924 年 3 月 27 日，黄埔军校以广东大学、广东高等师范学校为试场，举行第1期新生入学考试。第一门考作文，题目是要求考生论述中国贫弱的原因和挽救之良策。还有数学、历史、地理等科目的考试。各地投考的学生共 1200 余人，3 天试毕，因考生学识较佳者颇多，故酌量多取。4 月 28 日发榜，经严格考试，第1期共录取正取生 350 人（还有说 360 人或 372 人），备取生 120 人（还有说 117 人或 100 余人）。在第1期录取生中，约有共产党员近 60 人，占学生总数的八分之一。

当时负责筹建军校和招生工作的张申府回忆说：第一次国共合作后，孙中山在苏联、共产国际和中国共产党的帮助下，着手筹建黄埔军校。军校完全是按照苏联红军的原则和制度建立起来的。孙中山请来几名苏联教官作为军事顾问参加军校的筹建工作，他们中间有人讲

英语、德语，由我给校长蒋介石当翻译。那时我一面在广东大学教书，一面参加筹建黄埔军校工作，具体负责第1期学生的报名、入学考试和录取工作，并负责安排课程表。不久后担任黄埔军校政治部副主任。军校招生简章在报上登出之后，来自全国各地的报名学生十分踊跃。初试合格的各地学生需要到广州再通过复试才能最后被录取。第1期学生的试题，是我同几位苏联顾问事先商定的。考试分笔试和口试两种，我主要负责学生的口试，同时还兼管笔试监考和阅卷工作。录取揭榜时，共产党员蒋先云名列第一。

孙中山在这时急于抓军队，急需办军校培养人才，来广州报考军校的又多是热血青年，所以，能录取的尽量录取。第1期来报到的青年以南方人居多，从北方来的青年较少。为此，军校在招生中特别注意招收来自北方的青年，从山西来的徐向前等10多名考生，还有从陕西来的阎揆要、关麟徵、张耀明、杜聿明等10多名考生在于右任的保荐下，都被录取了。

5月5日和7日，经过考试选拔的470名第1期学生正式入校上课。编为4个队接受新兵训练。正取生编为第1、第2、第3队，备取生编为第4队，分别以吕梦熊、茅延桢、金佛庄、李伟章为各队队长（其中茅延桢和金佛庄是共产党员）。岛上的原军校校址因年久失修，荒草遍地，军校组织力量进行大扫除，维修校舍，披荆斩棘，除秽去污，使这片从前的蛇鼠聚众的废墟，"一变而为跃马谈兵之地"。

第1期学生，学期规定半年，均为步兵科，组成学生总队。邓演达为学生总队长，后由严重接任。初期为4个队共470人，11月底毕业，及格者456人。后由湘军讲武学堂合并到军校的158人及四川送来的21人编成的第6队学生也归入第1期，因此这期毕业生实际为635人。

这期毕业生除部分留军校外，大多数分配到新成立的教导团，其余派往海军、空军、工人纠察队、农民自卫军等任军事教官或从事政治工作。在这期学生中，有入学考试和毕业考试都考第1名的蒋先云，还有后来成为共和国元帅之一的徐向前，在北伐中终以舍生忘死取义实践了"誓以我血浇灌革命之花"誓言的曹渊，还有胡宗南、宋希濂、杜聿明等国民党方面的著名将领。

第1期学生为黄埔军校开启了辉煌的第一页，黄埔军校从此走上历史大舞台。

四、黄埔军校第1期毕业生的特点

黄埔军校第1期，在1924年5月入学，6月举行开学典礼，11月宣布毕业。但直到次年5月才发给毕业证书，6月第3期快要举行开学典礼之前几天才正式补行毕业式。第1期毕业生计635人。黄埔军校毕业生，在中国军事史上是一个堪称典范的群体，而第1期毕业生更是这个群体"塔尖"中的精英，他们作为"黄埔系"中的"大哥大"，自然有着得天独厚的黄埔资历和军阶晋升资格，与其他期别的毕业生有着诸多不同的特点。

1. 入学素质起点普遍较高

为保证学生质量，军校试验委员会在广州《民国日报》刊登公开启示，谢绝各方推荐函件，郑重声明坚决按考试成绩，择优录取新生。考试是严格的，标准要求也很高。报考者一般要经过初试、复试和总考试3道关。军队也是如此，先在部队预考，合格者再送军校复试。从总体上看，报考青年的文化水准也比较高，约有三分之一是中学或专科学校毕业生。

从学生来源看，第1期学生还有下述特点而不同于后来各期：一是多由出席国民党第一次全国代表大会的代表介绍而来，其中许多学生是共产党组织从各地选派来的党团员和革命青年。二是由于对各省都有配额，籍贯分布于21个省区。除吉林、外蒙古、新疆、西藏以外，其余各省都有人参加。以湖南、广东、陕西、江西、浙江等省居多。最多的是湖南人，因程潜办的湘军讲武堂的一个队（都是湖南人）120 多人在后期并入（此数不在上述近 500 人之内）；最少的是内蒙古，只有白海峰等 2 人。三是年龄悬殊，最小的谭煜麟仅 16 岁，最大的丁琥已 39 岁。四是文化程度不平衡，小学到大学都有；三分之一为中学或专科毕业以上文化程度。五是出身复杂，有军官、学生、工人、农民，还有来自其他家庭出身和工作岗位的。六是家庭富有者很少，受到社会压迫者占多数，故富于革命性。七是本期学生多有亲缘关系，说明报考军校时的互相影响很大。如广西容县陆汝群、陆汝畴是亲哥俩，湖南长沙王敏修（又名王梦）、王劲修是亲哥俩，陕西米脂杜聿明、杜聿鑫、杜聿昌是堂兄弟，等等。

2. 最早接受先进军事教育

黄埔军校第 1 期学生开中国现代军事教育先河，为长时期封闭的中国军事教育领域注入了先进的革命军事学术思想和军事技术知识。黄埔军校特别强调理论与实践相结合的教学原则，政治课与政治任务和工农运动相结合，军事课与野外演习和参加实践相结合，从而锻炼了学生的革命意志，提高了学生的军政素质，促进了革命形势的迅速发展。黄埔军校在苏联顾问的帮助下，尽量采用最新的军事理论和军事技术进行讲授和训练，与一切旧式军事学校相比，有着自己的显著特点和优点。其教育的内容充满着时代的浓厚革命气息，与世界潮流的脉搏谐动，代表着时代的先进文化和先进方向。这是黄埔军校教育的显著特点之一。

黄埔军校是第一次国共合作的产物。由于国共两党的共同努力，黄埔军校一反旧式军校之常规，首创崭新的军事教育制度，它以孙中山革命的三民主义和马克思的共产主义为主导，对不同党派和不同学派的思想理论实行兼容并包的政治教育方针。黄埔军校继承和发展了中国历史上优良的军事传统，吸收了国外先进的军事思想。军校建校之初，开设内容丰富的政治课，对学生积极进行孙中山革命的三民主义教育，同时也注意向学生灌输马列主义思想。这是黄埔军校区别于以往任何旧式讲武场所的显著标志之一。

黄埔军校学习苏联红军学校的教育经验，重视政治教育，黄埔军校在办学方针上与旧军阀办校的一个根本不同点是"军事与政治并重"，独具特色的黄埔军校政治教育，使受教育者懂得了枪口为什么要对准谁，为谁而扛枪打仗。由此，黄埔生在东征、北伐等战火中所向披靡，显现出了顽强的战斗力。

3. 最早受到国共两党领袖的青睐和倚重

黄埔军校是孙中山先生晚年苦心经营的一所新型革命军事学校，他对军校倾注了极大精力，寄托了莫大希望。他常亲自到军校视察，每隔一段时间都要到军校"海关楼"小住，检查工作，听取汇报；要求师生严格掌握"政治与军事并重，理论与实际结合"的教学方针，并根据"亲爱精诚"的校训，倡导"团结""牺牲""奋斗"三大精神。从1924年6月16日军校正式开学至同年11月1日他离广州北上，孙中山先后5次亲临军校视察，从思想上、组织上、物质上、方针政策上给予巨大的关心和指导，关心着军校的建设和发展。第1期学生都多次亲自聆听过孙中山先生的教诲，这对他们人生坐标的确定具有非常重要的定向作用。

在黄埔军校第1期学生入学至毕业期间，绝大多数学生受到蒋介石的个别接见。有资料统计，第1期毕业生有三分之一是由蒋介石亲自点名提携并加以重用的。蒋介石对黄埔军校学生的影响产生了一种独特的凝聚模式，一种国民党使用自己的军队要得到蒋介石同意和支持的模式。服务于国民革命军中的黄埔第1期毕业生，不少人后来成为蒋介石倚重的亲信将领，每到"军事艰难时"多用第1期毕业生。蒋介石作为当时中国军政领袖人物，运用第1期毕业生作为"军事引领"或"精英集团"，在中国内地及日后在台湾进行了半个多世纪的军政统治。

黄埔军校第 1 期毕业生在中国共产党领导的军队中，绝大多数也得到了器重。周恩来、叶剑英、聂荣臻、陈毅等黄埔教官，更是了解黄埔军校，也重用黄埔毕业生。南昌起义、秋收起义、广州起义中的军事指挥员有 20 多人是黄埔 1 期毕业生。后来评定的"中华人民共和国 36 位军事家"中，有徐向前、左权、陈赓、许继慎、蔡升熙 5 位黄埔 1 期毕业生。1939 年 5 月 26 日，毛泽东在《抗大三周年纪念》一文中写道："昔日之黄埔，今日之抗大，是先后辉映，彼此竞美的。"中国共产党创办的"中国人民抗日军事政治大学"仿效了黄埔军校的建校原则和革命精神，毛泽东对黄埔军校给予了如此高的评价。

4. 最早接触实战，成为国共两党最初的军事指挥员

黄埔军校第 1 期学生处在民国初期军阀混战、群雄争霸、革命与反革命交织一体的特殊历史时期，在当时的战争环境下，曾经成为引领历史进步潮头的"军事精英群体"。在校期间，他们曾随孙中山出师韶关准备北伐，继又调回广州参加平定商团之战。在孙中山"党治军队"理论指导下，本着"早出人才，快出人才"方针，入校学习训练半年多，即告毕业分发军队。毕业后，大多留在军校教导团第 1、第 2 团组成的校军，担任连、排、班长，或派入革命政府中的工人纠察队、农民自卫军和海军舰艇供职。此后他们在投入广东革命政府两次东征和统一广东的历次战斗中，战无不胜，愈战愈强，崭露头角，逐次委以军事重任。

军校第 1 期毕业生共计 635 人（含第 6 队），去向大致分为 4 部分：一是大部分派往新成立的教导团担任连党代表、排长、班长或司务长、文书等职务，旋即开赴东征前线；二是部分留校派到第 2 期学生队当区队长；三是部分派往海军、工人纠察队、农民自卫军等机关或军队出任政治工作和教练工作；四是挑选长于英、德、法语的学生 10 人到大元帅府，在由德国顾问主办的航空学校学习空军。第 1 期学生毕业时，还选派了 30 多名毕业生组织了机关枪训练班，由苏联顾问担任教

官，训练班结束后，绝大多数也都分到教导团任职。

1924 年 11 月 20 日，由黄埔军校师生组成的军校教导团（后改称"教导团第 1 团"）正式成立，实行"三三制"（每团 3 营，每营 3 连，每连 3 排，又有特务连、侦探队、机关枪连、辎重连、通信队、卫生队等，均在团之建制内）。各级官佐主要由黄埔军校的教职员和第 1 期毕业生担任。教导团采用党代表制，各级党代表由党代表廖仲恺从教官和学生中遴选富有政治学识者，呈请中央任命。除实施政治训练外，凡军队一举一动、一兴一废，均须受其节制，以示党化。黄埔教导团的成立为国民党党军的建立奠定了基础，后来这支部队参加过东征以及讨伐"杨、刘叛乱"。1925 年 8 月，部队改编为国民革命军第 1 军，蒋介石担任军长，周恩来任副党代表兼政治部主任。

军校第 1 期学生的最大特点是名将云集。第 1 期毕业生中，此后有许多在国共两党军队中担当重任，成为独当一面的将帅英才，不少人在军政机构参与战略策划，不同程度地影响着军队建设乃至战争进程，在国家军事历史上发挥过极其重要的作用。黄埔第 1 期毕业生有许多后来在国共两军中担任重要职务，如中国共产党旗帜下的徐向前、陈赓、周士第、阎揆要、袁仲贤、彭明治、曾希圣以及蒋先云、胡焕文、曹渊、左权、刘云、陈启科、黄锦辉、冯达飞、李谦（隆光）、孙一中、傅维钰、杨其纲、李之龙、赵自选、黄鳌、王尔琢、王泰吉、王逸常、唐震、彭干臣、刘畴西、许继慎、蔡升熙、吴展、何章杰、梁锡古、魏孟贤、肖方、董朗、贺声洋、冷相佑、张伯黄、伍文生、金仁先等，还有陈明仁、侯镜如、廖运泽、李奇中、郑洞国等著名起义将领；国民党军方面的如胡宗南、冷欣、曾扩晴、杜聿明、王敬久、王叔铭、桂永清、关麟徵、张耀明、黄杰、李仙洲、刘戡、刘咏尧、陈大庆、张镇、罗奇、袁朴、袁守谦等一大批高级将领。

黄埔第 1 期毕业生以崭新的军人风姿，示范着黄埔精神，一颗颗将星从这方教坛上冉冉升起。绝大多数毕业生成为中国国民党"党军"、国民革命军、工农红军的重要军事骨干，成为国共两党早年革命武装的核心和中坚。

思考题：

1．毛泽东对黄埔第 1 期招生工作的贡献是什么？

2．黄埔第 1 期学生入学时的综合素质考试，对日后成才的有什么重大影响？

3．黄埔第 1 期学生为什么在本军校还未成名前，就认定了这条从军道路？

4．黄埔第 1 期毕业生的特点有哪些？

5．为什么多数黄埔第 1 期学生都能成功或成名？

第五讲

黄埔军校是国共合作的产物

黄埔军校的建立并非偶然，它的诞生是中华民族以武力反抗帝国主义侵略和封建势力压迫的体现，是中国社会政治经济发展的必然结果，深刻反映了中国革命发展的迫切需要。当时，国共两党对办好黄埔军校都予以高度重视，寄予希望，并携手通力合作，分别倾注了大量的心血。军校创建的历程说明，孙中山和国民党左派及中国共产党人的合作努力，是军校创建的主要动力和根本支柱。

一、国共两党通力协作筹办军校

共产国际和中国共产党人的帮助，使孙中山开始了他一生中最伟大的转变。联合中国共产党，"以俄为师"，是孙中山创建革命军的最初认识。

统观黄埔军校创办时期的历史资料，中共领导人自始至终参与了创办军校的全过程。当时的形势复杂纷纭，其中的艰难是难以想象的。创办过程中，国共两党领导人直接见面不多，其中起穿针引线、搭桥铺路的主要人员有：共产国际代表马林，苏联驻中国大使越飞、加拉罕，全权代表鲍罗廷，中共代表张太雷等。中国共产党为办好黄埔军校作出重大贡献，在黄埔军校的酝酿和筹备工作中给予孙中山坚定的支持：在与共产国际代表马林会晤时，中国共产党为孙中山提供便利条件；在陈炯明叛变、孙中山处于绝望之际，中国共产党给予他热情的支持；在组织"孙逸仙博士代表团"（又称"孙中山军事代表团"）访苏时，共产党人积极参加，为建立军校出谋划策。

1922年6月，陈炯明在广州叛变，使孙中山陷入了绝望的境地。他到达上海时，多次与李大钊、林伯渠、陈独秀等共产党领导人商谈，与苏联代表越飞会谈，要求中国共产党和列宁派人帮助。中国共产党向孙中山伸出友谊之手，李大钊、林伯渠等在与孙中山的会谈中，讨论了国共两党合作共同革命和如何建立革命军队的问题。8月，苏联特使越飞来华，先后与孙中山、廖仲恺举行多次会谈，并进一步商讨了建立革命军队的问题，最后发表了《孙文越飞联合宣言》。

1922年最后的几个冬日里，孙中山接收李大钊等共产党人加入国民党，加快了他联共的步伐。

1923年新年伊始，国民党与苏联正式建立了联盟关系，开始了孙中山联俄政策的行动。6月，中国共产党召开第三次全国代表大会，正式通过了共产党人可以以个人身份加入国民党的决议。

这两个"联合"是孙中山先生毕生革命生涯中的英明抉择，也决定了黄埔军校容纳百川湖海、汇聚天下英才的时代先进性。孙中山先生的伟大就在于此，不管你的旗帜是"红色"，还是"蓝色"，甚至于"灰色"等别的颜色，只要你有助于中华民族的统一和强盛这个"金色"大业，我都可以与你联合。别的我不管，我要的就是"金色"的好收成。

1923年2月，当孙中山准备返回广州，重建大元帅府时，特别邀请苏联政府派遣军事专家和政治工作人员到广州，协助建军工作，并提出了委派代表团赴苏联考察政治、军事的初步设想，确定访问团的任务主要是学习苏联办军事学校的经验，谈判军事援助等问题。关于赴苏联考察的人选，中共领导人参与了研究，张太雷参加了许多重要会谈活动。

1924 年 1 月 20 日，中国国民党第一次代表大会在广州高等师范大礼堂（钟楼）召开。在这次大会上，孙中山先生重新解释了三民主义。他提出的一系列政策被后人概括为联俄、联共和扶助农工。也就是这次代表大会宣告国共合作正式形成，决定建立中国国民党陆军军官学校。这是孙中山在共产国际代表和共产党创始人之一李大钊的帮助下所做的一件大事，终于在充满艰辛的荆棘路上迈出了第一步。

二、国共两党皆选派重要干部到校任职

国共合作的成功，有力地推动了军校的筹建。1924 年 1 月 24 日，孙中山以军政府大元帅名义正式下令筹建陆军军官学校，命名为"中国国民党陆军军官学校"。宣布成立军校筹备委员会，以蒋介石为委员长，李济深（邓演达代）、王柏龄、沈应时、林振雄、俞飞鹏、张家瑞、宋荣昌 7 人为筹备委员。中国共产党委派张崧年（申府）参加筹备工作。

军校以孙中山提出的"创造革命军，来挽救中国的危亡"为宗旨，教育目标是为国共两党培养造就军事政治人才。为此，国共两党对军校工作都极为重视，皆选派重要干部到校任职。孙中山亲自兼任校总理，廖仲恺任党代表，并同意中共派优秀党员到黄埔军校来担任政治部的领导职务，欢迎一批共产党人进校任政治教官或秘书等职，以保证黄埔军校的高政治素质。校长蒋介石提出军校以"亲爱精诚"为校训，在办校前期尚能与苏联顾问友好相处，对在校工作的中共党员也给予一定的信任和支持。

中共中央派出一批重要干部入军校担负各级政治领导工作。黄埔军校的政工干部基本上都由中国共产党人担任，他们承担负责组织军校政治教育课，并开展得相当成功出色。在短暂的 3 年中，有 5 位中国共产党人出任校政治部主任、副主任，专职分工政治工作和政治课教育。如周恩来、包惠僧、熊雄先后任军校政治部主任，张申府、鲁

易任政治部副主任，季方任政治部副官，聂荣臻、杨其纲、王逸常、洪剑雄、卢德铭等先后任政治部秘书、科长或科员，他们为军校的建设与发展作出了贡献。特别是周恩来和熊雄先后开创和完善了军队政治工作的理论和制度，使军校政治面貌发生了重大变化。

黄埔军校的政治教官几乎都是中国共产党人，他们博学多才，风华正茂，大部分是曾在法、苏、德、日学习过的留学生，较早地接受了马克思主义理论，有的曾获得博士学位，有的是中国共产党的创始人，有的是当时知名度很高的理论家。如恽代英曾任主任政治教官，于树德、李合林、萧楚女、高语罕、张秋人、安体诚、阳翰笙等任过政治教官；还有金佛庄、严凤仪、郜子举、郭俊等人，或任军校特别党部执行委员，或任学生队长、区队长等职。中国共产党的许多理论家、活动家都曾来军校演讲授课，如毛泽东、刘少奇、张太雷、邓中夏、苏兆征、彭湃、罗绮园、李求实、吴玉章等。

军校政治教育以进行最基本的革命理论和革命知识教育为内容，对不同党派的思想理论实行兼容并包，其中以孙中山倡导的新三民主义和马克思的共产主义教育为主。军校训令明确规定："社会主义、共产主义、马克思主义等书籍，本校学生皆可阅读。"教学大纲中规定的政治课目有：三民主义、社会主义、帝国主义、苏联研究、工人运动、农民运动、学生运动、社会科学概论等26门课。军校门口有副对联："升官发财请往他处，贪生怕死莫入斯门"，横批是"革命者来"。这充分体现了黄埔军人的革命本色，反映出军校重在政治建军。

三、共产党人身份的学生在军校初期占有很大比重

国共两党都十分重视黄埔军校的招生工作。由于当时国民党在许多地方还没有建立组织，因此，中国共产党人在黄埔军校的招生工作中起了重要的作用。中共中央要求各级组织注意培训革命军事干部的工作，尽力多选派党团员或进步青年到军校学习。在黄埔军校招生期

间，中共各地党组织积极动员和选送符合条件的共产党员、青年团员和革命青年报考。为搞好军校各期的招生，中共中央在建校初期及各期招生之前发出通告，指示各地党组织认真选拔"青年中之有革命倾向者前往报考"，"迅速多送"共产党员、共青团员以及优秀青年报考军校，并强调"此事关系重大，各地万勿忽视"，[①]推动了共产党人和优秀分子纷纷前来军校任教和学习。

当时正值国共合作时期，中共党组织可以保送初试。1924年3月，共青团广州地委发出第7号报告，称将在广州创办军官学校，拟派三四名同志赴考，预备在将来参加军人运动。共产党人何叔衡在湖南长沙负责办理军校第1期秘密招生事宜，介绍赵自选、陈作为和郭一予等持函到上海见毛泽东。当时，毛泽东、恽代英负责上海的招生工作。北京、武汉、济南等地的共产党区委，分别遴选和介绍了一批党团员和进步青年投考军校。录取揭榜时，共产党员蒋先云名列第一。第1期录取生中的共产党员约占学生总数的八分之一。

周恩来在回忆黄埔岁月时说："当时黄埔军校有六百学生，大部分是我党从各省秘密活动来的左倾青年，其中党团员五六十人，占学生的十分之一。"[②]据统计，黄埔第1期时，师生中的中共党员有103人，其中学生88人，教职员15人。以后各期，共产党员师生人数又有增加。这批共产党员，在当时即是一些不同凡响的人物，主要体现在：入党时间比较早，有的还是各地共产党组织的创始人；文化程度比较高，最低是中等以上学历；阅历十分丰富，多数是各地革命运动的先锋和骨干；军事基础比较好，一些人曾从事过军事工作。这批共产党员经过在黄埔军校的学习和磨炼，后来大多成为中国革命的中坚力量。

---

① 广东革命历史博物馆主编：《黄埔军校史料（1924—1927）》，广州：广东人民出版社，1982年版，第70、79页。
② 周恩来：《周恩来选集》（上卷），北京：人民出版社，1980年版，第115—116页。

中国共产党员所占师生比例从刚建校时的十分之一，到 3 年后"军校分共"时发展到五分之一，在武汉分校中所占比例更大。中共中央在 1926 年年底的一份报告中明确指出：当时在北伐军中从事政治工作的党员"有 1500 人左右"。军校苏联顾问切列潘诺夫说："共产党人在政治部里起了积极作用，因而政治部的工作提高了学生的训练水平并大大加强了黄埔军校的纪律性。""共产党人在军队的教育方面做了大量的工作，保证了军队具有旺盛的战斗力。""共产党人在黄埔军校里的工作是既热情又慎重的，他们顾及基本群众的政治情绪。尼古拉·捷列沙托夫曾说：'一个幽灵在黄埔游荡——共产主义的幽灵。'"[①] 军校前 6 期毕业生的大多数人后来皆从事军队工作，他们之中的一些人分别成为两党军队的核心领导人物。

黄埔军校中的共产党人对军校建设作出了积极努力和贡献，建立有以共产党人为核心的中国青年军人联合会，在全国曾拥有 2 万多名会员。在宣传上有"血花剧社"及多种革命刊物，其领导人都是杰出的共产党人。如《士兵之友》总编洪剑雄，《青年军人》总编胡秉铎，《中国军人》主笔蒋先云，《黄埔日刊》主编安体诚等。他们有组织、有领导、有策略地顽强地坚持了军校革命的政治方向，为巩固革命统一战线，维护国共合作，贯彻孙中山联俄、联共、扶助农工的三大政策竭尽了全力，使黄埔军校在短时间内就办成了闻名于世的名校，"到黄埔去"的口号在当时风靡全国。

以上事实充分说明，黄埔军校是第一次国共合作的重大成果，是两党合办的新型军校。经历第一次国共合作的两党人士都承认这一点。蒋介石也承认："军校是国民党第一次全国代表大会的产物，可以说无第一次全国代表大会，即无黄埔军校。"[②] 毛泽东指出："一九二四年，

---

① 亚·伊·切列潘诺夫著，曾宪权等译：《中国国民革命军的北伐》，北京：中国社会科学出版社，1981 年版，第 115—116 页。

② 《蒋介石先生再论联俄》，载《政治周报》，1926 年 3 月 7 日。

孙中山先生接受了中国共产党的建议，召集了有共产党人参加的国民党第一次全国代表大会，订出了联俄、联共、扶助农工的三大政策，建立了黄埔军校，实现了国共两党和各界人民的民族统一战线。"①

思考题：

　　1. 周恩来对黄埔军校的重大贡献是什么？

　　2. 共产党人在黄埔军校中的重大作用是什么？

　　3. 论述黄埔军校容纳百川湖海、汇聚天下英才的时代先进性。

---

　　① 毛泽东：《毛泽东选集》（第三卷），北京：人民出版社，1991年版，第1035页。

第六讲

苏联顾问在黄埔军校

黄埔军校建校初期的显著教育成绩，是与苏联顾问在教学实践中的帮助分不开的。初建时的黄埔军校深受苏联顾问的影响，无论是办学方针、编制体制，还是政治教育、军事训练，都深深地打上了苏军的烙印，苏联顾问对黄埔军校建设的影响可谓巨大。黄埔军校创办时，苏联顾问帮助制订教学计划，提供苏联红军的最新资料，规划各科教程，在教学中亲自示范和教练，赠送武器和经费，给予人力、物力、财力上的支持和帮助，为黄埔军校培养出大批军事人才提供了必不可少的保障。

一、苏联顾问帮助筹备和创办军校

1921 年 5 月，孙中山在广州就任非常大总统，准备北伐。8 月，孙中山写信给苏俄外交人民委员齐契林，热切表示要加强同苏俄的联系，学习苏俄革命的经验。12 月，共产国际代表马林来到中国，和孙中山在北伐大本营桂林桂王府举行了多次秘密会谈。马林向孙中山提出了解决中国革命问题的建议，其中特别提到了"创办军官学校，建立革命军的基础"。

1922 年 8 月，苏俄特使越飞来华，先后与孙中山、廖仲恺举行多次会谈，并进一步商讨建立革命军队的问题。在会谈后发表的《孙文越飞联合宣言》指出:"中国当得俄国公民最挚热之同情,且可以俄国援助为依靠也。"当时的苏俄政府忠诚实现了宣言中关于援助中国革命的许诺。12月,苏维埃社会主义共和国联盟(简称"苏联")成立后,仍一如既往地支持孙中山的革命事业。

1923年8月,孙中山派出由蒋介石率领的"孙逸仙博士代表团"访问苏联,考察军事、政治和党务。代表团着重考察了苏军的组织、训练和装备,参观军事院校,会见苏军各级指挥员,并与之进行交谈。苏军的组织、制度和训练等方面的经验,成为后来创立黄埔军校、组建革命军队的原则和模本。与此同时,苏联政府任命鲍罗廷为苏联驻国民党的代表前来中国,具体负责帮助孙中山改组国民党和筹建军校。10月6日,鲍罗廷到达广州。10月18日,孙中山任命鲍罗廷为国民党组织教练员。鲍罗廷投入国民党改组工作,帮助起草由孙中山审定的国民党组织法及党纲党章。

国民党临时中央执行委员会专门开会讨论创办军校问题,通过了一个"建立陆军讲武堂"的提案,拟定孙中山为校长,明确让苏联顾问鲍罗廷与廖仲恺等人负责筹办及选定教职人员。11月19日,鲍罗廷出席孙中山召开的国民党临时中央执委会,深入讨论了"组织国民党志愿师和创建军官学校"等问题,将军校名初定为"国民军军官学校"。1924年1月,孙中山命令成立"陆军军官学校筹备委员会"。国民党一大闭幕后,鲍罗廷把应邀到黄埔军校工作的第一个苏联军事顾问小组成员介绍给孙中山,帮助设计筹建黄埔军校。

军事顾问小组的组长为弗·波里亚克,成员有:亚·伊·切列潘诺夫、雅·格尔曼(又译作捷尔曼)、尼古拉·捷列沙托夫、斯莫连采夫、波良克等10多人。孙中山在百忙中接见了军事顾问小组的全体成员,他阐述说:"我们的首要任务是按照苏联式样建立一支军队,准备北伐的根据地。"孙中山殷切希望苏联顾问把"在反对帝国主义者武装干涉、并把他们赶出本国的斗争中积累的丰富经验传授给我们的学生

——革命军队未来的军官们"。[①] 军校筹建之初，蒋介石虽然被任命为军校筹备委员会委员长，但因他闹情绪回了家乡奉化，军校的实际筹备工作则是由苏联顾问设计，由廖仲恺、叶剑英等加以完成。

在中国共产党和苏联顾问的帮助下，孙中山在很短时间内相继完成了国民党改组的准备工作和黄埔军校的筹建工作。总顾问鲍罗廷鉴于军校缺乏大批有政治觉悟和丰富经验的军事干部，受孙中山的嘱托，于 1924 年 4 月和加拉罕一起联名向莫斯科求援。5 月，苏军的军团司令帕威尔·安德耶维奇·巴甫洛夫到达广州，他在中国使用的名字是高和罗夫，受聘孙中山首席军事顾问、黄埔军校军事总顾问兼军事顾问团团长。巴甫洛夫原是苏联红军军团长，屡建战功，荣获苏联革命军事委员会授予的二级红旗勋章。他在了解了当时广州的军队情况后，提出了一系列改革方案，并于 7 月 8 日给苏联政府发电报，要求立即援助孙中山政府，运送急需的武器装备。次日，苏联领导人就对巴甫洛夫的急电做了安排。同时，巴甫洛夫还建议孙中山成立军事委员会，将广州地区分散的地方军阀部队改编为革命军队，以便集中指挥。7 月 11 日，国民党中央政治委员会决定接受巴甫洛夫的建议，成立军事委员会，并聘请巴甫洛夫为该委员会的军事顾问。

7 月 18 日，巴甫洛夫偕同其他苏联军事顾问及航空局飞机师数人乘坐广九列车赴增城考察前线情况。当晚，在石龙河面电船上勘察时，巴甫洛夫不慎失足落水，不幸溺亡。孙中山参加了巴甫洛夫的葬礼，称他为"俄国为中国自由而捐躯的第一位先烈"。8 月 4 日，黄埔军校举行追悼大会，孙中山由大本营乘"江固"舰又亲往参加，并手书"急邻之难"条幅以志哀悼。

10 月，苏联政府又派遣由军事政治干部组成的军事顾问团来华协助黄埔军校工作，以加伦将军为军事顾问团团长，接任巴甫洛夫的工

---

① 亚·伊·切列潘诺夫著，曾宪权等译：《中国国民革命军的北伐》，北京：中国社会科学出版社，1981 年版，第 91 页。

作。加伦将军率领 40 多位苏联军事专家到达广州后，被任命为军事总顾问。加伦将军原名瓦西里·康斯坦丁诺维奇·布柳赫尔（或译作瓦·康·布留尔、瓦西里·布留赫尔），他是在苏俄国内战争时期成长起来的将星，曾创造过用一个步兵师打垮装备有大量坦克、装甲车的机械化敌军的奇迹。1918 年获得一枚红旗勋章，是第一位获此殊荣的将军。莫斯科应孙中山的要求，派遣布柳赫尔来华，但由于苏联政府不愿与英、美、日等帝国主义国家发生正面冲突，便让布柳赫尔等人以"流亡白俄"的身份来广州。为隐匿行踪，布柳赫尔借用妻子的姓氏，化名为"加伦"。

黄埔军校开学后，涉及各门学科教育的苏联顾问都陆续来到军校工作。

苏联顾问团是黄埔军校的一个特殊教官群体。黄埔军校早期的这些苏联顾问大多数是军事教官，有名可查的苏联顾问多达 40 余人，分布在政治、炮兵、步兵、工兵、军需、交通、通讯、卫生、交际等各个教学岗位上。他们都是优秀的军事将领，具有深厚的理论功底和丰富的作战实践经验，许多人获得过苏联政府颁发的勋章。苏联顾问根据列宁、斯大林的建军经验，为黄埔建校、建军工作绘制蓝图，并根据苏联红军的经验，帮助军校制定教学计划，修订各种教程，亲自参加授课并作示范。所以，黄埔军校教授的是当时最新式、最先进的军事技能。

在黄埔军校指导和任教的苏联顾问先后有：政治总顾问鲍罗廷，军事总顾问加伦，首席军事顾问切列潘诺夫，军事教练顾问长蔡尔帕诺夫（又译作蔡纳比拉夫、契列帕诺夫），政治顾问喀拉觉夫（又译作格拉觉夫），步兵顾问兼顾问长白礼别列夫，炮兵顾问嘉列里，工兵顾问瓦林，炮兵教练官捷列沙托夫、梁道夫，通讯顾问科丘别耶夫，后方勤务顾问罗戈夫，战术教官波利亚克、格尔曼、亚科夫列夫等。

1924 年 10 月，随苏联运送支援黄埔军校枪械船艇到广州的有：罗加乔夫（又译为罗嘉觉夫，第二次东征军事顾问）、别夏斯特诺夫、吉列夫（炮兵顾问）、波洛（机枪顾问）、格米拉、泽涅克、齐利别尔特、马米伊利克等。

1925 年 5 月，苏联政府再向黄埔军校派来 200 人的教官团。

此外，苏联顾问团还根据孙中山的邀请，派出军事顾问率领有关方面的教官和技术人员，参与了大元帅府空军、海军、装甲车队的教育和整顿工作。知名的有：斯米诺夫（又译为西米诺夫），1924 年 10 月被聘为大本营直辖海军局局长，1925 年 7 月国民政府正式成立海军局时被解聘。李糜，1924 年 10 月被大元帅府聘为航空局的顾问，任代理航空处处长兼航空学校校长，1925 年 7 月国民政府正式成立航空局时被解聘。季山嘉，1925 年 6 月来华负责顾问团工作，1926 年 2 月 27 日获悉蒋介石、汪精卫要解聘自己时，自动请辞。伊文诺斯基，被聘为大元帅府军事顾问，1926 年 4 月 14 日，随被解聘 10 余人归国。还有沙菲为铁甲车队顾问，等等。他们都曾在黄埔军校任教。

苏联军事顾问中还有女顾问。据黄埔毕业生覃异之回忆，派到广州桂军军官学校的苏联顾问中，有一名女顾问，是苏联红军中的女英雄，可惜未留下名字。

在黄埔军校中的苏联顾问究竟有多少人，迄今未见确切数字。一般认为，黄埔军校开学时，初有苏联军事教官 4 人，后增至 30 人。1925 年春，军校学生参加第一次东征时，有加伦率领的 20 名苏联军官参加。1925 年，除了由 24 位高级军事顾问组成的顾问小组派驻广州协助国民党政府之外，苏联驻华军事代表团的文武官员总人数已经多达约 1000 人。1926 年 1 月，广州地区约有 140 余名苏联军官。关于苏联军事顾问的人数，各种资料记载不一，出入颇大，无可置疑的是苏联在这期间派遣了数目可观的军事顾问人员，参与了黄埔建校与协助党军训练作战，这是不争的事实。据黄埔军校早期学生回忆："军事总顾问加伦将军召开会议时，常常有五六十位苏联顾问参加，可见阵容之大。"原黄埔军校教育长兼入伍生部长、代校长方鼎英在《我在军校的经历》中提到,1926年3月20日"中山舰事件"后,蒋介石"对苏联顾问团亦以与'中山舰事件'有嫌,同样兴问罪之师,苏联总顾问鲍罗廷感到蒋派兵监视顾问团住宅是极其严重之举,因而让蒋明白提出意见,蒋便将其不满的顾问列一名单,请其撤走,一次便有300余人被撤回国"。可见当时苏联顾问团之庞大。

二、"以俄为师"的建校办学方针

孙中山从苏维埃俄国革命迅速成功的事实中,认识到要建立真正的革命军,就要参照苏联模式,以苏军为榜样,从而形成了其建军、建校思想。1924年1月,孙中山在接见派到军校的第一个苏联军事顾问小组时说:"在现今的革命斗争中,十分需要学习俄国人","如果今后我党在革命斗争中不学习俄国人,那么它肯定不会成功","我们要按照苏维埃的军事制度来组织革命军队"。孙中山的这些话,清楚地表明了他的建校建军目的和以苏军为榜样的建校建军方针。6月,孙中山在黄埔军校开学典礼的演说中指出:"办这个学校,就是仿效俄国……组织革命军。"[①] 黄埔军校以孙中山提出的"创造革命军,挽救中国的危亡"为宗旨,学习苏联军校的一些做法,实行军事与政治并重、理论与实践结合的教育方针,为国共两党培养造就了一批军事政治人才。

当时负责筹建黄埔军校和招生工作的张申府回忆说:第一次国共合作后,孙中山在苏联、共产国际和中国共产党的帮助下,着手筹建黄埔军校。军校完全是按照苏联红军的原则和制度建立起来的。孙中山请来几名苏联教官作为军事顾问参加军校的筹建工作,他们中间有人讲英语、德语,由我给校长蒋介石当翻译。那时我一面在广东大学教书,一面参加筹建黄埔军校的工作,具体负责第1期学生的报名、

---

① 孙中山:《孙中山选集》,北京:人民出版社,1981年版,第923页。

入学考试和录取工作，并负责安排课程表。不久后担任黄埔军校政治部副主任。军校招生简章在报上登出之后，来自全国各地的报名学生十分踊跃。初试合格的各地学生需要到广州再通过复试才能最后被录取。第1期学生的试题，是我同几位苏联顾问事先商定的。

黄埔军校在开办之初，仿照苏军的制度，建立了党代表制度和政治工作制度。为了在黄埔军校内设立政治委员制度，加伦和其他苏联顾问同蒋介石进行了多次交涉，这项提案终于获得国民党中执委的通过。军校在设立党代表制度的同时，配置了政治部，后来在建立的国民革命军中师以上单位都设立政治部。从军到连队普遍设立党代表，并赋予党代表与军事长官同等领导权力。1925年东征时期拟定的《国民革命军党代表条例》共3章26条，开篇即指出："为灌输国民革命之精神，提高战斗力，巩固纪律，发展三民主义之教育起见，于国民革命军中设置党代表。"① 黄埔军校仿效苏联红军的政治委员制度，破天荒地在中国军队中设置了党代表制度。这一制度的确立，为党的路线和方针、政策的贯彻执行，防止军队成为个人独断专行的工具提供了组织上的保证。

在黄埔军校设立党代表与政治部的制度，标志着一支新式革命军队建立的开始。政治顾问鲍罗廷在制定和完成这一制度中起了重大作用，其他顾问也起了传播经验、具体指导的作用。顾问斯他委诺夫专题介绍了苏联红军的党代表制度。军校的苏联政治顾问除对全校政治工作全面指导外，还对一些单项的政治工作进行具体的指导。1926年2月，军校特别党部宣传委员会，聘请政治顾问6名，其中就有苏联顾问加罗觉乔夫具体负责指导宣传工作。通讯顾问科丘别耶夫仅用半个小时就教会了学生唱《国际歌》；加伦将军在东征战争间隙发表演讲鼓舞士气，在黄埔同学会成立大会上的演说中情不自禁地高呼："黄埔同

---

① 陈以沛等：《黄埔军校史料》，广州：广东人民出版社，1994年版，第139页。

学团结起来！黄埔同学万岁！"① 黄埔学生还从苏联顾问那里学会做群众工作的方法，争取人民群众的支援，这也是黄埔师生在东征、北伐中克敌制胜的重要原因之一。

按照当时传统的学制，培养一个初级军事指挥员，一般需要 3 年左右时间，但是，当时的革命形势急需军事人才，绝不能再按常规办事，必须革新教学方法，打破常规，缩短学制，走出一条快出人才、多出人才的新路。军校在鲍罗廷和第一个军事顾问小组成员的积极参与及指导下，根据苏联红军建设的经验，确定了每期半年的学制，还根据修业期限详细安排了各项军事课目的教学大纲、课程设置和具体进度，并针对各科的具体内容及特点，拟定了实施办法。

黄埔军校突出政治教育的特征，是孙中山"以俄为师"办学方针的具体体现。从黄埔军校开设的政治课中，也可看出深受苏联的影响。在苏联顾问的言传身教下，黄埔军校的政治教育借鉴苏联红军的建设经验，制定了切实的教育内容和多样化的教育方法。军校开办了内容丰富的政治课，教育内容着重于基本的革命理论和革命知识，特别是采取兼收并蓄的方针，允许在校内公开传布孙中山的三民主义和马克思主义。军校的政治教育大纲规定的政治课多达 26 门，其中包括社会主义、三民主义、帝国主义、工人运动、农民运动、学生运动、苏联研究等方面的课程。如：《社会主义原理》《中国农民运动》《中国职工运动》《军队政治工作》《三民主义浅说》《中国国民革命运动》《帝国主义侵略中国史》等。在广州的苏联顾问除了参与制定军校的政治教育内容和方法之外，还经常给学生作演讲。总顾问鲍罗廷多次来校，介绍十月革命的经验、苏联红军的生活及政治工作。加伦将军对军校的政治教育工作也很重视，强调要注意对学生进行政治教育以及军校在整个广东省政治形势中所起的作用。

---

① 陈以沛等：《黄埔军校史料》（续篇），广州：广东人民出版社，1994 年版，第 452 页。

　　苏联顾问重视在战争中学习战争的指导思想，黄埔军校学生的很多科目是在实践斗争中完成的。从第1期开始，学生们始终坚持一面学习，一面战斗，在斗争中学，在战争中锻炼成长。从前4期学生在校的情况看，没有一期学生是安安静静地在校学习的，都是边学习、边战斗。射击科的教学计划，是在战争这个大课堂里完成的；术科的教学工作，如距离测量、地形知识、侦探勤务、行军警戒、行军宿营等项目也是在实际学习和实践中完成的。在东征、北伐期间，苏联顾问上自军事总顾问加伦将军，下至各科的顾问及教官，都和学生一样随队出征，英勇战斗，并利用战斗间隙进行教学，边学边用。攻打淡水时，顾问斯捷潘诺夫、别夏斯特诺夫、德拉特文和帕洛，带着机枪，冒着敌人的炮火，冲锋陷阵，占领高地。

　　加伦将军为了加强黄埔军校的教学工作，亲自给学生上课，积极参加学生分队的演习，并针对学生在演习中存在的问题，结合演习总结及时给学生指正。他身为国民革命军和黄埔军校的军事总顾问，尽管工作繁忙，军务甚多，每次出征打仗，都和士兵一道，亲临前线，以自己的实际行动影响学生。东征战役中，加伦将军亲率10余名苏联顾问，随同左路军出发作战。战斗中，苏联顾问"均背冲锋枪徒步行进，参与第一线行动"。在攻打淡水城的战斗中，因云梯不足而久攻不下。军校首席军事顾问切列潘诺夫冒着敌人密集的枪弹，亲自到城墙下给战士示范搭人梯的办法，使部队胜利攻占了淡水城。1925年3月底，东征军打垮了陈炯明的主力3万人，取得了第一次东征的胜利。此后，"黄埔学生军"和"加伦将军"也就名闻遐迩，备受中国人民的尊敬。与此相反，军阀陈炯明对苏联顾问却十分恼怒，失败之余，竟致电北京苏联使馆，对苏联顾问参与作战提出"抗议"。

三、苏联顾问带来世界最先进的军事教育

　　大革命时期，苏联顾问在广州的工作中心就是创建黄埔军校。这

些杰出的教官大都身经百战，战功卓著，有的指挥过大兵团作战，有的从事军事教育多年。他们是一批优秀的军人，身在异国他乡，忍受着生活习惯、饮食、文化上的差异和语言沟通上的困难，全力以赴投入军校的创建和教学活动。他们不仅为黄埔师生带来了苏联红军的优良传统和宝贵经验，提供建议和协助训练，同时还用革命思想培养学生、开展政治工作，带来了当时世界上最先进的军事思想、最新式的军事技能。这些教育，都直接或间接地为创建军校作出了贡献，受到孙中山的赞赏和认同，对国共两党军队建设都影响深远。这也是黄埔军校培养革命军事人才能在短期收效的一个重要原因。

苏联顾问重视军事示范教学和形象化教育，亲自执教。他们根据苏联红军的新鲜经验和中国军队的特点，重新修订了典（步兵操典）、范（射击教范）、令（各种条令条例）及4大教程（战术、筑城、兵器、地形）。教官们经过刻苦的自学、认真的备课，对教材领会深刻，运用自如。苏联顾问多采用"沙盘教育"，他们用石头和树枝摆在地上来代替沙盘设备，这种新的教学形式在当时国内军校中还很少见，深受学生欢迎。在术科训练中，他们尤其重视射击和战术演习，射击课程完全按照苏联操典进行训练，每次射击时，军事总顾问加伦将军总要亲临靶场，现身说法，教授示范。每教一个术科之前，都将各级队长集中起来先学一步，然后回各队去教学生。对各班队的步兵操典和射击教练，苏联顾问每次都必亲临现场与靶场，现身说法，就地示范。

战术训练场上，军校教官们站在一旁观摩，苏联步兵顾问舍瓦尔金，一身戎装，站在队列前。舍瓦尔金讲道："单兵战术，是一门完全以复杂动作示范为主的课程，单兵战术水平的高低，可以明显地反映出单兵战斗力的水平。下面我给大家单兵示范，请注意看！"他拿起一支苏式步枪，从起点开始，便身姿矫健地在100多米长的战术训练场上运动了几个来回。尘土扬起中，他做了10多个高难动作，包括各种姿势的隐蔽前进，火力封锁下凶悍、敏捷的翻滚、跳跃，运动中的举枪、射击等。场外的教官和学生们看到精彩处，都热烈地鼓掌。连骄气很重的战术总教官何应钦在一旁看了，也不停地点头称赞。

战地通讯是军校在苏联顾问帮助下开设的新科目。这是运用近代新技术的一个学科，技术性很强，在国内教官中通晓通讯知识的人极少，因而无力独立完成这个学科的教学。为了尽快帮助中国培养出通讯人才，苏联派来了一批通讯教官，在黄埔军校开办了第一个通讯班。通讯教官科丘别耶夫，在通讯班的教学中克服了语言不通、器材缺乏等各种困难，在短短的时间内，为中国革命培养了一批既懂业务技术，又相当熟练地掌握通讯战术的通讯干部，在以后的东征、北伐过程中，充分显示了这个新型兵种的作用。

四、苏联政府提供经费和武器装备援助

苏联政府在黄埔军校的建设中，不仅在人员和经验上给予了重大帮助，而且还在经费、军械上给予了无私的大力援助。在当时军阀把持广州财税、革命政府经费匮乏的情形下，黄埔军校在宣布成立后即面临着多方面的困难。由于经费拮据、武器奇缺，孙中山曾批准发给黄埔军校300支毛瑟枪，但兵工厂只能提供30支，勉强给卫兵作为守卫使用。这时，孙中山最想要的就是苏联的军事援助。为此，苏联政府和共产国际给予慷慨援助，在物力、财力等方面施以无偿支援，援助军校一大笔经费和许多枪械、弹药和其他物资，帮助黄埔军校渡过了难关。

经费援助：1925年苏联第一次拨交黄埔军校10万卢布作为维持费，并在同一通知上告诉加伦将军，只要黄埔军校提出具体的预算数字，苏联政府可以根据实际需要继续拨给。同年，一次又给广东政府45万卢布，作为编练新军的费用。1925年至1927年，苏联先后无条件地拨交黄埔军校的办学经费共达250万卢布。当时苏联派出的顾问人员，包括在中国雇用的翻译、秘书、事务工作人员，都由苏联支付

工资薪水。西米诺夫任海军局局长时，国民政府未能如期发给该局工作人员的工资，苏联顾问团还垫发了一些官佐的工资。苏联对黄埔军校的经济援助，虽因资料不全，很难作出完整准确的计算，但从各方面的记载看，对经费筹措十分困难的黄埔军校而言，苏联的确提供了如雪中送炭般的巨大帮助。

武器援助：1924年10月初，苏联第1批运给军校的步枪有8000多支（全部配有刺刀）、子弹400多万发，同时运来的还有10支小手枪。[①] 1925年运到广州2万支步枪，100挺配备子弹的机枪，以及足够数量的掷弹炮和手榴弹，军火价值达56.4万卢布。1926年分4批将各种军械运到广州，第1批有日造来福枪4000支，子弹400万发，军刀1000把；第2批有苏造来福枪9000支，子弹300万发；第3批有机关枪40挺，子弹带4000个，大炮12门，炮弹1000枚；第4批有来福枪5000支，子弹500万发，机关枪50挺，大炮12门。苏联政府先后6次为军校运来大批枪炮弹药，计有步枪51 000支、子弹57 400万发、机关枪1090挺等。苏联还决定援助飞机10多架，后只运来数架，由苏联飞行员驾驶，参加了东征和北伐战争。苏联的大力援助，从根本上保证了军校之训练、建军及其军事斗争的顺利进行。

黄埔建校、建军是孙中山在晚年作出的最重要的决策，当时的苏联政府在人力、物力、财力上给予了很大的帮助，尤其是向中国派出了一大批非常优秀的军政顾问，他们为创办黄埔军校建立了丰功伟绩。蒋介石评论说："本党不改组，苏俄同志不来指导我们革命的办法，恐怕国民革命至今还不能发生。"1926年年初，苏联红军政治部主任、苏共中央委员布勃诺夫（化名伊万诺夫斯基）率"苏俄观察团"来到中国，对苏联顾问在华的军事、政治工作进行考察并作过评价，既指出了存在的错误和不足，更充分肯定了顾问们对中国革命所作出的重

---

① 陈以沛等：《黄埔军校史料》（续篇），广州：广东人民出版社，1994年版，第72—73页。

大贡献。革命军的崛起与发展，在中国的苏联顾问们起到了关键性的影响和作用。当然，后人也必须历史地分析到，这时的苏联政府还没有认识到中国共产党有建立自己武装的必要，更没有提出过建立中国共产党领导的革命军队的问题，这表现在把派来的苏联顾问用于加强国民革命军，把大量的武器和经费拨给国民党。因此，执行援助中国革命具体任务的顾问，只能与在军校工作的中国共产党人和睦共事，却不可能在军事上援助中国共产党。

1927年4月12日，蒋介石在上海发动反革命政变后，在华苏联顾问团全部撤走。

思考题：

    1. 为什么孙中山把"以俄为师"作为建校办学方针？

    2. 当时的苏联为什么不能在军事上援助中国共产党？

    3. 蒋介石最终不容苏联顾问在军校，是因为意识形态不同吗？

    4. 论述苏联顾问在黄埔军校的重大作用和历史地位。

第七讲

黄埔军校的组织机构

　　黄埔军校早期设总理、校长和党代表，组成校本部最高领导。校本部之下设政治部、教授部、训练部、军需部、管理部和军医部。1924年11月增设教育长、军法处和参谋处，合称"6部2处"。先后由胡谦、王柏龄、邓演达、何应钦、方鼎英等任教育长，政治部主任周恩来兼任军法处处长，钱大钧任参谋处处长。

　　1926年3月，为适应发展需要，集中统一培养军事政治人才，军校改组为"中央军事政治学校"，由国民党中央军事委员会领导。除政治部、教授部和训练部外，军医部改军医处，管理部改管理处，设入伍生部、经理部、军械处、编译处、兵器研究处和高级班，合称"5部5处1班"；并设副校长，由李济深担任。增设的入伍生部，部长为方鼎英，下设步兵第1团、第2团、骑兵营、炮兵营、工兵营、辎重营、军士教导队、学生军总队、教官、第1科、第2科、政治部等；增设的经理部，主任为俞飞鹏，下设财政、粮服、采办、营缮等科；增设的军械处，处长为戴仁，下设军械库、护车队、械务科、事务科等；增设的编译处，处长为孔庆睿，下设印刷所；增设的高级班，下设军事科、各专科；增设的兵器研究处，下设化学科、机械科。学生则分为入伍生、学生队、学生军、高级班和军事教导队5大类。这些新设的部门和机构组织，在当时都是一般旧式军校机构所罕见的。

　　军校颁行的组织机构表明确规定，校总理是军校最高领导，统理

57

一切。校长在校总理之下处理各项校务事宜。党代表作为国民党的代表，由校总理委任，对校长进行监督并指导一切，督使军校人员遵行革命政策。凡属军校文书、命令，没有党代表附署一律无效。教育长秉承校长、党代表之命，执行领导职权，管理日常校务。在校属各部中，以政治部、教授部和训练部最为重要。政治部掌管政治教育、党务活动和宣传活动；教授部掌管军事理论的学科教育；训练部掌管军事技术的术科训练。其余各部门也有相应的具体职责，以配合军校教学和作战等各项任务的顺利进行。

黄埔军校建校以"三民主义"为军魂，很快就成为全国军事精英云集之地，尤其以校内机构组织设党代表、政治部和教导团最为鲜亮突出，令人耳目一新。由于国共两党的共同努力和苏联政府多方面的大力帮助，黄埔军校迅速发展成为组织机构严密、体制编制健全、有相当规模的军事学校。各级官佐、教官、职员在1924年建校之初第1期时仅有48人，到1926年年底第4期学生毕业时已增加到340多人。这些人员所在的机构组织是黄埔军校的骨骼，构架了军校教学体制的大厦，担负起培育将帅之才的重任。

黄埔军校各级组织的机构规模日渐庞大，从1924年夏到1927年春，历时不过3年，就进入全盛时期。据方鼎英《中央军事政治学校概述》一文中的统计，到1927年3月，仅在本校直属的教官、学员、学生和战士就有2万余人（已毕业学生及分校师生尚不在内）。黄埔军校已经成为国共两党共同培养军事政治人才的大本营。1936年版《中央陆军军官学校史稿》第3篇，对军校初创时期及中期的机构专门作了记载。[①]

1929年7月，军校采用委员制，同时改编机构：校长办公厅改为总办公厅；教授、训练两部改并为教育处；管理处改为总务处；军械

---

① 陈以沛等：《黄埔军校史料》，广州：广东人民出版社，1982年版，第97—100页。

处改为军械科；编译处改为编译科；政治训练处改隶校本部；经理、军医两处不变。后来的南京、成都时期军校机构组织虽然有所变动，但基本上维持了原有的大架构，仅是个别部门根据教学需要进行了增减和完善。

军校组织机构发展到成都时期，规格和规模都有所减小。校长、教育长负责制领导下的主要机构有 5 大处 6 大科：训导处（下设管理科、军械科等），教育处（下设办公室等），副官处（下设人事科等），经理处（下设预算室、财务室），军医处，步兵科，骑兵科；炮兵科，工兵科，辎兵科，通讯科。还有勤务团、黄埔日报社等。有些科室在隶属关系上，在不同时期不尽相同。①

综合各种资料，黄埔军校历史上的主要机构组织有以下 8 大组成部分：

一、校本部

校本部是黄埔军校的最高领导机关，直属于国民党中央执行委员会。在军校初建时，校本部由校总理孙中山、校长蒋介石、党代表廖仲恺组成。校长蒋介石统领全校，校长办公室的中文秘书是张家瑞，英文秘书先后是王登云、张静愚、陈立夫。党代表廖仲恺负责监察行政，指导党务和主持政治训练事项。1926 年增设副校长，由李济深担任。1925 年 3 月孙中山逝世后，军校没有再设校总理；8 月廖仲恺遇刺身亡之后，由汪精卫任党代表。

黄埔初创时期，军校各部门机构设置相对简单，以后日臻完善。校长蒋介石从保定军校，云南、广东、浙江的陆军讲武堂，江西海陆军讲武堂，日本陆军士官学校中挑选了很多人员，到黄埔军校任职。

---

① 陈宇：《暮色黄埔：黄埔军校在大陆最后一期写真》，北京：解放军出版社，2013 年版，第 34 页。

国共两党都派出了一批重要干部参加军校工作。校本部作为校长、副校长、教育长处理事务的机关，人员逐渐增多，内设秘书长、顾问、随从副官若干名，校长办公室扩展为校本部办公厅，还有总务、人事、军法3科。秘书处附设电务室，总务处附设调查股。校本部办公厅负责人事、薪酬、财会和运输交通等事项。各部门和分校的报告须呈校本部办理的，则交校本部办公厅和秘书处处理。

校本部最初下设政治、教授、训练、管理、军需、军医6个部，不久就有较大的调整。除原来的政治、教授、教练3个部不变外，增设了入伍生部、经理部、军法处、参谋处，改军医部为军医处、军需部为管理处，后又增设军械处、编译处、兵器研究处、俱乐部、军械库、医院等。全校各种机构约40余个，组织逐渐完善，规模庞大。入校学习的学生也分为入伍生总队、学生队、学生军、高级班、军事教导队、无线电高级班等，各期情况有时并不相同。

军校广州时期后期和南京时期前期，校本部通常下辖5部5处1班：教授部（教官科、图书室、模型室、学生队），训练部（学生队），政治部，经理部，入伍生部，管理处，军械处（军械库、护库队、械物科、事务科、修械工场），军医处，编译处（印刷所），兵器研究处（化学科、机械科），高级班（军事科、各专科）。还有直属单位3科1处：总务科（含调查股）、人事科、军法科、秘书处（含电务室）。南京时期后期和成都时期的军校机构，在此基础上又有一些反复变化，总体上是合并和缩编减员，降低规格。

二、训练部

训练部是黄埔军校机构中首屈一指的大部，人员众多。军校建校之初，分管军事学科和术科的两个部门分别称为"教授部"和"教练部"，简单说就是一个分管课堂，一个分管操场（户外训练和演习）。1925年1月30日，教授、教练二部合并为"教育部"，后又改称"训练部"。其后，两部反复分与合，并改名称，到成都后期时的名称为"训导处"和"教育处"。

军校初创时期的教授部以王柏龄为主任，叶剑英为副主任；以顾祝同、刘峙、钱大钧、陈诚、严重、陈继承等为军事教官，何应钦为军事总教官。此外，还聘请了一批苏联军事顾问，鲍罗廷为总顾问，加仑将军等几十名苏联军官担任顾问或教员。教练部以李济深为主任，邓演达为副主任。下设学生总队，邓演达、严重等先后任总队长；总队下设若干队、区队，负责学生的训练与管理。学科分步兵、炮兵、工兵、辎重兵、政治等，学制为 6 个月。

军校广州时期后期和南京时期的训练部，通常下辖：教官第 1、第 2 科，各学生队、学生区队。第 1 学生队：第 1 队（第 1 区队至第 4 区队），第 2 队（第 5 区队至第 8 区队），第 3 队（第 9 区队至第 12 区队），第 4 队（第 13 区队至第 16 区队）。第 2 学生队：第 5 队（第 17 区队至第 20 区队），第 6 队（第 21 区队至第 24 区队），第 7 队（第 25 区队至第 28 区队），第 8 队（第 29 区队至第 32 区队）。第 3 学生队：第 9 队（第 33 区队至第 34 区队），第 10 队（第 35 区队至第 36 区队）。第 4 学生队：第 11 队（第 37 区队至第 38 区队），第 12 队（第 39 区队至第 40 区队）。第 5 学生队：第 13 队（第 41 区队至第 43 区队），第 14 队（第 44 区队至第 46 区队），第 15 队（第 47 区队至第 49 区队）。第 6 学生队：第 16 队（第 50 区队至第 51 区队），第 17 队（第 52 区队至第 53 区队）。还有 3 个学生队（分为 9 个中队、18 个区队），以 2 个区队为 1 个中队，3 个中队为 1 个学生队。这个队别编制表，是黄埔同学常常津津乐道的"寻根"入校路线图。

军校成都时期，原训练部的职能由训导处、教育处承担，学生分属各总队，总队下设大队、中队、区队，机构编制与前期学生队基本相同。

三、政治部

政治部的职能是掌管全校政治教育、党务和宣传。政治部设主任、副主任。主任承校长、党代表或副校长之命，教育长之指导，受国民革命军总司令部政治部主任指挥、监督，负责全校的政治教育和政治工作。政治部机关有秘书辅助主任及副主任，督促全部部务工作。黄埔军校在广州时期后期和南京时期，政治部下设：编译委员会，政治指导员，教官，总务科（财务股、事务股），宣传科（编纂股、发行股、指导股、俱乐部、图书馆、书报流通所），党务科（组织股、调查统计股）。在政治教官中，政治主任教官受政治部主任及副主任指挥，监督各教官负责实施政治教育，政治教官辅助政治主任教官，分别担任政治课程教学。

黄埔军校初期，先后以戴季陶、邵元冲、周恩来、汪精卫、邵力子、熊雄等为主任，张崧年（张申府）、鲁易等为副主任，汪精卫、胡汉民、邵元冲、于树德、萧楚女、张秋人、安体诚、李合林、高语罕等为政治教官，恽代英为政治主任教官，甘乃光、聂荣臻为政治部秘书。政治部正、副主任之下设秘书，秘书之下设宣传、组织、总务3科。至1926年3月，政治部职员达70余人，聘定专任政治教官和临时政治教官各10余人。

军校政治部的职能在南京时期由政治训练处承担，在组织机构上已经不能单独立部。军校成都时期，有段时间政治部有过扩编，但很快又被弱化，政治教育内容并入训导处。

四、经理部

军校初创时期的经理部机构比较单一，由军校筹备处经费组发展而来，最初甚至是由校党代表廖仲恺直接负责，再加数名筹集经费的会计、财务人员组成。军校广州后期的经理部较为完善，通常下辖：

财政科（会计股、金柜股、审核股），粮服科（给养股、被服股、器具股），采办科（购置股、计核股），营缮科（计造股、电灯厂），另外直属第1、第2、第3经理事务所。军校历经广州、南京、成都各时期，其他机构部门反复改换"门厅"招牌，或合并或撤销，唯有经理、军医两个部门仍独立存在，经理部由"部"改称"处"。

五、入伍生部

军校广州后期和南京时期的入伍生部，通常下辖：步兵第1团（第1营第1连至第4连、第2营第5连至第8连、第3营第9连至第12连、机关枪连），步兵第2团（第1营第1连至第4连、第2营第5连至第8连、第3营第9连至第12连、机关枪连），骑兵营（第1连至第3连），炮兵营（第1连至第3连），工兵营（第1连至第3连），辎重营（第1连至第3连），军士教导队（第1大队第1中队至第3中队、第2大队第4中队至第6中队、第3大队第7中队至第9中队、特科大队），学生军总队（第1大队第1中队至第3中队、第2大队第4中队至第6中队、第3大队第7中队至第9中队、第4大队第10中队至第12中队），教官第1科（第1、第2、第3股），第2科（第1、第2、第3、第4股），政治部（宣传科、总务科、党务科、各团营队指导员）。这一体制编制，延续到成都时期，仅学生军总队、各科室有所变动。

六、管理处

军校各时期的管理处，一般下辖：特务营（第1连至第13连、机关枪连），电话队，号兵教练所，军乐队，陆军监狱，消防队，马厩，第1科（庶务科含运输队等、会计股辖物品库、收发股），第2科（交通股、驻省办事处）。管理处还有一些下属单位，不同时期因教学任务需要而有增设和撤编。军校成都时期，改为管理科，直接隶属校本部办公厅。

七、军医处

军校各时期的军医处,一般下辖:医务科(检诊股、综合股),卫生科(防疫股、材料股),陆军医院,疗养所,卫生队,医务所,脚气病院,诊察室。

八、教导团

教导团是军校初创时的校属武装组织,这支新型的革命武装,属校部参谋处管理,归校本部直接指挥,称为"校军"。这支武装,一方面担负警卫军校的任务,服务于军校学生,配合训练;另一方面也用于作战。军校发展到后期,原教导团改为勤务团。

1924年10月,黄埔军校创设两个教导团,第1团团长何应钦,第2团团长王柏龄。每团辖3个营,每营辖3个连,每连辖3个排,始创中国军队"三三制"。另每团有机关枪连、特务连、侦探连、辎重队、卫生队。团部仿苏联红军建制设团长、党代表和参谋长。团、营、连均设党代表。团以下不设参谋长。指挥官与党代表分管所属部队的军事与政治工作。教导团发展很快,组建几个月后就扩大成为2个师,到1925年7月又扩编为1个军,即国民革命军第1军,蒋介石、何应钦先后任军长,廖仲恺、汪精卫任党代表,周恩来任政治部主任。团的各级指挥官、党代表和班、排战斗骨干都由黄埔军校教官、学生队长和毕业生担任。不少共产党员、共青团员担任教导团的党代表和排、连、营长,在战斗中起到先锋骨干作用。这支革命武装在战斗中迅速成长和发展,为当年的国民革命军奠定了武力基础。

黄埔军校的内设组织机构,除本校以上8大部分之外,因军校日渐扩大,师生日众,还在各地增设分校。最初因校舍不足,在黄埔岛本校附近设平岗分校、蝴蝶岗分校,进而到广州市内设省分校。这时的分校纯属分开驻地、分区上课性质，没有专门机构，仍归本校直接管理。1925 年校军举行东征，黄埔师生随军上课，正式首设分校于潮州，命名潮州分校。分校设分校长、党代表、教育长以及政治部、特别党部等机构。不久，又增设了南宁分校、武汉分校、长沙分校等。各分校均就地招收学生进行培养和训练，其组织机构基本上是缩微本校，不再赘述。

思考题：

1. 黄埔军校与旧式军校组织机构编制有什么不同？

2. 政治部、入伍生部在军校教育中的重要地位和作用是什么？

3. 教导团在黄埔军校中的职能及对奠基"校军"的重大作用是什么？

4. 论述黄埔军校机构组织在发展中不断变迁的必然性。

第八讲

黄埔军校开设的课程和师资

黄埔军校开设的课程，主要是军事课和政治课。在后期还有一些文化、外语和自然科学的课程。

军事课的课程在军校初创时期主要根据半年学制来设置，首先选定最为急需的基础科目：学科和术科。学科方面，主要教授步兵操典、射击教范和野外勤务令等基本军事常识，分 4 大教程：战术、兵器、交通、筑城。相配套的教材为讲述军事原理、原则等内容的《战术学》《兵器学》《交通学》《地形学》《军制学》《筑城学》等。同时还有教授如何制定战略战术、作战计划、动员计划的课程。术科方面，有制式教练、实弹射击、马术、劈刺以及行军、宿营、战斗联络等，尤以单人战斗教练为主，继至班、排、连、营教练。学科与术科均以讲授实战中的应用为主。除课堂讲授外，还设有课外"军事演讲"制度，定期讲授军事形势、战役经过和先进军事知识。除教官、顾问担任演讲外，还鼓励学生请愿演讲，以求教学相长，推动军事学术的研究。

军校南京和成都时期的军事课，依据学制延长情况，延长了各学期的军事课时，一些原有的军事课程在时间上相对"放大"，并根据实战要求，增加了一些新的军事课内容。

政治课是当时黄埔军校有别于其他军校的显著特点。黄埔军校的政治课课程在广州、南京、成都 3 个时期各有不同，除三民主义等基础课程之外，多是依据当时的政治形势而进行教学。广州时期第 1 期至第 5 期的学生在军校中所接受的政治课,依照政治教育大纲具体实施。南京和成都时期各期学生由于在校时间不等、学制不同,所受的政治教育内容也不尽相同,政治教育大纲在科目内容上前后也不一致,后期较翔实于前期。

军校办校初期,规定的政治课程有 8 门,详细科目依次是:帝国主义的解剖、中国民族革命问题、社会发展史、帝国主义侵略史、中国近代民族革命史、各国政党史略、三民主义、国民党史。1925 年,军校的政治课多达 26 门。1926 年的政治教育大纲中,科目已多达 40 余种。后期科目虽然详细于前期,但在内容上大体是一致的,是以进行最基本的革命理论和革命知识教育为主要内容。总的概括来看,军校广州时期的政治教育,在具体实施内容上主要有 3 个方面:三民主义教育,爱民教育,军纪军法教育。南京时期的政治课增加了五权宪法、国内外时事报告,特别是突出增加了反共内容。到成都时期,又加授了资本主义政治学、经济学、本校光荣史等课程。

黄埔军校教官是以课程设置的具体内容而召集和聘请的,其来源多集中在国内外军事院校的毕业生。成都时期,因开设"学庸课"(类似今日之国学,主要是儒家经典)、外语、自然科学等课程,特意从一些名牌大学招进一批教师或毕业生。

黄埔系有黄埔师系和黄埔生系之分,师系由在本校效力的教官、队官及校军中的一部分军官构成,生系由本校历届毕业生特别是早期毕业生构成。从黄埔师系来看,建校之初的教官队伍有两个比较显著的特点:一是教官绝大部分毕业于保定军官学校,这个比例甚至占整个教官队伍的 80%;二是许多教官来自粤军,他们多毕业于云南、四川、湖南、浙江等地讲武堂。黄埔军校以"打倒列强、除军阀"相号召,短期内罗致了大量人才到校任教任职。这些教职员人数前后有许多变化,资料统计,自 1924 年 5 月创校至 1926 年初,黄埔本校先后聘请教职员 233 人。在有资料可查的 83 人中,出身保定军校者 60 人,出身日本陆军士官学校者 12 人，出身云南讲武堂者 11 人。由此可概略看出黄埔军校师资来源的分布。从日后的发展看，出身日本陆军士官学校者，多任军校中的高级职务；出身保定军校者，大部属校级军官；出身云南等地讲武堂者，多为尉级军官。

一、毕业于日本陆军士官学校的黄埔教官

日本陆军士官学校设立于东京，创办于 1874 年。从 1898 年创办第一期中国学生班开始到 1931 年中国抗日战争爆发，先后有 1638 名中国学生进入该校学习，其中有部分毕业生进入黄埔军校任职任教。留日士官生在黄埔军校初期约占教官总数的 7%，黄埔军校军事教官或校军带兵官、学生队队官主要由留日士官生和保定生担任。相比较而言，留日士官生担任的职务比保定生略高，如留日士官生何应钦为军校战术总教官、教导第 1 团团长；王柏龄为军校教授部主任、教导第 2 团团长；林振雄为军校管理部主任；钱大钧为军校参谋处长、代总教官、参谋长。蒋介石曾留学日本，是日本振武学校学生，虽然没有在士官学校入学，但也算是"士官候补生"。留日士官生出身的高级将领并曾在黄埔任职或兼职教官的还有：阎锡山、程潜、钱大钧、汤恩伯、黄慕松、李铎、方鼎英、王俊、张翼鹏、张修敬、吴思豫、张春浦、林振雄、李明灏、张轸、李国良、唐星等。留日士官生中大部分人是国民党中的右派、反共最力者。当然也有例外，如留日士官第 8 期炮科生方鼎英，思想倾向共产党，他曾任黄埔军校入伍生部中将部长、军校教育长、代校长。

留日士官生在黄埔军校中颇受重用，除校长蒋介石也是留日生外，主要还是因为当时中国自行创办的保定军校、陆军大学以及其他军校，所用的教程和课本是学日本改编的，聘任的军事学科和术科教官也是以日本军官为主。因此，黄埔军校的留日士官群体，始终是军事教官的重要组成部分，在军事学科、术科教育以及实战训练等方面有着举

足轻重的作用。特别是抗日战争爆发后，这些教官对教导行将投入战场的毕业生抗击日军，起着非同小可的"知彼知己"重要作用。

二、毕业于云南讲武堂的黄埔教官

云南讲武堂，前身是清政府于1899年在昆明市中心翠湖西畔设立的陆军武备学堂。1909年9月26日，云南讲武堂正式创立并开学。教官大多毕业于日本士官学校，多为同盟会秘密会员。云南讲武堂与保定军校、东北讲武堂并称"清末三大军校"，再加上黄埔军校，当时有"中国四大军校"之称。1935年9月，云南讲武堂改编为中央陆军军官学校第五分校，即黄埔昆明分校。从成立至改编的26年内，云南讲武堂共培养8313名毕业生。云南讲武堂设步、炮、骑、工4个兵科，学员、学生分甲、乙、丙3个班。甲班和乙班学生主要训练现役军官，学制1年；丙班学生则在社会上招收，学制3年。仅从丙班就走出了49位将军与元帅。云南讲武堂的大部分毕业生充任滇军或其他部队各级军官，小部分进入黄埔军校从事军事教育和训练。

云南讲武堂从1909年建立到1935年结束，共创办22期，26年里培养了一大批杰出人才，最著名的是朱德（第3期步兵科）和叶剑英（第12期炮兵科）两位元帅。担任上将、中将或军长、省长级别的军政长官有40多人，著名的如：蔡锷、唐继尧、李烈钧、朱培德、杨杰、王钧、金汉鼎、唐淮源、范石生、胡瑛、孙渡、龙云、卢汉、盛世才、王右瑜、万梦麟、卢浚泉、陈奇涵、曾泽生等。担任少将和师长的更多。

黄埔军校初期，约有云南讲武堂学生50余人充任黄埔军校及分校教官、队官。云南讲武堂班底，几乎占了黄埔军校教官队伍的半壁江山。蒋介石出任黄埔军校校长时，左膀右臂分别是教务总长王柏龄，总教官何应钦；加上管理部主任林振雄，此3人皆进入黄埔军校成立时的7人领导小组，都是云南讲武堂教官出身。云南讲武堂的重要教官及一部分骨干成了黄埔军校创办时的骨干和建设力量。云南讲武堂当时号称"步骑工炮"四大兵科的骨干，后来都进入了黄埔军校任教官，他们是王柏龄（讲武堂炮兵科长）、林振雄（讲武堂骑兵科长）、易崇兴（讲武堂工兵科长）、刘跃扬（讲武堂步兵科长）。还有毕业生叶剑英成为黄埔军校教授部副主任，曾泽生、卢浚泉、崔庸健等成为黄埔军校的区队长等教官。

云南讲武堂出身的朝鲜籍黄埔教官，著名人物有毕士悌、崔庸健等。讲武堂第12期步科毕业生、朝鲜人李范奭，也曾任黄埔教官，李后来成了韩国复国后的首任总理。

毕士悌（1898—1936年），曾用名金勋、毕斯蒂、毕士梯、杨宁、杨林、杨州平等，1898年出生于朝鲜平安北道。年轻时曾在朝鲜秘密从事反对日本侵略者的民族解放运动。后因遭通缉，于1919年春秘密来到中国，侨居于中国吉林省珠河县（今黑龙江省尚志县），继续从事反日活动。1920年年底，毕士悌由吉林来到上海。在上海，他听到了有关云南陆军讲武堂的一些消息后，决定报考该校。次年6月，他来到昆明，随即以"华侨"身份考入云南陆军讲武学堂第16期，学习炮科专业。1924年年初，毕士悌以术科和学科均列全校第一的优异成绩从该校毕业。校方原想留他在校任教，可毕士悌却将目光投向了当时中国革命的大本营——广州。因为那里有中国国共两党许多著名的领袖人物及为中国革命培养军队骨干的、更令其向往的黄埔军校。

1925年年初，毕士悌顺利考取了黄埔军校，被分配到训练部学生总队工作；后又被任命为黄埔军校第3期学生队第4队的上尉队长。在黄埔军校，毕士悌经常聆听共产党人周恩来、恽代英、萧楚女等人的教诲，阅读了大量马克思主义著作，从而逐渐地接受了共产主义信仰，并光荣地加入了中国共产党。另外，他还参加了讨伐军阀陈炯明的东征作战和平定滇、桂军阀杨希闵、刘震寰叛乱的作战。1925年11月，毕士悌调任国民革命军第4军叶挺独立团第3营营长。1926年，又从独立团调回黄埔军校，升任中校技术教官。1927年，蒋介石叛变革命后，中共党组织为保存革命力量，决定派毕士悌去苏联学习。在苏联，他先后进入莫斯科中山大学和莫斯科步兵学校学习。

1930年夏，毕士悌从苏联返回上海，后奉中共中央军委之命，前往中共满洲省委工作，历任中共满洲省委军委书记、中共东满特委委员兼军委书记等职，参与领导东北抗日武装的组建工作。1932年7月，毕士悌奉命到上海参加军事会议，会后被派往江西中央苏区工作，历任中华苏维埃共和国中央政府劳动与战争委员会参谋长、江西军区会（昌）寻（乌）安（远）军分区司令员、红23军军长、中革军委总动员武装部参谋长、粤赣军区司令员、红1军团参谋长、中华苏维埃共和国第二届中央执行委员等职，参加了中央苏区的第4、第5次反"围剿"斗争。

自1934年7月起，中共中央为减轻中央苏区的压力，分别派出红7军团北上和红6军团西征，以期调动一部分国民党军兵力，打破其对中央苏区的第5次"围剿"。7月22日，毕士悌在《红色中华报》上发表了《拥护红军北上抗日宣言》的署名文章，明确提出："只有苏维埃及其红军才是武装中国民众的统帅，抗日的唯一正确代表。"为此，他热切地希望中国人民响应中国工农红军北上抗日的号召，紧急动员起来，投身于反对日本帝国主义的斗争之中。

1934年10月，中央苏区第5次反"围剿"作战失利后，中央红军被迫实行战略转移。时在红军学校工作的毕士悌被编入红军干部团随中共中央和中革军委一起行动。红军干部团是由中央苏区的红军大学、彭杨步兵学校、公略步兵学校和特科学校这4所红军干校合编组成的。陈赓任团长，宋任穷任政治委员，毕士悌任参谋长，莫文骅任政治部主任。该团下辖4个营：第1、第2营为步兵营，第3营为政治营，第4营为特科营。另有上级干部队归其指挥。红军干部团既是一支战斗部队，又是一所培养红军干部的学校。其主要任务是：警卫中共中央和中革军委机关，保卫中央领导同志的安全，同时负责储备、培训和为部队输送干部，必要时也参加一些战斗。

长征初期，红军干部团由其与红军总部组成的第1野战纵队指挥。在突破国民党军队封锁线，特别是第4道封锁线时，毕士悌协助团长陈赓、政治委员宋任穷指挥干部团英勇奋战，较好地完成了警卫和掩护任务。中央红军主力渡过湘江后不久，中革军委决定将军委第1、第2野战纵队合并为军委纵队，另以干部团、保卫团为独立的作战部队，归军委纵队司令部直接指挥。此后，毕士悌随干部团转战到贵州，渡过乌江，进入遵义。在中共中央、中革军委停驻遵义期间，毕士悌和团领导一直率干部团驻在城内，担负着城内的警卫任务。

1935年1月，遵义会议结束后，中央红军在毛泽东的率领下演出了一幕四渡赤水出奇兵的经典战例。在此前后，干部团参加了攻打赤水河畔的土城和二占遵义的作战。毕士悌不仅参与指挥干部团的作战，而且亲自率队冲锋陷阵，且打得非常勇猛。时任红1军团政治委员的聂荣臻后来在回忆土城战斗时曾说：3军团、5军团和干部团率先投入战斗，干部团攻击很猛，硬是攻到了敌军师部附近。敌人眼见不支，突然3个旅增援上来了，才把我干部团压了下去。2月下旬，在二占遵义的战斗中，毕士悌和红军干部团在"开展战局的关键"时节，奉命由桐梓出发，一日行军100多里路，配合中央红军主力取得了二占遵义作战的胜利。

为实现北上抗日的战略意图，中革军委于4月底发出抢渡金沙江的指示。为确保渡江成功，中革军委令总参谋长刘伯承亲率红军干部团和总部工兵营一部执行抢占皎平渡口、搜集船只、组织架桥的任务。毕士悌经与团领导商量后，决定派第3营作为先遣营随刘伯承执行抢占渡口的任务，团主力则执行抢渡金沙江、夺取皎平渡口以北约40里的通安州、掩护其他部队过江的任务。通安州是一个不大的山地街镇，它居高临下，形势险峻，占据此高地，就可以直接控制住皎平渡口。

而此时原定的红1、红3军团的两个渡口都无法使大部队渡江，全军主力遂都改由皎平渡渡江。因此，夺取通安州就成了保证全军渡江的关键环节。毕士悌在渡过金沙江后，即率干部团一部以勇猛的火力一举攻占了由敌军1个连据守的火焰山隘口，进而直趋通安州。在通安州，干部团与由西昌、会理方向赶来增援的国民党军1个旅遭遇。毕士悌立即率部投入作战。不久，守卫渡口的干部团另一部也赶来增援。毕士悌向刚赶到的宋任穷简要介绍了作战情况："仗打得很大，刚才部队已打到街上去了，我们缴获了敌人的迫击炮。因敌我兵力悬殊，我们刚刚退了出来，还没有消灭敌人。"随后，毕士悌与陈赓、宋任穷等简短商量后调整了作战方案，最终，干部团采用佯攻与迂回包围并用的战法消灭了这股敌军，占领了通安州，从而确保了中央红军主力顺利渡过金沙江。中革军委对干部团的表现十分满意，特予以通令嘉奖。

渡过金沙江后，中央红军便跳出了几十万国民党军的围追堵截，取得了长征中具有决定意义的伟大胜利。此后，毕士悌随干部团渡过大渡河、翻过夹金山，于1935年6月在四川懋功地区与红四方面军部队会师。两军会师后，红军干部团与红四方面军的红军学校合并，改编为新的红军学校。干部团改编成红军学校的特科团，毕士悌仍任参谋长。8月下旬，毕士悌与特科团的同志在克服重重困难后，走出了茫茫无际的草地。此后，由于张国焘不愿北上并进行分裂党和红军的活动，中共中央和中革军委于9月10日晨率红1方面军主力和军委纵队继续北上。红军学校接到北上的命令后，毕士悌坚决拥护中央的北上方针，并与团长韦国清、政治委员宋任穷立即率领特科团出发。途中，红军学校包括特科团的原红四方面军学生在教育长李特的煽动下，被强令停止北进，后随张国焘南下。毕士悌等原红一方面军的干部则继续北上。

此后，毕士悌随部队通过天险腊子口，突破国民党军渭河封锁线，翻越六盘山，于1935年10月到达陕北苏区吴起镇，胜利结束了二万五千里长征。当时，吴起镇的街上与窑洞内外到处都贴上了"中国共产党万岁""拥护刘志丹"等标语。看到这些标语后，毕士悌激动地流下了热泪，他感到自己已经"回家"了。1935年11月初，红一方面军主力在甘泉附近同红15军团会师，两部随即进行合编。为加强对红15军团的领导，中革军委从红一方面军抽调了一批干部到该部任职。毕士悌被调到红15军团任第75师参谋长。随后，毕士悌参与指挥所部参加直罗镇战役，并取得了重大战果。为把国内革命战争同民族战争结合起来，准备对日作战力量，扩大红军，中共中央决定派红一方面军主力实行东征。1936年2月20日，毕士悌在率部进行渡河（指黄河）作战时不幸身负重伤，倒在了黄河岸边。两天后，这位朝鲜人民的好儿子、中国工农红军的优秀将领因抢救无效，壮烈牺牲。

朝鲜籍教官崔庸健（1900—1976年），又名崔秋海、金志刚、崔石泉，朝鲜族，1900年6月21日出生在朝鲜平安北道盐州郡（龙川郡）。1922年流亡到中国，曾入天津南开大学、上海南华大学学习。1923年到云南陆军讲武堂学习军事。1924年毕业后到大革命的中心广州，进入黄埔军校，先后担任了黄埔军校军事教官、第5期第6区队长等职，期间与周恩来等相识并共事，参加过两次东征战役。1926年加入中国共产党。同年，参加北伐战争。他在黄埔时期用名"崔秋海"。1927年12月广州起义时，他担任黄埔军校特务营第2连连长，率领部队攻打沙河，与敌激战10多个小时。广州起义失败后，崔庸健率残部撤退到花县，参加了保卫海陆丰的战斗。

为了躲避蒋介石的白色恐怖，1928年年初，崔庸健受党组织的派遣，化名金志刚，冲破层层障碍和封锁，经上海来到东北，在松花江和乌苏里江沿岸从事建立党组织和游击队的工作，继续进行革命活动。1931年九一八事变后，崔庸健转赴东北进行抗日活动，组织军政训练班并成立抗日游击队，任队长，所率部队成为乌苏里江沿岸抗日的核心力量。1933年4月，成立饶河工农义勇军（化名崔石泉），他率领的部队转战于丛山密林、冰天雪地中，在战斗中不断壮大，并最终发展成为东北抗日联军第7军，他先后任团参谋长、师参谋长、军参谋长、代军长、第2路军参谋长、军长。1940年，东北抗日游击战争进入最为艰苦的阶段。1942年8月1日，东北抗日联军改编为东北抗联教导旅，崔庸健担任野营教导旅参谋长，并任中共东北委员会党委书记，直到日本投降。

1945年朝鲜解放后，崔庸健回国，初任朝鲜保安局长，后任朝鲜劳动党中央委员会政治委员会委员，最高人民委员会副委员长、委员长，人民军总司令，内阁民族保卫相，朝鲜劳动党中央书记处书记、副委员长，朝鲜民主主义共和军副主席等重要领导职务，获朝鲜人民军次帅（元帅）军衔。1954年至1969年曾5次访问中国，1976年9月19日病逝于平壤，享年76岁。崔庸健是卓越的军事家、政治家、革命家，也是杰出的国际主义战士。1925年5月至1927年11月，曾任黄埔军校教官3年。作为中共早期党员，他不仅参加了著名的广州起义，并且在黑龙江省三江地区进行建党、土地革命活动，领导抗日武装斗争长达18年之久，为中朝两国人民的抗日武装斗争和解放事业作出了卓越贡献。

众多的云南讲武堂师生后来成为黄埔军校的重要教官和领导，对黄埔军校的兴旺发展，作用不可低估。黄埔军校校长蒋介石，也是云南讲武堂重要教官李烈钧极力推荐的。护国三杰之一的蔡锷在云南任督军时，任讲武堂兼职教官，编撰了《曾胡治兵语录》作为云南讲武堂军事辅导教材。该书随着大批讲武堂人员进入黄埔军校成为军校教材，并深得蒋介石青睐，亲自增辑"治心"一章并加序，印发学习，人手一册。此书后来还被评为中国十大兵书之一。从某种意义上讲，云南讲武堂可以说是黄埔军校的"摇篮"，对黄埔军校的影响深远。

当时广东全省中共党员不过1万余人，其中800余人在黄埔军校，占了将近十分之一，其中有8位红色教官与云南有关，而这8名教官中有 7 位出自云南陆军讲武堂。如第 11 期步兵科毕业生严凤仪，后任黄埔军校上尉教官、学校训练部及学生第 4 队副队长，参与广东革命政府东征。后参加八一南昌起义，在海南、南洋从事革命活动。1931年 5 月，中共广东省委各机关遭破坏时被捕后遇害。第 15 期工兵科毕业生曹万春，后任孙中山大元帅府参谋部副官，黄埔军校成立时到校任教官，加入中国共产党，成为红色教官，后奉命到上海从事革命活动，1926 年，在"五卅"惨案中牺牲。第 12 期步兵科毕业生符昭谦，后任黄埔军校第 1 期区队长、教导团连长、团参谋长，1949 年，任国民党军第 3 兵团副司令官时起义，后到解放军军事学院重新执教，转业任中央文史研究馆馆员，病逝于北京。

就总人数而论，黄埔军校教官以云南讲武堂出身者为多。据王柏龄回忆，黄埔军校教官中云南讲武堂出身者占 60％，保定军校出身者占 20％。因为级职愈低，人数愈多。以对军校初创时期在黄埔任教的 74 名教官为例，其军衔分布：中将 1 人，少将 3 人，上校 3 人，中校 6 人，少校 7 人，上尉 11 人，中尉 24 人，少尉 10 人，准尉 1 人，文职 8 人。说明云南讲武堂出身者在黄埔军校初期多为尉官教职人员。

三、毕业于保定军校的黄埔教官

中华民国北京政府陆军部，于 1912 年 10 月至 1923 年 8 月在保定开办陆军军官学校，11 年间，保定军校培养 9 期共 6574 名学生（其中步科生 4017 名，骑科生 822 人，炮科生 887 名，工科生 418 名，辎重科生 376 名）。地处南北两地的保定军校与黄埔军校，在政治倾向上本来完全不同，但因两校同属陆军军官学校，保定军校停办之时恰逢黄埔军校开办之日，许多保定毕业生被聘请到黄埔军校任职。

有资料统计，从 1924 年至 1949 年，先后在黄埔军校校本部及各分校担任教官（队官）的保定陆军军官师生，总计有 860 多人。其中，从 1924 年 5 月到 1928 年 3 月 4 年间的军校广州时期，仅在黄埔本校任教的保定生就有 178 人，其数量远远超过到黄埔军校效力的其他军校的毕业生。其中，保定军校第 1 期生（含季方、王懋功两名第 1 期肄业生）19 人；第 2 期生 22 人；第 3 期生 46 人；第 4 期生无；第 5 期生 7 人；第 6 期生 39 人；第 7 期生 7 人；第 8 期生 23 人；第 9 期生 12 人。在兵科构成上，178 人中，有步兵科学生 99 人，工兵科学生 19 人，炮兵科学生 28 人，骑兵科学生 15 人，辎重兵科学生 17 人。如此师资结构，非常有利于黄埔军校军事学科设置及教学实施。这些毕业生除来自河北、山东等北方省份的 10 余人外，大多数是来自南方。其中以来自浙江、江苏、广东、江西、湖南、湖北、福建、安徽者为多。这是因为黄埔军校地处广东，他们对南方生活较易适应，路途较近，广州得革命风气之先，有较丰厚的新军土壤和革命传统。黄埔军校的主要领导人多为南方人，他们有意识的以乡缘、学缘、地缘为媒延聘人才，为校所用。

在黄埔军校中任教官的保定生，名声较大的有以下 7 人：陈诚，保定军校第 8 期炮科毕业生，在黄埔军校初任上尉教育副官，后升至台湾中国国民党副总裁；顾祝同，保定军校第 6 期步科毕业生，在黄埔军校初任中校战术教官，后升至陆军总司令、参谋总长、陆军一级上将；陈继承，保定军校第 2 期步科毕业生，在黄埔军校初任中校战术教官，后升至首都卫戍总司令等军职；张治中，保定军校第 3 期步科毕业生，在黄埔军校初任第 3 期入伍生总队上校总队附，后升至西北军政长官公署长官，中华人民共和国国防委员会副主席、全国人大常委会副委员长；刘峙，保定军校第 2 期步兵科毕业生，在黄埔军校初任中校兵学教官，后升至徐州"剿总"总司令，陆军二级上将；罗卓英，保定军校第 8 期炮兵科毕业生，在黄埔军校初任入伍生团教育副官，后升任东南军政副长官，陆军二级上将；周至柔，保定军校第 8 期步兵科毕业生，在黄埔军校初任兵学教官，后升任空军总司令、"总统府"参军长，空军一级上将。

保定毕业生在黄埔军校中多居于重要地位。在黄埔军校筹备委员会的 7 名委员中，有邓演达和沈应时 2 人为保定生；在军校入学试验委员会的 9 名委员中，有邓演达、严重、胡树森、简作桢 4 人为保定生；在首届军校特别区党部的 5 名执行委员中，有陈复、金佛庄 2 人为保定生；军校首期学生总队正副总队长均为保定生，分别为邓演达和严重。在黄埔第 1 期学生总队的 4 名队长中有 3 名是保定生，分别为金佛庄、吕梦熊、茅延桢。邓演达后任教练部副主任、军校教育长，严重后任教授部主任，顾祝同后任管理部主任。军校教导团成立时，这支国民革命军建军之始最早的部队，除由何应钦、王柏龄 2 名留日士官毕业生分任 2 个团的团长外，2 团下属 6 个营的营长有 5 人为保定生。还有保定生陆福廷（第 1 期教官）、文素松（教授部教官）、王懋功（第 3 期总队长）、赵锦雯（管理处处长）、林鼎祺（教导第 2 团第 2 营营长）、金佛庄（教导第 2 团第 3 营营长）、刘秉粹（教导第 1 团参谋长）、沈应时（教导第 1 团第 1 营营长）。除担任军事教官和学生队长外，一些保定生还担负了校本部及下属各部、办、处的重要职务。

在黄埔军校任教的保定生中，相当一部分人的思想比较进步。如季方、邓演达、严重、张治中、宋湘筹、侯连瀛、杨澍松等人。保定生中有数位中共早期著名军事干部，他们是：第 6 期步科毕业生徐坚，第 8 期步科毕业生金佛庄、郭俊、范荩，第 9 期步科毕业生章琰、茅延桢。他们或是在保定军校求学时入党，或是在黄埔任职前后入党，均先后牺牲在东征、北伐和抗日战场上。

四、毕业于陆军大学的黄埔教官

陆军大学创始于 1906 年，是中国近现代史上第一所最高军事学府。到 1949 年国民党当局迁移台湾止，办校历经 43 年，各期班科学生总计毕业生有 5100 余名。由于是高级军事学校，学生在之前已经受初、中级军校教育，因此陆大学生本身未能形成独立的军事派系，但是陆大学生有许多人在国民党军队中担当军事指挥主官或高级参谋重任。

黄埔军校成立后，陆续有陆军大学毕业生入黄埔军校任高级职官或教官。有资料统计，总计有 492 名陆军大学毕业生曾在黄埔军校任职，数量上仅次于保定军校生。陆大毕业生一直受到军事当局重用，主要是鉴于高级军校学历起点较高的缘故。陆军大学早期毕业生，后为陆大知名兵学教官的冯玉祥、张国元、唐灏青、梅铸、游凤池、谭家骏、戴锡龄等，都曾先后到黄埔军校任高级教官。担任黄埔军校本部及分校副主任、处长、步骑炮工辎交科长、总队附和高级教官以上职务者有 296 人。陆大生教官在黄埔军校中具有层次高、总量多、军事素养优等特点，成为黄埔军校教官群体中层级较高也是最重要的组成部分。

五、来自国共两党政治工作系统的黄埔教官

黄埔军校初期的政治教官构成，大致可以分为 4 种类型：一是中国共产党人，多为专职政工人员。如先后任政治部主任的周恩来、熊雄，政治部副主任鲁易，秘书聂荣臻。政治主任教官恽代英，政治教官萧楚女、欧阳建修、张秋人、李合林。曾任组织科长的杨其纲，任宣传科长的安体诚，政治讲师于树德等。二是当时国民党党政要人兼任政治教官。如：胡汉民、汪精卫、邵元冲、顾孟余、丁维芬，还有曾初任军校政治部主任的国民党理论权威戴季陶等人。三是邀请当时的一些社会名流来军校作政治演讲。四是教导团连以上单位设立的党代表直接授课。由以上所列可见，中国共产党人在军校政治教育中占有很大的比重。这一明显的师资力量对比，也是军校政治教育得以顺利进行的重要保障之一。

当时知名的黄埔军校政治教官，还有王启江、向理润、邝振翎、江雄风、余纪忠、张研田、李厚徵、柳克述、洪世泰、贺醒汉、倪文亚、高信、梁干乔、梁朝威、黄麟书、程天放等，著名的还有校歌撰

词者陈祖康。黄埔军校1期生邓文仪、顾希平、萧赞育曾任不同时期的政治部（政治训练处）主任。从各类教官的总量分析，政治教官所占比重很大，军校广州时期就有140多人，其中有5人是北伐时期的著名政治讲师。

六、来自苏联的黄埔教官

黄埔军校在创建初期有一个特殊的教官群体，这就是苏联顾问团，他们对黄埔军校教官群体的影响深远而巨大。1923年10月，苏联顾问鲍罗廷到达广州后，被孙中山聘为国民党组织教练员。正式筹建军官学校时，孙中山指定廖仲恺和总顾问鲍罗廷着手筹划开办和选定教职人员。1924年1月，苏联政府应孙中山的要求，派出了以弗·波里亚克为组长的军事顾问小组参加军校筹备工作。军校初创时期有名可查的苏联顾问有40余人，分布在政治、炮兵、步兵、工兵、军需、交通、通讯、卫生、交际等各个教学岗位上，绝大多数是军事教官。此后，苏联政府多批次派遣军事顾问到黄埔军校参加教学工作。著名和知名的教官有：加伦（瓦·康·布留尔）、蔡尔帕诺夫、喀拉觉夫、白礼别列夫、嘉列里、瓦林、尼·捷列沙托夫、梁道夫、丘别耶夫、罗戈夫、弗·波里亚克、雅·格尔曼、亚科夫列夫、罗加乔夫、别夏斯特诺夫、吉列夫、波洛、格米拉、泽涅克、齐利别尔特、马米伊利克、斯米诺夫、李糜、季山嘉、沙菲等。军校广州时期，苏联军事代表团在华文武官员有1000多人，在校执教的苏联教官及职员约300人左右。1926年3月"中山舰事件"后，蒋介石开始反共、排苏，苏联教官被撤回国。

苏联教官大多数都身经百战，战功卓著，有的指挥过大兵团作战，有的从事军事教育多年。他们都是优秀的军事将领，具有深厚的理论根底和丰富的作战经验，许多人还获得过苏联政府颁发的勋章。这些杰出的教官提供建议和协助训练，为黄埔师生带来了苏联红军的优良传统，同时还带来了当时世界上最先进的军事思想、最新式的军事技能。

七、来自各地讲武堂、专科军事学校、高等院校的黄埔教官

军校教官来源，除以上几个主要方面外，还有其他地区的讲武堂、专科军事学校、各部队以及国内外大学等高等院校。

从 1928 年东北易帜到七七事变全面抗战爆发前，黄埔军校有来自东北讲武堂的 50 余名教官，如张学良、张廉春、李铁醒等。还有来自国内其他专科军事学校毕业的 320 多人构成的教官队伍，具有来源广泛、门类齐全、黄埔派生等特点，如步骑炮工辎交、要塞炮兵、战车、陆地测量、机械化、防空、航空、情报、警官、政治、军需、军医、兽医学校等。著名人物如四川军校的刘湘、广西陆小的李宗仁、浙江讲武堂的蒋鼎文、军需军校的俞飞鹏等。还有部分留学外国军事专科学校的教官约 40 人，留学外国高等院校、名牌大学的教官约有 260 余人。

1930 年起黄埔军校开设"自然科学学科"课程，部分著名大学毕业的有关专家，担任了相关学科的专科教官。开设了数学、物理、电工常识、地理、密码通讯、防毒化学、航空、机械常识、有线电通信等课程。军校迁移南京办学后，外语教育也纳入教学计划，聘任了一批留学外国大学的专家担任外语专科教官。著名医生陈魏、卢致德、欧阳慧聪、韩云峰，曾出任军校军医处处长。

另外，从人文地理看，有资料统计，以军校初创时期在黄埔任教的 74 名教官为例，以籍贯分：广东 23 人，浙江 15 人，江苏 11 人，安徽、湖北、直隶各 4 人，云南、湖南、江西各 3 人，广西 2 人，四川、陕西各 1 人。在关内 18 省中，仅福建、河南、山东、山西、甘肃 5 省没有人在军校任教官。在整个抗日战争时期拥有黄埔军校教官数量最多的省份，依次为四川、广东、湖南、浙江、江苏、河北、安徽、湖北等省。从上述黄埔教官来源于各省份的分布情况看，基本反映出

了清末民国时期人文军事成长之大势与轨迹。

抗日战争时期，黄埔军校在军事学科、术科特别是政治科方面的教官比例，有了新的变化。重大变化之一是前期原具有"红色"身份的中国共产党人和苏联顾问教官，在黄埔军校中不复存在。黄埔军校通过历年自身培养的学生，成长壮大为黄埔教官群体的主体部分，以85%的绝对优势占据鳌头。保定陆军军官学校生仍明显高于其他军校，陆军大学生充任教官的数量与比例次之，日本陆军士官学校生再次之，留学外国陆军大学生、云南讲武堂生、东北讲武堂生以及留学外国军事专科学校生，则处于第三群体。

至抗战结束时，黄埔军校教官的"拼盘"更大。除以上黄埔教官主体部分外，还有留学美国、英国、德国、意大利和苏联等国军事院校的毕业生50余人，学习自然科学的留学生120余人，回国后担任黄埔军校军事和自然科学学科教官。国内高等院校毕业生及专科院校毕业生也大批进入黄埔军校任教，这类教官以社会科学方面的人员为主，担任政治教官的人数比例相对较高，近200人，占教官总数的36%。他们的受教育学校囊括了国内所有著名、知名大学，其中北京大学有27人，中央大学有24人，中山大学有21人，其他各校人数各在10人以上。在这类高等院校生教官群体当中，有许多著名和知名的各学界专才。

思考题：

1. 毕业于日本陆军士官学校的黄埔教官与苏联顾问的教学有什么不同？

2. 出身云南讲武堂与出身保定军校的黄埔教官的教学有什么差异？

3. 国共两党政治工作系统的黄埔教官的教学有什么不同？

4. 为什么陆军大学出身的官佐未能形成独立的军事派系？

第九讲

黄埔军校与旧式军校的显著区别

中国早期军校，大约源于原始社会晚期。如，夏商西周的校、庠、辟雍、瞽宗、国学、乡学，春秋战国的私学，隋唐的武举，宋元明和清前期的武学。统治阶级派遣官吏、教师管理军校，着重培养自己的子弟。教学内容多以适应冷兵器作战为主，教材有《武经七书》等，教育场所为数不多、规模也不大。1840 年鸦片战争之后 50 年的晚清时期，由于帝国主义列强的侵入，较为先进的近代枪炮、舰船被使用于作战中，由此带来了中国军校的迅猛发展。这一时期开办的军校主要有：福建马尾船政学堂（1866 年）、江南制造局操炮学堂（1874 年）、天津电报学堂（1880 年）、天津北洋医学堂（1881 年）、天津北洋武备学堂（1885 年）、广东黄埔鱼雷学堂（1886 年）、山东威海水师学堂（1889 年）、旅顺口鱼雷学堂（1890 年）、南京江南水师学堂（1890 年）、烟台海军学堂（1894 年）等，主要培养适应枪炮战和海战的军事人才。

1894 年中日甲午战争后，为救亡图存，全国兴起编练新军的热潮，军校如雨后春笋般在各地竞相开办。著名的有袁世凯主持编练新军的天津武备学堂、张之洞主办的江南陆军学堂等。各省为培养地方势力，先后建立"武备学堂"或"讲武堂"；一些地方军阀为扩充军事实力，成立临时军校性质的"学兵队"。1897 年、1898 年间，浙江、贵州、陕西、安徽、山西等省先后开办武备学堂。1901 年，清廷废除武科考试，开始重用军事学堂毕业生，这是中国近代军事教育制度的重大转折。1904年，清廷颁布《陆军学堂办法》，江苏、绥远、四川、福建、江西、广东、甘肃、湖南、河南等省也陆续开办武备学堂。这一时期，各种类型的军事学堂也纷纷登场，如行营将弁学堂（1902年）、北洋陆军速成学堂（1903年）、陆军宪兵学堂（1906年）、北洋陆军讲武堂（1906年）、陆军贵胄学堂（1906年）、京师陆军小学堂（1906年）、东三省讲武堂（1907年）、云南陆军讲武堂（1907年）等等。

1911年中华民国建立后，废除了清朝末年的军事教育体系。北洋政府准许各地相继开办陆军预备学校、陆军军士学校，以解决辛亥革命后军事教育上的接续问题，使得大批闲散军事人才得以利用，为国家储备了军事教育人才。特别是陆军预备学校，不仅为保定陆军军官学校准备了大批生源，而且完成了民国陆军三级教育（小学、中学、大学）中的基础教育，与后来的陆军军官学校形成了连续一贯的军事教育体系。1912年，陆军部主办的保定陆军军官学校开学，这是北洋政府时期全国规模最大的军事学校。相隔12年后创办黄埔军校时，80％的军事教官来自保定军校。保定军校在1923年8月第9期学生毕业时宣告停办，此时黄埔军校正在筹办中，距开学相差10个月。本文所言"中国旧式军校"，指的主要就是包括保定军校在内的上溯至晚清时期的各种军校。清政府办的军校和民国初年各地方政府办的军校，从形式上看像是新式军校，有的还名曰训练"新军"，但其办校宗旨是为清政府或为军阀政府服务，从本质上仍属旧式军校。

黄埔军校是一所完全新型的军事学校，摒弃了以往旧军队制度上的一些弊端，提出了一套比较完整的建军路线，培养了大批军事政治人才，开创了中国军队现代化建设的新时期。与以往旧式军校相比，黄埔军校在办学理念、教学内容和教育方法上都有许多不同之处。比较直观的诸如：采用新式武器，引进西方新式教育训练；建立较晚，教学结构比较完备；由国共两党共同创办，并聘请苏联教官，等等。

这些无疑都是区别旧式军校的特点，但最主要有以下几个方面。

一、为革命目标而创办军校

建立中国革命军队的正规学校，是国共两党的初衷，它的革命性在于使学生"不仅知道枪应该怎么放，而且知道枪要向什么人放"，以反帝反封建的民主革命精神武装学生。孙中山先生在开学典礼上作了热情洋溢的讲话，明确指出："我们今天要开这个学校……就是要从今天起，把革命的事业重新来创造，要用这个学校内的学生做根本，成立革命军。""军队之能不能够革命，是在乎各位将士之有没有革命志气，不是在乎武器之精良不精良，如果没有革命志气，不研究革命道理……总不能发扬革命事业。"创办军校"独一无二的希望，就是创造革命军，来挽救中国危亡"，建设"国民革命的军事训练机关"。

黄埔军校以孙中山"创造革命军队，来挽救中国的危亡"为宗旨。教学大纲规定教育的目标和目的，是"使学生彻底了解本党、总理学说与三民主义之根本原理，了解本党党部组织与对于农工运动之态度"，懂得"只有藉政治工作阐明本党的学说和主义，养成士兵确定的革命观念，方可保证军队统一与为主义奋勇作战的革命精神"。学生明白了为什么要当兵、为什么要打仗的道理，就能克服雇佣军队的思想。如1926年9月《军人周报》第5期发表军校学生撰写的《革命军人的精神》一文中所讲：升官发财不是我们的目的，拿薪饷糊口不是我们当兵的原因。我们做革命军人要有5种精神：爱国、爱民、服从党令、为主义而牺牲、服从国家命令而不服从私人命令。有了这5种精神，就算是一个合格的革命军人。

黄埔军校初创时经费不足，武器简陋，生活艰苦，但仍成为青年所向往的革命摇篮。当时青年们有一句口号，就是"到黄埔去！"黄埔军校的教育训练，在前几期因时间急、任务紧，仅有"三五个月的稍息立正"，但作为革命的军官培训基地，教育效果显然与旧式军校有很大区别。李宗仁说："黄埔军校每期训练时间虽不过数月，实际上只是一些军士教育，距军官教育相差尚远，然全军受革命风气的熏陶，颇有朝气，尚可作战。"这种朝气是旧式军校不具有的，奥妙就在于师生树立了革命目标，其士气与战斗力是旧式军校所无法比拟的。

二、由政党创办真正属于革命党的军校

黄埔军校由革命党创办，与旧式军校有本质不同。旧式军校主要由清政府或地方军阀创办，用来维护封建统治或者个人利益。黄埔军校则是由当时的革命进步团体——国民党和共产党合作创办，主张武装推翻帝国主义和封建军阀在中国的统治，完成国民革命。黄埔军校是第一次国共合作的产物，是一所为创建真正属于革命党的军队之学校。

孙中山以往领导的武装起义，或是通过"联络会党"，由各会党首领先后举兵，然后得以群众响应；或是在新军中注入革命知识分子，使新军倾向于革命党，为革命党所用。但无论是会党还是新军，他们都不是真正意义上的革命军队，并不真正属于革命党人。民国初年的中国军队，各有地盘，各为其主，互不统属，多数军队是军阀控制的。个别军队虽受孙中山指挥，但未经政治改造，不能称之为真正的革命军。诚如孙中山所说："所用的军队，没有一种是和革命党的奋斗相同的"，"我们的革命，只有革命党人的奋斗，没有革命军的奋斗。"孙中山为建立革命军改造国家，以国民党名义开办黄埔军校，以造就革命军为目标，学习苏联建军经验，聘请苏联军事顾问，设置政治工作机构和政治教育课程，创新了中国政党办学校、办军校的先河，提供了成功范例，揭开了中国军事教育史新篇章。

三、建立党代表和政治部制度

黄埔军校由国民党主办，凡入校者须参加国民党组织。校总理孙

中山、校长蒋介石与军校党代表廖仲恺同为军校最高领导人。军校创建时，孙中山认识到政治工作的重要性，仿效苏联红军建制，设立党代表和政治部制度，任命廖仲恺为国民党驻军校的党代表，任命戴季陶为政治部主任，共产党人张申府为副主任。这是中国军队第一次设党代表和政治部，是一项前无古人的崭新制度，是中国军队建设史上的一项重大变革。

党代表作为国民党在军队中的代表，执行党的方针政策，监督行政工作。对军队有监察领导的权力，参加部队管理，向部队灌输国民革命精神，并承担保证完成训练及一切战斗任务的责任。军事首长的一切命令，必须有党代表签署方能有效。政治部是国民党在军队中的政治领导机关，是军事首长和党代表对部队进行政治教育的自理机关。职责"是负担政治教育及在学生与人民群众中发展国民革命的意识之唯一机关。政治部对党及党代表负责，党代表命令并指导政治部，务使严重的军队纪律在正确的政治认识和指导之下，以巩固战斗力之基础，使部队成为严密的组织"。校军属下团队之党代表，也由政治部管理。根据国共合作和孙中山的要求，中国共产党抽调一批优秀党员任军校干部和政治教官。周恩来任政治部主任后，军校建立健全政治部的组织机构，制定政治教育计划，对全校实施政治教育训练。军校政治工作在战时发挥了极大的保障作用和巨大威力，其经验被推广到整个国民革命军，各军普遍建立了党代表和政治部制度，直至今天的人民解放军仍然坚持这一制度。

四、引导学生确立政治信仰

自古以来，封建王朝当权者认为军队的教育唯有军事训练，至于政治信仰、军事思想、战术战略，那是当权者考虑的事情。在他们眼里，军队只是他们维护统治的工具，没有必要有自己的思想与信仰。因此，旧军队是建立在雇佣制基础之上的，他们中的绝大多数是为生计才去当兵吃粮，若有目的也是为了升官发财。很显然，这样的军人不可能建成革命军。孙中山强调，"革命军的基础"，"就是要有革命先烈那样的行为"，就是要有革命的志气，枢立革命的理想。他要求黄埔师生"爱国家，爱百姓，不要钱，不要命"，"立一个志愿，一生一世，都不存在升官发财的心理，只知道做救国救民的事业，实现三民主义和五权宪法，一心一意地来革命，才可以达到革命的目的"。因此，培养军校学生实现三民主义的革命理念和信仰，是黄埔军校区别于旧式军校的根本所在。

军队在战争中能否取胜，精神因素非常重要。有政治信仰的思想武装，必然使各级军官在最后战斗中起到最关键的作用。一支军队只有有了正确的思想信仰，才能攻坚克难，无往不胜。黄埔军校之前，鲜有军事院校能够对学生同时进行军事训练和军事思想的授课。而黄埔军校毕业生除了有丰富的军事知识、技能之外，还有属于自己的政治信仰。这种人才培养模式，被后来的国共两党军校所效仿。也正因为如此，黄埔军校注重启迪培养学生的进步思想和崇高信仰，才能在短时间内训练出如此之多的杰出军事将领。这些看似飘渺的政治信仰，支撑着他们在北伐、抗战等艰苦卓绝的作战中创造了一个个奇迹般的经典战役。黄埔军校建立在政治信仰之上的军事教育，是对旧军校、旧军队训练思想的重大突破。

五、具有显著特点的政治工作

在旧中国的军阀部队中，没有近现代意义上的政治工作，军队政治工作在中国即从黄埔军校开始创立。黄埔军校政治教育中，最典型、最具影响力的即是政治工作；黄埔军校的成功，在很大程度上也取决于其政治工作全面而正确的开展。恽代英在《革命军》第10期发表文章，提出要靠政治工作提高战斗力，使每个军人服从党的主义，在党的指导下与敌人作战。杨新民在《黄埔潮》第19期撰文，明确指出：

"革命军中的政治工作是很重要的，与军事训练同样重要。不但是同样重要，并且有相互的关系而不能离开，不但革命军与军阀军队之区别在这一点，革命军之所以成为革命军也在这一点。"在军队建立政治工作，成为区别革命军队和军阀军队的显著标志。

黄埔军校政治工作，还突出表现在以下几个方面，这是旧式军校和军阀部队所没有的。

一是宣传群众、组织群众。黄埔军校的宣传工作，分为平时与战时宣传。宣传对象有群众、本军、友军和敌军。军校政治部除设有宣传、组织二科外，还设有社会运动科，帮助建立工农商学各界民众团体。周恩来《在东莞商务会及市民联欢大会上的演说词》中，把东征军政治工作的任务概括为："告以中国如何受到列强压迫、军阀压迫，以及农工各界之痛苦，告以解除压迫与痛苦之途径"；"能如此，则军士之打仗是为人民而打的"，而黄埔校军此次东征，"是为人民解除痛苦而来"。由周恩来担任主任的东征军政治部从黄埔军校、广州农讲所、政治训练班抽调237人组成宣传队，由李立三、傅维钰、李劳工、周逸群、卢德铭负责。宣传队印制了《革命军东征告各界人民书》《告敌军官兵》等传单，在沿途的城镇、乡村、车站、码头散发宣传品，张贴标语、布告和画片，搞军民联欢和演剧，军校剧社也表演了文艺节目。每到宿营地或候车候船时，宣传队便向军人演讲东征的意义和军民合作的重要性，教唱革命歌曲，开展政治宣传，激励士气，对争取民众、组织群众起了很大的作用。

二是以革命精神维持纪律。军校颁布了《革命军连坐法》《革命军刑事条例》《革命军惩罚条例》《审判条例》《陆军监狱规则》等。对违反者，分别给予撤职、降级、罚薪、记过或党内记过、留党察看、开除党籍的处分，直至给予监禁或枪毙的处罚。

三是争取教育和瓦解敌军。1926年10月，刘伯坚主持制定的《国民军联军政治工作大纲》指出："敌人的士兵和我们是一样的中国人，其所以变成敌人，是因为被他们的官长蒙蔽欺骗了，如果使他们了解政治的意义及其切身的利益，他们便会和我们携手"，要"监察本军兵士不要恐吓或辱骂俘虏来的敌人，对俘虏要有正当的待遇"，"在俘虏的兵士中，也要进行政治工作；派遣到敌人中秘密进行政治工作，最好将已宣传成熟的俘虏派回去"。从 1926 年 12 月起，黄埔军校开办了由共产党员韩麟符任主任的俘虏军官训练班，对被俘的吴佩孚、孙传芳军阀部队 1300 名下级军官进行了为期 8 个月的教育，然后分配到国民革命军各部工作。黄埔军校从俘虏中成批挑选下级军官加以训练，将表现好的分配到部队中工作，这在旧式军校中是从来没有过的正规教学课程。

六、实行政治教育与军事教育并重的办学方针

旧式军校仅仅侧重于军事教育，要求学生以"服从命令为天职"，"以不问政治为高尚"，把学生培养成机械执行命令的驯服工具。在黄埔军校中，却专门设有传播革命思想的政治教育课，以反帝反封建为主要内容，传授革命的基本政治理论，培养学生的爱国思想和革命精神，提高学生反帝反封建的自觉性和斗志。从黄埔军校安排的课程看，其人才培养模式较之旧式军校有很大不同，军校为学生安排了许多政治思想理论的学习，并经常邀请一些著名的进步人士到校进行讲演。由此可见，相比较于晚清政府组建的"新军"和其他军事学校，黄埔军校把政治教育提到和军事教育训练同等重要的地位，强调要通过思想政治教育，使学生彻底了解中国国民革命。这是黄埔军校同一切旧式军校根本不同的地方，开创中国新式军事教育的先河。

军校实施军事、政治并重的教育方针，是根据孙中山关于既学军事又学政治的指导思想来制定的。孙中山在军校开学典礼上要求学生要有高深的学问，指出："关于军事学和革命道理的各种书籍及一切杂志报章都要参考研究。"丰悌在所写的《本校从黄埔到南京的变化》一

文对军校教育方针作了具体阐述，他说："所谓教育方针，便是教育施行所根据的原则。这个原则，简言之，乃是军事教育与政治教育并重，而且不但是并重，政治教育更超过于军事教育之势。"黄埔军校以三民主义为指导，突出革命的政治教育，走上了全新的建军道路。军校政治部副主任熊雄撰文《一年来的本校政治部》，指出："教育方针的总原则，就是'军事与政治打成一片'。政治部依据这个原则，故对学生官长兵伕乃有贯注全部的政治教育计划。"军事教育与政治教育是互补的，学生要掌握军事知识和技能，更要有为革命奋斗牺牲的思想。而政治教育是实现黄埔军校宗旨的根本保证，是创造革命军的灵魂与保证，对师生和革命军官兵的思想起着主导作用。

七、课堂教学与现实斗争紧密结合

坚持理论与实践相结合，是黄埔军校不同于旧式军校教育的又一显著特点。黄埔军校贯彻教学与现实斗争相结合的原则，学生们边学习，边工作，边作战，在创造革命奇迹的同时，锻炼成为孙中山所倡导要求的真正的"革命军"战士。

黄埔军校是国共合作的产物，其指导思想是联俄、联共、扶助农工，这就决定了军校必然投入反帝反封建的伟大斗争实践。而军校是在众多军阀虎视眈眈下创立的，必然遭到军阀以及帝国主义的仇视和排挤，客观上使得军校必须与帝国主义、封建势力作坚决的斗争。以黄埔军校学生为主体组成的东征军，赢得了两次东征的胜利；还有平定"杨、刘叛乱"，参加北伐战争，这些都使在校学生或刚毕业的学生在战火中加深理解昨天在课堂上学习的军事理论，并立竿见影迅速应用到战争实践中。

黄埔军校注重实际办学，同时与当地农工商学各界保持着密切联系。身处革命策源地的广东，黄埔学生拥有许多参与政治活动、工农运动、革命战争的机会，在这些场合中，他们充分展示了自身联系社会实际的才智和能力。周恩来等共产党人在思想政治教育实践中努力贯彻理论联系实际的方针，所制定的《战时宣传大纲》，规定学生要学用结合，要有对国家对人民的责任感，严守纪律，维护群众利益，这些都是理论与实际相结合的典范。学生们在校期间参加现实的反帝反封建斗争，既把他们在学校所学的知识应用于实践，又加速了他们成为孙中山所期望的"革命军"的进程。

思考题：

    1. 树立革命目标，确立政治信仰，为什么说对黄埔军校师生异常重要？

    2. 为什么革命军校必须由政党创办？

    3. 设立党代表和政治部制度，为什么说是军队建设的重大变革？

    4. 实行政治教育与军事教育并重的办学方针，目的何在？

    5. 课堂教学与现实斗争紧密结合的重要性是什么？

第十讲

黄埔军校教学体现政治教育第一

黄埔军校注重国民革命的宗旨和主义教育，把政治教育放在首要地位，在内容上以反帝反封建为主题，以培植学生的革命思想。军校学习苏联红军学校的教育经验，重视政治教育，其教育的内容充满时代的浓厚革命气息，与世界潮流的脉搏谐动，代表着时代的先进文化，代表着时代的先进方向。因此，黄埔军校一反旧式军校的弊端，不以纯军事技术训练为主，而是采取军事教育与政治教育并重的方式，而且不但是并重，更有政治教育超过军事教育之特点，这充分反映在教学的各个方面。

一、广招政治教育人才，充实教官队伍

人才是办好黄埔军校的重要因素。军事教官可从国内军校或在外国军校留学的人中挑选，但在军校中开设政治课程，除苏联外，没有别的军校可资借鉴。而苏联与中国国情不同，社会状况、革命任务、对象和特点都不同，政治教育课的内容与方式不可以照搬苏联军校模式。因此，黄埔军校在开办时，要寻求既了解三民主义，又熟悉马克思主义的政治教官十分困难。

军校始创阶段，政治部主任、政治教官是国民党政治家，却对政治课的认识很肤浅。政治部第一任主任戴季陶号称孙文主义理论家，

却并不了解三民主义的真谛。接着，邵元冲出任政治部主任，仍无能力使军校政治工作改观。廖仲恺、汪精卫、胡汉民等政界人士，名为兼任政治教官，实则忙于应付时局问题，无暇到校作政治演讲。廖仲恺鉴于军校政治教育工作的涣散，惟有请求中国共产党帮助。这时，恰好共产党人周恩来从欧洲回国。他到广州后，参加平民教育工作，后任中共广东区委委员长兼宣传部长。11月，邵元冲随孙中山北上商谈国是，离开军校。周恩来于是接替邵元冲兼任军校政治部主任。讨伐陈炯明叛军之后，周恩来辞去中共广东区委委员长之职，仍保留区委常委，并兼军委书记，专注于军事系统的政治工作。中共中央派周恩来到黄埔军校工作，是中共认识到军事工作的重要性，也是帮助孙中山办军校的一项重要举措。

周恩来是最早提出创建革命军队和从事军队政治工作的共产党领导人。在他到黄埔军校之前，政治部是个空架子，几乎没有进步的政治工作可言。周恩来到校任职后，首先整顿政治部，对组织结构进行调整和充实，健全政治工作制度。政治部是作为军校国民党党部的工作机关而设立的，其工作对党代表负责，任务是培植学生的国民革命意识。对内负责政治训练，指导党务活动；对外负责宣传和组织民众，推动国民革命。调整后的政治部下设指导、编纂、秘书3股，分别由共产党人聂荣臻、杨其纲、王逸常负责。各股的日常工作分别是：制定政治教育计划和大纲，出版《军事政治月刊》和《士兵之友》等，编印《政治问答集》和部分教材，编制各种调查表格，指导学生社团和党务活动，组织学生开展娱乐活动等。

军校建立了政治工作制度，加强对师生的政治教育，保证了孙中山办校宗旨的实现。周恩来把大量的时间放在抓具体工作的落实上，他指出：军校政治部要做好3项工作，"其一是向新成立的校军教导第一团选派党代表；其二是建立'青年军人联合会'，出油印壁报《士兵之友》；其三是建立政治部正常工作秩序和政治工作制度。最后还进行了分工，制定了工作细则。"其中，政治部服务细则规定："全校官长、员生、士兵、伕工负有政治训练或指导之责，使其具正确的政治知识，增进革命精神，自觉地遵守革命纪律。对外负宣传组织及政治指导之责，务使人民确知革命军为被压迫民众谋利益而奋斗，以实现总理武力与人民结合、成为人民的武力之遗训，而收军事进行上得人民帮助之实效。"政治部设有图书馆，所有书报均对学生开放，鼓励学生自学和钻研。黄埔军校的政治工作自此蓬勃开展了起来。

此后，共产党又派邵力子、卜士奇、熊雄、鲁易、包惠僧等担任政治部主任或副主任，派聂荣臻担任政治部秘书兼《军事政治月刊》主编、恽代英为政治总教官，萧楚女、张秋人、韩麟符、于树德、熊锐、廖化平、李求实、安体诚、孙炳文、高语罕等为政治教官，又从第1期毕业生中抽调蒋先云、李之龙、李汉藩、杨其纲、王逸常等一部分德才兼备的共产党员到政治部工作，充实了军校思想政治工作的新生力量，开展了行之有效的政治教育，使军校政治工作面目一新。

军校政工人员以良好的思想作风、工作作风，对官兵员生起到了表率作用。1926年11月，游步瀛在《黄埔潮》第19期发表《军中政治工作人员应具备之条件》一文，提出政工人员要以身作则，"在行动上，要站在党的观点上，注意客观事实，光明磊落地与部队长官合作，诱之趋于革命化，并能深入群众、组织群众、获得群众信仰；在宣传上，不单凭理论、口号，要注意当地群众日常生活的要求和群众心理；在态度上，对长官和群众均应诚挚、和蔼、慈祥，不能有严峻苛刻的现象；在知识上，要刻苦努力学习，对党的主义、世界趋势以及联合战线的政策，都应详细懂得。"周恩来、恽代英、熊雄、萧楚女和聂荣臻等党政工作者为代表的广大政工人员在黄埔军校任职期间，以其良好的思想作风、工作作风，展示了共产党的良好形象，对广大官兵起到了表率作用。

二、《政治教育大纲》的实施

黄埔军校建立后，实施全面的政治教育，并不断完善政治教育实施方案。1924 年 11 月，周恩来到校任政治部主任后，军校政治教育有了系统的教学实施方案，后经过 1925 年的两次东征等战火的检验和实践充实，政治教育更加系统化。1926 年 10 月 4 日，军校制定颁布了《政治教育大纲（草案）》，较好地体现了军校的办学方针和政治教育概况，使思想政治教育正规化向前迈进了一大步。这个大纲既是军校几年来政治教育经验的总结，又是以后几期办学的政治教育方案，可以说代表了当时军校政治教育的最高水平，有着许多显著的特点。

大纲明确了实施和加强政治教育所要达到的目标，提出了切合实际的政治教育方针政策。大纲分为"总纲""政治大队""军官大队"3 部分。"总纲"是统帅全文的精髓，指出：军校政治，军事训练，要以孙中山"使武力与国民相结合，使武力为国民之武力"训示为最高原则。大纲切实解决军校能够迅速提高学生政治素质的问题，重点指出政治训练要依据 10 个条件计划施行，即规定了政治教育 10 个方面的内容：使学生彻底了解自己的责任，彻底了解政治工作的重要性，彻底了解孙中山学说和三民主义的基本原理，彻底了解中国的国民革命，彻底了解各种与革命运动有密切关系的社会科学知识，彻底了解政治经济方面各种重要的现象和问题，彻底了解革命运动是起于工农群众的物质要求，彻底了解纪律是造成统一集中力量所必要的，彻底了解军事学术和军事训练对革命的重要作用，彻底了解军队政治工作应注意的事项。进行以上教育，是为了"洗刷学生入校以前所受许多流俗传统的错误见解的影响，养成他们正确的人生观"。这 10 个"彻底了解"是总纲的中心议题，指出了军校政治工作的全部内容和办校方针与目的。

除规定增加政治训练的时间外，军校根据大纲制定了全面系统的政治教育科目。最初规定了三民主义等政治课程，后来对一般学生队规定开设的政治课增加到 26 门，即：《三民主义》《中国国民党史》《国民党的组织问题》《本党宣传训令》《总理学说》《建国大纲》《帝国主义》《帝国主义侵略史》《近代国际关系》《各国革命史》《世界政治经济状况》《中国政治经济状况》《中国社会组织》《苏联研究》《社会进化史》《社会主义运动》《经济学概要》《政治学概要》《社会科学概要》《经济政策》《农村问题研究》《农民运动》《职工运动》《青年运动》《军队中政治工作》。每门课最多讲授 16 次（32 小时），最少讲授 4 次（8 小时），都要经过考试评定成绩。军校规定了政治及军官大队的授课科目及课时，开课多达 44 门。政治大队的培养目标是军队中做政治工作的人才，如党代表、政治指导员及政治部工作人员。授课时间，每周 18 次，每次 70 分钟，全修业时间为 8 个月，并分为 3 大段时间，循环式上课，共授课 446 次。军官大队的培养目标是军队中的下级干部人才，如部队官长、官佐及各种服务人员。授课时间，每周 6 次，每次 70 分钟，全修业时间为 8 个月，共授课 148 次。

大纲规定课程内容紧密联系中国革命现实，规定了以"学以致用"为突出特点的授课科目。每门课程的开设，都相对当时社会有着重要的现实指导意义，说明军校的政治教育十分重视学以致用。大纲规定，政治大队的讲演课约占总课时的二十分之一。讨论 30 次，约占总课时的十四分之一。测验 12 次，约占总课时的三十七分之一。实习课（深入社会调查）46 次，约占总课时的十分之一。综上参加社会实践共有 110 次，与在课堂上听课学理论的时间比例是 1 : 3。军官大队参加社会实践课共有 38 次，与在课堂上听课学理论的时间比例是 1 : 4。由此比例数字，足见黄埔军校的政治教育重视理论灌输，更重视与实践相结合的程度。大纲并就每一课程详细规定了教授事项，如"军队中政治工作"科目规定共讲 6 课，这 6 课的教授中心议题依次是：军队的性质、兵士与民众的心理、平时对于兵士的政治工作、平时对于民众的政治工作、战时对于兵士民众的政治工作、战时对于敌人俘虏的政治工作。这些讲授内容，都是现实中一些问题的参考答案和解决方法，具体而实用，课堂上讲的东西，又几乎都是昨天刚发生在学生身边的事，拿到今天来讲，总结经验教训。因而说，学生们今天在课堂上学的，明天就可直接运用于实践中，这种活生生的"现身说法"的教学方法，其效率之高、效果之大也就显而易见了。故黄埔军校前几期毕业生之所以能取得日后辉煌战绩，无不与在校学习时培养的求实精神有关。

三、政治教育训练多样化

黄埔军校政治部制定了《政治课程训练计划》《政治训练进度表》和《政治训练授课调查表》，颁发"革命军格言"和"日课问答"等，有一套完整的制度。军校政治教育，形式生动活泼、丰富多样，为广大学生喜闻乐见。

一是深受欢迎的必修政治课。这是军校政治教育的主要形式，由专职政治教官讲授，有专门的教材，规范化程度和教学质量都很高。军校将讲授与学生讲演、讨论、实践、考核结合起来，教学效果很好。政治课使全校师生了解政治常识，增强革命信念，明确国民革命的目的是打倒帝国主义、军阀和贪官污吏，革命的方法是发动民众、吃苦耐劳和严守纪律。结合授课内容，政治部每周组织一两次政治演讲或专题讨论，并据此评定和统计学生成绩。

二是邀请社会名流到校演讲的政治报告会。军校经常举行报告会，定期邀请当时的一些政治理论家、社会知名人士到校进行演讲。教学大纲规定政治教育除正课外，每期学生另安排讲演课 22 次。主讲人有孙中山、廖仲恺、胡汉民、汪精卫、谭延闿、何香凝、李烈钧等国民党要人和鲁迅等社会名流，许多著名共产党人如毛泽东、刘少奇、苏兆征、张太雷等也应邀到军校演讲。其中，邓中夏讲《省港罢工之经过》，彭湃讲《海丰农民运动之成绩》，吴玉章讲《中国革命与世界革命的关系》，鲍罗廷讲《革命的基础问题》，等等。场场爆满，掌声不绝，深受学生欢迎。这些受邀嘉宾讲演社会上正出现的思潮和争论的问题，讲军校、军人与当前社会的关系与历史使命，讲学生最关心的一些论题。让学生直接参加革命实践，辨别是非。正确与错误、落后与先进，学生们自有各自的见解和评说。黄埔军校办学在社会，把课堂开在了当代思想潮流的峰巅之上。

三是别开生面的政治讨论会。按《政治讨论会规则》，每次讨论以区队为单位，由擅长演讲的 3 名学生组成主席团，另选 2 人担任记录，政治教官负责解释问题和作结论。学生对各种问题可以自由发表意见，也可将意见投入"政治问答箱"。教官将各种问题汇集后，在课堂或刊物上统一作答。周恩来经常参加主持讨论会，学生对各种问题可自由发表意见，气氛非常活跃。在此基础上，恽代英、萧楚女、张秋人将答案汇编成长达 10 万余言的《政治问答集》出版，有 228 个问答，共分 6 篇。其中第 6 篇专讲军队政治工作，要求革命军人了解主义、遵守纪律、深入民众、努力工作；做政治工作应结合实际，用通俗易懂的语言文字进行宣传，对不同的对象采取不同的方式，如对商人讲，革命可以消灭兵灾匪祸，提高购买力；对资本家讲，革命可以打倒外国经济压迫，发展本国产业。这些问答深入浅出，使学生既掌握了基本的政治常识，又学到了可操作的政治工作本领。

四、因人施教，提高政治教育效果

黄埔军校的政治教育，根据不同的教育对象安排不同的内容，充分照顾了不同受教育者的层次特性。当时黄埔军校的政治教育根据对象分为学生队、高级班、入伍生及学生军和军士教导 4 种，政治课程也就有所不同，分为学生政治教育、官长政治教育和士兵政治教育等不同层次。

学生队的政治教育课程，重在使学生了解三民主义及国民党方针政策、国内外政治经济情况，以培养学生对革命尽职尽忠的精神为目的。士兵政治教育把课程分为三民主义浅说、本党政策、国民革命概论等 9 个方面；官长政治教育安排有三民主义、中国民族革命问题、各国政党史略等 8 个方面内容；高级班的政治课程则增加到 20 种，以便担任革命军中较重要或专门的政治工作。另外，军校还办了一些针对特定对象的政治教育培训，如培养和选拔党代表的政治训练班和对全校官佐进行政治教育。

根据不同教育对象的实际情况，黄埔军校的政治教育内容在既定范围内作深浅难易、专门普通的调整，因人施教，因材施教，有的放矢，提高了政治教育的针对性。如此针对不同的对象安排不同的教育内容的教学方式，也有利于提高政治教育的实效性。

五、思想理论观点兼容并包、兼收并蓄

国共两党在政治性质上有着根本区别，但这一差异并没有造成黄埔军校建校初期设立政治教育课程的分歧。军校以最基本的革命理论和革命知识教育为内容开设的政治课，科目十分丰富，涉及范围也很广。不仅包括作为指导思想的三民主义，而且兼容了其他先进的思想，尤其是对马克思主义、社会主义、共产主义的学习。这种对不同党派和不同学派的思想理论实行兼容并包的政治教育，对于提高学生的政治觉悟和思想水平起到了巨大的推动作用，较好地实现了政治教育教学新大纲所要达到的目的。

军校的政治教育内容，以孙中山的三民主义和马克思主义最为重要。其中《社会主义原理》《社会主义史》《帝国主义》等课程，都是宣传介绍马克思主义的基本理论或以马列主义为指导进行革命理论教育的课程。《三民主义》《国民革命概论》《总理学说》等课程，则是孙中山的革命民主主义的课程。另外还有《社会问题》《社会学科概论》

《社会进化史》等，都是为了提高学生素质而开设的课程。军校明确规定："除切实接受党的训练，努力练习本党主义外，凡本党之一切出版物，皆需细心阅览，更必须注意世界潮流，所有关于社会主义、共产主义、马列主义等书籍以及同情于本党，或赞成本党政策而极力协助本党之出版物，除责成政治部随时购置外，本校学生皆可购阅。"把三民主义和共产主义教育放在同样重要的位置上。在学生的招收上，由于在前期采取推荐介绍入学的方式，使得进入军校学习的学生和工作人员既有来自国民党，也有来自共产党和众多暂未加入党派的青年，可谓风云际会，使得黄埔岛成为国共两党近距离接触、共同参与建校建军的重要基地，充分体现了国共合作统一战线的特点。

六、编辑出版政治书刊，开展革命性和进步性文化活动

黄埔军校本着培养革命军事政治人才以组建革命军的教育目标，创办了"士兵之友"壁报和许多进步刊物，有日报、期刊、专刊、文集、丛书、讲义等，宣传革命思想，体现了革命性和进步性特点。定期出版的报刊有《黄埔日刊》《革命军》《黄埔潮》《军事政治月刊》《先声旬刊》《青年军人》《中国青年军人联合会周刊》《革命画报》等，发行的政治丛书有《各国革命运动概论》《本党重要宣言训令之研究》《政治概论》《中国国民党与劳动运动》《中国国民党与农民运动》《军友必读》《政治问答集》等，都以宣传反帝反封建为宗旨，推动着国民革命高潮的迅速到来。其中，《黄埔日刊》一天的最高发行量达5万份。据1926年4月11日统计，军校在全国设有3000个发行点，8个月间发行报刊达1000万份。由于这些刊物均由政治部主办，而政治部内大多数都是共产党员，因而有力地保证了这些刊物的革命性和进步性。

军校组织成立"血花剧社"，廖仲恺题写了"先烈之血，主义之花"的锦旗。剧社在校内和校外宣传演出，每逢革命纪念日或学校举

行大型文艺晚会都进行会演。一年内，剧社在校内外演出50多场，剧目有《血泪潮》《还我自由》《黄花岗》《鸦片战争》《革命军来了》《联合战线》等。军校中设有俱乐部，按照学生兴趣分设为政治组、经济组、戏剧组等6个组，陶冶学生情操，增强了他们的政治文化素养。从这些文化活动内容可以看出，黄埔军校政治文化教育也充满了积极的革命性和进步性意义。

军校学生以"不要钱，不要命，爱国家，爱百姓"的誓言互相勉励，并在校门口贴着"升官发财行往他处，贪生怕死勿入斯门"的对联和"革命者来"的横额，表明自己投身革命的决心。军校政治部创作了不少革命歌曲，如《陆军学校校歌》《爱民歌》等。由共产党员担任的各级党代表负责教唱革命歌曲，使学生成为"有理想、有主义"的青年军人，激励他们的革命热情，使其思想日趋活跃，对提高战斗力发挥了重大作用。军校师生们每天唱着"以血洒花，以校为家，卧薪尝胆，努力建设中华"的校歌和"打倒列强，除军阀"的军歌，显示出一派朝气蓬勃的景象。

思考题：

1. 政治教育人才对教官队伍的重要性是什么？

2. 政治教育重视学以致用对培养人才的重要作用有哪些？

3. 政治教育训练多样化有哪些主要方式方法？

4. 思想理论观点兼容并包、兼收并蓄的方法论意义是什么？

5. 开展革命性和进步性文化活动的重要意义是什么？

6. 政治教育第一的思想体现在教学中的哪些方面？

第十一讲

黄埔军校军事教育的特点

黄埔军校军事教育的目的，在于使学生们能领会军事教育的精神，熟习一般军事学原则及其战术上的实战应用，同时培养每位学生的良好军事素养，健壮体格，强化并拓展作为士兵和基层军官的军事体验，为以后立足军旅，做一名优秀的中高级指挥员打下扎实基础。

一、独特的"军人精神教育"

中国古代、近代军队也重视精神教育，但无不是以封建陈腐的忠孝、荣辱观为内容，就连著名抗倭将领戚继光也是对将士"谆谆谕以忠君之义，祸福之辨，修短之数，死生之理，使之习服忠义"。近代军阀更是鼓吹军人以效忠长官为职志，狂热宣传为复仇、升官发财而打仗。将帅在战前动员时，告诫士兵："军队好比狗，主人让我们咬谁，我们就去咬谁。"诱惑士兵追求高官厚禄，却讳言牺牲。

黄埔军校注重三民主义建军，军事教育中的"军人精神教育"，虽然在一定意义上是政治教育，但又不等同于一般意义上的政治教育。黄埔军校的"军人精神教育"，一方面符合当时反帝、反封建的时代潮流，同时又与校总理孙中山、校长蒋介石的愿景、教导和要求紧密相关，其中既有旧军校中的尚武精神教育，更有旧军校所没有的军人为国为民牺牲的精神教育。

第一，黄埔军校军事教育以贯彻孙中山"能为三民主义奋斗，能为三民主义牺牲"为宗旨，向学生灌输以救国救民为己任和不怕死的牺牲精神。2011年新版《中国共产党历史》指出："黄埔军校的最大特点是把政治教育提到和军事训练同等重要的地位，注重培养学生的爱国思想和革命精神，这是它同一切旧式军校根本不同的地方。"孙中山要求军校培养出来的学生，不仅能指挥作战，会做政治工作，而且勇于冲锋、敢于牺牲，具有爱国爱民、献身革命的精神。他在军校开学典礼的演讲中说："革命党的精神，没有别的秘诀，秘诀就是不怕死。要能够有这种大勇气，在心理中就是视死如归，以人生随时都可以死。"要"看破生死关头，以死为幸福。"军校领导和教官也直言军人以战死为荣，大门两旁张贴"升官发财请往他处，贪生畏死勿入斯门"的豪迈对联，全体学生高唱"打条血路""以血洒花"的校歌，成立"血花剧社"，黄埔本校时校内到处张贴"碧血千秋""奋斗牺牲"的标语，校区建设烈士陵园。这种"视战死为归途、慷慨赴死、虽死犹生"的军人精神教育，事实说明深入黄埔生骨髓，也足以理解曹渊、蒋先云、左权等黄埔生勇于陷阵、壮烈牺牲在战场的不同寻常死因。

第二，校长蒋介石非常关注对黄埔学生的"军人精神教育"。他认为，作为一名军人，应具备"勇猛威严、外威若安、临险如夷、坚忍不拔、不怕死"的精神。学生在预备教育期间所接受的第一节军事教育课就是校长训话。蒋介石从任校长至第一次东征的8个月中，给黄埔师生作了46次演讲。每次训话，都对学生进行革命鼓动。从第1期学生入学起，他就不断地向军校进行"军人精神教育"，说："一个人果真明白做人的意义，对于自己生活的目的、生命的意义彻底了解，那不管是在枪林弹雨、人山血海之中，决无畏懦恐怖的心思。我们军人的职分只有一个死字，军人的目的也只有一个死字。"[①]蒋介石在军

---

① 张其昀主编：《先"总统"蒋公全集》（第一册），台北："中国文化大学出版社"，1984年版，第426页。

校的演讲，每次必讲三民主义，且声声言死，要求军人为三民主义舍生取义，杀身成仁，不可背义而生。他亲自编纂《新兵精神教育问答》《革命军格言》《军人必览》等，作为军校教材。同时，他的言中之意也有他所推崇的曾国藩、胡林翼等人"治兵语录"所宣扬的封建的军人愚忠精神。学生毕业时，给每人发一柄刻有"成功成仁""军人魂"的"中正剑"更是贯穿了牺牲精神，对黄埔军人精神的形成和固化无疑有着重大影响。

第三，军校"军人精神教育"，还包括严格的军纪教育。在军事纪律、校风管理教育方面，军校制定了许多条例、法规，并紧密纳入军事教育科目中，对教职员以及学生的管理起了重要作用。筹备军校之初，蒋介石曾向国民党中央执行委员会拟呈了《军官学校考选学生简章》，其中明确规定了军校的军事纪律。在学生入学以后，军校规定了更加详细的校规，有礼节令、校风令、考风令、请假令等。对教职员也有管理令、任用条例、晋薪条例等。如《饬官长除恶令》《职员晋薪晋阶条例》《教职员任用条例》《革命军人连坐法》，对长官及教职员的管理做了详细规定。甚至在小小的礼节方面，军校对学生的要求都非常严格，在军事训练科目中专门开设了"敬礼演习"科目，规定学生见了长官要行礼，否则会受到严厉惩罚。在严格的军事纪律规范下，黄埔学生可谓军服整齐，精神振奋，呈现出新型军队的革新面貌。

二、急用先学的学科、术科并举教育

黄埔军校军事教育分为学科和术科两大类。建校初，根据学制为半年的计划，在军事教育科目课程设置上，首先选定最为急需的基础科目，即学科和术科，并在实践中不断完善。如学科方面最初教学生以步兵操典、射击教范、野外勤务令等基本军事学识，继之教主要以蒋介石奉为圣典的德国和日本的大、小军事教程。军校常说的四大教程是：战术、兵器、交通、筑城。课程主要有战术学、兵器学、筑城学、地形学、交通学等。术科方面的军事训练课目，分为制式教练、射击教练、重兵器教练、技术训练、野外演习等。军校制定了科学的军事教育训练科目，各科都有详细的科目表、授课进度表，循序渐进，严格训练。

第1期学生，军事教育即分为学科和术科两大部分。学科方面，有步兵操典、射击教范、野外勤务以及战术学、兵器学等军事理论；术科方面，对学生施以制式教练、战斗教练、实弹射击以及行军等。

第2期学生，开始有专业之别，即分为步、炮、工、辎、宪兵5科。各科学生都有特定的必修科目。如工科学生，所授学科为：工兵操典、射击教范、筑垒教范、架桥教范、筑营教范、通信教范、交通教范、爆破教范、坑道教范、步兵教练摘要、野外勤务摘要、夜间教育等。术科方面，除制式教练与步兵略同外，其他有筑垒实施、架桥实施、爆破实施、筑营实施、坑道实施等。

第3期学生，所授学科仍以4大教程为主，另外还需学习军制学、马学、经理学、卫生学等。术科分为教练、野外演习射击、夜间演习、技术、马术、工作实施、典范令等几大块，内容较前两期有了较大的扩展。

第4期学生，军事教育增加了兵器学、地形学、测图演习等，所学内容更符合战争需要。军校军事教育十分强调演习课，"术科差不多除了操场基本教练之外，大多都在野外演习"。演习时学生仅如逼真状态，战斗气氛非常浓厚。

南京时期和成都时期的学科、术科教育日臻完善，仍是以讲授实战中的应用为主。

学科教程，建校初期主要以步兵操典、射击教范和野外勤务令等基本军事常识为主，后逐步形成战术、兵器、交通、筑城4大教程。相配套的教材，有讲述军事原理、原则等内容的《战术学》《兵器学》《交通学》《地形学》《军制学》《筑城学》等课本。同时还有教授如何制定战略战术、作战计划、动员计划的课程。1936 年版《中央陆军军官学校史稿》记述："学科由各教官以平日之心得撮要，钩玄详为讲述，由学生各自笔记，以便诵习。此外，对于军制学、交通学、军队内务规则、陆军礼节、军语、军队符号等，亦择要详讲。至于战术作业、实地测图，亦按步实施。总之，对于军事学之必要学科，俱教授无遗焉。"

术科教程，主要有制式教练、实弹射击、马术、劈刺以及行军、宿营、战斗联络等，尤以单人战斗教练为主，继至班、排、连、营教练。后期有炮兵、通讯等技术兵种之后，教练内容则针对各特种大队的分科，进行不同的术科军事教育。1936 年版《中央陆军军官学校史稿》记述："最初为单人徒手教练，教以各种步法暨转法，俟个人操作娴熟后，即施以班教练及排连营教练。举凡方向与各种队形之变换，俱依次循序实施。徒手操作熟习后，继即施以持枪教练。仍由单人以至班排连营，凡托枪、下枪、举枪、装退子弹、上下刺刀、各种射击与各种行进，密集、疏开、散开等队形以及各种战斗教练，均按程序一一施行。除制式教练外，对于野外演习尤为着重。凡单人战斗各动作，以及行军宿营战斗方式、联络勤务、土工作业等均按照教育步骤，依次实施。此外，对于夜间演习、实弹射击、阅兵分列各项检查，亦俱切实教练。当时术科方面，对于战斗教练、实弹射击 2 项更为认真，整军经武取用精宏，故能于短时间内收最大之效果。"

野外演习，分为战斗演习、勤务演习、夜间演习，最后汇总作综合野营演习，是黄埔军校自建校开始就有的传统军事教育课目，是军校生的必修课。黄埔生之所以走出校门就能立刻奔赴战场指挥战斗，显然与在军校中参加近乎实战的野外演习有很大关系。

军校最重视、对学生要求最严的是制式教练中的队列基本操练，如立正、稍息、敬礼、集合、正步等训练，特别突出表现在繁多的阅兵分列式上。那一道道程序，是军校学生军事教育中的必修课目。军校颁发了一整套《队列条例》和阅兵规则，作为军事教育的重要组成部分，其中阅兵分列式是军校军事教育的重要内容。这种形式教育，是蒋介石的真传。

蒋介石到部队特别是到军校，首先看的就是队列制式动作，搞阅兵式分列式，内容主要是看"立正""敬礼""正步走"。考察骨干、选拔人员，也是看一个立正姿势。据说何应钦之所以被蒋介石看中，即是何在当黄埔军校教导团团长时，"立正"听蒋介石训话达 2 个小时之久而不动。蒋介石认为，只要"立正"做得好，就是理想的好部下。蒋介石还对"立正"的基本功发表训词说："立正时，要心欲其定，气欲其定，神欲其定；泰山崩于前而目不瞬，猛虎袭于后而心不惊，做到定而后能静，静而后能安，安而后能虑，虑而后能得，然后就可以以不变应万变了。"黄埔本校时期，每逢学生的演习操练、毕业训话，蒋介石都会亲临指导，检查相当严格，连最基本的队列动作，他都会亲自到学生面前纠正。黄埔军校后期，站在检阅台上的蒋介石，也常对阅兵分列式进行具体到某个动作的讲评。

为了一次阅兵分列式，学生们至少要在操场上"拔正步"半个多月。而且是这次阅兵分列式刚完，下一次紧接着又来了，有学生回忆军校生活，记忆中整天都是在操场上训练队列。据统计，从入校到毕业，早期的半年学制毕业生约参加阅兵式 10 余次，后期的 3 年制以上毕业生参加阅兵式均在 40 次以上。第 23 期毕业生在校仅 1 年，参加过 1948 年和 1949 年"双十节"、1949 年元旦、25 周年校庆、蒋介石在 9 月和 12 月的两次来校、新旧校长交接仪式、第 21 期和第 22 期学生毕业典礼等 9 次阅兵分列式。阅兵分列式对学生来说，最苦的是队列训练中的走正步，几天下来，鞋底磨穿，有的学生不得要领，甚至震裂脚骨。这一套套的制式基本训练，实质上培养的是军人的绝对服从精神，同时培养的是一种无丝毫个人附加条件的赤胆忠心。

操场上的制式队列训练非常严格，别轻看那收腹挺胸、立定站立的功夫，那可是许多壮汉也会累得晕倒的力气活。太阳底下，雨水坑里，一动不动、一声不吭地站上两个小时，对黄埔生来说是最基本的要求。黄埔军校对操场上的训练有着一套完整的规则，各分校也是如此，如潮州分校制定的《操场规则》有7条：第一，操场习练武艺，强健身心。凡在操场上的一切动作，必须精神活泼，军纪严肃。第二，闻出操号音时，用跑步即往各队指定地点站队，由各区队值日生整队，将出操人数查点清楚，向值星区队长报告完毕，然后归队。第三，操练时，不得擅自言动，即在解散休息时，亦不得过于自便，以肃纪律。第四，今日之学生，即异日之军官。对于各种指挥，须认真留意学习，遇互相指挥时，务必各尽其责任，不得苟且敷衍。第五，非奏号音休息时，学生概不得请假，但因暴病不得已时，可据实情报告官长，听其允准，方可免操。第六，操练所用武器、装具，须由个人自行保管；休息时，须自行检查，以防损失。第七，校长、党代表及各部主任，或其他长官到操场时，听总队长总队值星官命令，按陆军礼节行礼。

三、兼容并蓄多国军事教学理念的开放式教育

第一，兼容苏式、日式、德式、美式军事教育。黄埔军校初期的军事教育，在很大程度上深受苏联红军的军事教育影响。孙中山派出以蒋介石为团长的"孙逸仙博士代表团"赴苏联考察，参观苏联红军和各类军事院校。蒋介石担任黄埔军校校长，聘请苏联教官到校任教。因此，黄埔军校无论是编制体制还是军事教育训练，都深深地打上了苏军的烙印。如建校初期效仿苏联军校教育方法，制订了半年的训练计划，采用最新的军事教学理念和技术训练学生。黄埔军校有一个特殊的教官群体，这就是苏联顾问团，绝大多数是军事教官。他们都是优秀的军事将领，具有深厚的理论根底和丰富的作战经验。1924年6月29日，蒋介石对第1期学生训话时，盛赞苏联教官的教学方法及成效。中山舰事件后，随着苏联教官的逐渐减少，军校军事教育受苏军

影响也越来越小。

黄埔军校的军事教育，还主要受到日本军事教育的影响。这主要是源自作为校长的蒋介石。1907年，蒋介石从陆军部陆军全国速成学堂（保定陆军军官学校的前身）考入东京振武学校，学习炮科。1909年冬毕业后，以"士官候补生"身份，分发到日本陆军野炮兵联队。因此，蒋介石十分欣赏日本的军事教育。1946年4月，他在《对青年远征军退伍士兵训词》中说："我在24岁就被派到日本野炮兵联队，入伍了一年……纪律的拘束和生活的单调，干燥无味，使我当时感觉得太不合理了。但是我今天回忆起来，我生平生活之能够简单、工作之能够有恒，四十年如一日，确是由于这一年士兵生活的训练所奠定的基础。"也正因为这段留日生活，对蒋介石此后的军事教育思想产生了重大影响，潜移默化深刻影响到黄埔军校的军事教育。

黄埔军校南京时期之后，军校还聘请德国、美国军事顾问到校指导教学。德、美军事顾问的教育，在一段时间里也深刻影响了军校的军事教育。

第二，定期的先进军事讲演内容和深入的军事学术研究。黄埔军校除课堂讲授外，还设有课外"军事讲演"制度，1927年5月制定了《军事讲演规则》。定期讲授世界军事形势、战役经过和先进军事知识，一般每周为2次。军事演讲有普通和特别之分，普通演讲旨在灌输军官必要知识，特别演讲专为介绍军事上特别或新学识，或报告各种战役经过，或其他军事上种种问题，对军事教育起了很好的补充作用。除教官、顾问担任演讲外，还鼓励学生请愿演讲，以求教学相长，推动军事学术的研究。

为了使军事训练更有成效，军校鼓舞广大学生联系实际展开军事学术研究。军校在建校之初设立了"革命军事研究会"，对军事问题做广泛深入研究。军校联系时代背景，结合当时军事情况，拟出研究情报、时事、编制、调查、教育、兵器、培材、建设8大问题，帮助学生从更深层次探讨军事政治问题，其目的在于补助课堂上的教育，求得学生的崭新军事理念。

第三，革新教学方法。军校大胆革新教学方法，尤为重视启发式、形象化和示范教学。训练部主任兼学生总队长邓演达、教官兼学生副总队长严重等，军事素质勘为众军事教官的典范。他们不用翻书就能指出步兵操典某页某行的内容是什么，讲解生动风趣，寓意深刻，富于启发式，示范动作准确明了，引人入胜。进行排连营教练时，课堂上使用挂图与沙盘，野外演习时，红蓝军交替演练。上单兵教练时，教官以身示范，反复亲手指导纠正，不厌其烦，直到学生完全理解和动作正确为止。

教练示范后，就是学生们的反复训练。军校非常强调演习课，分为野外作业、战术演练和野营演习3大类。学生们在校期间都戎装待命，随时准备出动演习。军事演习常连续日夜进行，实战形态逼真，战斗空气甚为紧张，当时称之为"知行合一"。

军校特别重视军事教学方法的不断改革，对有突出贡献者常给以奖励。如在第23期春季校阅中，尤以工兵第1中队成绩突出，设计制造的6种夜间射击设备对军事训练有着极大的辅助作用，其中"万能经始仪"能在20秒内完成极其复杂的筑城经始图，并附有人时除土量计算表。军校给以高度评价，关麟徵校长在校阅中对本中队长李志圣提出表扬，赞赏这个中队渡河基础作业教授方法新颖，官生动作确实，并对研制改革教学设备的官生给予物质奖励。

军校对刻苦学习军事技术的学生进行及时通报表扬，激励全体学生的练武热情。在黄埔岛本校时期，每期都评出20多名优等生，共产党员蒋先云是第1期的优等生第1名。在中后期，约每半年评比一次，被表扬的"勤学学生"约占全体学生的3％。军事教官也多从各方鼓励学生学习军事理论和军事技术，鼓励学生说："不管是哪党哪派，学军事本领到什么时代都有用。"这助长了学生们刻苦学习军事的热情。

四、以战代学的教战并行一体化教育

注重实用，不尚空谈，理论与实际相结合，这是黄埔军校的教育方针，也是其军事教育的突出特点。黄埔军校贯彻教学与现实斗争相结合的原则，学生们边学习，边作战，培养了一大批政治素质高、军事理论基础扎实、军事技能过硬的创新型人才，使学生锻炼成为孙中山倡导的真正的"革命军"战士。

第一，把战争视为学习的大课堂，在战争中边学边用。每次战役，上自校长、军事总顾问，下至各科教官和顾问，都随队出征，利用战斗间隙教学，活学活用。术科的许多项目，如距离测量、地形识别、侦探勤务、行军警戒、行军宿营等，都是在实战中完成的。"术科差不多除了操场基本教练之外，大半都是在野外演习。""每遇一次战事，他们所学的能够马上用到实际上去"。

1924年秋，黄埔军校建校不久，广州发生了商团武装叛乱。当时，广东革命政府尚未建立自己的革命军，唯一可靠的力量仅是黄埔军校在校学习不到半年的第1期学生630多人，还有刚进校仅半个月的第2期部分新生约200人。在这种紧急险恶的形势下，广东革命政府决定，以黄埔学生为主力消灭商团军。军校接到命令后，立即决定举行夜间演习，为掩护自己的意图，公开宣布进入广州市内进行巷战演练。黄埔学生进入广州，直到深夜开始巷战演习时，才口头宣布正式命令：围剿商团叛变。黄埔军校学生这股新生力量虽是初出茅庐，但斗志旺盛，英勇出击，机智勇敢地配合友军采用火攻，在广州等地工会、农会的支持下，只用3天的时间，便使商团部队全部缴械投降，解除了广东革命政府的肘腋之患，首次树立了军威。平定商团，是黄埔学生军履行反帝反封建义务的第一次成功实践。黄埔军校原处于"环境之恶劣，学生勤务之纷繁，教育殆将中断；但自商团军剿平后反促成本校之发展。"商团被缴械以后，黄埔军校利用这批枪械，成立了一个教导团。黄埔学生经过此次实际战斗的锻炼，提高了觉悟，取得了战斗经验，赢得了人民群众的信任和拥护。从此，黄埔军校的声威大震，学生们学习练兵的热忱更加高涨。

为了锻炼学生们的实战技能，1924年冬，在第1期学生毕业之际，军校举行了大规模的野外演习。地点选在黄埔军校的对岸，以鱼珠炮台作为演习起点和露营地，向西经过石牌车站至瘦狗岭一带约10余千米的区域。演习情节设定为：以广州市为根据地的"西军"，已占领广州东郊外的瘦狗岭和石牌车站一带，构筑坚固工事，与校军组成的东军决一死战。东军则假想西军行至石龙后，作战斗搜索前进。黄埔学生在这一地区进行了1个多星期的演习，对这一带的地形进行目测、步测或器测，对打法滚瓜烂熟。事有凑巧，时隔半年后，军阀杨希闵、刘震寰在广州举兵叛乱。恰在此地，黄埔校军和杨、刘军遭遇。半年前黄埔生演习时的假想情况，完全变成了现实，演习场地成了真枪实弹的战场。黄埔校军由于事前已有演习，凭借对地形熟悉的优势，打得非常顺利，大大缩短了作战进程。

1925年2月，盘踞东江的军阀陈炯明，乘孙中山北上病重，悍然发兵进犯广州。军校学生在东征中参加右路军作战，他们虽不足3000人，但对整个战局起了重大作用。在揭西棉湖一战中击败数倍于己的敌人精锐部队，使东征军士气大振，连战连捷，敌人望而生畏，仅两个月就取得了第一次东征的胜利。10月，被黄埔军打得落荒而逃的陈炯明又卷土重来，国民政府决定举行第二次东征。这时，黄埔学生军已扩编为国民革命第1军，经过短短3个月的整军练兵，誓师第二次东征。攻打惠州城时，黄埔学生冒着敌人的炮火冲锋，扒着云梯登城，虽然伤亡很大，但学生们义无反顾，视死如归，一举攻克号称"南国第一天险"的惠州城，捣毁了陈炯明的老巢，黄埔学生以生命和鲜血赢得了最后的胜利。

1926年7月，国民政府出师北伐，黄埔军校师生官兵以饱满的热情迎接战斗，立下誓言："吾等是黄埔学生，在最近的将来，便当率领革命健儿，向前去冲锋杀贼。吾等誓愿尽忠党国，始终为民众利益奋斗，此身可杀，此志不渝。"他们成为北伐军的重要骨干力量，不少人在北伐军中担任了各级将领或指挥员。赫赫有名的叶挺独立团，以共产党员和黄埔学生为战斗核心。该团参谋长周士第、参谋董仲明、营长曹渊、许继慎、连长卢德铭、袁也烈等都是黄埔军校第1、第2期毕业生。叶挺独立团是北伐先锋，一路在前冲锋陷阵，所向披靡，在汀四桥、贺胜桥的关键性战役中，创立奇功，被誉为"铁军"。北伐军长驱直进，出师不到1年，连克长沙、武汉、南昌、福州、杭州、南京、上海，打垮了吴佩孚、消灭了孙传芳数十万军队，在半年多时间里占领了半个中国。黄埔军立下赫赫战功，黄埔军校的声威也达到了高峰。

黄埔军校第1期至第4期的学生，每期都参加了较大规模的激烈战斗锻炼：第1期学生参加平定商团之战；第2期学生参加第一次东征；第3期学生参加镇压"杨、刘叛乱"；第4期学生参加第二次东征，后又参加了南征和北伐，真是"无役不与"。"每一次战役，无不有黄埔同学的血，每一个战场，无不有黄埔同学的骨。"黄埔学生把课堂开在战场上，通过实战的锻炼，使得一些主要科目，如射击、侦察、距离测量、地形识别以及行军警戒及宿营等，都在野外演习和战斗中完成。正是因为有了这种实战的锻炼，才使他们加强了军事素养，加快了健康成长的步伐。保定军校的学生，经过3年训练，毕业之后，多只能当见习排长。而黄埔军校学生，虽然只有半年训练，但毕业后就能充任中下级指挥官，其重要原因就在于黄埔学生经过了实战锻炼。通过这些实际的战斗锻炼，学生学到了课堂上学不到的东西，增长了才干。他们既有理论水平，又有实战经验，所以，他们走出校门就能带兵指挥作战，毕业后分配到部队，已经是一名饱经沙场、能征善战的军事指挥员。黄埔军校的发展史表明，一个优秀军人的成长与成功，往往并不完全取决于其受教育时间的长短，以半年为期的黄埔军校第1

期学生，比之后来学习 3 年的各期学生，在军事才能上是毫不逊色的。国共两党受黄埔教育而后成大器者，多出自黄埔军校前几期的学生。

第二，亲身参与工农运动，帮助建立工农组织。军校学生除参加实战外，还遵循孙中山"扶助农工"的政策和"第一步使武力与国民相结合，第二步使武力为国民之武力"的建军思想，不断派出学生深入工农、宣传工农和武装工农，支持与扶助工农运动，使军校成为工农运动的后盾，使工农群众成为军队力量的源泉。一是创办了农民运动讲习所，培养农民运动人才。二是不断派出学生深入周围各县，"进行党务和宣传工作，并协助农会，训练自卫军"。三是接受工团军到校进行训练，黄埔"学生自告奋勇牺牲了学业去训练工团军"，大力支持工团军对商团军的斗争。

第三，血洒反帝斗争。"五卅"惨案发生后，黄埔学生义愤填膺，参加示威游行。为了保护工人、农民、学生，走在游行队伍的最后面。一路上，他们高喊"打倒帝国主义""废除不平等条约"的口号，气势恢弘。帝国主义者在沙基大肆屠杀，黄埔学生惨遭毒手，"死难者二十三，受伤者五十三"。沙基惨案后，黄埔学生化悲痛为力量，在《援助省港罢工周宣言》中，高呼："我们不应坐视工人单独的奋斗！""工农商学军各界联合起来，一致的打倒帝国主义！"军校帮助训练工人纠察队，从精神及物质上积极援助罢工工友。"前四期学生毕业后，很高兴地跑到前方加入战线，或跑到罢工委员会训练罢工纠察队，或跑到农民协会里训练农民自卫军"，受到工农群众的热烈欢迎与拥护。广东铁路工人第二次代表大会，向黄埔军校赠送"东方的红军"大旗，省港罢工委员会向军校赠送"革命前驱"匾额。"这种在行动上拥护工农政策与人民合作的精神，实在占黄埔学校历史很重要的一章。"

黄埔军校学生在校期间，积极参加现实的反帝、反封建斗争和实战，支持和亲自参与工农运动，帮助建立工农组织，是黄埔军校进行军事教育的一大特色。他们既把在军校所学的知识应用于实践，又加速了他们成为孙中山期望的"革命军"的进程。

思考题：

    1．黄埔军校尚武、牺牲精神教育的特点有哪些？

    2．黄埔军校初期实行急用先学、以战代学的教育背景是什么？

    3．融合多国军事教学理念的开放式教育对学生的影响有多大？

第十二讲

黄埔军校的校训

黄埔军校的校训是"亲爱精诚"，它被谱入校歌飘扬在校园上空，写成大标语贴在校门口墙壁上，烫金描红印在毕业证书上。这校训在当时的军校随处可见可闻，从讲台上到各队值星官的早晚点名呼叫，这使校训深刻持久地印入每一个学生的大脑里，由此形成的革命气氛影响着他们的终生，使他们随时感受到校训的存在。许多黄埔军校老人多年后回忆起军校生活，仍然心潮澎湃，心驰神往。

一、以"亲爱精诚"为校训

1924 年 6 月 16 日，黄埔军校举行开学典礼。这天，校总理孙中山亲笔手书《黄埔军官学校训词》："三民主义，吾党所宗，以建民国，以进大同，咨尔多士，为民前锋。夙夜匪懈，主义是从，矢勤矢勇，必信必忠，一心一德，贯彻始终。"此训词由胡汉民、戴季陶、廖仲恺、邵元冲 4 人撰文。1929 年 1 月 10 日，定为国民党党歌，1930 年 3 月 24 日，暂定为中华民国国歌，1937 年 6 月 21 日，由国民政府正式公布为国歌。孙中山的这个训词墨迹广为流传，1930 年落成的黄埔岛孙总理铜像碑座上有此训词。但是，这个训词并非校训。

定为校训的"亲爱精诚"，有文章认为是在黄埔军校成立时由蒋介石拟定及选写，并由孙中山在开学典礼时核定宣布的。查阅文献资料

117

可见，孙中山在开学典礼上发表了经后来整理有 7400 余字的讲话。这个讲话最早收录在 1926 年 2 月由上海民智书局出版的《孙中山先生演说集》中，题目为《革命军的基础在高深的学问》，1956 年 11 月，由人民出版社出版的《孙中山选集》收录此讲演，题目改为《在陆军军官学校开学典礼的演说》，其中均未见"亲爱精诚"的表述。但有历史照片为证，在孙中山站立着发表这篇演说的主席台正中央，高悬着"亲爱精诚"4 个大字，字体并非蒋介石手书，却也说明这无疑是最早展示的由孙中山钦定的黄埔军校校训。

1925 年 9 月 6 日，军校公告的第 2 期毕业生誓词有"谨遵校训，亲爱精诚"；1926 年 1 月 7 日，第 3 期毕业生誓词有"遵守总理共同奋斗之遗嘱，本校亲爱精诚之校训"；1926 年 10 月 4 日，第 4 期毕业生誓词有"亲爱精诚，遵守遗嘱"。1926 年 6 月，黄埔同学会成立宣言和简章中都写有"本亲爱精诚之校训"。7 月，蒋介石在督师北伐《校长留别全体官长学生书》中写道："是故本校校训，为亲爱精诚。"皆说明黄埔本校初期即把"亲爱精诚"作为校训。

1927 年 1 月 7 日，《黄埔日刊》载李济深《本校新年各界联欢大会开会词》："校长的训言：'统一意志'、'团结精神'……实行本校'亲爱精诚'的校训。我们今后不要一时一刻忘记了本校校训和校长训言。"同年出版的《方（鼎英）教育长言论集》载："本总理'亲爱精诚'之校训，及校长'统一意志，团结精神'之格言，养成其牺牲奋斗之精神。"同年的《孙文主义学会复青年军人联合会函》中有"具征本总理亲爱精诚之旨趣，体校长流涕而道之苦衷"之语。这些文献资料都说明校训"亲爱精诚"出自孙中山，而非蒋介石。然而，至今并未见有孙中山题写的"亲爱精诚"手迹，所见到的蒋介石在各个时期题写的"亲爱精诚"墨迹不下 30 余幅，这也大概是有文章误认为"亲爱精诚"校训出自蒋介石的缘由。

1924 年 6 月，黄埔军校开办后不久，校本部颁布由军校政治部主任戴季陶作词的校歌，头一句就是"莘莘学子，亲爱精诚"。后又正式颁布由陈祖康作词的校歌，最后几句是："亲爱精诚，继续永守"。皆把校训填词入校歌中。1924年11月底颁发的黄埔军校第1期毕业证书，在4个角上的文字是校训"亲爱精诚"。第1期学生的毕业证章正面也写有"亲爱精诚"4字。此后，各期的毕业证书、证章，也将"亲爱精诚"校训印在显著位置。后来此4字有所变动，但其基本精神未变。如1933年5月颁发的黄埔军校第8期毕业证书，4个角特别印有"亲、爱、精、忠"4个大字。颁发者为时任黄埔军校校务委员会委员兼校长的蒋中正，还有时任黄埔军校校务委员会的7名委员：张治中、何应钦、汪精卫、吴敬恒、戴传贤、朱培德、唐生智。此毕业证书将原校训中的"诚"字改为"忠"，两字的差异，令人别样品味。

二、对"亲爱精诚"的解读

黄埔军校是孙中山后期苦心经营的一所新型革命军事学校，他倾注了极大精力，常到黄埔岛视察，在军校"海关楼"小住，听取汇报，寄托了莫大希望。孙中山经常教育军校师生，发扬"团结""牺牲""奋斗"三大精神，"同学同道，生死共赴"。什么叫"同道"呢？他解释说，就是"为振兴中华，团结友爱，悲喜同心"，这正是军校校训"亲爱精诚"的真谛。

从字面上看，"亲爱"，可理解为要求军校全体师生官佐团结协作、相亲相爱、和谐共处。"博爱"与"和"是中国传统文化的重要特征，提倡宽厚之德，发扬包容万物、兼收并蓄、淳厚中和的"厚德载物"博大精神。对黄埔生来说，就是对国家和人民要有深厚感情，爱国爱民，乐于牺牲，也可理解为对军校、对主义的热爱。"精诚"，可理解为精益求精、诚心诚意。"精"，指精细、精明，更指精神、精气，治学讲气，治校讲气，做人也当讲气，包含着对学业和事业的执着追求，刻苦学习，脚踏实地，精诚所至，金石为开；"诚"，指道德、修养，要以诚待人，明礼诚信。

1924 年 8 月，蒋介石在对学生演讲时，对孙中山提出的"亲爱精诚"校训要旨做了一番解释。他认为学生来到军校以后就要相亲相爱，和衷共济，如同手足一样，感情要融洽。有了融洽的感情，做事情的时候才能充分发挥互助的精神。1925 年元旦，蒋介石对黄埔军校学生训话中阐述校训说："亲爱"是要所有的革命同志能"相亲相爱"，"精"是"精益求精"，"诚"是"诚心诚意"。他多遍用毛笔书写此校训，字写得很好，感悟也很深，有幅题字他故意缺了"精"中"米"字右下一点，并把这一点加写在"爱"字的"友"肩上，并解释说是做人应少一点精明，多一点爱心。看来他十分看重校训中的"团结友爱"本意。

蒋介石要求凡是革命同志、同学都要相亲相爱，诚心诚意，精益求精，团结一致。黄埔学生要把革命党与学校作为自己的第二家庭，学生要视师长如父兄，不忘他们的教练苦心，并认为，人生关系最密切者是生我者父母、教我者师长与爱我者同志。"我们无论在什么时候，什么地方，第一总要同心协力，规过劝善，使得大家的精神一贯，来振作我们这个自己的学校才好。如果现在在学校里面官长、学生一齐热心，互相团结，将来出去无论在军队里面，或在社会里面，也能够联络一致。如此办下去，本党必有莫大的希望。"[①] 他要求大家把全校师生看成一个整体，一荣俱荣，一损俱损，互相劝勉，共同进步。

从 1925 年在黄埔军校担任领导职务、长期担任教育长的张治中将军，在 1936 年南京时期黄埔军校第 13 期学生入学时，对校训"亲爱精诚"作了深刻的诠释，他说："亲"是关系亲热，感情真实不虚假；"爱"是接近信服倾慕，对人对事有感情；"精"是完美纯洁无私念，精益求精不复杂；"诚"是恳切真挚，开诚布公不虚伪。把"亲爱"两

---

① 张其昀主编：《先"总统"蒋公全集》（第一册），台北："中国文化大学出版社"，1984 年版，第 430 页。

个字连起来，作为一个词语讲，亲是爱的副词，表示爱的深厚真实，彼此关系密切。同时，亲和爱是互相关联的，能亲才能爱，不亲就不是真爱；把"精诚"两个字连起来，也是个词语，精是诚的副词，表示诚的深度，真挚实在，信守无伪。同时，精和诚也是互相关联的，诚则精，不精是不会真诚的。再进一步把"亲爱精诚"4个字组成校训，意义深刻重大。

三、"亲爱精诚"是黄埔精神的关键要点

黄埔军校在艰险的环境中诞生，在反帝、反封建的斗争中成长壮大，革命的黄埔师生，不断发扬黄埔精神，推动着革命战争向前发展。国民革命所取得的成效，到北伐战争时已相当可观，"亲爱精诚"的校训在其中起了重要的促进作用，是黄埔军人的精神支柱、灵魂和动力。

黄埔精神最重要的内涵之一是牺牲。而牺牲并不止是生命的牺牲，还有常人有而军人不能有的个人"自由"和"平等"，"精诚"尤显在于平时凡事。1924年11月13日下午，孙中山北上北京商讨国是路过黄埔岛，向军校学生作最后训导，他说："我们黄埔的武学生都是从各省不远数百里或者是数千里而来到这个革命学校来求学，对于革命都是有很大的希望很大抱负的。广大的文学生今日也是不远数千里到黄埔来听革命的演说，研究革命的方法，对于革命的前途也当然是很希望成功的。大家要希望革命成功，便是要牺牲个人的'自由'，个人的'平等'，把各人的'自由''平等'都贡献到革命党内来。"

黄埔精神的又一重要内涵是团结。1924年11月19日上午，原军政部所属陆军讲武学校的100多名学生并入黄埔军校，编为第1期第6队，其中有左权、陈明仁等。军校全体师生在大操场列队迎接，其中也有原是陆军讲武学校的陈赓、宋希濂等。午饭时，蒋介石代表黄埔军校全体官长师生，对原陆军讲武学校的学生表示欢迎，就团结问题发表热情洋溢的讲话，他说："今天新旧学生聚在一起，大家不要分新

旧彼此的界限，本校的校训是'亲爱精诚'，就是凡同学都要相亲相爱、诚心诚意团结……无论什么时候总不要忘记我们的校训。"30多年后，蒋介石在台湾凤山黄埔军校纪念会上讲话中亦指出：黄埔精神之"团结精神"的根源，就是"亲爱精诚"的校训。

1927年年初，时任黄埔军校入伍生部部长、代教育长方鼎英，在《黄埔中央军事政治学校概述》的"结论"部分这样写道："本校自成立以来，战胜种种恶劣的环境，以五百人扩充到数万人……凡中国之二十二行省，几无不有本校学生之足迹。在此最短期间而能得此伟大之效果，已大博国人及世界上之惊叹！盖集中于'亲爱精诚'校训之下，相亲相爱，精益求精，诚心诚意，以谋团结。先之以大无畏之精神，持之以百折不挠之志气。为民众谋解放，而一己之功名富贵，皆可牺牲；为本党谋团结，而一己之自由幸福，都可放弃。故能不怕死，不畏难，以一敌百，以百敌万，决不辜负革命军人之精神。"方鼎英在这里所说的以团结、牺牲为主旨的"革命军人之精神"，即是黄埔精神。中国人民抗日战争之所以取得伟大胜利，就在于国共两党精诚团结，共赴国难，全国人民同仇敌忾，万众一心。

如火如荼的20世纪上半叶，众多有志青年为共同理想来到黄埔，却因不同的理想分道扬镳。黄埔校友未能实现孙中山先生的"亲爱精诚"校训，实现中国统一，不能不说是莫大遗憾。因此，继承和发扬"亲爱精诚"的革命精神，在祖国尚未统一的今天，仍有重要现实意义。

思考题：

1. 论述"亲爱精诚"校训的演变过程。

2. 对"亲爱精诚"校训如何解读？

3. 孙中山对校训的重大贡献是什么？

4. 校训与黄埔精神有关联及区别吗？

第十三讲

黄埔军校内部的组织和活动

黄埔军校在建校初期，主要分别成立有中国国民党特别党部和中国共产党特别支部。前者是公开选举的，后者则是半公开、秘密的。以这两个党组织为依托，还成立有中国青年军人联合会和孙文主义学会，以及后来由蒋介石亲自担任会长的黄埔同学会。

一、中国国民党黄埔军校特别区党部

黄埔军校建校之初，中国国民党中央规定凡黄埔学生都是国民党党员。因此，国民党在黄埔军校里设有基层组织，连以上设党部，班组设党小组。

1924 年 7 月 6 日，军校举行国民党特别区党部第 1 届执委会、监委会选举，蒋介石、严凤仪、金佛庄、陈复、李之龙 5 人当选为执行委员，蒋介石兼任监察委员，国民党黄埔特别区党部正式成立，直属于中央党部。

9 月 3 日，军校委派何应钦筹备教导团，其组织形式和训练方法均采用苏联红军制度，强调政治领导，团、营、连各级部队均设党代表，并赋予党代表与部队军事长官同等领导权力。军校教导团按照现代军事理论配置管理，其团部直属部队有特务连、侦察队、重机枪连、炮兵连、通讯连、卫生队等，营连分别设党代表和军事长官副职。黄埔军校作为一所新型的军事学校，最突出的特点就是创设党代表制度。

校党代表廖仲恺等对于军校及军队之党代表职权，确定下列两项原则：第一，在军校及军队中所有一切命令，均由党代表副署，由校长或该官长执行。军中党的决议，其执行亦是。第二，所有一切军校及军队中之法令规则，经党代表附署者完全有效，反之亦无效。这样，黄埔军校上有党代表，下有各级党部，后建立的军校教导团的团、营、连3级均设党代表。军校政治教官、著名共产党人恽代英在《黄埔潮》第35期发表的《党纪与军纪》一文中指出："在党军中间，党高于一切。"这可看作是共产党人"党指挥枪"思想的最早表述。

1925年1月14日，选举第2届特别区党部，蒋介石、吴明、陈作为、罗振声、周逸群5人当选为执行委员，王柏苍、成恭寅、黄锦辉3人当选为候补执行委员。9月，特别区党部改为特别党部，增补邵力子、王柏龄为执委，蒋介石、严重为监委。9月13日，选举第3届特别党部，邵力子、王柏龄、袁同畴、余翰邦、焦启铠当选为执行委员，李秉中、吴淡人、张辅邦当选为候补执行委员。蒋中正、严重当选为监察委员，张元祜当选为候补监察委员。1926年5月22日，选举第4届特别党部，张治中、袁同畴、蒋先云、贾伯涛、范荩、杜心树、陈超、贾声、霍焜当选为执行委员，李尚廉、李园、张与仁、王庭汉、白鑫当选为候补执行委员。严重、方鼎英、熊雄为监察委员，孔庆睿为候补监察委员。

在以上4届特别党部的选举中，第1届共产党员占60％，第2届占75％，第3届占20％，第4届占18％。主持各届党部日常工作的，多数也是共产党员。

1927年3月，特别党部再次改选，时值蒋介石在上海发动"四一五"政变前夕，改选后的黄埔军校特别党部中仍有许多共产党员。这次选举的结果是：孔韦虎、陈良、甘竹溪、李诚、邹今海、曾武烈、韦凤嘴、胡启图、陈葆华当选为执行委员，李永光、尹沛霖、周促英、廖朴、杨若涛、陈建文、邱陵当选为候补执行委员。方鼎英、熊雄、吴思豫、谭其镜、何焜当选为监察委员，游于艺、胡彬文、金孟坚当选为候补监察委员。[①]

二、中国共产党黄埔军校特别支部

黄埔军校共产党人是在第一次国共合作的旗帜下，为响应国共两党的革命号召，献身反帝反封建的伟大斗争才投奔黄埔的。

早在黄埔军校酝酿和筹备时期，中国共产党就作出了多方面的努力。如1921年促成共产国际代表马林与孙中山在桂林的会谈，建议创立军事、政治并重的新型革命军校；1923年帮助"孙逸仙博士代表团"赴苏考察，以俄为师，学习创办军校的经验；1924年帮助"陆军军官学校筹备委员会"招收学生，等等。特别是国民党第一次全国代表大会胜利召开后，参加大会的代表无论是国民党人或共产党人，都受委托回到各地，为军校挑选和招收学生。大会代表毛泽东和于右任等人，就分别在上海与西安负责学生的接待、复试和保选工作。以黄埔第1期生为例，共产党人阎揆要（奎耀）和国民党人胡宗南等，是于右任介绍与保送来的。共产党人赵自选和国民党人郭一予等，是经共产党人何叔衡初试录取后，又转介绍到上海交由毛泽东接收复试和转送广州的。国民党人邓文仪也承认他是"共产党人鲁易介绍来校的"，还有黄埔第1期的共产党人蒋先云，原是湖南水口山工人俱乐部支部书记，黄埔第2期的共产党人胡秉铎，原是北京朝阳大学学生。他们为了实现国共合作，献身革命斗争，也来校报考。蒋先云和胡秉铎以优异成绩而先后榜列黄埔第1期和第2期的第1名，首露头角，成为军校学生的政治斗争领导骨干。史实表明，由于早年国共两党的无私合作，不分政治党派互相推荐学生，以及共产党优秀青年当先报

---

① 《黄埔日刊》，1927年3月4日。

考，带动了全国一批又一批的志士仁人投奔黄埔军校而来。黄埔革命青年由此得以接受革命的军事与政治教育，从而为国共合作培养武装革命骨干首开思想政治工作记录，为黄埔共产党人的发展奠定了坚实基础。

通览历史资料看，黄埔军校内共产党员的来源主要有：一是共产党组织的指派。早在1924年3月、4月的军校筹备时期，广州共青团组织就筹划派出革命青年来校报考，以"预备将来于军人运动"，中共中央继后于1925年和1926年先后发出第62号和钟字第22号通告，指示各地党组织"迅速多送"共产党员、共青团员和国民党左派来校报考，并强调"此事关系重大，各地万勿忽视"，推动了共产党人和优秀分子纷纷来校就学或任教。二是共青团员"升党"。由于共产党对共青团的教育抓得很紧，使团员政治觉悟得以迅速提高。他们到校后，都纷纷要求转为共产党员，称为"升党"。如黄埔第2期学生王一飞、第4期学生文强等，都是团员经过"升党"仪式转为共产党员。三是革命师生入党。在共产党员的积极影响下，军校师生向往共产主义的日益增多，有的师生原先参加国民党的，也转而要求秘密参加共产党。如黄埔第1期学生左权是在军校由陈赓介绍入党的。侯镜如原是国民党员，也由周恩来和郭俊2人介绍秘密加入中国共产党。这些共产党员在军校政治工作中，作出了不可磨灭的贡献，其政治工作的先驱作用不可低估。

中国共产党在黄埔军校中的组织是秘密组织，开始叫黄埔直属支部，归中共广东区委领导，由广东区委军委书记、军校政治部主任周恩来直接指导。1924年夏，成立第1届特别支部，首任支部书记是蒋先云，宣传干事王逸常，组织干事杨其纲，候补干事许继慎、陈赓。1925年春，支部进行改组，杨其纲任书记，周逸群任宣传干事，余洒度任组织干事，王逸常任候补干事。9月，黄埔军校成立中共党团领导小组，由鲁易、聂荣臻负责。党团领导小组下设有支部或小组。

军校共产党员的人数，限于当年处在秘密状态尚未发现完整的统计。但从不同时期的党员人数看，是以倍数速度迅猛增长的。早在军校仅有600多名学生时，据周恩来说："有共产党员、共青团员五六十人，占学生的十分之一。"这是最早进入学校的红色种子，是黄埔共产党人在黄埔军校中做政治工作的最早群众基础。到了第1期学生毕业分配时期，据第1期毕业生、共产党员李奇说："有3个队长，7个区队长，学生100多人，政治工作员三分之二是共产党员。"合计约有120多人，这比军校早期的党团员50多人增加了一倍，按比例占学生六分之一。再以军校"四一八"反共惨案发生时的党员人数看，据军校教育长方鼎英给蒋介石的报告中说，军校"被捕的共产分子为400余人"。而毕业离校和免遭被捕的共产党员尚不在内。这个数字比军校早期的党员人数已增加了约7倍之多。还应指出，当年校长蒋介石对共产党人的摸查是毫不放松的。他查悉陈赓是共产党员，便在同学名册中陈赓的名下写上"此人CP，不能带兵"几个字。1926年，蒋介石经调查统计后，曾对师生们说："在1万名黄埔师生中，约有CP2000人。"折算比例应占学生五分之一。可见共产党人在军校中的数量确实可观，他们分散于军校及军队中，即善于军事，更长于政治工作，为军校赢得了"国民革命中心"的崇高称号，领受了"东方红军"的赞誉。因此，在当年，帝国主义、封建主义、官僚军阀和革命阵营内的右派对黄埔军校的政治工作十分惧怕，惊呼："黄埔赤化了！""黄埔是共产党的基地！"可见共产党人对黄埔军校的重大影响。

黄埔军校中的中共组织，一面帮助国民党发展组织，一面培养、吸收和发展共产党员。建校之初，中国共产党派遣50多名党员入黄埔军校，约占当时全国党员总数的二十分之一，说明中国共产党对军校工作的积极支持与合作。从1925年年末到1927年年初，经黄埔军校培养发展的共产党员和青年团员近4000人，表明中国共产党在黄埔军校中影响之大和对组织发展的重视与努力。共产党员在团结革命师生、执行孙中山的三大政策、巩固革命统一战线等方面，起到了先锋作用，他们对黄埔军校的发展作出了重大贡献。

三、中国青年军人联合会、孙文主义学会

黄埔军校建立后，由于中国共产党领导的反帝反封建斗争的迅猛发展，影响的迅速扩大，统一战线内部资产阶级与无产阶级争夺领导权的斗争日益复杂，反映在军校内部革命势力与反动势力的斗争也随之尖锐起来。军校内部的斗争，集中反映在中国青年军人联合会和孙文主义学会两大组织之间的斗争问题上。

中国青年军人联合会的前身，是 1924 年 8、9 月间成立的以团结青年军人、挽救时局为宗旨的中国青年军人代表会，会址设在国民党中央党部。这是针对广州商团反动势力日益强大的形势，由黄埔 1 期"状元"、共产党员蒋先云提出来的。1925 年 1 月 23 日，中国青年军人代表会改组成青年军人联合会（简称"青军会"），2 月 1 日召开成立大会，宣告青军会正式成立。青军会的宗旨，是以团结广大革命军人，坚决执行孙中山的三大革命政策，积极巩固革命统一战线，配合军校的中心任务，开展各种革命活动。青军会是在周恩来指导下、由共产党员和社会主义青年团员为核心组成的革命群众组织。黄埔军校有 8 名学生当选为青军会干部，其中李之龙、蒋先云、王一飞等 6 人是共产党员。当时青军会最主要的负责人，是常务委员蒋先云。他们把所有驻扎在广州的、倾向于革命的青年军人联合起来，以联合的革命军人来对付联合的反革命商团。在打击陈炯明的斗争中，青军会得到广大青年军人的热烈支持和拥护，参加者甚众，迅速发展壮大，成立 1 年多时间，会员发展了 2 万余人，还把教职员中的左派和共产党员金佛庄、郭俊、茅延桢、鲁易等人发展成了会员。

由于共产党员在青军会中起了主要领导作用，蒋介石有了危机感。黄埔军校中的右派分子，慑于青军会的声威，对共产党员、国民党左派在青军会中占据主导地位更是极为不满，于是开始筹备一个与青军

会分庭抗礼的右派组织。在蒋介石的指使与支持下，王柏龄、冷欣、贺衷寒、杨引之等人于4月成立了"中山主义研究社"，当时社员只有30多人。12月底正式召开成立大会，改名为"孙文主义学会"，会员发展至400人。1926年2月，正式选举出领导机构，冷欣、杨引之、陈诚等9人为执行委员，贺衷寒等5人为候补执委，王柏龄为其后台，在幕后操纵指挥。后发展会员5000多人，教职员中的右派何应钦、林振雄、张叔同等人也成了会员。

孙文主义学会是以国民党中反共分子为骨干，以反对共产党、反对国共合作、反对三大政策为宗旨的一个右派组织，是蒋介石打击排挤共产党人，夺取黄埔军校、第1军乃至整个国民革命军党权军权的先锋和工具。黄埔军校内，以青军会为一方，以孙文主义学会为一方，围绕着是否坚持统一战线和三大政策等问题，开展了争论。

两个组织的出现，使黄埔岛上结成了相互对立的阵营。两个组织的学生不时争吵摩擦，甚至恶语相向。在那时的黄埔军校，如果看到两伙学生吵架斗嘴的场面，不用问就知道，这是"两会"的人又碰到一起了。后来发展到整天剑拔弩张，甚至动刀动枪，轰动黄埔军校的枪击事件就在这时发生了。

1925年7月的一天，军校政治部秘书、共产党员、中国青年军人联合会成员李汉藩手持一张清单，奉命到军校管理处领取办公用品。一名办公室人员看过后，把清单送到军校管理处长、孙文主义学会执委会成员林振雄面前，请他过目。因"信仰"不同，林振雄和李汉藩发生了严重的争执。气恼之中，林振雄突然拔出随身佩带的手枪，对着李汉藩就是一枪。李汉藩身子一侧，躲过了子弹。待林振雄举枪再要射击时，办公室里其他人员从后面一把抱住林振雄持枪的右手，第2颗子弹才没有打出去。枪声惊动了整个黄埔军校。周逸群、杨其纲、许继慎等10余名共产党员以最快速度冲进管理处办公室，合力把林振雄按倒在地，果断下了他的枪，愤怒地找来一条长麻绳，将林振雄双手捆住，径往军校禁闭室里推去。黄埔军校内，中国青年军人联合会会员和孙文主义学会成员都紧急出动了，双方都拿出了武器，青军会方面派出一部分人去把守军校禁闭室，孙文主义学会的成员们则集合在一处，双方的火并一触即发。

这时，蒋介石、廖仲恺、周恩来等校领导正好都不在校内，总值日官张治中火速集中军校各部主任、学生队长开会，制止事态的进一步发展。正在广州的廖仲恺，闻讯匆匆赶回后，以黄埔军校党代表的名义，作出了对林振雄、李汉藩二人的处理决定：林振雄身为官长，公然开枪行凶，虽未造成事实，但性质特别严重，给予撤销管理处长职务，交军法处查办之处分；李汉藩与林振雄发生斗殴，并在遭受枪击后，恃众擅将林振雄缚入禁闭室关押，亦属藐视法律，给予行政记大过的处分。廖仲恺对林、李二人的处理是非清楚，轻重有别，令全校师生心服口服，事情很快平息下来。但军校中的国共两党组织成员的斗争，并未减弱。

校长蒋介石表面上对"两会"不偏不倚，貌似公允，实际上对青军会怀恨在心。直到黄埔系统选举出席国民党二大代表，选举结果一出来，蒋介石大吃一惊，当选的几乎全是青军会的共产党员，而孙文主义学会的人几乎全部落选。蒋介石意识到了问题的严重性。1925年7月1日，中华民国国民政府在广州成立，汪精卫任主席，蒋介石除早已任黄埔军校校长外，先后任广州卫戍司令、第1军军长、国民革命军总司令，他的羽翼渐丰，开始准备了结军校内的党争问题。12月，蒋介石在第1军政治部各级党代表会议上，提出了《调和本校党争办法》，规定校内共产党员的一切活动"均得公开"。这实际上是为了加强对共产党员的控制。会后，蒋介石要周恩来把黄埔军校和第1军中的共产党员名字都告诉他，遭到拒绝。

中国共产党人与蒋介石展开了顽强的斗争。为了争夺黄埔军校的生源，中共中央在1925年11月1日发出第62号通告，对各级党组织发出号召："广州黄埔军校正拟招收三千名入伍生，望各地速速多选工作不甚重要之同学、少校同学及民校左派同学，自备川资和旅费，前往广州投考，以免该校为反动派所据。此事关系甚大，各地万勿忽视。投考者须一律携带民校介绍证书。本校及少校同学均须由各地委直接另给介绍书于本校广东区委。"下面的署名为"钟英白"，即"中央"的谐音"告白"，文中也使用了代号，"本校"指"共产党"，"少校"指"共青团"，"民校"指"国民党"。从这份文告可以看出国共两党相争于黄埔军校的激烈程度，党争的火药味也越来越浓。

与此同时，蒋介石也加快了在黄埔军校内排除共产党势力的步伐，使党争更加公开化。孙文主义学会成员的气焰更加嚣张，他们盗窃共产党人的文件，不断制造殴打和枪击青军会会员事件。1926年4月7日，蒋介石以"两会"组织破坏了黄埔的统一，"于集体化、纪律化之旨相妨碍"为借口，下达了"一律自行取消"的校令。4月15日，青军会被迫发表通电，宣布自行解散。21日，孙文主义学会也发表了解散宣言。

1926年3月"中山舰事件"发生后仅半个多月，4月，中国青年军人联合会和孙文主义学会相继宣布解散，但双方的斗争反而更加扩大。5月，蒋介石在国民党二届二中全会上提出了限制共产党的所谓"整理党务案"。此决议案中最重要的一条，就是"不许跨党""党内无党、校内无派"。6月，蒋介石在军校里公开发表反共讲话，要共产党人退出共产党，要共产党员学生向连长声明自己的身份。同时，他又组织黄埔同学会，自任会长，以原来孙文主义学会的骨干把持会务，秘密调查共产党员的活动，排挤黄埔同学会中的共产党员。

随着北伐战争的胜利进行，军校两种思想和势力的斗争更加激化，并逐渐扩大到所属各分校和东南各省中去。黄埔军校部分革命师生曾向蒋介石发表公开信，表示要掀起一个"救校长运动"，要求蒋介石收敛其反共行为。可是，蒋介石却进一步与帝国主义勾结，悍然在上海发动了"四一二"反革命政变。接着，蒋介石相继发出《饬黄埔学生不可妄有发言和越轨行动令》《黄埔学生停止开会令》等文告，中共在黄埔军校有组织的活动被迫全部停止。7月27日，汪精卫在武汉以国民党中央名义发出通令，"严防共党分子"。共产党人与武汉国民党人的合作，完全瓦解。国共两党分裂后，原武汉分校彻底解散，白色恐怖也笼罩着广州黄埔军校、南京校本部，在1927年下半年到1928年3月这段时间内，在广州、南京黄埔军校师生中均不存在中共的组织和活动。

四、南京时期军校内的中国共产党组织

1928年3月6日，替代并承袭黄埔军事教育工作的南京中央陆军军官学校在校本部小营举行开学典礼，也即所招收第6期学生的开学典礼。蒋介石以校长身份主持大会，军校教员、职员、学生、军官团官兵等到会。蒋介石训话强调所谓"革命的精神、革命的纪律"，特别指出："凡是反对党的人，无论是军官，是学生，都可以反对他。即使本总司令不要党，请各位就反对我，就杀我。"

在南京时期第6期交通兵大队经考试录取的新生中，有来自各地的中共党员。其中有来自杭州第26军军官团的共产党员甘棠（甘让）、楼广文、阮大郎、张渠、罗积穗、曹振铎，有来自广州、湖南、湖北、浙江各地学生中的共产党员李奈西、梁绍之、丘登明、简立、盛志远、许权、李世昌等，他们分别编列在第1、第2、第3队的无线电、有线电、汽车和铁道等科。这些共产党员相互之间原来并非都相识，在甘棠和李奈西等人暗中联络下，大家取得了联系，在未能与地方党组织接上头的情况下，暗中组织起来，办了"读书会"。并在南京军事委员会交通技术学校被撤并时，发动了拥李（李范一校长）反何（何应钦）等群众运动，在同学中初步树立了威信，为中共地下党组织的建立和发展准备了条件。第6期同学毕业前夕，李奈西、丘登明、梁绍之向

党组织建议把本大队第 1 中队无线电系王铮（原名吴人鉴）等同学作为中共党员发展对象。王铮毕业后不久，投身革命阵营参加红军，为红军创立了无线电通信系统，后任职中共中央军委通讯部部长等，授衔中将。

1928 年 9 月上旬，杭州第 26 军官团特科同学全部并入南京军校第 6 期，其中有 11 名共产党员，大部分编列在炮兵、工兵 2 个大队。9 月下旬，南京军校中共地下党组织正式建立，在南京明故宫大操场召开秘密干部会议，传达中共中央的指示，决定在军校内成立"中国共产党中央直属南京中央陆军军官学校特别总支部"，并按各兵科驻地分散的特点，分设了三十四标工兵支部和交通、通讯支部。此后，随着步兵第 3、第 4 大队和军官研究班的编成，又增设小营和国府后街（今长江后街）2 个支部。中共中央指派曹聚义、甘棠、吕农三、简立、阮大郎 5 人为总支委员，曹聚义任总支书记、甘棠任副书记。至此，南京黄埔军校内有了完整的中共地下党组织。军校党总支最初由中共中央直接领导，到 1929 年年初，改由中共南京市委就近领导，时任南京市委书记是游无魂，市委军运负责人王绍平（黄埔第 4 期毕业生）具体负责领导南京军校党组织。10 月初，南京军校中共特别总支部编印地下刊物《秋风》。军校党总支成立后，根据军校的特殊条件，开展了卓有成效的活动。每次活动的时间，利用星期六晚上和星期日白天。活动内容以加强学习和发展组织为主，听取上级党组织的报告，传阅秘密文件，推动读书会学习马列主义理论和进步书刊，宣扬革命，激励黄埔同学的革命情绪，使一度压抑沉闷的军校呈现出生机勃勃的景象。

1929 年 4 月中旬，南京军校中共特别总支部在中华门外山坡草坪（今雨花台革命烈士纪念馆附近）召开活动分子扩大会议，参加此次会议的中共地下党员共有 108 人。军校党总支建立后，党组织的发展主要有由下而上和自上而下两种方式。新党员从只有第 6 期 1 期毕业生扩大到第 3、第 4、第 5 期等多期毕业生。在这次沐浴着春风的野外会议上，时任中共南京市委书记游无魂高兴地拍着曹聚义的肩膀兴奋地说这是"一百单八将"大聚会，媲之谓历史上的梁山好汉聚义。这次大聚会，实际上也暴露了军校中共地下党组织，引起了国民党警方、校方的警觉。5 月中下旬，军校中共地下党员 18 人被捕，党组织遭到破坏，即当时国民党政府称之为"十八罗汉"的大案。在被捕的黄埔同学中，除了少数叛变自首外，大多数同学表现出共产党人的气节。很多同学刑满出狱后，仍然积极找党，再次加入中共组织。中国共产党中央直属南京中央陆军军官学校特别总支部，自 1928 年秋成立到 1929 年夏组织被破坏前后仅 10 个月时间，但在中共党史和黄埔校史上有其特殊意义。这是黄埔校史上唯一全部由黄埔同学组成和发展起来的中共地下党组织，组织之完整、人数之多为黄埔校史上所罕见。

黄埔军校在成都时期，主要时值抗日战争国共合作时期，并由于蒋介石和国民党的严格控制，中共党组织在黄埔军校中没有建立独立的地下组织和活动。后有个别中共党员考入军校或在军校中被发展为中共党员，是在临近成都解放的第 22 期、第 23 期时期，但并未形成正式的组织。

思考题：

1. 中国国民党黄埔军校特别区党部的组织结构是什么？

2. 中国青年军人联合会、孙文主义学会有哪些关联与区别？

3. 中共黄埔军校特别支部及南京时期军校内的中共党组织机构是如何建立和终结的？

4. 黄埔军校内部成立的这些组织开展过哪些活动？

5. 为什么中共地下党组织在黄埔军校南京时期之后很难再发展下去？

第十四讲

中国共产党人与黄埔军校

黄埔军校，蒋介石国民党派系赖以统治中国几十年的"黄埔系"曾在此崛起，同时，这里也曾汇聚过众多出类拔萃的中国共产党人。黄埔军校是国民党军队的建军基点和源头，同时军校中的共产党人也是"堂堂之阵，猎猎之旗"。

一、军校中的政工干部和政治教官多由中国共产党人担任

黄埔军校的政工干部基本上都是由中国共产党人担任。他们负责组织军校政治教育课，并开展得相当成功出色。在短暂的 3 年中，仅黄埔本校，就有 5 位中国共产党人出任校政治部主任，专职分工政治工作和政治课教育。军校政治教育以进行最基本的革命理论和革命知识教育为内容，对不同党派的思想理论兼容并包，其中以孙中山倡导的新三民主义和马克思的共产主义教育为主。军校训令中明确规定："社会主义、共产主义、马克思主义等书籍，本校学生皆可阅读。"教学大纲中规定的政治课目有：三民主义、社会主义、帝国主义、苏联研究、工人运动、农民运动、学生运动、社会科学概论等 26 门课。

黄埔军校的政治教官几乎都是中国共产党人。专职政治教官大部分是法、苏、德、日的留学生。他们博学多才、风华正茂，较早地接受了马克思主义理论，有的曾获得博士学位，有的是中国共产党的创

始人，有的是当时知名度很高的理论家，如恽代英、萧楚女、张秋人、李合林、阳翰笙等。除此之外，中国共产党的许多理论家、活动家都曾来军校演讲授课，如毛泽东、刘少奇、张太雷、邓中夏、苏兆征、彭湃、罗绮园、李求实、吴玉章等。

二、中国共产党组织在军校中得到充分发展

中共党员在黄埔军校中所占师生比例，从刚建校时的十分之一，到 3 年后"军校分共"时已经发展到五分之一，在武汉分校中所占的比例更大。黄埔共产党组织，是中共广东区党委为适应军校复杂的环境而秘密建立的，由广东区委、军委直接领导，军委书记、校政治部主任周恩来亲自负责。其主要领导人，在 3 年时间内曾连任或首任 20 余人，其中担任军校领导和教官的有 8 人。

随着共产党员数量的不断增加和党组织的发展壮大，中共党组织在校中的领导机构也随之扩大并健全。经历了中共黄埔直属支部、中共黄埔特别支部和中共黄埔党团 3 个发展阶段。上级党组织派出了特派员常驻军校，以普通职员的身份秘密协助党团书记开展工作。中共中央在建校初期及各期招生之前发出通告，指示各地党组织"迅速多送"共产党员、共青团员以及优秀青年来校报考，并强调"此事关系重大，各地万勿忽视"。这推动了共产党人和优秀分子纷纷前来军校任教和学习。很多共青团员在军校学习中，思想觉悟迅速提高，"升党"为共产党员，如第 2 期学生王一飞、第 4 期学生文强等。有的师生原先是加入国民党的，在共产党员积极影响和教育下也转而要求秘密参加共产党。如侯镜如原是参加国民党的，后由周恩来和郭俊 2 人介绍秘密加入共产党。

三、中国共产党人在黄埔军校中开展了卓越的斗争

中国共产党人在军校初期的组织，主要有党的外围组织火星社，

用以"推行党的政策，扩大党的影响，并为吸收党员做准备工作"。有以共产党人为核心的中国青年军人联合会，在全国曾拥有2万多会员。在宣传上有"血花剧社"及多种革命刊物，其领导人都是杰出的共产党人，如《士兵之友》总编洪剑雄、《青年军人》总编胡秉铎、《中国军人》主笔蒋先云、《黄埔日刊》主编安体诚等。他们有组织、有领导、有策略地顽强地坚持了军校革命的政治方向，为巩固革命统一战线、维护国共合作、贯彻孙中山三大政策作出了贡献。"到黄埔去"的口号在当时风靡全国。

四、军校政治工作最为辉煌的武汉时期

中国共产党人在黄埔军校中任职最多的阶段应是武汉分校时期。1927年1月19日，武汉黄埔军校政治科正式易名为"中央军事政治学校武汉分校"，蒋介石兼任校长，邓演达任代校长，张治中任教导长兼训练部部长（教育长）、学生总队长，共产党人恽代英任政治总教官。邓演达时任国民革命军总司令部政治部主任兼国民革命军武汉行营主任，北伐之前任黄埔军校教育长，北伐军进军武汉时是攻城司令，所以邓演达在黄埔学生和北伐军中威望很高。邓演达、张治中因兼职多，不能常到分校来，恽代英便成为武汉分校的中坚人物，他召集和委任一大批共产党人到军校任职，如徐向前为政治大队第1队队长，沈雁冰为政治教官。

黄埔军校聘请担任讲演的教官主要有：邓演达、铁罗尼、李汉俊、董孚光、吴企云、李达、章伯钧、包惠僧、周佛海、毛泽东、恽代英、李合林、郭冠杰、朱代杰。担任特别讲演的嘉宾主要有：鲍罗廷、徐季龙、宋子文、宋庆龄、孙科、詹大悲、唐孟潇、董必武、李立三、张太雷、张国焘。

武汉分校学生主要由三部分组成：一是中央军事政治学校政治大队、第5期炮兵工兵大队1200多人；二是新招来的第6期政治讲习班

1200 余人，其中有首批女生队；三是学兵团有 1300 多人。中国共产党各地党组织奉命输送了一批共产党员、共青团员到武汉分校学习。武汉分校的共产党组织，先后由恽代英、陈毅负主要责任。

五、黄埔军校出身的中国共产党人

中国共产党人在黄埔军校中建立了殊勋。有资料统计，黄埔 1 期时，师生中的中共党员有 103 人，其中学生 88 人，教职员 15 人。以后各期，共产党员师生人数又有增加。这批共产党员，在当时即是一些不同凡响的人物，主要体现在：入党时间比较早，有的还是各地共产党组织的创始人；文化程度比较高，最低是中等以上学历；阅历十分丰富，多数是各地革命运动的先锋和骨干；军事基础比较好，一些人曾从事过军事工作。这批共产党员经过在黄埔军校的学习和磨练，后来大多成为中国革命的中坚力量。

有资料统计，参加南昌起义、有姓名简介记载者 456 人，其中黄埔军校师生有 114 人，占总数的 25％；参加湘赣边界秋收起义有姓名简介记载者 172 人，其中黄埔军校师生有 21 人，占总数的 12％；参加广州起义有姓名简介记载者 306 人，其中黄埔军校师生有 70 人，占总数的 24％；累计三大起义参加者有 934 人，其中黄埔军校教职学生有 205 名，占总数的 22％。

战争年代，从黄埔军校涌现出众多党的忠诚将士。如广州起义中坚持街垒战斗 3 昼夜，最后壮烈牺牲又被敌人剥光衣裤，用鲜血在她们身上写上了"女共产党员"几个大字"示众"的第 5 期黄埔生游曦、邱继文、李蕴瑞、邓苏等女烈士。有血洒井冈山的红军高级将领卢德铭、王尔琢等烈士。有宁死不屈、高呼着"中国共产党万岁！"而从容走向刑场的赵一曼、恽代英等烈士。有对党忠心耿耿、含冤死于"左"倾路线枪口下的许继慎、曾中生等烈士。有至今仍用他们的名字命名"左权县""志丹县""尚志县"的左权、刘志丹、赵尚志等烈士。

黄埔师生在中国共产党领导的红军中占有很大比例。

红一方面军及江西中央根据地创建者中有：黄埔军校教职员周恩来、陈毅、聂荣臻、叶剑英；第1期毕业生左权、刘畴西、陈赓、周士第、李谦、蔡升熙、何章杰、冯达飞、梁锡祜、贺声洋、彭干臣；第2期毕业生宛旦平、罗英、张源健、程俊魁；第3期毕业生朱云卿、唐绍尧；第4期毕业生林彪、萧克、伍中豪、吴溉之、李蓥、林野、范树德、洪水、唐天际、袁国平、郭子明、郭化若、曾希圣、张震球；第5期毕业生宋时轮、杨至成、谭希林。

红二方面军及湘鄂西、湘鄂川黔边区根据地创建者中有：第1期毕业生黄鳌、董朗、史书元、孙一中（德清）、周士第；第2期毕业生方汝舟（济川）、谭侃；第4期毕业生汤慕禹、段德昌、萧克、曾中生；第5期毕业生许光达。

红四方面军及鄂豫皖、川陕边区根据地创建者中有：第1期毕业生徐向前、蔡升熙、许继慎、吴展、陈赓、金仁先、王逸常；第4期毕业生倪志亮、曹广化。

陕北、陕甘边区红军及根据地创建者中有：第1期毕业生唐澍、阎揆要、王泰吉；第4期毕业生刘志丹。

广东东江红11军及根据地、琼崖红军及根据地创建者中有：第1期毕业生董朗、吴展、袁仲贤、梁锡祜、黄雍、刘立道；第3期毕业生陈悦民、陈永芹。应运而生的黄埔军校教职官佐及前5期毕业生，成为中国革命武装斗争的第一批拓荒者和开创者，成为人民军队早期武装力量的开拓者、创建者和奠基人。

新中国成立后，黄埔军校一代精英在中国人民解放军中更是熠熠生辉。1955年，中国人民解放军授军衔时，出自黄埔军校的学生中就有元帅2人、大将3人、上将8人、中将9人；还有10多位黄埔军校生出任省长以上高级职务；有通晓5国语言的驻外大使；有当年在军校任《黄埔日刊》的编辑，新中国建立后又任《解放军报》编辑的黄埔第 4 期生等等。由于国共两党分裂后，黄埔军校成为国民党的军校，绝大多数黄埔出身的共产党将领都毕业于前 5 期，如此密集程度，在世界军事教育史上是绝无仅有的。

六、参加过井冈山斗争的黄埔军校生

井冈山斗争时期，是中国共产党武装斗争的开创时期，一大批黄埔军校生聚集到了这里，这是黄埔军校历史上的一个奇观，在其他革命根据地中是没有的。这些黄埔生接受了正规的军事政治训练和马克思主义思想教育，其中不少人在校时就已加入中国共产党，还经受过北伐战争炮火的洗礼，因而，他们成为井冈山上红军队伍中的军事骨干。

参加过井冈山斗争的红军官兵中，有资料统计，黄埔军校生有 41 人，他们是：卢德铭、张子清、余洒度、苏先俊、伍中豪、徐彦刚、陈浩、陈毅安、张宗逊、谭希林、陈龙鹤（朝鲜人）、范树德、曾士峨、游雪程、刘型、王良、陈伯钧、吕赤、徐恕、黄子吉、王尔琢、王展程、朱云卿、杨至成、刘之至、林彪、唐天际、戴诚本、萧劲、朱舍我、段辉唐、袁崇全、陈东日、邝鄘、李天柱、陈俊、曹福昌、刘铁超、资秉谦、邓萍、贺国中。

此外，参加过湘赣边界秋收起义和湘南起义，但没有上井冈山的黄埔军校生还有 4 人，他们是：钟文璋（黄埔 2 期，秋收起义时任工农革命军第 1 军第 1 师第 1 团团长，秋收起义后失散）、陈树华（又名陈明义，黄埔 4 期，秋收起义时任工农革命军第 1 军第 1 师参谋处长，因负伤脱队失去组织联系，后加入国民党）、李腾芳（黄埔 4 期，湘南暴动时在耒阳牺牲）、黄瓒（黄埔 4 期，秋收起义时在金坪阻击战中牺牲）等。

黄埔军校生的来源：第一批也是最早一批参加井冈山斗争的黄埔军校生，来自毛泽东率领的秋收起义部队。1927 年 10 月，毛泽东率

领秋收起义部队安家井冈山，部队中黄埔军校生包括卢德铭、张子清、余洒度、苏先俊、陈浩、伍中豪、徐彦刚、陈毅安、张宗逊、谭希林、陈龙鹤、范树德、曾士峨、游雪程、刘型、王良、陈伯钧、吕赤、徐恕、黄子吉等20人，占参加过井冈山斗争的黄埔军校生的近半数。第二批参加井冈山斗争的黄埔军校生，来自朱德、陈毅率领的南昌起义余部和湘南起义的部队，包括王尔琢、王展程、朱云卿、杨至成、刘之至、林彪、唐天际、戴诚本、萧劲、朱舍我、段辉唐、袁崇全、陈东日、邝鄘、李天柱、陈俊、曹福昌、刘铁超、资秉谦等19人。第三批参加井冈山斗争的黄埔军校生，来自平江起义后彭德怀、滕代远率领转战到井冈山的红5军部队，包括邓萍、贺国中2人。

从毕业的时间来看，参加井冈山斗争的黄埔军校生，黄埔1期的有王尔琢、张子清、陈浩、袁崇全4人；黄埔2期的有卢德铭、余洒度、邝鄘3人；黄埔3期的有苏先俊、朱云卿、刘之至、萧劲、陈东日、刘铁超6人；黄埔4期的人数最多，有伍中豪、陈毅安、范树德、吕赤、徐恕、黄子吉、王展程、林彪、唐天际、李天柱、陈俊、曹福昌、资秉谦13人；黄埔5期的有张宗逊、陈龙鹤、杨至成、贺国中4人；黄埔6期的有谭希林。在这些参加过井冈山斗争的黄埔军校生中：

1. 半数以上人血染沙场

在井冈山艰苦卓绝的斗争中，黄埔军校生为中国第一个农村革命根据地的创立、建设和巩固作出了重大贡献，其中不少人永远长眠在井冈山这块红色土地上。

卢德铭，是经孙中山亲自面试而入黄埔2期的学生。在北伐战争中，先后升任独立团第1营营长、第73团参谋长、第4集团军第2方面军总指挥部警卫团（武汉国民政府警卫团）团长。后率警卫团参加了毛泽东领导的秋收起义，并任起义部队总指挥。1927年9月25日，部队在江西萍乡芦溪遭到国民党军队的袭击，卢德铭为了掩护部队撤退而牺牲，年仅22岁。

张子清，曾任黄埔军校第 3 分校教官、国民革命军第 2 方面军总指挥部警卫团副营长。1927 年，随警卫团参加秋收起义，来到井冈山。在策应朱德部队上井冈山时受伤，因伤重不治，后病逝于江西永新。

王尔琢，曾任北伐军代师长，参加了南昌起义。起义失败后，与陈毅协助朱德收集起义军余部，转战湘粤赣，后与朱德、陈毅发动湘南起义，率部队上井冈山，曾任红 4 军参谋长兼第 28 团团长。1928 年"八月失败"后，从湘南回井冈山途中，因想追回被叛徒带走的队伍而倒在叛徒袁崇全的枪口下，年仅 25 岁。

吕赤，1927 年参加秋收起义，后任工农革命军第 1 军第 1 团第 3 营 8 连连长。三湾改编时任军官队队长。随军上井冈山后，任工农革命军教导队大队长。1928 年 2 月在井冈山牺牲。

萧劲，参加了南昌起义。湘南起义后跟随朱德上井冈山，担任第 28 团 3 营营长。1928 年 6 月 23 日，在龙源口战斗中，攻打老七溪岭时冲锋在最前面，不幸被流弹击中腹部，但他不顾伤痛，顽强率部继续冲锋，壮烈牺牲。

资秉谦，湘南起义后跟随朱德上井冈山。朱毛会师后担任红军连长。1928 年 6 月 23 日，在龙源口战斗中身先士卒，英勇献身。

王展程，参加了南昌起义和湘南起义，1928 年 4 月随朱德上井冈山。朱毛会师后，任红 4 军第 28 团参谋长。1928 年 12 月，彭德怀率红 5 军第 4、第 5 纵队上井冈山与红 4 军胜利会师，王展程调红 5 军教导队任军事教员。第 3 次反"进剿"失利后，王展程随彭德怀、滕代远率红 5 军突围。在遂川县大汾圩遭到敌军伏击，整个部队被打散，王展程夫妇也与红 5 军失去联系。在湘赣边界小镇戴家埠被地主武装"挨户团"抓获，惨遭杀害。

贺国中，1928 年 7 月 22 日，与彭德怀、滕代远一起组织领导了平江起义，担任红 5 军军委委员兼第 7 团副团长。之后任红 5 军第 7 团党代表。1929 年 6 月下旬，湘赣边界特委和红 5 军军委联席会议决定攻取安福县城。贺国中冒着枪林弹雨，率部强攻，不幸头部中弹，英勇牺牲，年仅 25 岁。

刘之至，1928 年 1 月参加湘南起义，任工农革命军第 7 师参谋长，4 月随朱德上井冈山。5 月任工农革命军第 4 军第 30 团团长，6 月任红 29 团参谋长。1929 年 1 月，红 4 军下山前夕，调到红 5 军，协助彭德怀留守井冈山。7 月，在攻打安福县城的战斗中，英勇牺牲。

邝鄘，1922 年考入北京大学，次年加入中国共产党。1924 年考入黄埔军校第 2 期。1928 年 1 月，参加湘南起义，4 月底转战井冈山。5 月 4 日，朱毛会师宁冈，成立工农革命军第 4 军，任红 12 师第 34 团团长。5 月下旬，第 34 团组成工农红军第 1 路游击队，回耒阳开辟游击根据地，任司令员。6 月 5 日，不幸被捕后遇害，时年 31 岁。

其他的还有：1929 年 10 月，在长沙识字岭被杀害的红 4 军第 35 团副团长曹福昌；1930 年 3 月，在攻打澄江战斗中牺牲的陈俊；1930 年 5 月，在率部攻打江西瑞昌城中弹牺牲的游雪程；1930 年 8 月 7 日，在进攻长沙战斗中牺牲的陈毅安；1930 年 9 月，在兴国高兴圩战斗中牺牲的曾士峨；1930 年 10 月，在安福献身的红 31 团团长伍中豪；1931 年 5 月，在东固红军医院被国民党特务杀害的朱云卿；1932 年 4 月，在攻打漳州中牺牲的陈龙鹤；1932 年 6 月，在福建武平大禾圩遭敌阻击牺牲的王良；1935 年 1 月，在攻打遵义城时牺牲的邓萍；1935 年 6 月，在赣南突围战斗中牺牲的李天柱；1935 年，在江西靖安牺牲的徐彦刚，等等。

2. 有些人背叛和脱离红军队伍

在井冈山艰苦的斗争环境下，大浪淘沙，红军中也有少数黄埔军校生经不起考验，脱离红军队伍，甚至为了贪图高官厚禄，把枪口对准了自己的同志、同学。

余洒度，1924 年考入黄埔军校第 2 期，曾加入中国共产党。秋收起义后，坚持"取浏阳直攻长沙"，意见被否决后，跟随毛泽东到达井冈山。10月中旬，在湖南酃县（今炎陵县）水口脱逃部队。1929年10月，辗转来到上海，对革命逐渐产生了悲观失望情绪，最后脱离党组织。1931年11月，在上海被国民党特务逮捕，余洒度投靠了蒋介石。1933年，被委任为国民党军第61军政训处少将处长。为了满足奢侈生活，余洒度利用职权贩卖毒品，事情败露后，被蒋介石亲自下令枪决。

苏先俊，北伐战争时期加入中国共产党。1927年9月，参加秋收起义，任工农革命军第1军第1师第3团团长。1928年1月，在岳阳被捕叛变，出卖湖南省委领导人郭亮，导致郭亮被捕牺牲。1930年7月，红3军团攻占长沙，苏先俊被处决。

陈浩，黄埔1期；徐恕、黄子吉，黄埔4期。这3人都参加了毛泽东领导的秋收起义，三湾改编后分别担任工农革命军第1师第1团团长、副团长、1营营长。1927年12月，在湖南茶陵湖口，因丧失革命信念，3人与参谋长韩庄剑阴谋叛变投敌，企图将工农革命军的一个营拉向国民党军鼎英的部队，阴谋被识破。29日，工农革命军在宁冈县砻市召开大会，处决了叛徒陈浩、韩庄剑、徐恕、黄子吉。

袁崇全，湘南起义后随朱德上井冈山。1928年5月，任工农革命军第4军第28团2营营长。同年7月下旬，红4军第28团、第29团兵败湖南郴州，第29团几乎全军覆没。在返回井冈山的途中，袁崇全突然决定改变行军路线，准备向敌人刘士毅部投降。王尔琢和袁崇全是湖南老乡，又是黄埔1期学生第1队第2分队同学。王尔琢追到袁崇全驻地进行劝说，泯灭人性的袁崇全竟然对没有防备的王尔琢连开数枪。王尔琢当场中弹牺牲。袁崇全只带了几个人深夜逃走，投靠了赣敌刘士毅部。同年9月13日，红4军攻克遂川县城，在激战中击毙了叛徒袁崇全。

范树德，1925年10月，加入中国共产党，参加了北伐战争。1927年9月，参加秋收起义，任工农革命军第1师军法处长。1931年

144

11月，中华苏维埃共和国临时中央政府成立后，任中革军委总经理部部长。1935年春，任红军湘粤赣游击队支队参谋长，在湘南遭敌袭击受伤后脱离红军部队，到国民党军中任职。中华人民共和国成立后，被捕入狱。1975年3月，被特赦获释，随子迁往桂林居住。曾任桂林市政协委员。1989年病故。

3. 部分人幸存

唐天际，湖南安仁人，1925年入黄埔军校学习，1926年加入中国共产党，参加了北伐战争和南昌起义。1928年1月，参加湘南起义后跟随朱德上井冈山。1931年后历任红4军参谋处参谋、红5军团第40师政委、红15军政治部副主任、红3军团第5师政治部主任等职。参加了长征。1955年被授予中将军衔。1989年2月20日，在北京逝世。

谭希林，湖南望城人，1926年入黄埔军校，同年加入中国共产党。参加了秋收起义。红4军成立后，先后任第31团1营副营长、代营长。1930年后，历任红21军参谋长、代军长，军委警卫团团长等职。参加了长征。1955年被授予中将军衔。1970年2月11日，在北京逝世。

刘型，江西萍乡人，1926年入黄埔军校武汉分校学习。参加了北伐战争。1927年加入中国共产党，同年参加秋收起义。参加了长征。新中国成立后，因转入地方工作，没有被授予军衔。历任中共湖南省委秘书长、北京地质学院党委书记兼院长、农垦部副部长等职。1981年8月7日，在北京逝世。

井冈山革命根据地是中国共产党人在大革命失败、中国革命处于低潮的危难之际，创建的第一个农村革命根据地，点燃了革命的星星之火，开创了农村包围城市、武装夺取政权的正确道路。这座丰碑是由无数革命英烈的伟岸身躯奠基而成的，其中也包括当年浴血驰骋在罗霄山脉的众多黄埔军校生，这在黄埔军校历史上也是辉煌的一页。这些黄埔军校生的人生走向和分野，基本上也反映和代表了早期黄埔军校师生这个群体在那个时代的人生道路选择和归宿。

思考题：

1. 中国共产党人在黄埔军校中的任职情况如何，发挥了哪些作用？

2. 武汉时期的黄埔军校政治工作蓬勃发展的原因是什么？

3. 为什么众多的中共优秀党员多出在黄埔前5期？

4. 为什么早期参加红军的黄埔军校生会有不同的归宿？

第十五讲

黄埔军校创办的分校

1924 年 8 月，黄埔军校增建校舍于黄埔长洲岛上平岗、蝴蝶岗和海军学校旧址等一带，时称为"分校"，这是黄埔军校最早有"分校"之称谓的学校。11 月 27 日，黄埔军校在广州北较场原湘军讲武堂旧址成立陆军军官学校分校，简称"省分校"。次日，黄埔军校第 2 期工兵队学生由黄埔岛迁往此分校受训。12 月底，军校共产党人秘密组织"火星社"，于省分校正式成立。1925 年 1 月 4 日，黄埔军校学生迁往省分校，黄埔本校专住教导团，校政治部随学生迁往省分校。但是，此时的"分校"实际上是学生分区驻地，并不是后来真正意义上的分校。

黄埔军校最初的分校是 1925 年 3 月建立的潮州分校，之后相继在全国各地建立分校。黄埔军校分校主要有 12 所。

一、潮州分校

潮州分校是大革命时期国民革命政府和国民革命军东征军指挥部为培养革命武装力量创办的黄埔陆军军官学校第 1 所分校，校址在广东潮州。它成为第一次国共合作时期国民政府在粤东的军事摇篮，黄埔军校分校之开端。

1925 年 2 月，国民革命政府组织以黄埔军校学生军为主体的国民革命军东征。黄埔军校政治部主任周恩来带领军校本部学生以国民革命军教导第 2 团名义出征东江，取得决定性胜利。3 月，东征军胜利占领潮州。东征军指挥部为使随军东征的黄埔军校第 2 期学生能补习课程，"因见潮州位居韩江下游，与闽赣相毗连，物产丰富、交通便利、其间不乏青年有志之士，遂拟设分校于潮州"。国民政府拟定潮州军校"以招收潮梅海陆丰各属学生，授以军事及政治之训练，灌输革命知识，使其能与本党（指国民党）宣传主义效力疆场"。

3 月 7 日，以黄埔军校校军为主力的东征右翼粤军，克复潮安、汕头。时黄埔军校第 2 期学生随军战斗但尚未毕业，考虑到他们补习功课的需要，军校特别在潮安城里筹立分校，称"潮州分校"。

4 月底，由于广州发生刘震寰、杨希闵叛乱，国民革命军回师广州平叛。黄埔校军奉命返回本校，凯旋返穗，在潮州的黄埔学生也返回黄埔本校，原本带有临时补习性质的潮州分校完成历史使命，相应停办，这次开办时间仅有 1 个月。

时隔半年，国民革命军举行第 2 次东征，东征军再次到达潮州，收复潮汕。11 月初，国民革命军东征指挥部开始恢复筹办黄埔军校潮州分校，最初定名为"陆军军官学校潮州分校"。11 月 12 日开始正式招收学生，12 月 10 日任命何应钦为校长兼教育长。12 月 18 日，举行开学典礼，学生和入伍生计 800 余人，各编 3 个队，于 23 日正式开课。

1926 年 4 月 1 日，教育长改由邓演达担任。由于黄埔军官学校本校易名，5 月潮州分校也改称"中央军事政治学校潮州分校"。黄埔军校校长蒋介石兼任潮州分校校长，汪精卫任党代表（属国民党），委派何应钦任教育长（后代理校长职务），东征军总政治部主任周恩来兼潮州分校政治部主任（后由刘康侯继任），王昆仑为秘书（后由王逸常继任）。分校仿照本校建立组织系统，设立校长、党代表、教育长、政治部（设总务、宣传和党务 3 个科）、教官部、校长办公厅、军需处、副官部、总队部和卫兵排。

黄埔军校潮州分校校址设在潮州城湘太马路（今中山路）李氏公祠。公祠旁边搭草棚作为学生教室和寝室。初定招生人数为学生1个队，入伍生3个队，后因为第1军各师、教导师、独立第1师先后送来编余人员达400名，人数大增，故设3个学生队。因李厝祠房屋不敷分配，乃将入伍生分驻于金山中学及李厝祠后面的郭家祠。1925年12月下旬，入伍生第3队入校后，潮城再也没有地方容纳，又把驻扎在海阳县儒学宫的第1师第1团迁入李厝祠对面的黄厝祠，学宫略事修葺作为入伍生宿舍。潮州分校形成一座有完备机构建制的分校，因而《中央陆军军官学校史稿》称："本校之有分校，当自潮州分校始……"

周恩来担任潮州分校的早期政治部主任，为分校创立和开展政治工作倾注了一腔心血。他聘请黄埔军校本校的熊雄、恽代英、萧楚女等共产党员为政治教官，聘请共产党员李春蕃（马克思主义原著翻译家）、李春涛（国民党左派、周恩来称之为"党外的布尔什维克"）到校授课，并指示政治部宣传科长、共产党员杨嗣震创办校刊《韩江潮》，作为宣传革命思想的阵地。周恩来主持分校政治部，着重对学生开展阶级教育和形势教育。他那充满感染力的演讲，和恽代英讲授的社会发展史，萧楚女讲授的经济学概论，都非常吸引学生。政治部为学生开设三民主义、中国国民党史、帝国主义侵华史、世界革命史、社会主义等15门课的政治教程。

潮州分校培养了一批具有奋斗精神，为打倒帝国主义及军阀而战斗的革命战士。1926年6月1日，第1期学生毕业，共345人。因与本校第3期毕业时间相近，故此期又称为"本校第3期"。学生毕业后，均分发到第1军独立第2师及第20师见习。6月6日，第2期入伍生升学，并补考第1军未受军事政治教育的军官50多人。12月底期满毕业，是为本分校第2期毕业生，又称为"本校第4期毕业生"或

"本校第4期独立大队毕业生"。这期毕业生分配后，该分校停办。

黄埔军校潮州分校自1925年12月正式开办至1926年年底结束，存在1年时间，共举办2期，毕业生有800多人。这些毕业生在北伐军各部队中担任军事或政治工作，参加了北伐战争的历次战斗，先后有近200人伤亡。这些烈士的名字被载入黄埔军校同学会荣哀录。

二、长沙分校

长沙分校开办于1926年6月12日，1928年7月停办。原称"中央军事政治学校第3分校"，后并入南京本校。1926年3月10日，蒋介石任命石醉六为校长，在两湖地区开办分校，校址选定在湖南省长沙。先期在湖南、湖北招生，录取1000余人，编成步兵、炮兵、工兵各兵科及政治科。正在训练时，学生因不满学校的教学管理，主动离开分校到南京本校的有500余人，编为南京本校第6期步兵第3大队，未离开长沙的一半学生500余人，继续学习至1928年5月毕业，2个月后分校宣布解散。

三、南昌分校

南昌分校开办于1928年5月，1929年7月停办。设校长、教育主任各1人，第1任校长刘体乾、教育主任邹兆衡。本分校学生由第5路军所属各师、旅、团中考选，计700余人，于1928年5月1日在江西省南昌举行开学典礼，8月初，复行甄别考试，淘汰100余人，其余学生编为步兵3个队，炮兵及工兵各1个区队，每个区队80余人，分为5个教授班施教。10月，由原称"中央军事政治学校南昌分校"改称"中央陆军军官学校南昌分校"。1929年6月初，举行联合演习，6月中旬举行毕业考试。前后历时5天，6月25日，举行毕业典礼，蒋介石派代表监察考试及训话。600余名毕业生分发至第5路军第7师、第12师及国民党江西省政府所辖各部队中见习。自这批学生毕业后，蒋介石以南昌没有再设分校的必要为由，命令撤销该分校。

四、第 1 分校（洛阳分校）

第 1 分校开办于 1933 年 8 月 18 日，1945 年春停办。开办此分校的宗旨是施行本校学员（生）的转地教育，及对于军官志愿赴西北服务或屯垦者，施以屯垦教育及军事训练，军官训练第 2 期学员开始在本分校召集训练。本分校设主任 1 人，先后由祝绍周、钟彬等负责，下设有学生总队、入伍生团。分校共调训第 2 期至第 5 期学生 9000 余人。1937 年 7 月，奉命招收学生。校址原在河南省洛阳，1938 年 1 月，分校迁往陕西省汉中，3 月，改称"军校第 1 分校"，并扩大编制。

1944 年，国民政府采取精兵简政政策，所有军事机关大量缩编，当时黄埔军校所辖的各分校也奉命分别裁撤。1945 年春，该分校编并入第 9 分校。分校第 14 期学生分 3 个总队，毕业学生 2170 人；第 16 期学生分 2 个总队，毕业学生 1935 人；第 17 期学生分 3 个总队，毕业学生 2182 人；第 18 期学生分 2 个总队，毕业学生 1098 人。共计毕业学生 7385 人。毕业学员（短期训练班队）计 7413 人。共计毕业学生、学员 14798 人。

五、第 2 分校（武汉分校、武冈分校）

第 2 分校是军校所有分校中著名的一所分校，其规模与影响最大。1936 年出版的《中央陆军军官学校史稿》称："武汉分校规模之宏大不亚于黄埔本校，有男女学生及入伍生 6000 余人，实为中国腹部武装革命势力之大本营。"武汉分校在教学上同南宁分校一样，是一所政治学校。武汉分校在办学时间上分为 3 个阶段。

1926 年 10 月，北伐军克复武汉，国民革命的浪潮从珠江流域席卷到长江流域。为迎接革命大发展，满足政治、军事人才的需要，国民党中央先决定设政治训练班，后改办中央军事政治学校（黄埔军校）

政治科。校址定在位于武昌文昌门、平湖门之间的两湖书院旧址。两湖书院为张之洞 1890 年创办，旧址在原湖北医院住院部，今武汉音乐学院、武昌实验小学一带。

建校之初全名为"武汉中央军事政治学校"，10 月 27 日宣布成立。确定将黄埔第 5 期政治科学生移往武昌就读，同时面向全国招收新生。新录取男生 986 人，女生 195 人，他们先称"入伍生"，后成为黄埔第 6 期的正式学生。未被录取的考生，多数进入设在武昌南湖的总司令部学兵团，少数女生被介绍进入设在汉口的妇女运动训练班。12 月，黄埔本校第 5 期政治科学生抵达武昌，同时又决定将黄埔本校第 5 期炮兵、工兵科移来武昌就读。当时武汉军校本部驻两湖书院，第 5 期政治科、第 6 期男生也驻在这里。第 5 期工兵科、炮兵科分驻大东门外华中师大旧址和平湖门外旧骑兵营，女生队驻在与书院一墙之隔的两湖中学。

1927 年 1 月，黄埔本校第 5 期炮兵、工兵科学生陆续到武昌学习。武昌的军校有了政治、炮兵、工兵 3 科。1 月 19 日，"武汉中央军事政治学校"改名为"中央军事政治学校（黄埔军校）武汉分校"，蒋介石兼任校长，张治中任教育长兼训练部部长、学生总队长，共产党人恽代英任政治总教官，校务实际由代校长邓演达代理。2 月 12 日，军校正式开学，宋庆龄、孙科、吴玉章、董必武等出席开学典礼。宋庆龄的祝词由中共湖北省委妇委书记袁溥之（后为吴晗夫人）"大声转述"，言简而意赅，师生为之动容。此期间，黄埔军校校长蒋介石曾来武汉检阅分校的学生。3 月 22 日，鉴于国民党中央和国民政府已迁至武汉，决定将分校正名为"中央军事政治学校"，取消分校名称。国民党中央执行委员会扩大会议决定取消军校校长制，蒋介石遂离职，3 月底张治中也辞去教育长职务，改由以谭曙卿、邓演达、恽代英 3 人组成校务委员会，管理校务。"四一二"反革命政变后，夏斗寅叛变，由军校学生组成独立师讨伐夏部。6 月 30 日，撤销建制，恢复正常学习。汪精卫策动"七一五"反革命政变后，武汉形势骤变。7月18日，黄埔第5期学生被迫毕业离校，一部入叶挺、贺龙部，一部入张发奎部。接着军校整体改编为张发奎的军官教导团，全部移驻南湖营房。

在武汉分校这个大熔炉里锻炼出来的数千优秀儿女，踏上了新的革命征程。恽代英和几百名分配或转移到叶挺、贺龙部队的师生，包括70多名女兵，参加了南昌起义。曾负责分校党务工作的陈毅率领一批师生没有能赶上起义，却在江西临川赶上了起义队伍。起义军在潮汕失败后，陈毅与朱德率余部转战湘南，接着在井冈山与毛泽东会师。分校教导团后转移到广东，著名的广州起义就是以这个团的1300多名武汉军校师生为主而发动的。起义失败后，又成为叶镛、徐向前（政治大队第1队队长）领导的红4师第10团，转移到海陆丰。在这两次起义的师生中，成为中华人民共和国元帅的陈毅、徐向前，大将罗瑞卿、许光达，上将陈伯钧及程子华、刘型等都担任过国家有关部门的负责人。女兵危拱之、周月华、张瑞华（后为聂荣臻夫人）也在随后的革命和建设中作出过贡献。

胡筠、黄杰（后为徐向前夫人）等返乡的军校学生，都成了各自家乡起义活动的领导者；去苏联学习的李淑宁、王亦侠等，回国后参加了抗日运动。李淑宁就是后来在东北抗日联军任职，在白山黑水高举抗日大旗的巾帼英雄赵一曼。政治教官沈雁冰、第6期学生臧克家后来成了中国现代文学巨匠和著名诗人。学生宋绮云后成为杨虎城的秘书，为促成抗日民族统一战线的建立作出了显著成绩。

到1927年7月底，原武汉分校的师生全部离校。第一阶段的武汉分校至此结束，或者说是国共合作的武汉军校从此便不复存在。

1929年春，原在武昌的桂系军队败走别处，前第4集团军随营军官学校学生1000多人出走鄂西，蒋介石遂下令收留这些学生，于4月初决定续办武汉分校，派钱大钧为教育长前往接办。4月18日，武汉分校再次正式开办。5月初，陆续将流落鄂西回校的学生改编为步兵3

个大队,炮兵、工兵各 1 个队,并将第 18、第 50 师军官教导团 500 余人,并入分校编为军官补习班,后改编为步兵第 4 大队。共有学生 1700 余人。1929 年 6 月 16 日,举行开学典礼。1930 年 7 月下旬,第 7 期学生毕业后,又招收第 8 期入伍生 1 个团。这年冬,第 8 期入伍生修业期满时,奉命于 1932 年 3 月并入本校学习。中间阶段的武汉分校于此宣告结束。

1936 年 1 月,出于军事形势的需要,蒋介石决定将陆军整理处军官教导团改组为武汉分校,又复组该分校,是为武汉分校的后期阶段。武汉分校设主任、副主任各 1 人,李明灏任主任。训练单位有:学生总队、军官教育队、练习营。1937 年七七事变后,校址由武昌南湖迁至湖南邵阳,于完成第 14 期学生入伍教育后迁移至武冈,故习惯上又称为"武冈分校"。是年冬,改称"中央陆军军官学校第 2 分校"。日军进犯湘西时,为避免损失,分校迁至湖南会同。1939 年 10 月,国民党军实行修订新编制,军校的组织变动也很大。1945 年 5 月,本分校奉命裁撤,在校受训入伍届满的第 19 期第 5、第 6 总队学生,由成都本校派员考试甄别选取,编为第 21 期,并入成都本校继续学习,本分校遂宣告结束。

后期阶段的武汉分校各期毕业学生、学员:第 14 期学生 1 个总队,毕业学生 1136 人;第 15 期学生 1 个总队,毕业学生 1195 人;第 16 期学生 2 个总队,毕业学生 2575 人;第 17 期学生 4 个总队,毕业学生 5425 人;第 18 期学生 3 个总队,毕业学生 3673 人。共计毕业学生 14 004 人。各种班队毕业学员 9513 人。共毕业学生、学员 23 517 人。

武汉分校 3 个阶段共有毕业生约 3.2 万人。

黄埔军校武汉分校遗址尚存,原军校建筑现还有位于武昌实验小学内的几幢办公楼,红色木柱,白色墙壁,白色檐瓦,古色古香。书院内原有一个内湖,环境清幽,20 世纪 90 年代被填平。1982 年,湖北省公布黄埔军校武汉分校遗址为省级文物保护单位,并对遗址加以修缮，在小学大门侧树立"省级文物保护单位"标牌，旧址现为实验小学的教学办公区。

六、第3分校（成都分校、江西分校）

1935年10月1日，第3分校创办于四川省成都市，负责人为李明灏、彭武敭等。校址原是四川陆军小学武备学堂的旧址，成都分校建校历时4个多月，整修此地，铲除蒿草，修建校舍，开始略具规模。招收学生以四川、贵州部队的初级军官为对象，前后共考选军官6121人，区分为第1、第2期，于1935年11月1日入校，1936年4月开学。1938年1月改称"中央陆军军官学校第3分校"，南京本校迁移入川辗转到成都后，该分校后并入本校。该分校在成都历时4年，毕业学生约6000余人。

1939年3月，改设第3分校于江西省瑞金。蒋介石令第3战区司令长官顾祝同上将具体负责该分校在瑞金创办之事，并派吕济为本分校主任。1940年5月，本分校奉命实施乙种编制。1941年7月，迁往江西省永丰。1942年6月，迁往福建省邵武。1943年2月，迁往江西省会昌，后又迁回瑞金。1944年11月8日，奉命改行新制，规定本分校收训学生总量为12个队，分步兵科7个队、炮兵科1个队、工兵科2个队、辎重兵科1个队、通信兵科1个中队，并增加特种兵科学生教育。抗日战争结束后，1945年11月，奉命裁撤，第21期学生合并编入成都本校第21期继续学习。本分校于1946年2月停办。

第3分校各期毕业学生、学员：第16期学生2个总队，毕业学生4203人；第17期学生1个总队，毕业学生1323人；第18期学生1个总队，毕业学生702人；第19期学生1个总队，毕业学生602人；第20期学生1个总队，毕业学生600人。共计毕业学生7430人。各种班队毕业学员5961人。共毕业学生、学员13391人。

本分校成都时期和江西时期，共计有毕业生近2万人。

七、第 4 分校（广州分校）

1927 年年初，由于黄埔本校招生人数大发展，黄埔岛上的校址显得过于狭小了。军校于是在广州燕塘训练第 7 期入伍生，是为广州分校校址的开端。此外，民国时期入据广州的军队，在此地还办过一些军校，其中有李耀汉的肇军讲武堂，林虎的第 2 军讲武堂，李烈钧的滇军讲武堂，李济深的西江讲武堂，谭延闿的湘军讲武堂，李福林的第 5 军讲武堂，还有李济深的广东地方武装团体训练养成所、第 8 路军干部学校等。这些军校旧址，后来多成为黄埔军校广州分校的校舍。

1936 年夏，余汉谋投靠南京国民政府取代陈济棠，蒋介石派陈诚、陈芝馨接收燕塘军校，改名为"中央陆军军官学校广州分校"，蒋介石兼任校长，陈诚兼主任，陈芝馨为副主任（后升任主任）。燕塘军校原第 3 期学生作为中央陆军军官学校第 12、第 13 期学生，毕业后有资格投考陆军大学。1936 年至 1937 年间，广州分校续招第 14、第 15 期学生 3000 多人。1936 年冬，第 4 路军的军官总队共 4 个大队约 1000 余人，编入该校，以陈克球为总队长，办了 2 期后改为补习总队。

抗日战争爆发后，日机轰炸广州，校部迁往白云山，学生总队迁往龙眼洞上、下元岗，军官总队迁往肇庆，校内只留守卫兵 1 个排。1937 年 12 月，全校迁往德庆。迁校后已不能正常进行教学和训练。1938 年 1 月，广州分校改称"中央陆军军官学校第 4 分校"（迁址德庆），由韩汉英任主任，谢婴白为副主任。2 月，成立第 14 期学生第 7 总队，分甲乙两级，学生 1028 人，同时将政训处改为政治部。成立第 15 期学生第 7 总队，学生 1482 人。9 月，第 14 期甲级生毕业。10 月，日军侵陷广州。本分校奉命从德庆等地全部迁移到广西宜山、德胜、东江一带教学，校部设在宜山。又招收新生 1500 名。后又迁往贵州独山、贵阳、遵义等地。

从 1938 年 12 月 31 日以蒋中正、韩汉英和谢婴白 3 人名义发布的

《中央陆军军官学校第 4 分校招生布告》看，本分校的招生要求也是很严格的，对于人民文化素质较低的年代来说，这些要求可谓非常苛刻。首先要求报考者须"德才兼备"，"隶属中华民国国籍，品行良好，笃信三民主义者"。重要的是必须"初级中学以上毕业或修业，及经教厅立案之私立中学体育、艺术、会计、新闻、速记等学校，暨各有所习学校得有毕业证书，曾受军训者"。另外，要求报考者"年龄 20 岁以上，28 岁以下"，"体格健全，合于本分校体格检查之规定者"。

1940 年 2 月，昆仑关战役打响，日军自南宁进犯宾阳。本分校奉命编组全体官兵为第 120 军，辖 2 个师，参加桂南作战，出色地完成任务后，迁移到贵州独山。6 月，第 17 期新生入伍，成立两个总队，共 2629 人。7 月奉命实施乙种编制。建议招考海外侨胞青年子弟回国受训，专请侨务委员会及战时驻东南亚各国领事馆负责招生，计招学生 254 人，成立了华侨大队。1944 年 8 月，桂林、柳州一线战局紧张，本分校奉命组织黔桂边区防守司令部，其组成由本分校优秀官员充任，官兵沿黔桂边区各要隘地区修筑防御工事，完成任务后转移到贵阳附近的湄潭县作为新校址。本分校两次参加抗日作战，3 次迁移校址，对学生完成学业影响甚大，但这批学生也在战火中得到了锻炼。

1945 年 10 月，本分校奉命裁撤。凡未完成课程的各大队，分别将炮、工、通信兵科学生转送各专科学校继续学习。入伍生团未升学学生，也分别参加第 20 期学生升学考试，转往志愿兵科学校继续学习。

本分校各期毕业学生、学员：第 12 期学生 1 个总队，毕业学生 780 人；第 13 期学生 1 个总队，毕业学生 717 人；第 14 期学生 1 个总队，毕业学生 724 人；第 15 期学生 1 个总队，毕业学生 1482 人；第 16 期学生 2 个总队，毕业学生 2127 人；第 17 期学生 6 个总队，毕业学生 5945 人；第 18 期学生 1 个总队，毕业学生 680 人；第 19 期学生 2 个总队，毕业学生 2912 人。共计毕业学生 14 377 人。各种班队毕业学员 5079 人。共毕业学生、学员 19 456 人。

八、第5分校（昆明分校）

第5分校的校址在云南省昆明市，其前身是云南陆军讲武堂，辛亥革命后改称"讲武学校"，后又改名为"云南教导团"。朱德、叶剑英等著名将领毕业于此校。1935年9月16日，云南教导团改组为黄埔军校昆明分校，主任唐继麟。1938年1月，改称"中央陆军军官学校第5分校"。1940年10月奉命实施丙种编制。

本分校成立之初，原在校受训的滇、黔绥靖公署军官队，改称"学生大队"。1936年招新生分步兵、炮兵、工兵、通信兵各科，计700人，训练时间原定为3年又4个月。后续招第14期，训练时间缩短为1年又6个月。1939年，招训第16期入伍生。当时抗日前线急需基层军官，故将第16期学生分甲、乙两级教育，同时学生名额增加到1500人。甲级生为期6个月毕业，乙级为期1年毕业。1940年3月，招考第17期学生，录取120人，分步兵、炮兵、工兵3科，步兵科为期1年，炮兵、工兵科为期1年6个月毕业。1941年12月，第19期学生1300多人入校，并续招了第20、第21期学生。

1944年11月8日，本分校奉命改行新制，规定本分校收训学生总量为12个队，分步兵科6个队、炮兵科2个队、辎重兵科1个队、通信兵科2个中队。抗日战争胜利后，本分校奉命裁撤，未完成学业的学生于1946年2月并入成都本校，本分校至此结束。

本分校各期毕业学生、学员：第14期学生1个总队，毕业学生958人；第16期学生2个总队，毕业学生2856人；第17期学生1个总队，毕业学生1047人；第18期学生1个总队，毕业学生1104人；第20期学生1个总队，毕业学生577人。共计毕业学生6542人。各种班队毕业学员2480人。共计毕业学生、学员9022人。

该分校旧址（讲武堂）建筑，具有浓厚的西南地区民族特色。现存主体建筑为"走马串过楼"式的两层砖木建筑，基本呈正方形四合院样式。东楼长 118.4 米，西楼长 119.6 米，南楼长 116.7 米，北楼长 116.8 米；东西楼宽 10 米，南北楼宽 7 米，四楼高 12—15 米。西楼为教室，东楼为办公室，南北楼为学生宿舍。四楼对称相接，浑然一体，四角有拱形门洞可出入。20 世纪 50 年代初，为人民解放军昆明步兵学校。90 年代时主体建筑整修一新，被列为全国第 3 批重点文物保护单位。

九、第 6 分校（南宁分校）

第 6 分校是一所政治学校。最初驻南宁，称"中央军事政治学校第 1 分校"。1926 年 5 月 16 日，在南宁东部原陆军讲武堂旧址成立，负责人俞作柏、萧越、黄杰、甘丽初等。第 1 期学生受训 18 个月，分步、工、炮兵 3 个科目。1927 年年底第 2 期开学时，吕竟存接任校长。1928 年 6 月 1 日，军校改为"国民革命军陆军军官学校广西分校"，后又称为"广西各部队干部训练所"。1929 年秋，改为"陆军军官学校"，迁桂林。1930 年 4 月 7 日，改为"中央陆军军官学校第 1 分校"。1931 年 3 月，军校校址迁往柳州，改为"中国国民党中央军事学校第 1 分校"。后校址迁回南宁，恢复"中央军事政治学校第 1 分校"原名，通常称为"南宁分校"。

1937 年 7 月，抗日战争全面爆发，全国军事政治统一于中央，遂改名为"陆军军官学校第 6 分校"，主任冯璜。1938 年春，校址由南宁迁往桂林市郊外的李家村。这里依山靠河，有许多天然防空洞，名将蔡锷曾在这里建立学兵营。3 月，本分校改名为"中央陆军军官学校第 6 分校"。设主任、副主任各 1 人，俞星槎任主任。1940 年 10 月，奉命实施丙种编制。

1944 年 9 月，桂柳会战爆发，11 月，军校被迫撤到宜山县怀远镇，后又迁往百色地区凌云县城。11 月 8 日，本分校奉命改行新制，规定本分校收训学生总量为 12 个队，分步兵科 6 个队、炮兵科 2 个队、工兵科 1 个队、辎重兵科 1 个队、通信兵科 2 个队。抗日战争胜利后，本分校奉命裁撤，未完成学业的学生于 1945 年 11 月并入成都本校，本分校至此结束。

本分校各期毕业学生、学员：南宁分校第 14 期之前计毕业学生 1335 人；第 14 期学生 1 个总队，毕业学生 1618 人；第 15 期学生 1 个总队，毕业学生 1357 人；第 16 期学生 1 个总队，毕业学生 1418 人；第 17 期学生 1 个总队，毕业学生 772 人；第 18 期学生 2 个总队，毕业学生 1871 人。第 14 期后计有毕业学生 7036 人。各种班队毕业学员 7081 人。共毕业学生、学员 15 452 人。

十、第 7 分校（西安分校）

1937 年下半年，胡宗南部第 17 集团军参加淞沪抗战后，奉命转进安徽、河南，后开赴陕西省凤翔一带整训。该集团军在行军沿途招收男女知识青年，申请入伍参加抗战者有 200 余人，编为抗日青年学生队，随军训练。另外还有以女大专学生李芳兰为首的 30 多人，立志从军抗日报国，编为随军服务团，参加军队的宣传和后勤工作。因此，该集团军为争取将战区敌后青年储备为抗日军事干部，在 1937 年 12 月底，呈准在西北地区筹备创办黄埔军校第 7 分校，校部驻甘肃天水。

1938 年 1 月中旬，该分校将本集团军随军青年和天水训练班驻湘训练的第 6 期学员 800 余人，合编为第 15 期第 2 总队，另外附编一个女生队，在受训 10 个月后转入战干第 4 团。4 月中旬，该分校奉命接收王曲特别训练班学生 1800 多人，还有驻终南山麓的江苏抗日青年团 600 余人，这时派往甘肃、宁夏、青海和山东、河南等地区所招收的 1000 余名学生，也先后到达。合并选编为第 15 期第 3、第 4、第 5 总队。这时的本分校已经增加到 4 个总队，分驻王曲、凤翔、天水、兰州等处。5 月底，分校校部迁设西安之王曲，借用和修缮祠堂庙宇，作为校部办公的场所，修补挖掘窑洞作为学生的宿舍，平整河滩作为操场。

该分校设主任、副主任各 1 人，首任主任是胡宗南。训练单位有学生总队、战时补充军官训练总队、军官教育队、军需训练班、军官研究班、练习团、教导团等。1940 年 10 月奉命实施甲种编制，1944 年 11 月 8 日又奉命实行新制。新制规定：一是收训步科学生 20 个中队，炮兵科、通信科学生各 4 个中队，工兵科、辎重科学生各 3 个中队，骑兵科学生 2 个中队。二是将原有的练习团改制为特务团。三是裁撤边区语文班。四是原有附属于军医处的医院，改称为"军医院"。五是各科学生大队，一律改为直隶校部，分别受兵科之指导。六是各中队学生人数一律确定为 108 人。

抗日战争胜利后，1945 年 11 月，该分校奉命裁撤，未毕业的学生并入成都本校继续学习。后来因为考虑到便于训练本分校学生，1946 年 1 月，在本分校原址成立西安督训处，继续负责训练。从 1937 年到 1945 年，本分校先后招训学生第 15 期至第 21 期，在训学生有 23 个总队另 3 个大队。本分校各期毕业学生有：第 15 期学生分 4 个总队，毕业学生 3745 人；第 16 期学生分 7 个总队，毕业学生 7935 人；第 17 期学生分 7 个总队，1 个炮科队，毕业学生 8842 人；第 18 期学生分 1 个总队 2 个大队，毕业学生 3196 人；第 19 期学生 1 个总队，毕业学生 1297 人。共计有毕业学生 25 015 人。各种班队毕业学员共有 10 927 人，其中包括 1938 年毕业的女生队 189 人。共计毕业学生、学员 35 942 人。该分校招收的第 20、第 21 期学生在成都本校毕业。

十一、第 8 分校（武当山分校）

抗战时期，中央陆军军官学校第 8 分校和第 5 战区长官司令部相继设在武当山下的湖北省均县草店镇和周府庵。1938 年春，国民党第 5 战区所属部队在台儿庄重创日本侵略军后，部队即向豫、鄂西部地区转移，经汉川、浠水、宋埠、襄樊，于当年秋天到达老河口。当时是襄樊系第 5 战区司令部所在地，而均县武当山则为防御作战的腹地。均县北隔汉水与河南毗连，西通陕西、四川，武当山为天然屏障，易守难攻，战略位置尤为重要。

1939 年 1 月，第 5 战区干训团第 1、第 2 期学员同时结业。结业的学生大部分到战区各部队任连、排长。这年冬天，蒋介石曾派黄埔 1 期毕业生贺衷寒前往武当山视察该团干部训练团。国民党当局以扩大干部训练团范围、统一军事训练机构之名，决定将干训团改名为"中央陆军军官学校第 8 分校"。10 月，蒋介石又派徐祖诒为本分校主任，本分校设主任、副主任各 1 人。校址在湖北省均县武当山下的草店，利用原有庙宇为校舍，开始筹备工作。

1940 年 2 月，学生先后入校，开始预备教育，5 月 4 日补行开学典礼。10 月本分校实施丙种编制。1944 年 11 月 8 日，本分校奉命施行新制：步兵科学生 7 个中队，炮兵科、辎重兵科、通信兵科学生各 1 个中队，工兵科学生 2 个中队。

武当山地区作为第 5 战区大后方，有很多国民党军队的将领来过这里，如：第 33 集团军总司令张自忠将军曾到武当山视察，第 32 集团军第 77 军副军长兼 179 师师长何基蚌，曾在周府庵办过军事干部培训班。

在这期间，武当道众为支持抗战，积极协助和配合第 5 战区干训团和后来的第 8 分校培养抗日军事骨干。为了给干训团提供足够的房舍，他们把道人集中到其他宫观，只留少数道人护庙。如周府庵原 100 多名道人，只留 9 人看庙，其余殿堂、房屋都提供给校总部使用。

该分校在办学期间，道人罗教佩、洪永寿、刘理山曾多次下山为学生治病，尤其是紫阳庵的 14 名坤道，每天要为 3—5 个学生治疗跌打扭伤。道长赵远高原系张自忠部特务营的连长，1940 年 5 月 16 日，在枣阳与日军作战中右臂负伤，伤愈后到武当山出家，住金花村，1943 年至 1944 年间，多次应邀给驻扎金花村（冲虚庵）的第 8 分校学生授课，讲解对日军作战的方法。

　1945 年 6 月，该分校奉命裁撤。抗日战争胜利结束后不久，该分校于 12 月正式停办。本分校各期毕业生有：第 16 期学生 1 个总队，毕业学生 1431 人；第 18 期学生 1 个总队，毕业学生 858 人。共计毕业学生 2289 人。各种特别班毕业学员 3442 人。共计有毕业学生、学员 5731 人。

十二、第 9 分校（迪化分校）

　第 9 分校的前身最早是杨增新、金树仁主政新疆时的讲武堂。1933 年，盛世才任新疆督办时，改名为新疆军官学校。1942 年年初，蒋介石偕夫人宋美龄巡视新疆迪化（现乌鲁木齐），盛世才建议改组新疆军官学校，纳入黄埔军校建制，蒋介石对此正欲求不得，立即欣然表示同意。3 月 27 日，原新疆军官学校奉命改组为中央陆军军官学校第 9 分校，并以当时在训的第 6 期学生改为第 18 期，独立第 6 队及第 7 期改为第 19 期，独立第 2 大队（步兵科、骑兵科、炮兵科、通信兵科）等 4 个队及第 8 期改为第 20 期。

　本分校校址原为新疆军官学校旧址，位于迪化东门与近山"一炮成功"之间。这里过去是一片无名山岭，但是地势较高，居上可以俯瞰迪化全城。清末名将左宗棠进疆平乱时，敌军占据迪化城负隅顽抗。左宗棠率大军欲全力破城，在这个山头上架起了大炮，就只打了一炮，正中敌要害，敌军全部溃败。左宗棠大获全胜后，在此山岭上建立了炮台，以作纪念，并以"一炮成功"命名炮台。黄埔军校第 9 分校选址于此，颇具敬仰先贤、激励志气的效用。

　本分校在 1943 年 3 月开办后，设主任、副主任各 1 人。蒋介石委任盛世才为分校首任主任，后宋希濂等也负责过此分校。训练单位含学生总队、军官教育队、入伍生预备教育班、通信教育班、警卫营。本分校学生主要从新疆 14 个民族的青年中招收选取，这 14 个民族包括汉、维吾尔、满、蒙、回、哈萨克、塔蓝旗、索伦、锡伯、白俄罗斯、塔塔尔、柯尔克孜、乌兹别克、塔吉克等族。本地青年长于骑射，秉性勇敢。国民政府认为新疆亟待开拓，内地与边疆文化应当充分交流，所以又从成都本校调部分入伍生加入迪化分校。成都本校征求学生志愿，掀起了"开发边疆"的高潮，后批准 500 名学生的请求，配以全副装备，还有各兵科教官 20 多人随行，车运 2 个多月抵达迪化分校。这批师生的到来，对迪化分校教育影响甚大。成都本校来新疆的500 名学生学成毕业后，均分发到当地部队中服役，不久在保卫祖国边疆的斗争中，有许多人英勇牺牲。

本分校在 1944 年 11 月 8 日奉命改行新制：收训步科学生 4 个中队，骑兵学生 3 个中队，炮、工、辎、通、战车等科学生各 1 个中队。本分校所在地，因一般文化水准较低，每届招考新生的水平也未能合乎原来的要求，为了继续分校的教育，乃降低标准，将原有入伍生预备班予以保留，施以相当教育，提高文化教育程度。1946 年 9 月，本分校停办。1947 年 4 月，第 20 期学生毕业后，奉命改组为第 6 军官训练班。本分校历届毕业生，共计有 1044 人。

本分校培养了大批各民族学生，培养的许多毕业生后成为国民党驻疆部队的骨干力量，参加了 1949 年 9 月 25 日陶峙岳将军领导的和平起义，为新疆和平解放作出了贡献。本分校毕业生后多仍在新疆工作生活，1990 年，成立新疆黄埔军校同学会时，该分校毕业生占大多数。2004 年 6 月，黄埔军校庆祝建校 80 周年时，新疆黄埔军校同学会会员有 860 多人，这些平均年龄 83 岁左右的老人，绝大多数是原分校毕业的学生。

黄埔军校在其他地方还开办有一些时间较短、规模较小的分校或训练班。较典型的如 1939 年 6 月下旬开办的"黄埔军校驻鲁干部训练班"（简称"鲁干班"，校址后常驻安徽阜阳），由第 92 军军长李仙洲担任主任，计培养学生 1400 余人，虽然没有称谓"分校"，实际上已经具备黄埔军校分校的性质和规模。此外，还有各地军事机关或驻军打着黄埔军校的旗号成立的一些分校、培训队、游击干部训练班等。

黄埔军校在各地开办的以上 10 余处分校，皆遵照本校教育大纲实施教学。由于处在特殊的战争环境，前线急需基层指挥员，在分校学习的学生受训时间普遍较短，学期比较灵活，有的甚至仅有两三个月，在学会某一项兵科技术、战术后即算是毕业。因此，从分校毕业的各种学生、学员、军官超过了总校毕业生的数量，共计约有125 500余人。

思考题：

1. 潮州分校引领黄埔军校创建分校有哪些重大示范意义？

2. 武汉分校在各分校中有什么特殊的历史地位和价值？

3. 西安分校在教育方针上的重大改革及成功办校经验是什么？

第十六讲

黄埔军校创办的报刊和特色

　　20世纪初，新文化运动和机器工业革命风云际会，狂飙突起。中国文化领域有两个重要的历史性变革，一是文言文变为白话文，二是木刻版变为铅字印刷，从形式到内容都发生了巨大变化，直接深刻地影响着出版业，众多报刊、书籍以前所未有的出版速度呈现在广大读者面前。应时而生的黄埔军校，不仅在政治、军事教育方面都走在时代潮流前列，在文化领域也是当仁不让，突出的直接反映就是多方密集编辑出版报刊，紧密配合课程教育，深刻影响了一代青年军人，极大地推动了国民革命的历史进程。

　　1924年6月16日，黄埔军校举行开学典礼，仅9天后，即25日晚，军校政治部主任邵元冲奉校总理孙中山先生指示，在校政治部召开行政会议，决议之一就是"编辑军事杂志"。黄埔军校自此开始编辑出版军事报刊。第一次国共合作时期，黄埔军校出版的报刊有10余种，有的刊物发行量高达5万余份，发行点3000多处，几乎遍及全国各省和世界各大城市。1927年5月31日，校政治部发布本年度《4月20日至5月31日政治工作报告》，对军校出版物印行情况（5月下半月数据）统计如下：每日发行《黄埔日刊》4万份；每周发行《黄埔周刊》《黄埔生活》《黄埔军人》各4万份；每旬发行《黄埔武力》4万份；编辑纪念特号7期、画报6期。黄埔军校出版的日报、期刊、专刊等种类繁多，洋洋大观，学术质量和发行量都名列当时全国院校编印报刊之前茅。

一、军校名刊"两刊两报"

黄埔军校编辑出版的报刊种类很多，无论从出版时间，还是从内容重要性上看，"两刊两报"可谓是军校最著名的报刊。

1.《青年军人》（《革命军》杂志）

1925 年 1 月，本校特别区党部主办的《青年军人》创刊，校长蒋介石致《发刊词》。军校特别区党部在本刊上发布"誓灭陈炯明檄文"，正式提出"杀陈炯明"的口号。本刊是黄埔军校创办较早的期刊，刊址设在黄埔岛本校。第 2 期学生周逸群参与创办，王一飞等曾主持初期的编辑工作；后期由第 2 期学生胡秉铎任总编辑，负责该刊物日常编辑事务。

3 月 1 日，《青年军人》第 2 期（东征号）印行。开篇有 3 首歌曲：《本校校歌》（歌词：莘莘学子，亲爱精诚，三民主义是我革命先声……）、《陆军进行曲》《杀贼歌》。主要文章有：校党部的《东征日记摘要》《军政时代与武力统一》《革命军人与陈炯明》《东亚一支劳动先锋军》《在常平训勉士官》《东江杀敌情形》等，还刊载有关东征战役的 22 份文稿。3 月 25 日，校特别区党部在前线召开常委会，作出多项决议。其中之一是决定出版《青年军人》第 4 期，名为《中山先生追悼号》，刊载校长蒋介石、党代表廖仲恺联署的《革命军连坐法》。本期还刊载有《革命军惩罚条例》5 条、《革命军刑事条例》35 条。4 月 15 日，《青年军人》第 5 期的主要文章有：周逸群的《说牺牲》、昉篱的《在棉湖打扫战场的情形及感想》、公输的《王家修同志事略及阵亡实况》《蔡光举同志遗书二通》《本部东征日记摘要》《本校前敌官佐士兵在兴宁约集各界追悼孙大元帅大会纪实》《黄埔本校追悼总理大会情形》《蒋校长祭文》《校长党代表祭东征阵亡将士文》《本校全体官佐士兵祭文》等。并刊登校党部拟出特刊"东征阵亡将士纪念号"征文启事。本刊前5期印行时间分别是：第1期（1925年2月15日）、第2期（3月1日）、第3期（3月15日）、第4期（3月30日）、第5期（4月15日）。这5期杂志，是研究第一次东征战役的重要文献资料。

5月30日，《革命军》第6、第7期合刊（"五月号"）印行。登载军校特别区党部发表的《青年军人》改名《革命军》启事，声明："本特别区党部第一届执行委员会，（原定）发行定期刊物名《革命军》，并已蒙总理亲赐题签。后经变故，未克期刊行；而总理题签及封面画亦未能觅得。故暂时刊行《青年军人》半月刊。现题签及封面画均已觅出，故4月中即议恢复旧称并决定自五月号起改名，但号数仍照《青年军人》半月刊秩序，特此申明。"本期主要栏目有：五月露布、五月论文、革命论坛、东江战役、我们的死者、章琰遗稿、附载等。1925年8月，本刊编辑印行"廖公哀悼集"。1926年9月，《革命军》第12期（北伐胜利纪念号之二）印行，以大量篇幅报道了湖北、江西、浙江等地区北伐战争的消息，并发表评论文章，宣传北伐意义。此后本刊不定期出版。

本刊最初每期印数为5000份，第3期后增至1万份。本编辑部后又编辑印行其他丛书，但没有再续办《革命军》杂志。现见有以《革命军》社名义印行的"总理逝世二周年纪念特刊"（熊雄题字），署明时间为1927年3月12日；4月4日以《革命军》刊名印行的第1期"党员大会特号"。如此看来，《革命军》（《青年军人》）的停办时间约在1927年4月后，共出版刊物至少在15期（含特刊）以上。

2.《中国军人》杂志

1925年2月20日，中国青年军人联合会会刊《中国军人》创刊号（第1期）印行。本刊是中国青年军人联合会的会刊，初为半月刊（旬刊），第6期后改为月刊或不定期出版。主编王一飞，主要撰稿人有蒋先云、周逸群、李之龙等共产党员，他们都是黄埔军校第1、第2期的毕业生。创刊宗旨：团结革命军人，统一革命战线，拥护革命政府，宣传革命精神。文章通俗易懂，配有插图，结合实际问题组织读者讨论，引导读者学习马列主义理论。

本刊刊址设在广州市小市街88号，后移到大沙头，再迁至南堤二马路河南大本营。本刊编辑兼发行处在广州小市街中国青年军人联合会编辑委员会；印刷处在华兴中西印务局；分售处有：广州丁卜图书公司、民智书局、各省各大书店。定价铜元5枚，10份以上7折。军人赠阅，函索即寄。发行黄埔军校师生，并专送各军。在国内外设立分售处17个，计有：香港、巴黎、上海、武昌、长沙、芜湖、南昌、太原、济南、杭州、宁波、云南、开封、福州、重庆、成都、广州。在全国全军范围内都有很大影响，每期发量达2万多份。1926年3月下旬停刊。

本刊创办1年多时间，第1期至第9期共发表文章100余篇。广泛宣传国共两党的政治主张，对当时全国发生的重大历史事件，都作了深入的讨论，代表革命军人公开表明自己的见解，引导军人辨明是非，提高思想觉悟。主要宣传内容和思想理论贡献有：积极宣传马列主义和孙中山的革命思想。以打倒帝国主义和军阀为革命目标，号召全国军人大联合。与孙文主义学会展开论战，驳斥反共言论，澄清理论是非。宣传革命英雄主义，倡导出师北伐。独创性地提出了许多对中国共产党和无产阶级军队建设具有理论贡献、开创性的思想观点：较早地提出了争夺党的领导权问题，并付诸实践；早在孙中山逝世之前，军校共产党人已具有反蒋思想，保持了一定的警惕性；首倡女同志军，开时代新风。

本刊还刊登有马克思肖像、孙中山肖像、青年士兵全身戎装照、惠州战役照片等图片。印行《苏联红军八周年纪念特刊》专号、《中国青年军人联合会周刊》等。

3.《国民革命军中央军事政治学校日刊》(《黄埔日刊》)

1926年3月3日，本校政治部主办的校报《国民革命军中央军事政治学校日刊》正式创刊。每日一张，对开四版，称谓"日刊"，实为"日报"。主要刊登校总理孙中山、校长蒋介石、校党代表廖仲恺等领导人的训话以及本校教育规章制度及新闻消息，是一份报道军校时事及日常生活的通俗机关报。

5月25日，《国民革命军中央军事政治学校日刊》易名《黄埔日刊》，扩大发行。政治部宣传科科长安体诚任本报编辑委员会主任，委员宋文彬、尹伯休、李逸民，编辑全部是共产党员。恽代英、萧楚女、罗懋琪是主要撰稿人。当时军校出版报刊没有正规印刷厂，只在政治部后面的两间小房内印刷，有1台手摇印刷机，5名工人。《黄埔日刊》的印刷工作，由饶来杰具体负责。本报改名后，发行量由每日6000份骤增到2.6万份，是国民革命军中影响较大的一份报纸。该报的编辑工作由军校政治部负责，共产党员安体诚、宋云彬、尹伯修和李逸民组成编辑委员会，政治部主任熊雄对文章进行最后把关。编辑李逸民回忆说：校内新闻的刊登就比较麻烦，"例如蒋介石的讲话不登不行，全登也不行，因为他的许多言论有问题，需要经过整理和编写，稍有疏忽，就会出岔子。"①

《黄埔日刊》制定《新闻记者规则》6条，规定："第一条，黄埔日刊总编辑（编纂股长）及各编辑员，在校内外采访新闻时，均得称为黄埔日刊新闻记者，同时为黄埔通讯社记者。第二条，记者出外采访各种新闻，须经总编辑之指导及许可。第三条，记者赴各种大会，各级党部会议或团体开会采访新闻时，须佩带黄埔日刊记者襟章。第四条，凡遇重大事变或重要新闻，记者须迅速报告总编辑，以便酌量办理。第五条，记者采访新闻时，随即制定草稿交总编辑校阅，如新闻材料太多，则由总编辑指定重要部分整理之。第六条，记者在校内外纯粹以采访新闻为职责，不得借本刊名义以图个人活动。"

---

① 李逸民：《李逸民回忆录》，长沙：湖南人民出版社，1986年版，第36页。

本报所登载的新闻消息和文章，全面反映着黄埔军校的教育、生活，也反映着军校的政治风云变幻。1926年8月13日，刊登蒋介石写的"几个口号"。政治部主任熊雄以高度的政治敏感性写了《对于校长"临别赠言"的说明》一文，洞烛蒋介石的政治杂耍，旗帜鲜明地与之进行了一次针锋相对的斗争。1927年1月1日，为庆祝新年，本报出版增刊，发表方鼎英、熊雄、李铎、吴思豫和安体诚等人的专文。1月7日，本报登载"本校本周口号"：主张以党治国，服从党令军令，革去浪漫习惯，反对个人主义，要有政治头脑，要有战斗本领，反对文化侵略，打倒教会政策。1月21日，出版《列宁逝世3周年纪念特号》，刊载熊雄的《列宁与黄埔学生》、安体诚的《孙总理与列宁》等文章。2月2日，陶铸在本报发表《革命军人的学识与人格》一文，认为要打倒帝国主义、打倒军阀，如无正确的学识与高尚的人格，决无成功的可能。2月3日，熊雄在政治工作会议上报告1月份政治工作概况，说明军校已出版《黄埔日刊》22期共72万份，画报4期16万份。本报创刊1周年之日，杨其纲特别撰文《本校之概况》，方鼎英题词"革命洪钟"，熊雄题词"东方被压迫民族的呼声，革命军人之道路"。

3月8日，第4期学生开学典礼1周年，也是改组后的中央军事政治学校第1期学生的开学纪念日。熊雄在本报发表《本校开学周年纪念之意义》，指出本校"军事教育与政治教育之打成一片，即为本校生命之根本所在"。4月10日，本报出版"追悼北伐阵亡将士特号"，刊载本校发布的《追悼北伐阵亡战士告民众书》。5月26日，本报登载《中央军事政治学校清党检举审查委员会检举及审查实施细则》，划定"关于被检举人者"："曾入C. P.、C. Y.经有证据而不自首者；诋毁本党忠实领袖者；作反动宣传者；对于本党命令阳奉阴违者；秘密组织小团体者；怀疑本党主义及政策者；与反动派勾结者；贪官污吏、投机分子及腐化恶化分子。"因国共两党在校内的纷争，编辑人员遭遣散，该报不久即停刊，其功能由开始时不定期出版的《党军日报》

替代。

4.《党军日报》(《黄埔日报》)

这份报纸历时近 20 年,跨越军校南京、成都两个时期,是黄埔军校报刊开办时间最长的一份报纸,也是黄埔军校在大陆印行的最后一份报纸。关于黄埔军校的信息含量,可排名第一。

1931 年 6 月,本校机关报《党军日报》在南京正式创刊印行。每日一张,对开四版。1937 年 12 月,南京失陷前夕,随校西迁,曾在四川铜梁等地发行。

1939 年 1 月 1 日,本报由铜梁迁成都市出版。报社迁蓉后,开始向社会发行。社址先在西东大街 6 号,后移祠堂街 133 号。由该校政治部主办。正、副董事长黄耀煌、王锡均,正、副社长王裕先、王灿瑛,总经理黄曼达,总主笔王赓和,总编辑先后有邹绳武、余络秋等。开始为大、小张各二版,一年后改为对开四版一大张。内容除社论、消息外,还办有综合性文艺副刊《血花》和多种专刊。

1945 年 7 月 10 日,《党军日报》改名为《黄埔日报》,社址在江汉路 143 号,并在祠堂街、春熙路、东大街分设第 1、第 2、第 3 营业处。军校政治部主任邓文仪兼任社长。延安方面每年订阅 15 份《黄埔日报》,可以想见共产党对军校的重视程度。

1949 年 12 月成都解放前夕,《黄埔日报》停刊。

二、以"黄埔"命名的杂志系列

黄埔军校在当时是世界公认的名校。时至今日,人们每当说到"黄埔"两字与历史相连,仍顿时感到这块金字招牌沉甸甸的分量。"黄埔"盛名,靠国共两党广大师生的鲜血铸就,也得益于当时众多以"黄埔"命名的报刊。这些报刊把"黄埔"的名声远播四方,并以"斧头也砍不掉"的文字形式固定在史册上。除以上所述后易名为《黄埔日刊》《黄埔日报》的报纸之外,还有以下多种刊物。

1.《黄埔潮周刊》

《黄埔潮周刊》在黄埔军校所办报刊中，因其创办时间较早，刊名响亮，所刊载文章比较全面地反映了当时军校的现状，成为现今研究黄埔军校早期历史首屈一指的文献资料。

1925 年 9 月底，本校政治部编辑出版《黄埔潮半周刊》，又称"黄埔潮三日刊"，专载政治论文和时评。1926 年 3 月，"半周刊"第 39 期（总理逝世周年纪念特号）出版发行，并登载《本校誓词》："尽忠革命职务。服从本党命令。实行三民主义。无间始终死生。遵守五权宪法。只知奋斗牺牲。努力人类平等。不计成败利钝。"半周刊后改为周刊，并改由黄埔同学会承办。

1926 年 7 月 24 日，黄埔同学会印行《黄埔潮周刊》创刊号出版发行。《本刊投稿条例》声明：本刊为黄埔同学会言论及代表黄埔学生革命行动之机关。7 月 31 日、8 月 7 日、8 月 14 日印行的第 2、3、4 期的主要栏目有：校长格言、插图、时评、特载、论文、短剑、杂俎、通信、会务报告等。8 月 20 日印行的第 5 期为"廖党代表逝世周年纪念特刊号"。8 月 28 日印行的第 6 期主要栏目，与前几期稍有改变，调整为：本会对外重要宣言、时事述评、文论、文艺、短剑、杂俎、前方通信等。9 月 11 日印行的第 8 期，增加"本会对英兵越境挑衅事宣言"栏目。9 月 20 日印行的第 9 期，增加"最近宣传大纲"栏目。

本刊版权页署明，编辑者和发行者均为：黄埔同学会宣传科编辑股（广州市大东路中央党部内）；印行者，前期为培英图书印务公司（广州永汉北路），后期为广州市惠爱东路人民印务局。

12 月 26 日，《黄埔潮周刊》第 22、第 23 期合刊（庆祝北伐胜利号）出版。主要文章有：游步瀛《庆祝北伐胜利的意义》、强领《北伐期中的工人运动》、戴安澜《北伐胜利后我们的工作》、杨新民《北伐胜利与农民》、铁血《孙文主义与列宁主义之比较观（续五）》、卢碧湖《北伐胜利后党和政府之责任》《北伐战役大事记》等。本期杂志是研究北伐战争的重要文献史料。

1927年1月7日，《黄埔潮周刊》第24、第25期合刊（新年号）出版发行，本期文章为蜡刻板印刷。主要文章有：谭延闿《国民政府的组织工作》、廖尚采《一年来的国际政治概论》、孙炳文《一年来的中国民族运动》、萧楚女《一年来帝国主义在华势力之暗斗及其崩溃》、济难会《一年来中国之白色恐怖》、游步瀛《一年来中国政局的变迁述略》、任卓寅《一年来之工农运动》、甘乃光《党工行政与农工运动》、罗绮园《一年来之广东农民运动》、郭齐华《1926年的中国学生运动》《黄埔同学会1926年度的宣传工作》《中央军事政治学校现状》等。本期杂志为研究黄埔军校史，尤其1926年度历史，提供了非常重要的史料。从本期的蜡刻板油印看，当时的印刷条件仍很简陋。这种蜡刻板油印刊物，在此时期的黄埔本校报刊中极为鲜见。1周后（1月16日），本刊第26期出版发行，仍恢复为铅印竖排版。

11月初，军校任命梁若尘为《黄埔潮周刊》主编。梁若尘是中共党员，之前任汕头国民通讯社社长、《岭东日日新闻》主编，他对这一时期《黄埔潮周刊》的办刊影响甚大。

2.《黄埔周刊》

1927年5月5日，晚7时半，黄埔军校举行第5期第4次政治工作扩大会议，决定增办《黄埔周刊》《黄埔生活》《黄埔军人》和《黄埔武力》等刊物，全面开展反共宣传。停办、改编所有共产党色彩浓厚及"亲共"的报刊。校政治部主任邓文仪主持会议并报告校政治部改组经过情形，出席者还有方鼎英、吴思豫、张华脯、胡静安等70余人。

5月14日，《黄埔周刊》率先创刊，由黄埔本校政治部主办。第1期铅印内文横排左始起行。邓文仪致《发刊词》（5月8日写于南京校本部）。征稿启事声明："有研究性的长篇论著与译述，最为欢迎"，"文体以白话为佳"。本期版权页署明，编辑通信处、发行通信处：黄埔中央军事政治学校政治部宣传科编纂股；代售处：全国各大书局；赠阅：团体函索即寄，但须有公函与公章；每册零售铜元 4 枚，10 册以上 6 折。

第 2、第 3 期连载的觉民（方鼎英）《黄埔中央军事政治学校的概述》，从历史、组织、教育 3 个方面对黄埔军校作了介绍，是较早整体综合概述黄埔军校历史的文章。第 8 期之前各期，封面文字竖排版，内文横排左始起行排版。第 9 期始，封面文字横排右始起行，内文横排左始起行，其意显然在于人为"复古"，与当时的"反共"高潮有直接关系。

3. 《黄埔月刊》

《黄埔月刊》是黄埔军校报刊中历时最长的杂志（1929 年至 1949 年），与《黄埔日报》（《党军日报》）被认为是黄埔史研究中最不可缺的"首报首刊"。本刊创刊（第 1 卷第 1 号）于 1929 年 7 月的南京本校。张治中作序，谭振民作发刊词。本期主要栏目有：论著、译述、自由论坛、文艺、国际时事、国内时事、本校概况，有插图 12 幅。

本刊比较有代表性的期别有以下数期：

1935 年 5 月 15 日印行的第 3 卷第 5 期主要文章有：蒋中正《现代军人的要素》、曹锡龄《中国战时工业统制论》、秦璋《战时经济统制与经济参谋本部》、吴光杰《国家总动员概说》、曹春暄《地形与用兵》、黄铁民《中华民族之形成及其演进》、项显杉《我国农村复兴运动之回顾》、吴置山《危机四伏之欧洲国际政局》、陶存河《列强化学战准备统制》、王济中《炮兵情报之研究》、周端《德国重整军备与军备竞争》、张文心《将来之新兵器》《曾国藩之生平及其治军方略》等。

1936 年 8 月 15 日印行的第 6 卷第 1、第 2 号合刊（国防问题专号）主要文章有：蒋中正《现代国家之生命力》、江锡龄《国防原论》、林苇《国防潜势力的检讨》、黄天道《欧洲国防战争思想之评价》、沈清尘《五千年来之中国国防大势》、黄海平《我国国防与地理》、李文

《中国国防问题》、顾恩浩《中国国防潜势力之检讨》、赵演《国防教育之要旨》、茹春浦《国防经济的根本理论与实施要点》、谭振民《我国国防工业概貌》、范师任《中国之国防与民食问题》、刘佐人《国防交通最低限度之建设》、焦颂周《我国国防交通建设的研讨》、龚树楷《国防与财政》、姚开元《森林与国防之关系研究》、黄铁民《中国征兵制度的意义及其实施》、邹绍兴《国防与陆军军备问题之研究》、饶荣春《空军军备与国防》、许国亮《警察与国防》等。

本刊在抗日战争全面爆发前，在军事学术方面有着飞速发展。从这一阶段发表的文章，可见当时的黄埔军校学术研究繁荣之一斑。

1937年2月15日印行的第7卷第2期的文章有：储玉坤《日本政局的动向》、陈钟浩《日德同盟的面面观》、林苇《日本法西斯组织汇誌》、陈光彬《日俄战争论》、饶荣春《三年来日本在东北的军事准备》等。6月15日印行的第7卷第6期的文章有：高组文《日本政局之混乱及其整理》、衍承《华北资源与日本之关系》等。这些文章鲜明地显示出本刊对日本侵略本性的深刻认识。

8月15日印行的第8卷第1、第2期合刊的主要文章有：《由卢沟桥事变至平津失陷》《日本军人对我作战之假想》《四十年的血账》《日本总动员对华侵略》、大明《卢沟桥事件与日本在华北的军事经济计划》、张旭《华北危机的综合的观察》、宁陞《战云笼罩的日本》、叶秋《日本最高军事机关的分析》、张佐华《在东北的日伪军备》、西侯《日本在华北的驻屯军》、大棨《在华北的日本特务机关》等。

抗日战争初期，军校由南京西迁入川，本刊在学术水平、内容新颖等方面又有较大的进步。本刊在成都时期，主编者：黄埔月刊社（北较场）；发行者：陆军军官学校黄埔出版社；总经售处：成都拔提书局（祠堂街133号）；经售处：全国各大书局；印刷者：成都明达印刷厂（陕西街125号）。

解放战争时期，本刊军事学术内容较强的一期要数1948年6月16

日黄埔建校 24 周年纪念日的"校庆特刊"。主要文章有：关麟徵《黄埔历史与攻击精神》、吴允周《本校一年来之教育概况》、王锡钧《本校一年来之训练工作》、译文《西点之编制与训导》、译文《今日的空中炮兵》、万嘉禾译《丛林境中之工兵作业》、王世军《我所见闻的西点》、达之《新时代、新军人、新教育》。

从 1948 年下半年开始，因战局的紧迫，本刊质量急剧下降。11 月 30 日，《黄埔月刊》民国三十七年第 11 期出版发行。从本期开始到本刊停刊，刊载文章多为外文翻译、译述，而少原作论文。随着军事形势的紧张，愈见本刊"江河日下"之颓势。

1949 年 8 月 30 日，本刊民国三十八年第 8 期出版发行。主要文章有：关麟徵《游击战的要义》、李士英《中国反共战争的发展》、梅新《马歇尔计划第一年》、王世军《从孔子的思想说到目前社会》、叶青《教育与政治》、张其昀《四度空间与世界大战》等。此期末页登载有《本刊征稿简则》8 条，最后一则为"来稿请寄成都北较场军校黄埔月刊社"。从这则征稿启事看，本刊的编辑们还在计划着下一期乃至于明年的编辑工作，然而，国民党军在前线的阵地全丢了，炮火逼近了成都平原，本刊再也难以支撑下去，本期成为《黄埔月刊》的最后一期，也成为黄埔军校在大陆所办杂志刊物的最后一期。

4.《黄埔旬刊》

1926 年 10 月 10 日创刊，黄埔同学会宣传科印行。《发刊词》声明："现在的《黄埔潮周刊》还是离题远的很。但是我们所持的是忠实的率真的态度，眼看着这种情形，我们是非常的焦灼，想要把这个万斤之重担放在肩头上来的！但同时我们又觉到本会组织伊始，所有同学不是在学校里学习革命的工作，就是在远处万里的地方参加实际的革命事业，如果专靠《黄埔潮周刊》来当传通信使，对于本会会务进行的状况，是不会明了的；而且每感觉到我们的生活太单调，太枯燥，急应鼓舞我们的呼声，用各种方法来安慰安慰我们的人生，促成我们所要实现的合理的大同社会。这个小的旬刊，便是想把本会会务进行的概况，以及可以慰藉我们人生于万一的事件，诚恳直率地介绍到诸位亲爱的同学的面前。"声明本刊主要内容有：本会会务消息、紧要的新闻、革命的论文、革命的小说、诗词、戏剧、谐谈、故事、通讯、反攻、讨论问题等。本刊每份定价 2 仙。1926 年 12 月停刊。共印行 7 期。

5. 《黄埔军人周刊》

《黄埔军人周刊》创刊于 1927 年 5 月 21 日，本校政治部主办。第 1 期登载的主要文章有：沸浪《发刊词》、萧森《怎样做个真正的国民党员》、斯学敏《本党要怎样才能使民众永远拥护》、杜光门《学生军的地位和将来的工作》、蒋仁庆《清党运动和国民革命之关系》、刘红儿《农工近来的呼声》、邓壬林《北方民众未觉悟之原因》、蒋邢《今后要如何》、伍志刚《到底是哪个违背总理》、曹思让《随便说"升官发财"》《骂臭虫》、袁斌《一扫光》《小言（二则）》等。由这些文章篇目，可见本刊的鲜明"反共"立场和办刊政治倾向。第 1—8 期内文为横排版，第 9 期改为竖排版。

6. 《黄埔生活周刊》

《黄埔生活周刊》创刊于 1927 年 5 月 22 日，本校政治部编辑出版。本刊是黄埔军校的文艺生活类刊物，深受广大师生的喜爱。第 1 期主要文章有：古有成《发刊词》、沸浪《本刊对读者的期望》、有成《黄埔同学的生活目的》、邱干才《月夜放舟》、愿心《青年——黄埔——黄花岗》、苏家扬《自述和自勉》、周华京《春雨慢慢里的野外演习》、沸浪《劳动者的哀鸣》、水复《入伍生一封公开的家信》等。第 1 期至第 8 期封面竖排版，内文横排左起始行版。第 9 期之后的版式改为封面横排右起始行版，内文竖排版。版权页署明：每周一册，铜元 4 枚；半年 26 册，定价 6 毫；全年 52 册，定价 1 元；有团体公函及公章者赠阅。

7.《黄埔武力旬刊》

《黄埔武力旬刊》创刊于 1927 年 5 月 23 日，本校政治部主办。邓文仪作《发刊词》。第 1 期主要文章有：皮生《太平洋之三角战》、贾灿《国民革命过程中之农民问题》、王务《台湾与我有何联系》、董树林《军需独立问题之研究》《从实际指挥上得来的几点心得》、王庭汉《横在我们眼前的两个重要问题》、胡茗《怎样开讨论会》等。各期出版时间：第 1 期（1927 年 5 月 23 日）、第 2 期（6 月 4 日）、第 3 期（6 月 16 日）、第 4 期（6 月 23 日）、第 5 期（7 月 18 日）。

此外，黄埔军校还在不同时期创办有以"黄埔"命名的刊物，但因办刊时间很短，不被外界所关注，如抗日战争时期创办的《黄埔季刊》等。1938 年 12 月，黄埔军校初创时期教授部主任、教育长王柏龄应军校邀请撰写《黄埔开创之回忆》，曾刊载于《黄埔季刊》，为黄埔军校研究留下了珍贵的史料。

黄埔军校迁移台湾高雄凤山后，在 20 世纪 50 年代及 60 年代初，出版发行了一些不定期刊物，多是以书代刊，以通令代"报纸"。1967 年，凤山军校定期出版之学术性刊物《黄埔学报》创刊。初期为年刊，1991 年改为半年刊，2005 年申请国际标准期刊号（ISSN），为本校发展学术国际化之目标做准备。这本杂志，代表了凤山军校的军事学术水平。

三、校入伍生部刊物

1926 年 9 月初，黄埔军校入伍生部印行的《先声旬刊》创刊，后因北伐战事紧张、事务繁多、编辑人员缺乏而中断。是年年底，入伍生部政治部酝酿并着手编辑出版新的刊物，这就是《民众的武力周刊》，但很快又因国共纷争、编辑人员大调整而解体，再办《入伍生周刊》。军校学生入校，较早接触到的军校刊物即是入伍生部的这些刊物，因此，入伍生部编辑印行的这些刊物对军校学生的影响甚大。

1. 《民众的武力周刊》

《民众的武力周刊》创刊于 1927 年 1 月 7 日，由黄埔本校入伍生部政治部主办。本刊编辑部、发行部、通讯处设在广州市南堤肇庆会馆。封面竖排版，内文横排左起始行排版。办刊政治倾向明显倾向共产党，如第 7、8 期合刊的主要文章有：伯休《欢迎国际工人代表团及第三国际代表》、张明《苏联红军九周年纪念》、其镜《谈纪律》、岳民《"最近主张"》、德功《无情鸡》、之骐《敌人的诱惑和我们应有的决心》、乔家才《三民主义是进化的》、汤一徵《一些忠告入伍生同志的零碎话》、刘锡畴《人类过往的错误》、洪春华《我们怎样来援救五华农民呢》、严士隆《怎样才不会成为"饭桶"》、张铨《步哨》、治平《阶级斗争与政治斗争之区别及联系》等。各期出版时间：第 1 期（1927 年 1 月 7 日）、第 2 期（1 月 14 日）、第 3 期（1 月 21 日）、第 4 期（1 月 28 日）、第 5 期（2 月 5 日）、第 6 期（2 月 12 日）、第 7、8 期合刊（2 月 26 日）、第 9 期（3 月 5 日）、第 10 期（3 月 12 日）、第 11 期（3 月 19 日）、第 12 期（3 月 26 日）。

1927 年 3 月 12 日，本刊编辑部还出版"孙总理逝世二周年纪念增刊"，封面竖排版，内文横排版。零售每册 6 仙，10 册以上 6 折。

军校"四一五""清党"之际，本刊停刊。相隔一个月后，校入伍生部在此刊基础上，另办《入伍生周刊》。前后两本杂志仅在入伍生部组织机构上有渊源，编辑人员及刊物期别却无承续关系。

2. 《入伍生周刊》

《入伍生周刊》创刊于 1927 年 5 月 7 日，校入伍生部政治部主办。主要栏目有：宣言、论坛、革命潮、尖兵、文艺、演讲录、征文当选、特载、本部消息等。本刊持鲜明的"反共"政治倾向，如幼生《清党运动中的几个危机和问题》（第 3 期）、胡静安《清党运动与入伍生的逃亡运动》（第 5 期）、赖慧鹏《清党运动后黄埔同学应该怎样?》（第 5 期）、胡综五《清党后农工运动的四大要端》（第 5 期）、《中央军事政治学校第六期入伍生全体官生为讨伐共产党敬告湘鄂赣三省武装同志书》（第6期）、淞《中国共产党的末路》（第8、9期合刊）等。各期出版时间：第1期（1927年5月7日）、第2期（五四、五五、五七纪念特刊，5月14日）、第3期（5月21日）、第4期（"五卅"惨案纪念专号，5月30日）、第5期（6月7日）、第6期（6月14日）、第7期（6月23日）、第8、9期合刊（7月11日）、第10期（7月18日）、第11期（7月25日）、第12期（8月6日）、第13期（8月13日）、第14期（8月20日）、第15、16期合刊（9月7日）。

1927年2月7日，入伍生部政治部还印行《二七特刊》（非卖品），红色套印。

四、其他重要期刊

黄埔军校出版印行的期刊种类很多，除以上所述外，还有以下几种：

1.《国民革命周刊》

《国民革命周刊》于1925年9月25日创刊，孙文主义学会主办。在办刊思想上与中国青年军人联合会主办的《中国军人》杂志形成尖锐对立，连续发表攻击马克思主义、中国共产党的文章。《发刊词》宣称："我们相信只有以孙文主义为基础的国民革命，才是今日中国唯一的救死图生的方法。"1926年3月下旬停刊。

2.《军事政治月刊》

《军事政治月刊》于1926年1月10日创刊，军校政治部主办。第1期刊登有《国民革命军中央军事政治学校组织大纲》，规定中央军事政治学校直隶于军事委员会，校长以建有功勋的将领充任，其军阶与军长同等，还刊登有《国民革命军党代表条例》，共3章26条。1月12日，军校政治部秘书聂荣臻被推选为《军事政治月刊》政治编辑主任。

3.《革命画报》

《革命画报》于 1926 年 5 月创刊，军校政治部主办。这是黄埔军校出版的唯一一种以漫画为主要画种的刊物，逢星期五出版，每期 16 开横排 4 版。1927 年 1 月 14 日，出版第 35 期；3 月 12 日，出版"总理逝世二周年纪念特刊"（第 43 期），4 月下旬停刊。

4.《血花周刊》

《血花周刊》于 1926 年 9 月 1 日创刊，黄埔同学会血花剧社主办。目录横排，正文竖排。第 1 期的主要文章有：《发刊词》、吴稚晖《二十年后之血花剧社》、姚应徵《革命与戏剧》、胡燨《我对于排演者的贡献》、王君培《丰年（创作）》等。1927 年 4 月下旬停刊。

5.《革命生活》

《革命生活》于 1927 年 2 月 12 日创刊，武汉分校政治部主办，定期出版。由共产党员袁澈、陆更夫等负责编辑，四开小报，文章短小精悍，内容富有战斗性，形式活泼，有论文，也有诗歌，深受学生们的欢迎。本刊所刊载的文章，战斗力非常强，火力迅猛。如 3 月 3 日登载的武汉分校政治部《声讨张作霖电》，4 月 23 日出版《讨蒋特刊》，在当时都曾引起巨大反响。7 月停刊。

6.《血花旬刊》

《血花旬刊》于 1928 年 8 月 21 日创刊，黄埔同学会主办，蒋中正题写"血花"刊名。版权页署明，编辑者：黄埔同学会训练科；印刷者：南京美利生印书馆（估衣廊 16 号）。每月 3 册 8 分，半年 18 册 5 角。零售每册 3 分。邮费：本埠 1 分，外埠 2 分。9 月 10 日第 3 期登载《血花旬刊简章》："本刊逢十出版；本刊宗旨在训练同学，增进其政治之认识与学术之研究；本刊包含下述内容：时事述评，论著，译述，通讯，文艺。"其后各期主要栏目还有：时事述要、双十之声、论说、专载等。停刊日期不详。

7.《兵办三日刊》

《兵办三日刊》于 1930 年 9 月 17 日创刊，南京本校特别党部士兵伙训练委员会主办，油印两大张，"字迹清楚，内容滑稽，多故事体，士兵有此，真难能可贵也"。停刊日期不详。

五、各分校编印的期刊

黄埔军校在各地开办有 10 多处分校，主要有潮州分校、武汉分校、南昌分校、成都分校、洛阳分校、南宁分校、长沙分校、广州分校、昆明分校、西安分校、迪化分校、武当山分校等。这些分校多数都曾编辑出版过本分校的刊物，但大多数没有形成自己的品牌，较著名的杂志有以下几种。

1.《韩江潮》

《韩江潮》由陆军军官学校潮州分校政治部编，1926 年 3 月 12 日创刊印行。周恩来担任潮州分校的早期政治部主任，为分校创立和开展政治工作倾注了一腔心血。聘请黄埔本校的熊雄、恽代英、萧楚女等共产党员为政治教官，聘请共产党员李春蕃（马克思主义原著翻译家）、李春涛（国民党左派、周恩来称之为"党外的布尔什维克"）到校授课，并指示政治部宣传科长、共产党员杨嗣震创办校刊《韩江潮》，作为宣传革命思想的阵地。本刊第 1 期为"纪念总理号"。4 月，第 2 期印行，主要文章有：恽代英《世界革命与中国革命》、杨嗣震《请看美帝国主义的厚赐》、沉着《给革命青年的一个回答》、嗣震《社会主义之研究》、中国青年部编《国父（剧本）》《陆军军官学校潮州分校政治讨论会第一次讨论答案》。

9 月 1 日，印行署明"中央军事政治学校潮州分校总政治部出版"的《潮潮周刊》杂志。在第 1 期"出版宣言"中说明："我们并非有心要标新立异才取《潮潮》的名称，实在因为这两个字能表现出几种特有的意义：一、本刊出版的地方是在'潮州'。二、本刊的使命是一种革命'思潮'的宣传。三、本刊所要表现的是中国现代一切革命思潮中之'主潮'，孙文主义的革命潮。四、近来的出版物如茂草勃生，如怒潮之骤至。但是他们的芜乱和狂放也恰如茂草怒潮一般；因而至于革命的真理暗晦，曲解的异说流行。'潮'本有冲激涤荡的意义，本刊出版的目的即在本着——甲、宣传孙文主义之真义；乙、揭出国民革命之正路；丙、指导革命军人之奋斗三种纯正的宗旨，冲破一切革命的障碍，荡除一切芜乱的恶潮。我们取名'潮潮'，就是表明以我'正潮'、'潮'彼'恶潮'的意思。"

此外，1926 年 8 月 15 日本分校政治部还出版有《满地红》刊物。

2.《王曲周刊》

《王曲周刊》由军校第 7 分校（西安分校）政治部主办，1938 年 9 月 18 日创刊。本校部设于陕西省长安县王曲镇城隍庙内，因此又称该分校为"王曲军校"，故本分校主办的校刊即以"王曲"为刊名。内容主要报道学校一般活动情况，担负教职员生通讯联络工作，介绍国内外时事与评论。由分校政治部主任王超凡直接领导，主编最初由政治教官方本裕担任，后有廖伯周、林建成、冯凌云负责。初为 8 开本，每期约 20 多页；后改为 16 开本，60 多页。多数向校内各单位赠阅，少数对外出售。1939 年 12 月，本分校政治部成立编审会，本刊由政治部副主任余纪忠负责，并改出半月刊。出至 1945 年本分校改组为军校西北军官训练班时停刊。《王曲周刊》共出版 40 多期，是各分校所办刊物中历时最久、质量上乘的杂志。

本分校政治部还印行《力行》杂志。

3.《责任旬刊》

《责任旬刊》由中央军事政治学校第 1 分校（南宁分校）政治部主办，创刊于 1927 年 5 月初，不定期出版。本月 20 日印行第 2 期（本校成立周年纪念专号），主要文章有林葆恒《本校党务的一年决算》等。

4.《火花》

《火花》由中央军事政治学校第 3 分校（长沙分校）政治部主办，

创刊于 1926 年 6 月底，不定期出版。1927 年 5 月 21 日，长沙国民党军许克祥部制造"马日事变"，长沙分校惨遭摧残。分校政治部主任夏曦等共产党员被迫转移，学生逃散，本刊被迫停刊。

六、专刊、特刊类

军校建校之初，在重大革命纪念节日，还独立于专职的报刊编辑部（社）之外出版各类专刊、特刊。这些刊物围绕反帝反封建主题，生动而真实地记录了黄埔军校与国民革命的历史。主要有以下数种：

1926 年 6 月 27 日，军校印行《本校同学恳亲会特刊》，蒋介石为之作序。

1926 年 9 月，本校政治部编辑印行《黄埔军民联欢、欢迎国民军代表大会专刊》（《武力与民众》），主要内容有：大会宣言、告来宾、纪念词、题词、演说词等。

1927 年 6 月 16 日，黄埔本校出版《本校六·一六大会特刊》，纪念黄埔军校创立 3 周年。

1927 年 6 月，南京本校政治部宣传科编辑《中央军事政治学校筹备委员会临时特刊》。主要为军校由广州迁移南京作舆论准备。7 月出版第 2 号，主要栏目有：特载、时事述评、言论、附载等。

1928 年 11 月，南京本校编辑出版《中央陆军军官学校追悼北伐阵亡将士特刊》（《黄埔血史》），教官龚乐群编著，何应钦题写刊名，36 页，16 开本。主要内容为"北伐阵亡将士名录传略"，附有《黄埔校史》《黄埔战史》《黄埔阵亡烈士芳名册》《杂俎》。还有何应钦《黄埔学校的回顾及其今后》、酆悌《怎样追悼北伐阵亡将士》、李觉群《应该怎样追悼阵亡的将士》、赵可夫《自警语》、钟其雄《悼北伐阵亡烈士》、王朝治《写在北伐阵亡将士之前》、解平《悼北伐阵亡烈士》等文章。这本特刊是研究黄埔校史极为重要的文献资料。

黄埔军校报刊中，还有别树一帜的南京军校中共特别总支部编印的地下刊物《秋风》。1927 年 10 月初创刊，不定期出版。1928 年 5 月中下旬，南京本校中共地下党组织遭到破坏，此刊随即停办。

七、校外著名报刊发行校内

黄埔军校建校初期，确定政治教育以进行最基本的革命理论和革命知识教育为内容，对不同党派和不同学派的思想理论实行兼容并包。其中以孙中山革命的三民主义和马克思的共产主义教育所占地位最为重要。军校训令中曾明确规定："凡本党之一切出版物皆须细心阅览外，更必须注意世界潮流。所以关于社会主义、共产主义、马克思主义等书籍，以及表同情于本党或赞成本党政策而极力援助本党之一切出版物，除责成政治部随时购置外，本校学生皆可购阅。"黄埔军校俱乐部图书室订阅有许多种校外编辑印行的报刊，供师生们阅读。

报纸主要有近 10 种：《广州民国日报》《上海民国日报》《汉口民国日报》，国民党中央军事委员会政治部训练部主办的《军人日报》，还有各省区的《民国日报》《中央日报》等。军校的报纸订阅量，约各 100 份。

期刊主要有 20 余种：国民党中央军事部主办的《军人周刊》、国民革命军第 1 军政治部主办的《突击》、第 2 军主办的《革命半月刊》、第 4 军主办的《军声》。国民党中央农民部主办的《中国农民》《农民运动》、中国共产党机关刊物《向导周报》《中国青年》，广东团区委机关刊物《少年先锋》等。还有《中国工人》《农民旬刊》《人民周刊》《中国学生》《新学生》《新海军》《兵友必读》《新青年》《新建设》《新民国》《前锋》等。军校的期刊订阅数量，约各 80 多册。

军校学生通过阅读这些报刊，更多地了解了中国社会，促进了思想进步。

思考题：

1. 黄埔军校校刊的主要种类有哪些？

2. 军校"两刊两报"的重要宣传地位和指导价值是什么？

3. 《中国军人》杂志的主要宣传内容和思想理论贡献是什么？

4. 西安分校校刊《王曲周刊》有哪些办刊特色和重要价值？

第十七讲

黄埔军校招收女生的情况

20 世纪初，社会发生了巨大变革。尤其是反封建的大革命洪流荡涤着一切污泥浊水，妇女的社会地位发生了翻天覆地的变化，一些维护妇女利益的政治团体、行业团体纷纷出现，如国民党中央党部妇女部、三四学会妇女运动委员会、广东电话女司机联合会、女界联合会、妇女运动讲习所、女佣传习所等组织相继建立，极大地促进了中国妇女解放运动。在此大背景下，一向被视为洪水猛兽般的女子从军问题被提到议事日程上来。黄埔军校作为那个时代军事教育的先进代表，首当其冲地提出了军校招收女生的新问题。

一、黄埔军校招收女生大争论

1924 年黄埔军校建校之后，引领时代先进潮流的黄埔师生，冲破封建思想的束缚，已经不满足于把男女平等仅当作口号，首先提出了女子从军和"男女同学"问题。这无疑是对封建伦理纲常的一次巨大冲击。更重要的是几年后，中国女兵真正走上历史舞台，披荆斩棘，开辟了在军事训练和军事教育上男女平等的崭新天地。中国女兵涌始黄埔潮。这首倡女兵思想的先驱，是由中国共产党人主办的《中国军人》杂志。该刊是以黄埔军校为主体的中国青年军人联合会的会刊，实际领导人是周恩来，主笔有王一飞、蒋先云、周逸群等共产党员。

1925 年，《中国军人》杂志在庆祝国际"三八妇女节"15 周年之际，特撰文以志纪念。作者洪筠在《军人与妇女》一文中，首先论述了妇女的悲惨地位，妇女们在旧时代成了男子们的战利品和工余时的消遣品。在世界各国妇女运动兴起的现代社会，中国妇女也要起来争回自己应得的权力。这篇文章高歌古今中外巾帼英雄的从戎伟绩，号召中国妇女在男子们已冲锋陷阵肉搏于血泊中之关头，不要再熟视无睹，也不要仅限于摇旗呐喊作壁上观，应武装起来，打倒帝国主义和军阀。要明白权力归于最大努力者，而要想获得女权，必须荷枪实弹去争取，绝非靠一些宣传和示威游行就可以了事。作者号召"吾亲爱之姊妹诸姑，其速武装完成国民革命，以追取应得之平等自由，以洗女界之旧污，发扬女权，以追求人类最高之幸福"。

《中国军人》杂志迅速唤起了广大民众的思想觉悟，一些女青年千里迢迢来到广州，坚决要求参加革命军。金慧淑女士就是其中一个。她是广西灵川人，女子法政大学毕业，在革命思想的感召下来到广州，于 1925 年 6 月 9 日上书黄埔军校党代表廖仲恺和校长蒋介石，责问军校为何不招女兵；要求黄埔军校招收女生，她自愿做一个革命的女军人。她在信中写道："木兰从军，千秋共赏；罗兰死节，今古同称。岂以中国二万万之女子，概不能从事革命工作耶？"信发出后，未得答复，她又亲自找到何香凝，请求帮助。何香凝也感到无能为力，难以说情。金慧淑又去黄埔岛，蒋介石避而不见，遂又去政治部特别区党部请求，表达了她"受女界党员推举来粤访问"的深刻感受，说"黄埔陆军军官学校，则谓男女不能同学，似于理有不通，下次招生望本男女平权之旨义，于以招收壮年女生"。并说，中国 4 亿人口，女子居半，男子从事革命，女子却袖手旁观，救国救民的责任不均。在社会主义国家苏联，女子已开世界先例，走进革命军队。我们革命党力主坚持列宁主义，提倡男女权力平等，为何我国却无女同志军呢？中国两亿女子不能取得从军权，这就不能说是男女平等。

在此有必要澄清的一件事是，由于金慧淑在 6 月 9 日上书廖仲恺和蒋介石的信末署"淑鞠躬"，后有不少文章及著作在叙述这件事时，误以为"淑鞠躬"即是姓名，并又言"淑鞠躬"是先于金慧淑上书黄埔军校的另外一位广西姑娘。实际上，从前后两封上书内容可看出，两封信出自同一位女子之手。这"淑鞠躬"应分开读"淑""鞠躬"，这"淑"即是金慧淑的简称，"鞠躬"是中国旧式文体信函末常使用的礼仪词。

再说金慧淑由黄埔岛回广州市区住所后，又上书一封信于军校政治部，表达了她参加革命的强烈愿望和坚强决心，信中诚恳地写道："若贵校不能收为正式学生，情愿为旁听生，伙食、服装愿自备，多一人听讲恐不碍事耳，一腔热血统希鉴原。"可见这位女士从军心切之满腔热忱，也说明革命思想已深入人心。

无独有偶，还有一位名叫潘慧勤的女士来到黄埔军校，也坚决要求参加女同志军。这位潘女士后与黄埔 1 期毕业生李之龙结婚。

女子从军问题，引起了社会上的激烈争论。有些人站在顽固的封建立场上，极力反对男女平等，曾一度社会渣滓泛滥四起。即使有些曾赞成男女平等口号的人，也狭隘地认为倡导女同志军是仅仅去满足军营男子的性欲而已，仍把革命军与旧军阀相论比。他们不了解革命军的性质，不清楚革命军有铁的纪律，杞人忧天地认为"设不幸而我革命军中果然加入了一些女同志，则诚恐将来已和敌人接触时，他们都还在鸳鸯床上甜睡呢"。7 月 13 日，《广州民国日报》一篇署名"忠言"的文章，就大肆诋毁"女同志军"，惊呼"以满足男子性的要求，这是万万不可能的"，"咳！这是多么的可怕，愿提倡女同志军者三思之"。

后来在武汉分校招收女生之际，国民党右派分子甚至采用下流手段，收买一批妓女组成裸体队，在武汉三镇举行"裸体游行"，并造谣说这些妓女是黄埔军校女生队的学生。军校为此组织宣传队，向群众宣讲共产党的政治主张、妇女解放的内容和途径，揭穿反动分子阻挠军校招收女生的企图。

《中国军人》杂志对社会上贬斥"女同志军"的言论展开争鸣辩论。共产党员李之龙所撰写的一篇《陆军军官学校招收女生问题》，在军内外引起强烈地反响，文章写道："用侮辱男性或侮辱女性的言辞来反对军校招收女生，是为我们所不齿的。若是在女子体格上说，或是在管理上不便说，那就很值得我们来讨论。"文章用充分的说理，论证了招收女生的可行性，回击了那些流言蜚语的肆意攻击。原来并不赞成女同志军的廖仲恺，在争论的最后也明确表示了自己的看法，认为"只要那位女子身体强壮，真能吃得下苦，我也是同意的"。黄埔军校政治部对于妇女们坚决要求参加革命军的精神，极表同情，在校内壁报上发表了要求招集女同志军的提议，"星期特刊"发行了征集女同志军专号，进行大力宣传，极大地促进了女子们冲破封建伦理纲常束缚的进程，开新一代革命风气。

1926年5月18日，黄埔军校血花剧社举行改组大会。扩大后的血花剧社内分剧务、总务、理财、电影4科，业务范围从演出话剧扩展到制作电影。为适应宣传工作需要，公开登报向社会招收演员，并第一次招收女演员。这是黄埔军校最早招收的女性职员，为军校继而直接招收女生，做了很好的铺垫。11月17日，血花剧社到高等警官学校演出《马上回来》，因有女演员同台演出，观众为之热烈鼓掌。经请示黄埔同学会同意，血花剧社自12月15日开始，征得女演员10余人，17日开始排练《夜未央》《毁灭》等剧，后在新年时开演，并庆祝北伐胜利和血花剧社成立2周年。

在当时，女子从军，阻力仍然很大。由于国民党右派反对，封建势力阻挠，并受各种条件的限制等原因，黄埔军校招收女生并没有立即变成现实。但《中国军人》杂志倡导的女子从军思想，一旦冲破封建思想的牢笼，植根于民众，就变成了一股巨大的社会力量，任何反动势力再也难以阻挡。1年之后，黄埔军校武汉分校在中国共产党的直接领导下，公开向全国招收女生，200多名女兵第一次成建制地出现在中国历史舞台上。

二、成立女生队是武汉分校的创举

北伐战争的胜利，推动了全国革命形势的发展。武汉逐渐取代广州，成为国民革命的重心。高涨的革命浪潮，也激励着许多青年奔向革命的道路，其中有不少女青年，希望获得真正的男女平等，参加实际工作，进革命学校，得到充实和锻炼。如武汉分校女生队女生吕儒贞回忆道："那时我也觉悟到，妇女要在革命的政府领导下，有了参政权，有了职业，经济独立，才能在政治、文化、经济上达到真正的男女平等。国民革命胜利，国民政府迁都武汉，我无限欢欣鼓舞，盼望能参加工作，进革命学校，充实和锻炼自己。"

武汉分校招考委员会于1926年11月1日成立，在武汉和全国各省市陆续招生，并积极促进招收女生，采取公开登报和秘密招考相结合的方法。考生的条件，规定必须具有中学文化程度；报名后，要经过初试和复试及体格检查，最后登榜录取。初试6000余人，复试4000余人。考试的科目：初试有三民主义、国文、数学、中外史地、博物、理化；复试有国文、党的常识及政治常识，检查身体。先后初试、复试各5次，可见考试之严格。

女生队原计划招40多人，但报名的人太多，国共两党大员写条子的也太多，实际录取远远超出了预定数额。1927年2月上旬，被录取的新生开始报到，正式入学的女生有183人，后湖南学兵团30名女生也编入军校，女生队扩为213人。这是黄埔军校史上的首批女生，列为第6期，分科在政治讲习班。黄埔军校以往只招男生，不招女生，武汉分校开创性地招收了女生。招生复试那几天，寒气刺骨，可来自全国的数千名女青年，把武昌城闹得热气腾腾。蛇山矶头、奥略楼等地，到处都可看到这些女青年指点江山、豪气冲天的倩影。本期女生队成为武汉分校的亮点，恽代英评价："军校成立女生队是破天荒的大事，是中国军事教育史上的创举。"

武汉分校招收的这批女学生，多来自湖北、湖南和四川等地。她们出身于不同的家庭，年龄在 18 岁到 30 岁之间；未婚者占多数，也有的已经结婚并做了母亲，有的还缠过脚；她们中的相当一部分是中学生，也有在校大学生，有的还是教师。总的看，从江西、湖南、湖北来的学生，文化程度比四川来的要高一些；有的学习过哲学，有一定的理论水平，而有的却连这个名词都未听说过；有的参加了党派，多数人无党无派；有的接受革命影响较早，在抵制洋货等爱国运动中，已经多次参加革命活动，还有多数人是"爱国有心，知识不足"。这些女学生，无论从出身、年龄、文化程度看，还是从政治面貌、社会经历看，大都参差不齐。但她们都有着一个共同的特点，就是敢于冲破封建的藩篱，投身到轰轰烈烈的革命洪流中去。

当时，大革命的浪潮对封建势力虽然进行了猛烈的冲击，但是在一般人的思想里，封建意识还非常浓厚，因此，女子要当兵，不说别的，仅就家庭这一关就很难通过。投考军校的女生，许多都经过了各种斗争。吕儒贞回忆说："看到最后一次榜上我被录取了，心里很激动，就到同学家里把头发剪了。那时候，革命新潮流进了武汉，可是一般人的封建思想还非常浓厚，我不敢在家里剪头发，惟恐家中阻拦我进军校。过后家中知道我剪了发，无法阻止，我终于进了女生队。"黄杰回忆说："女生队从一成立就受到封建礼教的压迫、诬蔑和诽谤，被一切反动派视为眼中钉，被一切旧势力视为大逆不道。到军校后，我照了一张照片寄回家中，我伯父看了大骂，说我是'家族的败类'、'太伤风化'。我的一个叔伯姐夫在沙市开钱庄，有一次来看我，说'你们这样，今后怎么见人'。我听后义正辞严地说：'有什么见不得人，我们就是要革你们的命。'他恼羞成怒，回去后，我的那个叔伯二姐让人带信给我，说今后不准我走他家门前那条街。其他姐妹也有同样的遭遇。但我们不气馁、不低头，敢于向旧势力挑战，决意在黑暗中冲杀出一条光明的路。"

那时，女生当兵的动机多是为了脱离封建家庭的压迫，寻找新的出路。"有的同学是反对包办婚姻；有的是不堪丈夫虐待；还有的是经济困难不能升学"，但"大多数女同学都是为真正的人类解放来女生队的，她们恨透了那个社会桎梏妇女。"她们渴望自由、独立，立志要做一个有出息的女子。在旧势力面前，军校女生们极为勇敢，在投考军校时克服了很大的阻力。

在投考军校的女生中，有的已经深受革命熏陶，是抱着献身革命事业的崇高理想而从军的，游曦就是其中一位。第6期政治科学生冼大启在《武汉分校始末——兼忆战友游曦》一文中回忆说："重庆当地报考的男女生，多来自重庆中法大学和四川省立第二女子师范这两个学校。中法大学系吴老（吴玉章）所办，省立女师，受萧楚女、恽代英两先生的革命熏陶甚深……游曦同志就读省二女师，她以一女生毅然从军，献身无产阶级革命事业，主要是由于具有高度的政治觉悟。"再如胡筠、赵一曼等，在投考军校前，都已经加入中国共产党或青年团。

此外，有的女生还抱有许多美妙的幻想，如想学古代从军的妇女。胡兰畦回忆说："过去大家都羡慕古代从军的妇女，曾经有过很多幻想，很多希望，但结果却总是一场空梦。今天，国民革命军第二次北伐，打垮了直系军阀，军校招收女生终于成了事实。我们就要开始真正的军人生活了，心里那股高兴劲，简直别提多美了！"当时30名四川籍女子参加复试，有2人落榜，其中柯银珠竟因落榜郁闷而亡。

这批青年女子虽然投考军校的动机不尽相同，但她们在当时能脱去罗裙，走出闺阁，换上戎装，背枪当兵，仅就这一行动本身来说，就非常了不起。

三、女生的军事教育和训练

1927 年 2 月 12 日，武汉分校在武昌兰陵街两湖书院（现解放七道中段）举行开学典礼。邓演达、宋庆龄、吴玉章、于树德等出席大会，全校员生 6000 余人到会，女生队格外引人注目。200 多名女生同男生一样，着深灰色军装，紧束皮腰带，戴军帽，打绑腿，飒爽英姿站立，她们是黄埔军校首届女生，也是中国军校历史上的第一批女兵。受长期封建积习的影响，中国女子一般不抛头露面，离家上学已少见，入伍当兵和男兵一样跌爬滚打，更是开启社会风气的创举，她们是中国妇女解放的先锋和榜样。

黄埔新生入校后，多要先受 3 个月的入伍教育。被编为 1 个大队的女生，与新招收的政治科 2 个大队统属第 6 期入伍生总队。女生队下分 3 个中队，9 个区队，每个区队 3 个班。在黄埔本校第 1 期至第 5 期时，没有设指导员。武汉分校第 6 期学生入校时，首先在女生队各中队设置指导员。女生队长郑奠邦，中队长杨伯珩、张麟书等，指导员彭漪兰、钟复光、唐维淑等。

女生队和分校本部同住武昌两湖书院，在书院东部一个院落的两层楼里。楼上是宿舍，楼下是饭堂。女生队的宿舍、饭堂、课堂和操场都是独立的。除此之外，女学生与男学生穿一样的服装，过一样紧张的军事生活，没有特殊的地方。军校纪律非常严格，生活节奏非常紧张。早上军号一响，马上起床、穿衣、梳洗，将被子叠得方方正正像个豆腐块，摆在木板床正中央。10 分钟时间一切要收拾完毕，然后进行操练。在饭堂里吃饭也要军事化，只要队长放下筷子，学生们必须全体起立，没有吃完的要被批评。从早上 5 时半起床开始，一直到晚上 9 时半睡觉，没有休息时间。每天 8 堂课，4 节学科，4 节术科。

为办好女生队，中共党组织派到军校的领导人在认识上是明确的，因而对女生队的建设，在各个方面都予以关注。恽代英对女生队的负责人说:"办女生队阻力很大,丁维汾(国民党右派)等人反对,封建势力拼命阻挠,守旧的人也不赞成。我们党下决心要在军校培训妇女骨干,毕业后参加领导中国妇女翻身解放的斗争。你们的责任重大,你们要努力呀!"并特别关照说:"女生的身体比较弱,她们不仅在校内要受严格的军事训练,还要到校外去进行革命活动,体力消耗大,要注意她们的饮食和作息时间。"分校部分女学生回忆,按照恽代英的指示,当时女生队的伙食办得很好,除早餐外,中午和晚间都是大米饭,四菜一汤,节日还加菜。

黄埔军校的军事训练课,主要有步兵操典、射击训练,还到附近蛇山"打野外",进行实地军事演习等。女生拿的步枪,有的比她们的个子还要高。有些裹过小脚的女兵,跑起步来,要比别人付出多倍的辛苦。她们接受军校的一切严格训练,做和男生一样多的工作,大有巾帼不让须眉之势。当年的武昌街头,经常可见一群头剪短发,身着军装,腰扎皮带,打着绑腿英姿飒爽的女兵。

为了使男女学生在服装外表上有所区别,军校原决定让女生打黑色绑腿,军服双袖缀上红色字母"W"标记,并发短枪。许多女生表示坚决反对,她们说:"我们都是革命战士,男女应该平等,但是我们在革命政府之下,如果连穿衣服都得不到平等,还要拿一个字母来表示区别,这又算什么呢?"军校最后只好决定取消这一提案。如此统一服装,女学生除了留有短发之外,男女学生在外表上很难看出区别。特别是戴上军帽后,几乎分不出男女。军校为了照顾女生生理特点,有例假时,只要戴上一个袖章就可以不用出操,不用参加军训。但是女生坚决不戴,她们凭着满腔的革命热情,参加艰苦的训练,照样摸爬滚打。有许多女生发出这样的呼声:"试问革命军人是受人怜念的吗?我们要拿出百折不挠的精神来。"

中国共产党人在武汉分校中占有重要的领导地位,发挥了重要作用,倾注了大量心血,从而使得大多数女学生成为坚强的革命战士。

武汉分校成立时，中共中央派出多人到军校工作，如恽代英任政治主任教官，施存统任政治部主任，叶镛、陆更夫在政治部担任重要工作，政治教官高语罕、谭平山、沈雁冰、李达、李汉俊、许德珩等都是共产党员。分校中的中、下级军事政治干部多数也是共产党员，如徐向前任政治大队第1队队长，彭漪兰、钟复光任女生队指导员，李鸣珂任党的联络员；陈毅名义上当文书，实际是中共党委书记。当时的分校校长由邓演达代理，蒋介石只是挂名校长。军校校长制改为委员制以后，恽代英是3个常委之一，军校日常工作由恽代英实际主持。特别是在校一级领导人中，由恽代英专门分管女生队。中共党的方针政策在分校中得到了积极的贯彻，充分体现了党对分校的直接领导。

女生队隶属于政治大队，学习以政治课为主。课程有：《社会主义史》《社会发展史》《妇女解放运动》《共产党宣言》《政治经济学》《世界妇女运动史》《三民主义》《建国方略》等。分别由许德珩、吴文祺、沈雁冰等讲授。恽代英经常给学生上课，组织编写辅导材料，有时还和学生一起听课，考察教学效果，提出改进教学的意见。他还邀请当时的革命领袖和在理论上有所建树的进步人士来校作政治讲演，如陈独秀、周恩来、董必武、萧楚女、陈潭秋、郭沫若、吴玉章、瞿秋白、宋庆龄、何香凝等，都曾应邀来校作过报告或讲过课。从而提高学生的政治素养。

中共党组织在抓好政治教育的同时，从组织上注意在女生队中发展党员，并注意做好对女生党员的教育。恽代英特别指示女生队党支部，做好组织和发展工作，他在校务工作极为繁忙的情况下，亲自到女生队参加党的生活会。陈毅在与女学生胡兰畦谈话时，特地问她入党了没有，并为她的入党问题，向军校党组织作了介绍。党的联络员，经常到女生队党支部联系工作，传达党的重要指示。

本着黄埔本校军事与政治并重、理论与实践相结合的教学方针，武汉分校女学生在校中所学的课程主要分为军事、政治两种。每天基本上是半天上军事课，半天上政治课。课余时间（主要是晚上）有时自习，有时开展文娱活动，有时召开政治讨论会。她们如饥似渴地钻研军事政治理论，在进行紧张的学习和训练同时，还经常参加校外政治活动。

女生队的社会影响日见显著。武汉纪念"三八"国际妇女节，指定女生队代表入选大会主席团。3月5日，军校入伍生部主办的《民众的武力周刊》第9期刊载《妇女运动与国民革命》的专题文章，所载《本周口号》特别发出"拥护国家妇女运动"的号召。3天后，武汉分校为纪念"三八"国际妇女节举行大会，发表《国际妇女节告全国民众书》，指出"女子参加军事运动是在中央军事政治学校开始"。湖北省党部妇女部在武昌阅马场召开大会，到会的工农妇女和女学生约有几万人，军校女生队全体列队参加。她们"站得方正整齐，纹丝不动，非常引人注目"（《胡兰畦回忆录》）。她们结合收回汉口英国租界的意义，向武汉三镇市民进行宣传。在卫戍武昌的过程中，她们和男同学一起，到汉阳的龟山、明月堤、晴川阁、鹦鹉洲，汉口的大智门、循礼门、玉带门、桥口、江汉关、刘家庙一带担任宣传工作。3月间，在武汉中山公园举行的武汉各界欢迎英国工会代表汤姆先生的大会上，宋庆龄致欢迎词，女生队派了20多名学生担任保卫工作。北伐军和冯玉祥在郑州会师后，一些女生自愿要求参加北伐战争的救护和宣传工作。

4月，正当国民革命军继续北上讨伐奉系军阀张作霖时，蒋介石一方面指使粤、桂、川、黔军阀分3路进攻两湖，另一方面勾结反动军官为内应，唆使军阀夏斗寅叛变，勾结四川军阀杨森，企图里应外合颠覆武汉国民政府。武汉当时仅有卫戍司令叶挺1个师的兵力，革命形势急转直下。叛军很快到了离武昌只有10多千米的纸坊，形势危急。军校决定由留在后方的叶挺率领第11军第24师迎击叛军的进攻，并把军校全体同学编为中央独立师，军校女生队编为政治连，分为救护队和宣传队，分别隶属军医处和政治部，受叶挺指挥，开赴前线。200多名女生全副武装起来，持枪杀敌，与男兵并肩作战。当时因病或在调养时期留在学校的女生，也都向校领导要求参战，有的女生还因未被批准到前线参战而痛哭。

5月19日，武汉分校师生组成的中央独立师从两湖书院誓师出发，在叶挺统率下分3路举行西征，与进犯武汉的叛军夏斗寅部队展开战斗。女生队随军西征，第一次经受战火的洗礼。"早晨五点钟，女生队分两路出发，一路到金口，一路到纸坊。我们高举'中央独立师'军旗和多面锦旗，号兵吹着进行曲，向望山门车站前进……一路行军，经纸坊、成宁、嘉鱼、蒲圻、新堤、沔阳等地，都是徒步行军，每天约走六十华里左右。"（吕儒贞《军校女兵生活散记》）这是女生队历史上的一次重大军事行动。胡兰畦在《大革命时期武汉军校女生队参加平叛战斗侧记》一文中回忆说：女兵的任务更重，不但要拿枪打敌人，还要做唤起民众的宣传工作，另外还要担任救护。

女生队的宣传工作，做得十分出色。她们沿途张贴标语，自编歌谣，向群众宣传，调查情况。有时她们将群众引到打谷场上，讲革命的道理，讲土豪劣绅对农民的残酷剥削与压迫，讲反革命的新老军阀如何祸国殃民，有问有答；有时她们还到各家去拜访谈心，与老百姓相处得如同一家人。为了吸引群众，她们经常变换宣传方式，有时先唱歌或演双簧戏，尔后再开始讲述要宣传的内容。如此丰富多彩的宣传形式，收到了很好的效果。咸宁是叛军夏斗寅部洗劫过的地方，群众一看见武装的军队来了，吓得四处逃窜。军校女生们抓紧时机，向群众宣传，"我们是革命的军队，是保护人民大众的"。经过反复宣传，革命军终于受到群众的理解和爱戴。当地妇女们主动给革命军送水、送饭。

在炮火连天的火线上，女生们紧跟冲锋在前的男生部队，投入紧张的抢救伤员的战斗。她们勇敢顽强，不顾子弹在头上飞，把受伤的战友抬下火线，熟练地为他们包扎、换药、喂药。经过艰苦的战斗，革命军终于击溃了叛军，女生队也立下了战功，当时的湖北省妇女协会赠送了一面锦旗，上书"开历史新纪元"6个大字。

6月30日，武汉军校中央独立师奉令调回武昌，恢复军校原来的教育体制和教学生活。参加此次西征，是女生队最大的一次实战锻炼，也是这些年轻女兵第一次与敌人真枪实弹地开战。因此，这次作战，不仅使她们得到了锻炼，而且给她们留下了难忘的印象。女生队参加这次作战，从出征到返校共34天，她们历尽艰难困苦，经受了血与火的考验，以自己的实际行动，点燃了人生道路上的耀眼亮点，真正完成了从女生到女兵的蜕变。

女生队西征，经受了历时月余的战火洗礼，没有遇到惨烈的惊险场面，没有出现大的伤亡。然而，在撤回武汉的途中，却出了大事故，分两批撤回的女生中，第一批所乘坐的轮船在武汉附近的金口失事，船上的女生全部遇难。这是黄埔军校女生也是中国妇女精英的一次巨大损失。如果这一半的黄埔女生生活战斗到新中国成立时，当有更多的巾帼英雄闻名于世。

武汉分校学生凯旋班师回校后，取消了中央独立师的番号，仍恢复武汉分校的名称和建制，但是"学生中的那种激昂气概似乎消失"。1927年7月，武汉局势恶化，汪精卫步蒋介石后尘，公开发表声明反共，一些进步的领导人脱离武汉政府，中共中央准备把共产党的力量撤往南昌发动武装起义。武汉分校决定提前结业，学生发黄埔军校第6期毕业证书。女生队被迫解散时，恽代英召集全体女生开会，宣布凡领到毕业文凭的女生可以自由离校，可以在地方上继续上学或找工作，愿意回家的现在就可以走，愿意留校的则跟部队撤离武汉。

7月25日，武汉分校女生队宣布解散。有少数人选送往苏联学习。有70多名女生表示愿意留校跟部队行动，后分配到贺龙、叶挺部队、第4军军医处和教导团工作。其中4人安置在教导团军需处，其余分配到起义部队中做政治工作，最后到达南昌和广州参加起义的女兵有20多人。其余的被遣散，发给 5 元国库券听任自由行动，脱去军服，换上旗袍回原籍。

四、800 黄埔女军人

自黄埔军校《中国军人》杂志掀起"女同志军"的争论，中国女兵思想起源于黄埔岛后，其浪涌就像那珠江入海口岸边的大潮，唤起了无数中华女性，以勇于捐躯的壮举，向世俗观念展开了挑战。黄埔女生们考入军校时，正值风华正茂、年轻有为时，她们怀着满腔的爱国热情，由衷的报国之心，敢为天下先，毅然投笔从戎，英勇无畏。其情其行，令世人敬佩。

黄埔军校在大陆招收的 23 期学生中计有 4 届女生，毕业女生总数近 800 人。

1. 1927 年毕业的第 6 期女生，计 220 余人

1926 年，北伐战争时期的黄埔武汉分校女生队有 210 余人。此外，这一时期还有黄埔军校特别党部主办的广州平岗民众夜校，在 1927 年 2 月 17 日开学时有学生 70 余人，其中有 10 多名女生，因这一夜校属于黄埔军校教育系统，有资料将其计入第 6 期女生中。

2. 1938 年毕业的第 15 期女生，计 189 人

1937 年下半年，胡宗南部第 17 集团军参加淞沪抗战后，奉命转进安徽、河南，后开赴陕西省凤翔一带整训。该集团军在行军沿途招收男女知识青年，申请入伍参加抗战者有 200 余人，编为抗日青年学生队，随军训练。其中有女大学生李芳兰等 30 多人，她们立志从军抗日报国，编为随军服务团，参加军队的宣传和后勤工作。12 月，黄埔军校第 7 分校在甘肃天水建立，胡宗南任分校主任。1938 年 1 月中旬，胡宗南将本集团军随军青年和天水训练班驻湘训练的第 6 期学生 800 余人，合编为本分校第 15 期第 2 总队，附编女生队。2 月、3 月间，

又有女生分两批考入，编入本分校第 2 总队特科大队女生队，加上原有随军招收的女生，女生队共有近 200 人，在陕西凤翔县受训。后全队奉命转入西安战时工作干训团第 4 团，毕业后分配到各部队工作。

3. 1939 年毕业的第 16 期女生，计 360 余人

1939 年年初，在第 3 分校（时驻江西吉安）入校，随分校辗转迁移到后方（江苏省东台县）正式开学。男女合校共 3000 余人，其中女生近 400 人，经过短期培训后于是年年底毕业。

4. 1940 年毕业的第 18 期女生，计 24 人

1940 年 2 月，在江苏东台第 3 分校（驻苏干部培训班）入学，编入本分校第 2 总队，由张祖年（第 16 期毕业）担任女生队长。入学时 60 余人，编入本分校第 18 期第 2 总队，年底毕业者不到半数。

抗战时期入校的 3 期女学生，宣布毕业后即开赴前线与日军作战。

自第 18 期之后，黄埔军校本校、分校都没有再招收女生。

黄埔军校首倡女同志军、招收女生的伟大壮举永垂史册。

五、巾帼英雄，千古流芳

黄埔军校武汉分校女生队，从开学到 7 月中旬分校停办，共有 5 个月的时间。时间虽短，但在许多女生的人生道路上却是一段不平常的经历。那是个风起云涌的时代，把这个群体中的真正英雄推到了历史前台，造就了近现代中国的第一代女革命军人。她们不仅在大革命高涨时期表现突出，而且在大革命失败后仍坚持斗争，有的参加了南昌起义、广州起义，有的回到地方坚持斗争，参加工运、农运等革命活动，还有的在白区做地下工作。在众多黄埔生中，很快产生了一批令人景仰的女军官、巾帼英雄，有的成为喋血沙场的革命英烈，有的成为难得的红军女将，有的成为闻名全国的抗日英雄。著名的革命英烈如游曦、胡筠、赵一曼等。

游曦（1908—1927 年），原名游传玉，生于川东巴县嘉陵江畔大

阳沟（现划入重庆市）的一个手工业家庭。1924年，考入重庆女二师，在萧楚女老师的启发教育下，积极投身社会活动并加入共产主义青年团。1925年冬，考入重庆中法大学学习，入学不久即转为中共党员，担任党支部委员和共青团中法大学支部书记。1926年年初，负责重庆市妇联的筹备工作，4月，被选为重庆市妇联宣传部主任。暑假期间，她动员女学生中的党团员到磁器口、菜园坝的丝厂做女工教育工作，在磁器口办夜校，建立工会组织。1926年年底，黄埔军校武汉分校在四川招生，她毅然投笔从戎，入选名单在《新蜀报》公布后，她的母亲和亲友都劝她不要参军。她说服了母亲，顶住世俗偏见，乘船东下武汉。武汉军校解散后，她随叶剑英等领导的教导团南下广州，参加起义，任第4军军官教导团女兵班班长。在广州长堤阻击战中，与数倍于己的敌人展开殊死搏斗，浴血奋战，女兵班除一人奉命回指挥部报告，其余全部壮烈牺牲。她牺牲时年仅19岁，实践了她投笔从戎时"献身革命"的诺言。

胡筠（1898—1934年），湖南平江人，1925年，加入中国共产党，1926年，入武汉分校。北伐时任叶挺独立团政治处宣传员。大革命失败后返回平江老家，组织了一支秘密游击队，在幕阜山下发动农民暴动。她自任暴动委员会主任，4个月组织20万农民暴动，点燃了武装斗争的革命烈火。1928年7月，彭德怀领导发动平江起义，胡筠率游击队协助作战。起义胜利后，大家一致推选她首任平江县苏维埃政府主席，彭德怀、滕代远、黄公略等都是她属下的委员。不久宣布成立的平江游击司令部，她又兼任总司令，是远近闻名的神枪手。此后，她又相继担任红5军第1纵队党代表、红16军独立团团长、中共湘鄂赣省委书记、红军学校第5分校女生团政委等职，被誉为红军的"难得女将"。在1934年1月的"肃反"运动中，胡筠被王明"左"倾路线执行者以"反革命"的罪名秘密杀害。1945年，胡筠被中共七大追认为革命烈士。

赵一曼（1905—1936 年），原名李坤泰、李淑文，又名李一超，四川宜宾人，1926 年，从重庆投考武汉分校，在军校加入中国共产党，投身革命斗争的洪流中。大革命失败离开武汉后，被派往莫斯科中山大学学习，1928 年冬回国，在上海、江西等地做地下工作。1931 年九一八事变后，被党组织派往东北地区。1935 年春，任珠河县铁道北区区委书记、满洲总工会组织部长，后任东北抗日联军第 3 军第 1 师第 2 团政委等职，同年 11 月，在与日军作战中负伤被俘。她在狱中坚贞不屈，绝不向敌人低头。1936 年 8 月，她在就义前给年幼的儿子写下一封信："宁儿：母亲因为坚决地做了反满抗日斗争，今天已经到了牺牲的前夕了。母亲和你在生前是永久没有再见的机会了。希望你，宁儿啊！赶快成人，来安慰你地下的母亲！我最亲爱的孩子啊……在你长大成人之后，希望不要忘记你的母亲是为国牺牲的。"8 月 28 日，赵一曼在珠河英勇就义。她走上刑场时，许多老百姓掩面流泪。她牺牲后，老百姓开始传说，赵政委没有死，她是骑上一匹白色的飞马，飞到深山老林里去了。这位黄埔女兵、著名的抗日女英雄，正如她遗诗中所写："一世忠贞新故国，满腔热血沃中华；白山黑水除敌寇，笑看旌旗红似花。"

武汉分校女学生中还有不少人成为千古流芳的巾帼英烈，如郑梅仙、陈觉吾、廖德璋、盛业煌、邓苏、李蕴瑞、邱继文、王也华等。

武汉分校的这批女学生中，还有许多人成为 20 世纪中国妇女界的知名人士，如传奇人物胡兰畦、谢冰莹、危拱之等。

胡兰畦（1901—1994 年），出生于四川省成都市，祖上胡大海是明代洪武皇帝的开国功臣，是"反清复明"的世家。她记事时母亲就教她背诵诸葛亮的《出师表》、岳飞的《满江红》、文天祥的《正气歌》，懂事时就崇拜革命女杰秋瑾，"五四"时期投入反帝反封建的洪流。1926 年，报考武汉分校。武汉分校女生队遣散后，她走过的人生道路坎坷曲折，先是在上海、江西一带参加平民教育运动，之后参加邓演达的反蒋运动，是大革命时期四川第一个妇女联合会的组织者、妇联主席。1930年，在德国由廖承志、成仿吾介绍加入德共中国语言组，加入中共党组织，1931年，又被开除。为参加反法西斯活动，她被捕入德国女牢。后经宋庆龄、鲁迅等人在上海以人权保障大同盟的名义，向德国领事馆提出严正抗议后获释。胡兰畦被驱逐出境后，先后流落到法国、英国、苏联。在柏林，她曾两次会见世界妇女领袖蔡特金，在莫斯科以中国作家身份，参加苏联第一次作家代表大会。多次见过高尔基，高尔基逝世时，她为之执绋到红场送葬。回国后，为实现党的和平解决西安事变主张，促成抗日统一战线而奔走于国民党上层之间。当过李济深的代表，做过宋庆龄的助手，办过报纸，组织过群众运动。1937年，曾与黄埔军校时的校友、多年的知己陈毅有过恋爱关系，后终生未婚。抗日战争时期，组织劳动妇女战地服务团，辗转于7省抗日前线，作为中国历史上第一个女少将视察抗日战区。解放战争中，不顾个人安危抢救被捕的同志，发动国民党将领起义。上海解放前夕，为保护上海的各界名流而尽职。她一辈子做了许多有重要影响的大事，后在成都安度晚年，著有《胡兰畦回忆录》。

谢冰莹（1906—2000年），湖南新化人。入武汉分校后，写了大量的文章，是著名左翼作家联盟成员。在武汉分校1927年西征作战空隙，把征战途中的所见所闻所感急就成章，创作了成名之作《从军日记》，自5月14日至6月2日在《汉口中央日报》副刊连续刊登，轰动文坛，使人们了解到大革命时期女兵们的风貌和她们所负担的工作。1930年夏，她与潘漠华等共同筹组中国左翼作家联盟北京分盟。九一八事变后，从日本回国参加救亡运动。1932年1月，与鲁迅、茅盾等43名左翼作家在上海联名发表《上海文化界告世界书》，呼吁全国人民奋起抗日。1940年，在西安主编《黄河》文艺月刊。1948年，到台湾从事教学和创作，1972年移居美国旧金山。

危拱之（1905—1973年），又名危玉辰，化名林淑英、魏晨，河南信阳人。7 岁入私塾，9 岁进教会小学。秉性刚强，为了学好体操课，毅然扯去裹脚布，争得一双"解放脚"。1922 年，到汝阳道立女子师范学校读书。1924 年夏，考入私立河南第一女子中学。1926 年 11 月，到武汉，加入共青团，后考取武汉分校女生队。广州起义时，她和女生队随叶剑英率领的教导团参加攻坚战斗。在红 4 师政治部当宣传员时，参与创办《红军生活》报和《造反》杂志。1929 年，到莫斯科中山大学学习，1931 年回国，在闽粤赣军区司令部宣传科工作，后任红军学校俱乐部主任、八一剧团委员会委员、工农剧社总社副社长，组训了几十个红军剧团，培养一批文艺人才。中央红军长征时，她随干部团行动。1936 年，在延安任人民抗日剧社社长兼导演。在延安时期与叶剑英结婚。西安事变时，作为中共代表团内务成员驰往西安。后任中共陕西省委妇女部长，河南省委秘书长、组织部长，赤峰市委副书记、书记。1949 年年初，因过度劳累，积劳成疾，不能坚持工作而休息。1973 年 2 月，在北京病逝。

此外，后到第 4 军教导团中的曾宪植、张瑞华、黄杰、黄静汶等 10 多位女生队学生，参加了广州起义、海陆丰起义或红军长征。她们在抗日战争、解放战争中，从事了军事、政治、妇运等各方面的工作，成绩卓著。她们中有不少人在新中国成立后，走上了一些部委和全国妇联、中纪委的领导岗位。其中，曾宪植曾任邓颖超的秘书、全国妇联副主席，徐向前元帅的夫人黄杰、聂荣臻元帅的夫人张瑞华后担任全国政协常委和委员等职，黄静汶任上海市妇联副主席、国家卫生部妇幼卫生局局长等职。

黄埔军校武汉分校之所以能够在短期内培养出这样一支优秀的女生队，首先是当时风起云涌的时代召唤锻炼了军校女学生，当年"打倒列强，除军阀"这一反帝反封建的革命形势，使得她们从普通女青年在短时间内迅速锻炼成长为时代的精英；其次，中国共产党的培养和重视是她们迅速成长的重要原因。女生队的许多战士，在各自的战斗岗位上，为革命贡献了自己的力量，如同圣洁的革命花，开遍祖国的大地。她们无论在当时或者是在后来，多是大有建树，为当年黄埔军校的盛誉美名，增添了更加夺目的光彩。武汉分校女生队一些女学生后来自豪地说，女生队是"中国共产党领导下的第一批女兵"，是"20年代青年妇女的骄傲"。黄埔军校前几期毕业的老大哥评价说："女生队的出现，的确在中国妇运史上写下了光辉的一页，对那时封建保守的社会风气，无疑是一个有力的冲击"，"这不仅是震惊中国的大事，在当时的世界范围内也是创举"。

思考题：

1. 军校招收女生大争论的反封建意义是什么？
2. 武汉女生队在中国军事史上有哪些重大的创新意义？
3. 论述黄埔军校女生在中国妇运史上写下光辉一页的壮举。

第十八讲

平定商团叛乱

黄埔军校开创才仅仅 4 个月，师生们就向世人展示了新式革命军人的实力。1924 年 10 月 10 日，商人陈廉伯在英国人的支持下，在广州发动叛乱，史称"商团叛乱"。黄埔军校师生奋起抗击，粉碎了商团的叛乱。

一、广东革命政府与广东商团爆发冲突的起源

1924 年 7 月下旬，广州商团密谋推翻孙中山革命政府。正式创建于 1912 年 3 月的广州商团，经过 10 多年的发展，到 20 世纪 20 年代初已成为一支力量颇大的商人武装：1924 年时，其 10 个分团辖有团军 4000 余人，连同后备力量约达 6000 人。广州商团在汇丰银行买办陈廉伯和南海地主武装头子陈恭受的把持下，已由原先"专门只保护大商人和大地主"民族资产阶级手中用于防御盗匪、维持公安的中立性武装团体，演变为买办、大地主阶级控制的、用以镇压工农革命斗争和反对孙中山革命政府的反革命武装。陈廉伯等人有港英当局撑腰，在广州召开 108 埠的商乡团代表"联防会议"，决定 8 月中旬正式成立"广东省商团军联防总部"，公然叫嚣要"以平民武力革除不良政府，此后救粤责任由商团负起"。他们私向香港德商南利洋行定购长短枪 9841 支，各式枪弹 337.42 万发，雇悬挂丹麦国旗的"哈佛"号商船

潜运广州。其计划等这批枪械运抵广州起卸后，即成立全省商团联防总部，明目张胆地"定期8月14日推翻政府取而代之"。孙中山广州革命政府和黄埔校军后来平定广州商团叛乱的战斗，实是一场反帝国主义和反封建买办阶级的革命斗争。

8月6日，廖仲恺在获悉商团阴谋计划之后，以广东省长名义发出告令："全省商团军联防之设"，未按政府规定办理，"似此自由集合，根据全无"，"不特将来必无良好结果，更恐因此而殃及地方"，"职此之由，更难准其成立"。在广州商团阴谋颠覆革命政府的紧急关头，身兼黄埔军校党代表的廖仲恺，组织军校师生参加了这场对敌斗争。

8月9日，在侦知粤省商团私运团械的"哈佛"号商船抵达珠江口后，孙中山立令蒋介石率"江固"舰赴沙角尾随该轮。军阀杨希闵、刘震寰之部在广州假揭革命旗帜，横征暴敛，商民不堪其苦，迁怒于政府。商团会长陈廉伯因受陈炯明暨英帝国香港政府煽惑，密组中国反动党，托言商民自卫，向香港德商顺全隆洋行购定枪械9000余支，于本月4日蒙领军政部护照一张，以哈辅轮悬外国旗装运航行4天入口。孙中山得港探报，立派蒋介石办理此事。这天晚上，蒋介石率同大本营副官邓彦华乘"江固"舰赴沙角巡航缉捕。

8月10日晨，发现私运商团枪械的丹麦商船"哈佛"号泊于白鹅潭，黄埔军校师生利用晚清当局丢弃在黄埔岛上校园内的大炮发挥威力，突袭商船"哈佛"号。孙中山手令蒋介石，加派"永丰"舰同"江固"两舰监押商船至黄埔，停泊于校门外，并命黄埔师生将船上枪械起卸封存于军校内。曾参与这批团械起卸扣留事的宋希濂后来忆述谓："旋奉大元帅令，将是船枪械全部提出扣留于本校。黄埔位于珠江下游，江面颇宽，大船只能停泊于江的中心，乃派我们这些学生分乘小木船前往提取，用了差不多一天的时间，才把全部枪械子弹等运完。"船上有9000多支步枪和300多万发弹药，这是军校学生武装最初的胜利，这一胜利使他们获得了一批数量可观的武器。

8月11日，廖仲恺为扣械事发出布告，严正指出陈廉伯等"私运军火，罪等谋乱"，并说明扣械之7大理由：商团所偷运的这批军械，不仅手续不合，"始终无只字呈报到署"，而且枪弹之数目巨大，远超出自卫范畴，其中"疑窦甚多，黑幕重重"。一是"时日前后不同"，陈廉伯等于8月3日请领护照时，声明购械"发照后始行签约，准3个月由欧起运"，"4日后运到"，实则其购械乃"于去年12月签约"，而团械则"于发照后6日运到"；二是"样式口径各别"，陈在领照时称，所购"系英制82口径废枪"，而"哈佛"号商船运来的却是"德制763口径"枪支；三是数目与存根不符，查商团购械"存根不过5000余杆，现运枪支将及1万杆，两相比较相差4000余杆之多"。现值军事期间，为维持社会治安和国家威信，"不能不将该轮"移泊黄埔扣留，以待查究。在此后2个多月里，黄埔师生不仅担负了被扣商团枪械的守护工作，而且是其中部分枪械临时分发的装运工。

8月12日，广州七十二行商店准备总罢市，商团煽动2000多人到帅府门前"请愿"，要求发还"哈佛"号商船所运枪械，宣布广东商人全省罢市，直接导致了广东政府财政收入的下降。长洲要塞区域内及黄埔军校全岛实行戒严。孙中山领导的国民政府得以在广州立足，与某些军阀相比，不可否认是因为借用了合法的衣钵，但也受到了公众的怨恨，这主要是因为争夺财源。国民党统一全国的雄心，使广州有限的资源不堪重负，那些为各类政治活动而进行的紧急筹款，造成国民党与本地民众特别是商团的关系特别紧张，而黄埔军校则是国民党和革命政府的招牌，因此更是遭到地方势力派和军阀的围攻。在这类关系"钱袋子"的事件中，商团成为国民党在本地的主要政治对手。扣押商团枪械的冒失举动，冒犯了广东军阀的"钱袋子"，使国民党陷于政治上的孤立，商团向孙中山施加政治压力，英国人威胁孙中山如果贸然动武，他们将用炮舰保卫商团。孙中山只好勉强同意一个妥协方案：广东革命政府接受商团20万元的自愿贡献，而军校交还5000

支步枪给商团。

8月13日，广州商团悍然违抗省府禁令，召开"联防总部"成立大会，并在会后要挟省府准予立案；又在"亡团即亡家亡省"的口号下，煽惑和胁迫广大商民于22日至25日，在佛山、广州和全省各地举行第一次罢市，妄图以拒收革命政府银行之纸币、拒纳正当的赋税和停止米食运输等手段，来置广州革命政府于死地。蒋介石、廖仲恺电令军校派出第3、第4队学生由教官文素松率领开入广州，前往省城维持治安，消弭谣言，准备对付商团罢市和阴谋暴乱。次日，孙中山对广州商团代表演说《政府所扣留的不是枪械，是私运军火的丹麦船》。

8月19日，蒋介石对第1期学生说明对广州商团扣械案的主张。这次训话，黄埔校史上以"校长第20次训词"排序。其中说道："这一个星期，我们大家所视为最重要的条件，就是扣械案。这个问题应该如何解决，我相信各个人的脑海中都正在思索，所以我现在特拿这件事和各位同志讲一讲……现在政府把商团私运的军械拿到学校里来，决不能算是本校的军械，乃是本党的军械……如果我们仍同从前假革命军一样，不听政府命令，不受本党指挥，军械拿到手就算是私产，这就是假革命军了。军械到了假革命军手里，就要祸害人民，扰乱国家，如果如此，不但是本校的总理和本校长因此多了一个罪名，本党的前途也因此绝望了，所以我们学校对于这军械如何处置的问题，决没有容喙的余地。如果党里说这个军械我们可以取用，我们就取用，如果党里说我们始终保管，那就要保管，要完全做一个革命军的模范给人家看，这是我对于扣械案的主张……还有一件事。就是前次在挪威船上起上了一些洋钉、香料等物，检查之后，都不是违禁物品。挪威船的来历也已经查明了，他并不是贩卖军械的船，是被人家租来的，所以我们应该分别处置，船管船，货管货，我们不能没收的，这是根据国际公法办的。"

8月23日，孙中山手令蒋介石，将扣留之械内检交李縻将军驳壳枪175支，手机关枪（机枪，当时称手机枪或机关枪）18挺，及两项足用之子弹，为甲车队之用。是日，广州商团对广东革命政府提出3项条件：扣留之枪械，无条件全部发还；准商团成立联防总部；取消陈廉伯通缉。孙中山未复，商团乃复于25日强迫广州商店总罢市。次日，廖仲恺在广州市民大会上当众宣布"陈廉伯私运军火之罪状""历一小时之久"，并谓"陈氏与政府捣蛋之法在罢市，而政府对待之法在打消罢市！"在此前后数天内，廖仲恺宣布广州实施有黄埔师生参与的军事戒严，通令筹办米食与维持市面金融以安人心，多次发布告令，强行制止商民罢市，申令对27日8时后仍罢市之大小商店，一律"置于军事处分之下"。

8月29日，范石生、廖行超调停商团罢市风潮，提出商议5项条件：陈廉伯通电谢罪；省署撤销陈廉伯、陈恭受等通缉；商团报效政府50万；政府发还所扣枪械；政府撤退新驻市区军队。

9月4日，孙中山手谕蒋介石发足李縻手机枪并短枪，谕曰："前日命李縻将军设备钢甲车四架，北江两架，东江一架，佛山一架，保护车路兼载宣传队，为沿途宣传之用。佛山车已备安，次日开始宣传，而兄处派人忽将手机枪并短枪收回，致不能照计划举行。李縻因此大为失望，吾亦同此心。此事关于党务军事之进行，甚为要著，且我拟一二日后亲往韶关，更须此二甲车随行。务望熙前令发足手机枪18挺，驳壳枪250支，切勿延误为要。"9月5日，大本营召开军事会议，决议北伐。9月6日，孙中山手谕境界是发落扣械，谕曰："商人有愿筹北伐费而讨回枪械者，此事现交精卫交涉，如得圆满结果，当要给还一大部与服从政府之商团，故欲沽其一部分为练兵费一节，不可施行。此扣械如何发落，当俟精卫交涉后而定也。"9月7日，广州人民在广州市第一公园举行"五七"国耻纪念大会，要求解除广州商团武装，军校第1期第2、第3队学生参加。

9月8日，孙中山手令蒋介石"先发朱培德部步枪1千支，子弹配足，其余照前令发给各部，一概从缓，以待精卫与商人交涉妥后另议。"又手谕催发李糜手机枪，谕曰："前李糜要取手机枪十八支，为配甲车之用，务要照发，不可令学生带来，借用一时而带回去，此殊失李之望。李君专长甲车战术，一切须由其配办乃能灵捷，且敌人已来，窥翁源河头，欲断我省韶铁路之交通，我日内往韶关，则此铁路之防备更为急要。务望将手机枪同驳壳枪一齐交与卢振柳带回，俾李得以配备后方防卫。至要，切勿延误。"

9月9日，孙中山手书蒋介石，认为在粤有三死因，急宜北伐谋出路，谕曰："广东一地现陷于可致吾人于死之因有三。其一，即英国之压迫。此次罢市风潮倘再多延一日，必有冲突之事发生，而英舰所注意者，必大本营、永丰、黄埔三处，数十分便粉碎。吾人对彼绝无抵抗之力，此因此次虽幸免，而此后随时可以再行发生，此不得不避死就生一也。其二，即东江敌人之反攻。现在已跃跃欲动，如再有石牌之事发生，则鹿死谁手，殊难逆料。其三，则客军贪横，造出种种罪孽，亦必死之因。有此三死因，则此地不能一刻再居，所以宜速舍去一切，另谋生路，现在之生路，即以北伐为最善，况现在奉军入关，渐可支持，人心悉欲倒曹吴，武汉附近我有响应之师，乘此决心奋斗，长驱直进，以战场为学校，必有好果也。吾党之士切勿犹豫，大局幸甚，余面详。"

9月12日，孙中山北上赴韶关大本营督师北伐，亲率警卫队、飞机队、赣军全部（方本仁部）、湘军（谭延闿部）、滇军（朱培德部）、豫军（樊钟秀部）各一部（惟杨希闵、刘震寰等部不受调遣）出发，指挥北伐军事。蒋介石派教官文素松率领第1队学生蒋先云等随从护卫。孙中山令胡汉民留守广州，代行帅务，兼广东省长，廖仲恺改任中央军需总监兼财政部长，及广东财政厅长，许崇智兼代军政部长（因程潜在前敌）。是日，孙中山下令分给各校各军商团扣械，令曰：

"着分给军官学校长枪六百杆，教导团长枪 11 千杆，干部学校、讲武学校长枪各二百杆，滇军第二军长范石生长短枪各五百杆，桂军总司令刘震寰、豫军总司令樊钟秀长枪各五百杆。"旋又手谕嘱蒋介石令酌还之，谕曰："据汝为兄言，如果将长短枪交回商团，当能得百万以为出发费。果尔，今日分发各令尚可取消，除益之之枪外，可悉数还之。如何？请与汝为酌夺可也。"

9 月 13 日，范石生派员请领还枪械，遭到蒋介石拒绝。范石生先是诡言有该军订购德商长枪 1000 支，装在商团扣械内，大元帅孙中山昨手令发还。蒋介石因早察知其情，电复断然否认此事。9 月 18 日，时留守广州任代帅职权兼广东省长的胡汉民派员偕商团代表来军校，察看押存军校的商团私运枪械，协商处理办法。胡汉民捎信给蒋介石，书曰："弟到韶谒先生，所谈大致如在校共议之大略……先生亦主张如得实款，械可发还，惟移转存贮之地，则无益而有危害。弟等返省即到汝为处，汝为、组安俱认四总司令之保管不过为一种示威办法，不必实有如何做作者，然则暂贮黄埔，俟解决条件，即陆续运搬发还，此时只有如此办法也。因有四总司令保管之说，商团原本催促交由范、李、廖等保管者，因不复提，只尚有小小要求，则谓有挑拨离间者，言政府已将枪械分配各军已尽，彼等欲一看而安心，彼等赤知政府略发千数械于北伐军，然冀不如外面之言云云。弟意或可许，由弟派人偕彼商人三四到校一看，然此事必得兄同意，方好确实允之。今日欲以电话奉商，竟日不通，电报又虑不能畅言，故仍以函白。请兄示复。"9 月 20 日，军校呈请任命王俊为工兵队队长，兼第 2 总队队长；第 6 队副队长郜子举代第 2 队队长。

对如何处理商团及团械问题，胡汉民力持息事宁人，以免风潮扩大，提出以下妥协办法：体恤商艰，准商团备价购枪；联防总部按政府所颁规章进行改组，其成立后须受政府监督；请令派向与商团有交谊的李福林任市长，以便于调解。当时正在韶关督师北伐的孙中山采纳了胡的意见，同意取消对两陈的通缉令，并因需款孔亟而最后答应了李福林提出的 3 项部分还械办法——由广州殷实商人筹借北伐费 20 万元，团械发还枪支 5000 杆以上，团械发还之日由商团通电解释误会和表明心迹。这些妥协退让的做法，为广州商团坚持第二次罢市并铤而走险壮了胆威。

9 月 21 日，蒋介石复呈孙中山信，决心死守黄埔，函称："手谕只悉。叛军与奸商联成一气，其势益凶。埔校危在旦夕。中决死守孤岛，以待先生早日回师来援。必不愿放弃根据重地，致吾党永无立足之地也。如果坚忍到底，日内叛奸或不敢来犯。再过数日，则我军准备完妥，乃可转守为攻。果能渡此难关，则以后当入坦途。以现有枪械练成一旅之众，三月之后，必有一支劲旅可作基干之用，以之扫荡一切残孽。先图巩固革命根据地之广州，则吾党自不患其不能发展也。故此时中决不能离此一步，务望先生早日回省，是为今日成败最大之关键也。至于商团枪械之处置，前议以百万罚款赎还，今议以全交汝为兄，专为整顿粤军之用。中意新枪既到，所练部队，暂足应用，而商械并不精锐。以中之意，不如仍交汝为。切不可再提条件，以免奸商挑拨，且不致因此丧失感情。然实不主张零星分给各部耳。总之，保管此枪徒成怨府，而毫无补益，万恳从速处置，俾卸无谓之责守，或亦可减少各方觊觎黄埔之野心。未始非保全基本之一道也。钧意如何，立候示遵，敬请钧安。"

9 月 22 日，蒋介石约人谋划平息扣械事。此时，孙中山和国民党在广州政治上的生存受到严重威胁，政治上的挫折使孙中山感到沮丧，他离开广州前往广东北部小城市韶关，宣布发动第二次"东征"，并向蒋介石下达正式命令，要他带领黄埔军校学生同他会合。蒋介石在黄埔岛按兵不动，冷静地处理商团带给国民党的政治挫折，仍然履行执行协议承诺，把 5000 支步枪交还给商团，暗中在做平定商团的准备工作，使用苏联支援和扣押截留商团的枪支弹药装备军校学生，迅速扩大军校武装。

10月3日，孙中山发出《谕蒋介石起卸俄械地点函》，告以苏联运械船不宜在香山县金星门内停泊，应"直来黄埔，公然起卸为妙"，电曰："闻仲恺说，械船到时拟在金星门内起卸，以避耳目。我以为不必如此。若为避人耳目计，则金星门大大不相宜，因金星门之对面，即冷汀关。该关有望楼，有缉艇。凡到金星门附近之船，无不一目了然。实在不能避，而反露我们欲规避之心，示人以弱。恐反招英舰之干涉，因英舰已视此等海面为其范围，此一不可也。且金星门外，年年淤浅，此时之水路当较数年前海图必差数尺，恐致搁浅，此二不可也。又在该处搬运，实花费太多，又恐小艇有遇风雨盗贼之危险，此三不可也。究不如直来黄埔，公然起卸为妙。而以此为一试验，若英国干涉，我至少可以得此批到手，而不必再望后日。如不干涉，则我安心以策将来，若往该处起卸，恐此批亦不可得也。"

10月9日，许崇智派代表与广州市各法团出席粤省总商会，协议得7条件，事可解决。乃商团自恃有备，且与范石生、廖行超等勾结，既不履行筹北伐费50万元，又不遵每支枪助饷50元办法，并煽动第二次大罢市。黄埔岛再次宣布戒严。

孙中山手谕蒋介石埔械运韶，谕曰："兹着陈兴汉来帮手，尽将黄埔械弹运韶，以速为妙。""明日果有罢市之事，则必当火速将黄埔所有械弹运韶，再图办法，如无罢市，则先运我贷前来，商械当必照所定条件，分交各户可也。若兄烦于保管，可运至工厂或河南行营暂存俱可。"并另手谕，迅即成立革命军事委员会。

蒋介石再接孙中山密电，令其弃埔岛来韶，电曰："以我推测，或不致如此危急，然我来韶之始，便有宁弃广州为破釜沉舟之北伐，今兄已觉得广州有如此危险，望即舍去黄埔一孤岛，将所有枪弹并学生一齐速来韶关，为北伐之孤注。此事电到即行，切勿留恋，盖我必不回救广州也。当机立决，万勿迟疑。"蒋介石函复孙中山总理，决死守黄埔岛，并请从速处置商械。

二、惨案发生在 1924 年"双十节"

10 月 10 日上午 9 时，军校举行阅兵仪式，何应钦总教官任阅兵指挥；另一批军校学生参加广州各界人民"双十节"庆祝游行。

是日上午，广州商团军从广州市长、民团督办李福林手中领回长短枪 4000 支、子弹 12.4 万余发。下午，军校归还商团的枪械从黄埔岛运到省城商业中心附近的码头，尚未从船上卸下来。商团武装人员趾高气扬，似乎被"胜利"冲昏头脑，而在街上游行的军校学生和支持者感到受了侮辱，气氛顿时紧张起来。午后 3 时，军校学生暨广州市各界，在市区举行大巡行，过西濠口，商团乃与寻衅。商团运回发还枪械，在河岸起卸，巡行队经其地，团员疑将劫之，军校学生和国民党同情者受到商团武装在西濠口的枪击，约有 20 人被打死，事遂决裂。

其后，商团即武装巡行街市，公然发动了旨在推倒孙中山革命政府的武装叛乱。蒋介石即向孙中山报告情况，并请"集中驻韶兵力，南下平乱"，"廖仲恺则偕工团军部长施卜赴韶，向孙文示"如何进行戡乱。孙中山电令胡汉民及各军总司令谓：商团"叛迹显露，万难再事姑息，生死关头，惟有当机立断"进行平叛。

蒋介石致"万急"密电孙中山，报告移交商械各情，电曰："商团枪械昨夜移交李登同（福林）转发各户，子弹待其交足二十万元再发。今日登同言商铺明日决不罢市云，余容续报。"孙中山以商团通敌显著，严电广州诸将应付之，分送省长胡汉民、总司令杨希闵、总司令许崇智、总司令刘震寰、部长古应芬、军长李福林、公安局长李章达、黄埔校长蒋介石，电曰："十万火急……商人罢市与敌反攻同时并举，叛迹显露，万难再事姑息。生无关头惟有当机立断，如果确有其事，则用干部及其他学生协同福军忠勇之士，临门劝告，不从则进一步应付之。此事务乞照办，切勿游豫，以招自杀。陈贼与逆商本不足平，只要诸兄心决胆定，不为物议所摇，则革命前途，幸甚，幸甚。"

孙中山致电蒋介石，令商械运韶，谕曰："如明日果有罢市反攻之事，则商团械亦当与我货一齐运韶，为革命之用。盖有械岂愁无人，运到我自有办法也。"

10月11日，孙中山特派许崇智、廖仲恺、汪精卫、蒋介石、陈友仁、谭平山为革命委员会全权委员。令革命军事委员会用本会长名义，便宜行事，平定商团事变，并立即设法收回关余。并令留守韶关后方的湘军一部、吴铁城之警卫军及粤军张民达师等，星夜从粤北班师赶回广州，先"肃清内乱，再行北伐"。

蒋介石"十万火急"电请孙中山回师平难，电曰："本日省城尚未开市，某军从中作祟，且对商家言，罢市方有话说之语。中正料不久逆敌必来反攻韶关，各军非先准备南下，击灭逆敌，断难北伐。中正当死守长洲，尽我职务，尚请先生临机立断，勿再以北伐为可能，而致犹豫延误。前以枪易北伐费二十万元，今则枪既缴去，而罢市更剧，商团排队巡街，布告煌煌，痛骂政府，亦复成何景象。闻其将有要求造币厂、兵工厂、公安局皆归商团管理之举。二十万元枪费既无望，北伐更难。为今之计，惟有集中驻韶兵力，南下平乱之一途也。如何盼复。"

孙中山致信给蒋介石，令收束埔校离粤，专力北伐，谕曰："枪弹运韶，决不瓜分各军，乃用来练我卫队之用，汝为亦不能给以一支，如有必要，只可将黄埔前时之枪给他。此八千一式之枪，一支不可分散，到韶后，甚多地方可以贮藏，我在此，断无人敢起心来抢也。至于运来时途上之保护，只在黄沙一段要小心，其他一路则甲车与数百人便足，可由学生任之，黄沙并小坪一带，可用张民达之队以保护之。其法着张假作出发韶关，集于车站，黄沙大部、小坪小部，布置妥当，枪弹即上车，与学生同来便可。至于款项，现当将黄埔学校收束，俟到韶关再酌可也。答电如下：北伐必可成功，无款亦出，决不回顾广州，望兄速舍长洲来韶，固有某军欲劫械，并欲杀兄，故暂宜避之，以待卫队练成再讲话。陈贼来攻，我可放去由争食之军自相残杀可也。乱无可平，只有速避耳，或更邀汝为同带其可用之部队齐来，尤好，望为商之。"

孙中山复电蒋介石，指出："新到之武器，当用以练一支决死之革命军。其兵员当向广东之农团、工团、并各省之坚心革命同志招集，用黄埔学生为骨干。练兵场在韶关，故望兄照前令办理，将武器速运来韶，以免意外，至要至要。此意请转知鲍顾问，并请他向各专门家代筹妥善计划，及招致特种兵之人才为荷。"（以上两封信笺手迹，全文影印在1936年版《中央陆军军官学校史稿》前页）

孙中山复电蒋介石，在韶练兵，并北伐出兵，电曰："（一）我必要湘军及朱培德部完全出发后乃能回省，大约要十日左右。（二）大本营决定在韶练兵，地址最好在马坝、南华寺之间，此地水土卫生极佳。（三）枪支之处置，当不能照第二议全交汝为，固彼未曾照我所定之计划施行也（指奸商、奸兵同时要对付言）。（四）练兵一事为今日根本之图，枪支处分当以此事为准，若用五千，则可以三千为北伐之用，如完全皆为练兵之用，则当不能移作他用。汝为果要一式之枪，可着之先整顿其部队，若能汰劣留良，得1万则可给与1万，得2万亦可给与2万，因俄船已来过此地，以后再来，当更容易。如我确有可靠之兵，要枪来用，以后不成问题，此头一批之械不过到来一试耳，以后只要问我有人耳，必可源源接济也。其他之事，兄所见甚是。至于北伐出兵，此间自樊部出发而后，已使赣敌疲于奔命。昨日何雪竹部始能继续出发，如此出兵，当然正犯兵家各个击破之所忌，然樊钟秀竟然冒此忌而出，未见敌有何能击破也。吾料湘军与朱部一出，则赣南全部必为我有也。""再留各东江之七九子弹，当要拨五十万为湘军出赣之用，此物到，湘军即发，幸勿延迟，至要，至要！现在只欠朱部出发费耳，若此小款有着，则头一起之北伐军可完全出发矣。"是日，军校召开欢迎苏联舰员兵大会。

10月12日，广州市形势极险恶，西关等处遍贴打倒孙中山革命政府等标语。

孙中山为应付时局致电蒋介石手谕，谕曰："运械来韶，如不能立办到，则其次为分给我同志中之队伍肯为我杀奸、杀贼者（此指官长与士兵皆一致者而言），请兄与汝为细查其各部，何部有此决心，不为奸商所摇动者，如有则合集之，要兄与汝为对彼众要约立决死之誓，必尽灭省中之奸兵、奸商，以维持革命之地盘。此事当要部队1万人以上，上下一心，又要汝为先有决心，毫无犹豫，负完全责任，为我一干，便可将黄埔之械悉数给之，立即起义杀贼，绝无反顾。如汝为不能决断，则无论如何艰难危险，仍将械运来韶关，以练我之卫队。此事可与汝兄切实磋商，立即决断施行寿要。商团之七九弹，则近来北伐之用可也。"

三、黄埔学生初试牛刀平定叛乱

10月14日，广州商团总部为扩大叛乱下紧急戒严令后，孙中山以大元帅名义令胡汉民代理革命委员会委员长职权，以廖仲恺为秘书佐之，向"陆军军官学校校长蒋中正、航空局长陈友仁、甲车队长卢振柳、工团军团长施卜、农民自卫军主任罗绮园、讲武学校监督周贯虹、滇军干部学校校长周自得、兵工厂马超俊、警卫军司令吴铁城"发布平定商团手令："兹为应付广州临时事变，未平定期内，所有黄埔陆军军官学校、飞机队、甲车队、工团军、农民自卫军、陆军讲武学校、滇军干部学校、兵工厂卫队、警卫军统归蒋中正指挥，以廖仲恺为监察，谭平山副之"，并强调"收缴商团枪支刻不容缓，务于二十四点内办理完竣，以免后患"。令粤、滇、湘、桂各军，分任各街防守。

胡汉民省长电请孙中山大元帅，奉命以杨希闵为戒严总司令，并下令马上宣布解散商团各机关。廖仲恺与蒋介石通电话，由军校派出两个学生队，连夜开赴广州市区，保卫省长公署。蒋介石命令军校第3、第4队学生开进广州作战斗部署（时第1学生队在韶关任孙中山卫队），准备平定商团。第2队学生防守军校，另由何其芳（芸生）连长从广州带领赣军新兵100人回校参加防守。令驻虎门教导团第1营，听候虎门要塞司令陈肇英指挥，该团第4连开往沙角。

下午7时左右，军校第3、第4队学生400余人全副武装，在蒋介石率领下于广州东堤军校办事处码头登陆，佯作照例夜间演习城市巷战，并函知市警察局："军校学生夜间演习，转知市民，毋得惊慌。"时大雨如倾，永汉路积水二三寸。这两个学生队军容严肃，气势高昂，虽行军于大雨积水中，但步伐整齐，行阵不乱，无人低头缩颈或东张西望，充满一往直前精神，旁若无人。永汉路两旁商店里的人都在门内观看，莫不啧啧称羡。像这样的队伍，在广州前所未见。正是这先声夺人，对陈廉伯起到了精神镇压的作用，使他在略一迟疑的当儿，校军已完成了包围西关的准备，商团武装力量遂失去主动及突然袭击的机会。军校学生进入市区后，一些人担任"革命委员会的卫队，驻在惠州会馆"，大部分人在省政府休息。直到深夜开始演习时，才口头宣布命令，围剿商团叛乱。

10月14日，蒋介石电请孙中山南下平乱，电曰："各军联合一致解决商团，约今、明两日内开始行动云。昨日解送之子弹，务乞贮存一处，暂勿分给，否则临急无所补充，困难更甚。如逆改反攻省城，先生可否率队南下平乱。中正之意，必如此方有转机也。解弹来韶之学生，何日返省，乞复。"

是夜，广州市区商团从大市街出动，蒋介石乃督队并协同湘军（由韶关调回者约3000人）及张民达、吴铁城、李福林各部，分向西关、西瓜园、太平门、普济桥迎击；长堤、沙基、黄沙等处，则以滇军扼守防御。

10月15日，军校师生在蒋介石直接指挥下，参加平定广州商团联军的战斗。晨4时，太平门、普济桥一带商团进犯警卫军警戒地，警卫军还击，破栅门而入，巷战良久。蒋介石指挥黄埔学生军，协同粤军张民达师、警卫军吴铁城部，以及工团军、农民自卫军等，兵分5路围攻商团军。黄埔学生队用火攻焚毁商团设在西关的街闸木栏及堡垒，为政府军各部发起总攻扫清了障碍。各军沿途夹击，商团先后退却。经5个小时战斗，平叛各部迅速进占西瓜园、太平门、西门普济桥等处，横行广州多年的商团军即刻瓦解，陈廉伯一手制造的反政府武装叛乱迅被荡平。是晚，陈廉伯见大势已去，逃往沙面，由英人护送逃往香港。

10月16日，广州市区西关外商店相继开市。广州商人本来就不满陈廉伯的所作所为，比如：强迫商人子弟去当团丁，供陈驱使；强迫商人出资购买武器；对孙中山先生造反尤所不愿。陈廉伯一走，一切便迎刃而解。是日，胡汉民省长下令通缉商团陈廉伯等9人。

同日，孙中山致电蒋介石手谕，希望策划北伐必能成功，谕曰："枪械运韶，既未办到尽交汝为，而条件今又以环境变迁，无施行之必要。然则此械兄究以何用为最适宜，请详细考虑以告我为盼。北伐志在必行，且必有大影响。樊钟秀所部数日前已破万安，收降卒一团，闻敌因此已疲于奔命，大军现尚无款出发，但二日后必令何雪竹队再出，以继樊之后尘，则敌必更恐慌矣。赵成梁要求若能得枪二千，则无款亦必出江西，江西敌甚无斗志，亦无斗力，大军一出，必得江西全省，便可补上海之失。张静江有电催出师江西甚力，亦云宁弃广东，亦当为之，此可见各省同志之望，我不可不有以慰之也。此次一出，必能成大功，可无疑义，望兄鼓励各人速出，一由东江击破陈逆而出福建，一出江西，则川湘各军必争先而出武汉，而中原可为我所有，否则无论奉直谁胜，西南必亡。际此时能进则存，不进则亡，必然之理也。望兄万勿河汉吾言，幸甚。"

当晚，商团代团长李颂韶、副团长陈受恭向革命政府请求"缴械赎罪"乞和，愿缴械赎罪，蒋介石等允其请，商团叛乱遂告平定。

"双十节"的暴力事件使广州的舆论转而变得不利于商团，商团拥有 5000 支步枪的事实也让本地军阀惊恐不安，商团政治上受到孤立。商团主要领导人被军校学生和军阀武装围困在商铺林立的西郊，商人们不希望发生街头战斗，那会使他们的商铺和家园毁于一旦。至本日晚间，军校学生荡平商团在广州的总部及全部据点，迅速解除商团的武装，夺回几天前刚归还商团的枪支。

10 月 18 日，广州市区解除戒严。老百姓看到黄埔军校学生秋毫无犯，爱百姓，不要钱，不怕死，都是能说能写、有礼貌的青年学生，亲切地称呼他们为"学生军"。是日，广州罢市各店先后开门复业；次日，驻佛山的滇军解散了佛山商团。至此，孙中山及其革命政府取得了平定商团叛乱的彻底胜利。

平定商团，是黄埔第 1 期学生首次参与的军事行动。军校一举两得，既赢得对广州商界的胜利，也获得了市民的普遍支持。黄埔军校学生刚学会拿枪，很幸运首战的对手不是军阀正规部队，而是乌合之众的商团民兵武装，其领导者又顾忌家门口的坛坛罐罐，根本没有决战信心和思想准备，因而使军校学生轻易得手，既壮胆又扬威。军校的决定性行动化解了一场重大政治危机，同时为国民党重新赢得了公众的支持，用行动证明了军校学生武装的战斗力，仅正式建立 3 个多月的黄埔军校已经成为广州的一支名副其实的政治力量。黄埔军校首树军威，使广东局势转危为安。

从此役开始，黄埔军校的培训不仅强调军事训练，还注重战斗经验。戎马倥偬的作战经历和应付形形色色的政治危机，成为黄埔军校学生所受正规训练的一部分。事实说明，正规的专业训练只是培训学生的基础而已，军事实践、政治经验更为重要。黄埔军校培训的质量虽然受到时间和资源的限制，但道德和政治责任弥补了正规军事训练的相对薄弱，有限的专业培训并不妨碍黄埔军作为广东最有战斗力的军队而崭露头角。

思考题：

1. 仅仅训练3个多月的黄埔学生，为什么能够战胜训练有素、装备精良的商团？

2. 平定商团的胜利对刚建立的黄埔军校和对广东革命政府生死存亡的重大意义是什么？

3. 试论孙中山在平定商团中的中流砥柱作用。

第十九讲

两次东征与平定"杨、刘叛乱"

广东革命政府的第一次东征，是中国近代战争史上的重要战役之一，它对广东革命根据地的统一、北伐战争，以及国民革命军的成立与发展，都具有极为重要的意义。黄埔军校校军是这次战役的主力军之一，由于这支军队充分发扬黄埔精神，全体官兵英勇顽强，不避艰险，不怕牺牲，纪律严明，与许崇智的粤军相互配合，取得了这次决定广东革命政府命运的胜利。这次胜利，在黄埔军校的历史上写下了光辉的一页。

1925年1月，盘踞在惠州、潮州、汕头一带的军阀陈炯明所部，在英帝国主义分子和北洋军阀段祺瑞的支持下，乘孙中山北上商定国事的机会，自命为"救粤军总司令"，在汕头召集军事会议，以其7个军6万余人进攻革命根据地广州，把防线布置到石龙、东莞附近，准备随时由博罗、石龙、石滩一线向广州进攻，妄图摧毁革命政权。

一时间，山雨欲来风满楼。广东革命根据地尚不巩固，革命政权的最大威胁即是来自这盘踞在广东惠州、潮州、汕头一带的军阀陈炯明的势力。广东革命政府在中国共产党的倡议和支持下，为了打破陈炯明进攻广州的反动企图，巩固基地，决定清除叛逆。当时的广东革命政府代理大元帅胡汉民，命令滇军杨希闵部、桂军刘震寰部、粤军许崇智部以及其他军队组成联军，分路反攻陈炯明。但东征作战计划及行动命令下达后，滇桂军却徘徊观望，迟迟不动。

当时的形势异常紧急。滇桂军的观望行为，激起了黄埔军校师生与教导团官兵的极大义愤，遂向联军请求先出兵讨陈之任务，但被联军会议否决。蒋介石又托代理大元帅胡汉民转呈孙中山。孙中山在北上途中回电，准许军校参战，列入作战序列。于是，军校即组成由教导团官兵和在校师生参加的校军，参加东征讨陈作战。军校校长兼粤军参谋长蒋介石、党代表廖仲恺、政治部主任周恩来均随军出征。

东征军分3路：右路军为黄埔军校校军和粤军，由校长蒋介石亲自统率，周恩来、叶剑英和苏联顾问等具体领导指挥，有3000多人，任务是进攻淡水、海陆丰及潮汕；左路军为滇军，进攻河源、五华、兴宁；中路军为桂军和一部分滇军，进攻惠阳。黄埔军校教导团官兵、学生军组成的校军，是东征的主力。

东征途中，黄埔军校官兵师生纪律严明，军装整齐，衣领上系着红领带，精神抖擞向前行进。沿途两旁的老百姓们，热情地送水，送煮鸡蛋，送烤红薯。官兵们喝碗水，就留下几块铜板，接受鸡蛋、红薯也一律付钱。路边的土墙上贴着黄埔校军的布告，很多老百姓在围着看《安民告示》，上书："我们既为救父老兄弟姊妹的痛苦才杀陈炯明，所以敢诚诚恳恳、明明白白向我们父老兄弟姊妹们宣告几件重要的事：不强拉伕役，付价购物，不用军用票，保障人民利益。三件请求：一、检举犯纪者，以便严惩；二、公买公卖；三、帮助本军。父老兄弟们呀！我们因急着要追杀陈炯明，没得余时和你们周旋，实在有些抱歉，异日凯旋而归，定与你们携手言欢，慰问你们，并切实设法救济你们。天日在上，不敢自欺以欺我父老兄弟姊妹。中国国民党陆军军官学校全体官佐士兵谨告。"

广东连年战祸，人民涂炭。东江人民遭受陈军之蹂躏，恨军队甚于恨土匪。而校军却使东江人民耳目一新。校军在东征《敬告士兵同志们》中写道："我们做军人的，吃的饭，穿的衣，都不是我们自己做来的，都是人民给我们的。我们这次出发的时候，就应该千万爱护人民，不可扰乱人民。如果我们扰乱人民，人民也就用我们打倒陈炯明的手段，同样来打倒我们。"校军秋毫无犯，不筹饷，不拉夫，不强占民房，深受人民爱戴。久经残暴的民众，见校军义师，无不称赞，都争先恐后迎接。战斗中校军之运输、给养、通讯、情报等都得到人民的帮助。

黄埔校军队伍中每个战士背后的背包上，挂有"爱国家，爱人民，不贪财，不怕死"字样的牌子。以黄埔军校教导团为骨干的右路军向潮、汕地区进发。他们奋勇拼杀，在彭湃领导的海陆丰农民的支援下，一路势如破竹。2月1日，校军与粤军联合行动，首先肃清广九路的敌军，随后向淡水城疾进。2月2日8时，何应钦率领教导第1团乘船向沙角前进，接着直下虎门、东莞、石龙、樟木头、塘头厦、平湖、龙岗，迫临淡水城。

淡水城是一个小城镇，在今深圳市东北不远。东征时期的淡水城，四周筑有高6米、厚3米的石头城墙，可以抵挡枪弹的射击，并设有上、中、下3层枪眼，形成立体射击火力网；城墙下是一道又宽又深的城壕，再外面是300多米宽的洼地，地势开阔，一览无遗。如果作个比喻的话，从空中鸟瞰城墙高立的淡水城，它的外形极似一个长方形的石头匣子。据守城内的敌军为熊略、林烈、翁辉腾的部队，约有4000人。淡水城距离敌军洪兆麟所部驻防的惠州，只有70华里的路程，陈炯明的副总指挥洪兆麟已急遣所部2000余人赴援淡水，援军可朝发夕至。因此，黄埔校军必须赶在援敌到达之前，速战速决，攻下淡水。否则，胜负难料。

2月14日，校军指挥部进到淡水城南门外的玉虚宫。在扫除淡水城的外围之敌后，稍事准备，蒋介石下达了进攻淡水的命令。他命令军校教导第1团担任主攻，尽快由城墙的东南拐角处突破。这天，从拂晓一直打到下午6时，教导第1团和第2团从淡水城南3个方向对城内发起一次次猛烈进攻，无奈官兵们的枪弹均被那又高又厚的土城墙挡住。数量本来就不多的山炮炮弹，也无法对城墙造成根本性破坏。

当晚，蒋介石与周恩来、钱大钧、苏俄顾问加伦对部队攻城受阻情况进行研究后，决定挑选200名奋勇队员，不惜一切代价，在15日上午攻下淡水。这是联军东征途中遇到的第一块硬骨头，也是校军东征以来接触的第一场大的战斗。

挑选奋勇队员的消息传达到教导第1、第2团，部队立即沸腾起来，黄埔1期生陈明仁、关麟徵、左权、陈赓和杜聿明等纷纷要求参加。夜色中，戴着金丝近视眼镜的何应钦团长骑着一匹矮马，来到部队，挑选奋勇队员爬城。名称上说是奋勇队，其实也就是敢死队，大家都避免提到那个字。8名担任连党代表的共产党员、2名国民党员为奋勇队官长，奋勇队员由105名士兵组成。

2月15日7时整，涧井高地上，苏联炮兵顾问、原苏军炮兵师长夏斯特洛夫挥动着指挥旗，两门山炮在他的指挥下，准时向淡水城的东南角开始轰击。炮弹呼啸着飞向城墙，守城敌军官兵一部分被榴霰弹击中，在城外高地上可眺望见有些敌军官兵正混乱着四下躲藏。城墙很快被炸开一个缺口，隐蔽在城墙下的校军官兵的步枪、机枪一齐开火，掩护奋勇队挟梯攻城。奋勇队员一跃而起，冒着浓浓的硝烟，冲向城根。

奋勇队员利用云梯爬城。但还有许多官长和士兵涌在城根下，因为没有足够的云梯而不知所措。何应钦团长的苏联军事顾问切列潘诺夫和骑兵顾问尼库林忽然从高坡上跑了下来，嘴中大声叫喊着什么，但大家并没有听明白他们两个人的意思。他们接近城墙豁口后，尼库林蹲下身体，切列潘诺夫踩在他的肩膀上，做出了攀登城墙的姿势。大家立即明白了：架人梯！左权把排里的士兵集合在一起，分作3列，搭人梯爬城。敌人凭险顽抗，城根下到处是奋勇队员和双方官兵的尸体。左权毫不犹豫地踩着士兵的肩膀，被一个又一个肩膀顶上了城头。他个子矮小，却很敏捷，挺枪舞刀，一登上城头，便有用武之地，英勇杀敌，且战且攻。

黄埔军校教导团和学生军英勇善战。守城叛军见黄埔校军锐不可当，城下愈攻愈猛，被迫退避街巷。这时，城门被打开，教导第 2 团也乘势冲进城里，与教导第 1 团汇合一处，聚歼残敌。此战共俘虏敌军 1000 多名，缴获步枪 1000 余支，机枪 10 多挺。淡水城于午前攻克，守敌只有 300 余名侥幸逃命。

黄埔校军在淡水之战中牺牲 10 人，受伤 40 多人。教导第 1 团的军事顾问切列潘诺夫亲眼见到黄埔军校官兵师生的舍身精神，称赞说："黄埔军校第 1 期毕业的尉级军官绝大多数都表现很好。"

淡水之战造就了许多英雄，同时也出现了临阵退却、贪生怕死之徒。第 2 团第 7 连连长孙良在前线激战时，带兵逃跑，后被军法处置，执行枪决。教导第 2 团团长王柏龄在率部防守淡水城内、城外高地时，没有组织有效的反击，反而临阵脱逃。在战后被撤去教导第 2 团团长职务。

攻下淡水之后，教导第 1 团集合在城西北边一片高地里，派出警戒，注视着惠州方面敌人的动静。敌军洪兆麟部闻淡水危急，急调惠州、博罗方面部队星夜驰援，向淡水猛攻。校军以 1 个营守城，其余全部在城外与敌军作战。下午 4 时左右，敌人的增援部队便与教导第 1 团接上了火。第 2 团团长王柏龄不在阵地上，各营、连便自动展开，与敌军对射。东征军粤军第 7 旅经不住敌人的逼攻，逃跑的唯恐落在了后面，一片混乱。敌军洪兆麟的部队是以"三板斧"出名的，他用兵总是集中精锐力量，以连续 3 次的猛烈冲锋把对方冲垮。这时，离城四五华里（1 华里＝500 米）的山地上，敌兵像潮水一样，奔腾汹涌地抢夺山头。何应钦命令本团第 2 营长刘峙率全营反攻。时值黄昏，暮云横山，战尘蔽空，士兵们的枪都上了刺刀，猛扑向敌阵。愚蠢的敌人以为这支部队是城里败退下来的友军，抱着枪等友军靠拢，待看清枪上白晃晃的刺刀指向他们时，为时已晚，吓得调头就跑。由于校军英勇善战，敌军在一处乱了阵脚后，只好全线后撤，向惠州方向退却。黄埔校军和粤军第2师乘势进行反击。

左翼军与中路军在右翼军攻克淡水后，仍迟迟未动，右翼军决心孤军乘胜向洪军猛攻。洪军由淡水败退后，集结于平山墟、白芒花整补。右翼军一鼓作气，拿下白芒花与平山墟，随后又直下海丰。右翼军进占海丰后，得悉洪军向潮汕方向溃逃，军心紊乱，士气颓丧，黄埔校军和粤军一部不待休整，乘胜攻克陆丰、汕头、潮安等地，击溃敌军洪兆麟、叶举两部。至此，右翼军在第一次东征中的原定战略任务全部完成。

2月27日，东征军抵达海丰城。这座已有1300多年历史的古城，是军阀陈炯明的家乡。海丰城商民百姓们，不等东征军进城，就竖起了青天白日满地红的犁头旗子。饱受风、潮、水、旱灾害之苦的种田百姓，早就想打倒陈炯明，建立农民自己的天下，以结束海丰"县长多如狗，司令满街走"的陈氏小王朝。

黄埔校军得到了民众的广泛拥护，士气更加旺盛，挥师直下新田、黄塘、曲河、棉湖、揭阳，随即进驻潮州。

这时，左路、中路的滇桂军在石龙停止了前进，按兵不动，与右路军烽鼓相望，却引兵不发，还暗中与陈炯明、林虎、洪兆麟信使联络，致使林虎能率兵1.5万余人转向揭阳，截击右路军之线的后方交通，然后又进逼潮汕，妄图借陈炯明的叛军消灭黄埔校军。杨希闵还有意将所部后撤，给进犯棉湖的敌军林虎、刘志陆部让路，使敌军从容集结其主力2万余人。他们从兴宁、五华一带企图抄袭黄埔校军的后路，想一举将黄埔校军消灭于揭阳、潮汕之间。在这种情况下，右翼军决定回师向西，先歼灭林虎之敌军。校军以教导第1团向棉湖前进，教导第2团向鲤湖前进。

3月中上旬，校军教导第1团到达棉湖地区后，很快与10倍优势之敌接火。由于兵力众寡悬殊，校军的作战打得非常艰苦。教1团全体官兵人人英勇顽强，与敌激战甚烈，伤亡极大。直至粤军第7旅赶到加入战斗，战局方渐趋于稳定。随即校军教1团进占棉湖，教2团占领池尾，粤军第7旅进至桐坑、狗埂等地，伺机攻击敌军。

3月13日凌晨，薄雾中的山岭上人群涌动。7时半，校军教导第1团在距离河顺约20千米的曾塘村与叛军王定华等部6000余众交火。敌人已占据东端高地，他们倚仗人数10倍于校军的优势，以大部分兵力向校军包围过来。两军相距不过200米，战斗空前激烈。校军教1团第1营、第3营为第一线，第2营和特种部队为预备队，战线延长到数里之长，曾塘村出现了裂隙，敌军乘机向教1团的指挥部扑来。何应钦团长急令第2营营长刘峙率领第6连官兵用刺刀向敌人发起冲锋。

敌人势众，校军的许多士兵被枪弹击中，倒在水田里，摆在阵地上的6门炮都哑了火。蒋介石站在何应钦的团指挥所，质问炮兵连长陈诚："为什么炮都打不响了？能不能再试一试？"陈诚急得满头是汗，忙跪下一条腿去调整炮位，装上炮弹后，亲自拉火，这一炮出乎意外地打响了，炮弹正落在敌阵里。接着又有几炮炸响在曾塘村的敌群里，10多个敌人当场被炸翻。已是精疲力竭的校军官兵振奋起精神，向前猛扑，将敌人赶出曾塘村。刘峙营长率第6连占据曾塘村后，立即布防，准备迎击敌人的反扑。11时30分，敌人增援反攻，数百名敌军从东南方向对校军猛烈夹击，校军官兵用排枪射击，以发挥整体威力。但是，阵地上的伤亡越来越大。

正在这时，35岁的苏联军事顾问加伦将军率领着自己身边的人员投入战斗。这位中等身材、体格健壮的指挥官，原名瓦西里·康斯坦丁诺维奇·布留赫尔。1924年10月，他到广州后，担任大元帅府的首席军事顾问。他善于对整个战争和每一场战役，用数学方法进行计算，在权衡利弊之后，才决定攻守进退。据军事顾问们说，这次东征的进军时间和进程，与他的初步计划只差两三天。在东征中，两个团只有何应钦团长有一匹供坐骑的矮马，其余团长和高级军官坐轿子。加伦和所有的苏联军事顾问们像士兵一样步行，在最危险的时候，他作为一名将军却站在士兵的行列里，冒着密集的枪弹带头冲锋。苏联红军不畏艰险和勇于牺牲的精神在这些顾问身上得到了充分体现。

校军教导第 1 团在棉湖战役中与 10 倍于己的精锐敌军相遇，全体官兵英勇顽强，以一当十，抗击敌军的进攻。全团损失惨重，伤亡半数以上，9 个连长有 6 个阵亡，3 个负伤，副连长、排长伤亡最多。如第 3 营，营党代表、副营长牺牲，3 个连长 2 死 1 伤，9 个排长 7 死 1 伤，士兵共 385 人，战后仅剩 110 人。活下来的人在战斗结束时又饥又渴，连站立的力气都没有了。和顺村战斗，教 1 团第 1、第 2 营死伤枕藉。何应钦率 30 多人的卫队和 1 挺重机枪与加伦将军一道督兵奋战，白刃相接，杀声震天，敌人惊惧。这时，教 2 团官兵行至鲤湖，闻和顺方向有炮声，遂不待命令，兼程驰援。赶到战斗地点后，教 2 团在敌人侧后方进行猛烈袭击，直扑敌军司令部，策应了教 1 团，敌军全线崩溃，于黄昏时分向兴宁、五华败退。为了号召校军官兵鼓起勇气穷追敌人，加伦将军用洪亮的声音向队伍演说，振臂高呼："教导第 1 团万岁！"校军和粤军不给敌人以喘息之机，振奋精神，乘夜向兴宁、五华方向追击。

棉湖之战，黄埔校军以 3000 兵力战胜敌军林虎部 2 万劲旅。此役，打死打伤敌人 900 多人，击毙敌旅长张化如，俘虏敌团长黄济中，俘虏敌营、连、排长 60 多人，缴枪 1600 余支。这是民国建立以来第一次以少胜多的大捷。此役是东征中一次决定性的战斗，奠定了东征胜利的基础，扭转了整个战局。

3 月 15 日，东征军行至河波镇，下午 5 时集合队伍，进行作战阶段总结。蒋介石、廖仲恺、加伦将军都高度评价了棉湖战役。加伦将军说："俄国同志亲眼看见教导第 1 团勇敢战斗，在俄国红军中极好的部队才能见着如此成绩"，"昨天棉湖一战的成绩，不独在中国所少见，在世界上也是少有的。由此我可以告诉我们国内的同志，中国革命可以成功，一定可以胜利，因为教导第1团能如此奋斗"。说完话，他当场解下佩剑，赠给何应钦团长。廖仲恺代表国民党中央委员会，慰劳和犒赏部队，每个团奖励1000元。

东征军取得棉湖大捷后，再攻兴宁、五华。五华、兴宁为陈炯明敌军的重要根据地，林虎率部企图聚众固守。黄埔校军和粤军决心除掉敌人这一根据地，对五华、兴宁发起强攻。因敌众多，校军采取迂回攻击，从小路夜袭五华。五华之敌军仓促应战，不久，向东败退。五华城为校军所占。校军命令教1团为该城警备，教2团与粤军一部攻击兴宁，激战数小时，兴宁被克。在东征军连克数城的威慑下，水口、梅县方面之敌军不敢恋战，全部退至梅江以西。惠州守敌见大势已去，遂向东征军联系投降事宜。

至此，东征军之右翼校军与粤军征战近2个月，解放了潮、汕，把军阀陈炯明的王牌军洪兆麟部6万余众打得落花流水，将其击溃并逐出广东。敌军首领林虎、王德庆、刘志陆几乎被抓获，仓皇逃出广东省境。陈炯明于2月26日由汕尾逃往香港。不到2个月，东征军就荡平了东江，扫平了潮、梅地区。

第一次东征，是国民党军发展历程中一个极为重要的关键时期。校军当时面临的形势严重，所以东征只能胜利，不能失败。如果失败了不但威信扫地，生存亦成问题，以后的发展更无从谈起。校军第一次出战，初露锋芒，打出了军威，极大地提高了黄埔军校与校军的威信。从此，以校军为代表的国民党党军从小到大，自成系统，成为一支对广东局面有着决定作用的武装力量，促进广东各系军事力量团结在国民党的旗帜下。

第一次东征，驱逐了盘踞东江流域的叛军陈炯明，平定了东江，稳定了广东局势，为以后平定"杨、刘叛乱"及第二次东征与南征的顺利进行提供了有利条件。这一胜利，连同孙中山历次的东征讨贼、平定商团叛乱、第二次东征与南征等，统一与巩固了两广革命根据地，为北伐战争奠定了基础。这次胜利，也极大地打击了因孙中山北上与逝世一度嚣张的广州革命政府内部与外部的反动气焰，对广东各军阀起到了闻风丧胆的心理威慑作用，坚定与鼓舞了广东与全国人民继承孙中山的革命精神与革命事业的信心与决心。

第一次东征，是中国历史上第一次将政治工作制度实施于军事工作与战斗的战役。这次胜利充分证明了政治工作的巨大威力。这在中国军事史上是十分重要的事情，它为以后的北伐战争、国民革命以及整个中国革命奠定了基础，并建立了政治工作的威信。这对中国共产党创建新型的人民军队提供了有益的借鉴。

黄埔校军在第一次东征后，以崭新的面貌出现在中国人民面前。

第一次东征取得胜利，黄埔军校师生、官兵和所有革命军欢欣鼓舞。就在这时，中国政坛上发生了一件重要的事情，这就是孙中山先生逝世。

还在第一次东征出发前夕，孙中山正在因北京政变而进行南北和平统一活动。北洋政府由段祺瑞出面维持局面，自称"临时执政"，主张"换汤不换药"，仍由军阀执掌专制政权，继续维持反动统治。他把孙中山请到北京，并将其看作南方军阀的代理人。而共产党支持孙中山号召和平统一，是希望孙中山利用他的影响，把南北两方面的进步势力团结起来，瓦解北洋军阀的封建统治。孙中山到北京后，却遭到了冷遇，他的召开国民会议的主张，被段祺瑞一伙军阀束之高阁。孙中山本来有相当严重的肝病，到北京后因劳累过度，加之受了刺激，因而病势加重，于1925年3月12日不幸病逝于北京铁狮子胡同行辕。

孙中山先生的病逝，在南方革命政府内部出现了"谁继承孙中山"的问题，当时大元帅府仍然存在，谁也不敢自命为继承人，也提不出一个合适人选，于是只能由秘书长胡汉民代理。胡是国民党右派，同共产党不打交道，与廖仲恺等国民党左派也貌合神离。加上蒋介石也对"大元帅"的职位垂涎三尺，于是国民党内部出现重重矛盾。各派军阀出于权欲，趁机割据。广东一个省，一下子就出现了 10 多路司令，如驻在东关的刘震寰，西关的廖行超，北江的赵成梁，石龙的曾万钟、杨池生、杨如轩，还有人数众多、控制广州市中心区，号称"3万雄兵"的总司令杨希闵，等等。真是司令多如牛毛，其中以杨希闵、刘震寰两支势力最大，他们心怀叵测，又与英帝国主义和北洋军阀暗中勾结，阴谋策划发动军事叛乱，图谋颠覆广州革命政府，吞并东征果实，控制广州局势。杨希闵、刘震寰以为发难机会已到，准备西联云南唐继尧，北联军阀段祺瑞，图谋割据广东。杨希闵自称"滇桂联军总司令"，调兵遣将，首先在广州宣布戒严，阻挠东征军右路军回师广州，挑起了一场针对革命军的不义之战。

广州形势突然间异常紧张。在中国共产党和国民党左派廖仲恺等人的坚决主张下，广东革命政府命令黄埔校军等东征军迅速回师广州，讨伐杨希闵、刘震寰部。

从兵力对比看，平叛的革命军占有绝对优势。广州参加叛乱的滇、桂联军部队大约有 2.5 万人。而在革命军方面，参加平叛的有谭延闿、程潜、朱培德、李济深、李福林等将军的部队和黄埔校军，总计有 4.7 万余人。这时，周围的政治军事环境也有利于革命军。在潮汕方面，地方军阀陈炯明部洪兆麟师 4000 人已退向福建，林虎部 6000 人败兵退缩到梅江以西，短期内都暂时无力反扑；南宁方面，范石生部与李宗仁部汇合后约 1 万余人，挡住了唐继尧进攻广州的去路；粤西方面，邓本殷部 7000 余人一直保持中立。

5 月 21 日，黄埔校军官兵、师生冒着酷暑，奉命兼程回师广州，平定刘、杨叛乱。

杨希闵、刘震寰的滇桂军多是一些烟兵赌将，军官比士兵多，烟枪比步枪多，步枪比子弹多。无论官兵，每人都有两支枪，一支是步枪或手枪，一支是鸦片烟枪。这些部队的官兵虽然在平时散漫，但打起仗来倒还能抵挡一阵子，他们最大的特点是战场经验多，火线上沉着。他们在阵地上一边打仗，一边抽鸦片烟，能在枪林弹雨中沉着地抽烟，烟抽足了，过瘾了，就能玩命冲锋。黄埔校军当初不知面前敌军的这个特点，猛打猛冲，在瘦狗岭和白云山一带激战，但收获不大。打了一天硬仗，战局仍处于胶着状态。

第二天，黄埔上游猎德炮台，由代总队长张治中率领的黄埔校军2000多人组成的突击总队，准备从这里强渡珠江。珠江里停着年久失修的飞鹰军舰，虽然机器发动不起来，可舰上的炮还能使用，于是决定利用军舰上的大炮开炮助威。

黄埔校军的官兵们冲杀向对岸，直杀得当面之敌人仰马翻。飞鹰军舰上的炮发挥了重要作用。舰上的炮既老又旧，虽然能打响，但射程不远。有一发炮弹落在广九路车站的敌军司令部。那个号称"滇桂联军总司令"的杨希闵，正与他的同党、大军阀赵成梁一同吃饭。炮弹刚好落在离饭桌很近的地方，赵成梁被炸掉了半截，当场死亡，杨希闵侥幸没有中弹，但也吓得够呛，再加上前线接连告急，于是匆匆收场，把赵成梁的尸体搬回广州市内。杨希闵一到市内，便成了孤家寡人，狐群狗党们见他在前面吃了败仗，一个个都滑脚早溜了。杨希闵见大势已去，只好丢盔弃甲带着几个亲信逃进了沙面租借地，在广东的滇军至此全军覆灭。桂军刘震寰原来也有 4000 兵力，滇军溃败后，他率部退到西村，黄埔校军已在这里等着他了。桂军还未喘过气来，就遭到一阵猛打，结果全部缴械投降，刘震寰狡猾的像只狐狸，一看形势不对，早已作了准备，化装逃出广州。

革命军于 6 月 15 日克复广州。在广州工人和各地农民的支援下，迅速平息了"杨、刘叛乱"，使革命政府转危为安。

消灭滇桂军"杨、刘叛乱"的战斗结束后，为了收容俘虏，安定市民，在共产党的领导之下，革命军在黄埔军校和教导团中抽调了一部分骨干，组成全副武装的宣传队。这个宣传队，大部分是共产党员，少数是青年军官中的积极分子，由共产党员李之龙为队长，左权等是这个队的成员，他们统一穿黄咔叽军服，俄式军帽，穿皮鞋，扎绑腿，步伐整齐地进入广州市，维持社会治安。具体任务是：安定民心，防匪防盗，驱逐散兵游勇，稳定社会秩序。他们走上街头，受到市民们的热烈欢迎。

平定"杨、刘叛乱"后，在中国共产党提议下，广东革命根据地原称为"大元帅府"的革命政府于 7 月 1 日改组为国民政府。国民政府以黄埔军校教导团为基础，成立了国民革命军第 1 军，周恩来担任第 1 军的政治部主任。随后，又将湘、滇、粤、闽各军改编为国民革命军第 2、第 3、第 4、第 5 军。程潜领导的攻鄂军与豫军、赣军等部也先后奉调回广东。

当东征军主力回师广州讨伐"杨、刘叛乱"时，粤东的军阀陈炯明又死灰复燃，乘机重新占据梅县、潮汕、惠州等地乃至整个东江地区，而盘踞在广东南部的军阀邓本殷部也配合陈炯明的进攻，在英帝国主义分子和北方军阀的支持下，分左、中、右、侧 4 路，形成对广州的夹击之势，企图推翻国民政府。

为了彻底消灭广东境内反动军阀势力，统一广东，巩固革命根据地，1925 年 10 月初，广东革命政府举行第二次东征，讨伐陈炯明。蒋介石任东征军总指挥，汪精卫任东征军党代表，周恩来任东征军总政治部主任兼第 1 军党代表。在此之前，广州革命政府将所辖军队统一改编为国民革命军。黄埔军校部队和部分粤军编入第 1 军。东征军组织 3 个纵队，3 万多人。国民革命军第 1 军为第 1 纵队，担任右翼，纵队长何应钦；国民革命军第 4 军为第 2 纵队，担任中路，纵队长李济深；攻鄂军和豫、赣、潮梅各军（不久，合编为国民革命军第 6 军）为第 3 纵队，担任左翼，纵队长程潜。

出征前，周恩来亲自组织东征军政治部宣传队总队，宣传广州革命政府的政策以及此次东征的意义，发动民众支援东征。东征军全体军官人手一册《重征东江训诫》，主要内容有："军人最后目的，是在于死。古语所谓'好汉死在阵头上'，孔子所谓'杀身成仁'是也。"革命军此次出征的口号是："不要钱，不要命，爱国家，爱百姓。"并提出"十不怕"："不怕死，不怕穷，不怕冻，不怕痛，不怕热，不怕饥，不怕疲，不怕远，不怕重，不怕险。"

10月1日起，东征军陆续出发，出广州，向博罗、惠州前进。10日，第1纵队到达博罗、惠阳地区。与此同时，第2纵队也进抵官桥、永湖一带，第3纵队到达博罗附近。

惠州战斗，是第二次东征整个战役中的硬仗。惠州分东、西两城，城墙高大坚固，号称"东江天险"。东城外有一条8米宽、4米深的城壕，西城三面环水，一面壕沟。西门面临西湖，只有一条窄路通到城脚，窄路的两边都是很深的湖水。北门地形比西门好一点，但也要通过北门桥，由桥下徒涉，才能逼近城垣。城墙外侧都以大石块砌成，城门上设有瞭望塔。这是一座易守难攻的战略要塞，在过去历次战争中，从未被攻破过。第一次东征时，东征军绕过惠州城，直奔潮汕。当时驻守惠州的杨坤如部曾表示归顺革命政府，但当陈炯明重占东江后又反叛，并修筑防御工事，加紧备战，将城郊的民房和西湖的景物夷为平地，砍光城墙附近的树木，布满竹栅等障碍物，城墙上备足石灰包，架起机枪。晚上，点燃火把，照亮城外。

东征军于10月13日到达惠州城郊飞鹅岭山脚下，集结待命。蒋介石亲至飞鹅岭炮兵阵地指挥炮兵射击。东征军的野炮、山炮、机枪向选定的目标射击，枪炮声密集，如过年的鞭炮连成一片。有的部队已经展开攻击战，有的部队组织连长以上军官到飞鹅岭观战。

先发起攻击的第1军攻打的是惠州城北门和西门。战斗前夕，第1军专门组织了敢死队，第3师各团各选士兵150名，第2师第4团挑选士兵200名，共650名，"所有先锋队队员每名犒赏三十元，再先登城者，得头等，奖大洋100元。"（《挑选先锋队攻克惠州城令》）激战中，攻城部队伤亡惨重。"十三日令总攻击，炮射惠城皆中要隘。敌以机关枪扫射，先锋迫城者死伤枕藉，第四团长刘尧宸中将，竟中弹亡，士兵抱痛愈奋。十四日，炮向北门及左右侧防御机关猛烈射击，掩护冲锋者前进，众乘势倚梯肉搏以登，前仆后继，而飞鹅岭纵队同时夹攻。敌势不支，纷纷东遁，而海丰、陆丰、河源、紫金、老隆，凡入潮梅要冲，次第悉平……古所称天险惠城，三年攻之，不足一日陷之有余。昔何其难，今何其易欤？"（《黄埔东江烈士墓碑》）

10月14日下午4时，东征军完全攻克陈炯明的老巢惠州。惠州之战是国民革命军第二次东征中的一次关键战役，在整个东征战役中起着决定性的作用。

东征军夺取惠州后，乘胜前进。右路军于10月下旬攻占海丰、陆丰，31日克复兴宁，11月初收复潮、汕。中路军于10月下旬攻占紫金，28日占领五华，11月初进至揭阳，克复饶平。左路军于10月23日攻占河源、老隆，11月上旬攻取梅县，11月初克复大浦，肃清敌人。

东征军势如破竹，敌军节节溃退。第3纵队纵队长程潜回到梅县，在县女子中学礼堂召集连长以上军官讲话，总结此次作战的经验，他说："作为一个指挥官应该懂得天时、地利、人和，否则，他就没有资格带兵打仗。比如春天涨水季节，东江水面宽，水又深，没有船只是不能渡江的；冬天是枯水季节，江面窄，水又浅，就可以徒涉了，这就叫'天时'。春天水涨到岸边，利用北岸作为防御阵地，这是天然阵地；冬天水退了，应用沙滩接近江面的地形构筑防御工事，用火力封锁江面，敌人要想徒涉过江，就要付出代价，这就叫'地利'。东江的民众痛恨逆军，我们是革命军，遵守纪律，一不扰民，二不拉夫，买卖公平，军民合作，这就叫'人和'。我们面前的敌人就不懂得这个道理。"程潜这种及时总结作战经验，现地论说战法的讲演，对刚从军校毕业的黄埔生从此走上军事指挥官位置后的指挥艺术影响甚大。

11 月 6 日，东征军总指挥部抵达汕头，第二次东征大功告成。至此，革命军行程 300 多千米，共消灭敌军 1.2 万余人，俘虏 6000 余人，缴获各种枪械 8000 多支，收复了全部东江和潮汕地区。陈炯明从此一蹶不振，蛰居香港，1933 年 9 月病死。

第二次东征之役后，东征军又回师助剿南路军阀邓本殷。革命军渡海作战，消灭残敌于海南岛。至此，广东全省获得完全统一，为北伐奠定了基础。

革命军在第二次东征中也付出了沉重代价，"是役死事同学 58 人，士兵 178 人"。在惠州追悼阵亡将士大会上，周恩来发表重要演说词："今天是我们很悲痛的日子，我们的悲痛拿什么来安慰？我们只有努力继续已死同志未做的工作，不是我们最后的成功。诸位同志，我们知道今年春天，用了两个团的兵力把淡水、棉湖、兴宁攻下，成了很好的荣誉。我们……要把全中国的军队都要化为革命军。"[①] 持枪站立在操场上的东征军官兵向天空鸣枪，为牺牲的烈士致哀。

据当年资料记载，两次东征，黄埔军校师生前后共牺牲 586 人。这两次作战牺牲的官兵师生，于 1926 年在黄埔岛平冈建成墓园以为纪念。1928 年 10 月，为烈士题名立碑，碑文由军校军官班主任黄家谦书写。时军校易名为"国民军军官学校"，此碑名故称为"国民革命军军官学校东江阵亡将士题名碑"。在这块碑石上，还有约一半多的烈士姓名未刻列出来，仅刻下了 237 位将士的姓名，他们是：

中将　刘尧宸

团副　张曾庆

副营长　谭鹿鸣　杨厚卿

党代表　章琰　蔡光举　贾春霖　耿泽生　但德芳　王茂杰

中将　沈应时

---

① 《广州民国日报》，1925 年 10 月 23 日。

连长　余海滨　黄炳坤　刘得云　陈子厚

队长　彭得伦

排长　唐其俊　王德清　陈足之　李人干　江世麟　鲍宋汉
　　　徐廷魁　习步云　叶彧龙　王家修　林冠亚　卢信廷
　　　楼玉林　范　涛　王步忠　樊松华

司书　尹雄白

副排长　袁　荣　周德荣

特务长　张玉堂

见习员　杨炳章

班长　王友胜　蓝志喜　何通才

上士　彭玉林

中士　朱朝文　周文可　张　烈　王占魁　宁东升

下士　李得标

传令兵　詹庆南

勤务兵　詹庆余

学生　李春成　张孝同　邢　钧

入伍生　马竹友　李捷权　池化龙　程子龙　唐天爵　陈岳云
　　　　金伯俞　吴　中

勤务兵　严国孝　万全才

号兵　刘贵清　陈汉林　王常之

枪兵　潘　明

挑夫　陈阿光

长夫　许得胜

担架兵　杨阿来

炊事兵　曾得标　金银宝　袁　奎

士兵　厉庙晋　吴尚德　宋朝清　王阿三　周国清　裘聘贤
　　　裘维贤　陈家科　王　前　王傅玉　张富良　陈得标

241

何莲棠	施　荣	刘景章	缪洪标	吴志标	胡旁元
彭万顺	陈阿光	张嘉永	郭子烈	罗炳用	赵永生
吴明立	王志山	毛盛高	李鹏飞	郑炳顺	徐凤堂
张政山	侯金木	卢标焕	章恒旺	沈长洪	张子云
赖宝廷	郑傅家	张凤林	徐三云	楼明奎	应月标
林亚近	卢尚德	戴家驹	裴启明	杨廷颂	虞龙国
邺亚弟	周芷庆	骆洪兴	杨海清	高金文	周振武
周艮昌	黄方银	黄春生	俞得标	俞　升	顾黄生
许木标	何春发	谢桂芳	周通宪	汪秉奎	张瑞金
叶树荣	刘广德	韦志英	王　周	汪德海	刘灰帆
林戴银	华阿光	王经武	李树德	姚玉贵	莫　坤
郑宝廷	雷正芳	李　新	王福如	胡　正	伍凤鸣
王天与	邓良友	李华荣	潘保臣	张学道	李宝生
曾桂发	马福保	朱上峰	吕明林	李　洪	陈锦湘
任树田	孙启光	陈祐胜	陈得胜	谢　双	徐仁卿
黄得桂	祁得标	李子卿	王桂楼	曹文臣	郭正兴
罗家和	齐洪升	谭光悦	石铁生	黄阿四	谭伯勋
莫傅盛	谢仕苏	陆超祥	符气桑	张福来	侯古文
陈　逮	李舜卿	唐受礼	张玉庭	沈得标	叶金有
李鹏程	唐本礼	吴　文	杨占山	杜得胜	姚世昌
杨明奎	陈凤鸣	李桂忠	朱一鹏	王玉喜	陈　炳
卢田增	周傅勋	雷云孚	谢　教	应文标	方国林
袁茂标	李雨欧	莫雄章	徐　世	朱镇南	陈　祥
刘玉林	秦　文	刘文龙	陈光陶	胡中桂	孙知庆
王　超	曾其祥	郭洪斌	彭子言	王金山	杨少福
袁祯龙	王典诰				

连长　王声聪

猎德阵亡者名录。1925 年 6 月，军校参加平定军阀杨希闵、刘震寰叛乱之役，留校学生及第 3 期入伍生从猎德炮台处配合作战，王声聪等 6 人在战斗中牺牲，故名"猎德阵亡者"，此名单引自《中国国民党陆军军官学校第 3 期同学录》，他们是：

王声聪　李　志　雷学诗　陈剑飞　吴俊杰　朱方盛

沙基惨案死难者名录。1925 年 6 月 23 日，黄埔军校学生 800 余人参加广州各界人民援助"五卅"运动的示威游行，当游行队伍路过沙基时，突遭英、法帝国主义者枪炮袭击，同学们就地还击。我方军民死伤 500 余人，史称"沙基惨案"。是役，黄埔军校有 52 人被打伤，第 1 团第 3 营营长曹石泉（共产党员）等 27 名军校官兵、入伍生牺牲。据 1925 年出版的《沙基屠杀中党立军校死难者》的名单，他们是：

营长　曹石泉　广东乐会

排长　义明道　湖南永明　陈刚　福建建宁

三营卫兵　张德成　王正廷

号兵　张玉容　湖南衡州

中士　胡典成　江苏徐州

一团　卢鸿昌　浙江永嘉

入伍生排长　文起代　湖南益阳

入伍生　赵懿铨　浙江东阳　钟煜光　广东五华

　　　　冯荣德　广东平远　郑逢良　湖南宁远

　　　　尹觉世　湖北应城　徐仁江　山东青岛

　　　　刘著录　安徽六安　朱祖荣　浙江东阳

　　　　郭光彩　广东大埔　丁炳文　江苏泰县

　　　　夏　植　浙江青田　付林择　江西

　　　　陈　晋　湖北蕲春　官权山　熊芳雷

兵士　章致堂　安徽　徐志远　江苏宿迁

　　　徐福荣　江苏宿迁

东征战役是孙中山先生亲自创建的中国第一支现代军队在初建后打响的反帝、反封建第一枪；东征战场，是国共两党共同初涉战争舞台的出发基地，相当数量的中国共产党人参加了这次战役。

东征战役之所以取得胜利，原因很多。但是，还要看到是因为有苏联的支持，除苏联军事顾问直接参与作战指挥外，另有苏联武器、财力的大力支持，在武器方面明显超过了对手陈炯明的地方军阀部队，战役动作也比地方军阀高明得多。黄埔军校教导团，采取长途奔袭的战术，教导1团、2团的作战协同也很好，牺牲很大，但最终打破了敌军的包围。这支当时被称为"校军"的中国现代部队，第一次实行"党支部建立在团上"，这是延续了苏军的党代表制度和传统，以致后来发展称为"党军"。参加此役的军事基干后来形成了"黄埔系"，这为蒋介石掌握军队奠定了基础。

东征战役，有人民战争的成分在里面。校军在战前提出了"爱百姓、爱国家"的口号，政治部主任周恩来在开战之初，就发布了多个"爱民"通告。另外，此役还有工人大罢工的支持，有当地农会、商会的支持，这在当时的社会环境中，是弥足珍贵的。人民的军队，人民爱戴和支持，校军很快打出了一个叶挺独立团，现在这支部队仍是中国人民解放军的一支劲旅。

思考题：

1. 国共两党在东征战场首次合作作战有哪些经验和启迪？

2. 试论统一广东的东征战役的伟大意义。

3. 平定"杨、刘叛乱"对巩固广东革命政权的重要意义是什么？

第二十讲

黄埔师生在北伐战争中

黄埔军校孕育的校军"黄埔军",是国民革命时期的新型军队,是20世纪20年代国民革命军的核心和主要组成部分。国民革命军正是以早期黄埔生600人为骨干,不到两年时间即由两个团扩充为旅,进而扩展为两个师,再扩充为几个军,并以此作为基本部队,在两次东征后继而北伐,削除盘踞各省的军阀部队,建立起初具规模的国民革命政府中央军,奠定了统一中国的基础。北伐中,黄埔师生为前锋和主力,英勇奋战,建立了卓越的历史功勋。

北伐是孙中山先生的多年愿望。在黄埔军校建校不久,他就发表《北伐宣言》。由黄埔军校第1期学生随从护卫,他亲往韶关督师,向北进军,因广州商团叛乱而中止。周恩来则力主"将革命思想传到全中国",在惠州追悼阵亡将士大会上,更明确号召:"第一,统一广东;第二,统一全国;第三,打倒帝国主义。"当年投奔黄埔任教和就学的多是国共两党所输送的富有革命思想的人,他们在孙中山革命的三民主义和马克思共产主义哺育下,进一步树立了为国为民的雄心壮志,为贯彻军校宗旨而英勇奋斗,积极参加北伐。黄埔军校前几期学生毕业时都宣誓:"决志于广东统一之后,更努力于全国统一""为主义而奋斗,为主义而牺牲""以达国民革命的目的,以求世界革命的完成"。由此也把孙中山三民主义和马克思共产主义革命思想融为了一体,带动了师生在军校里同场操练,同窗切磋;在战场上生死共赴,并肩作战。

北伐军的阵容和实力，是以黄埔军校师生为主要支柱的。北伐军通过统一广东的历次战斗，以教导团为核心骨干起家，一年之间已先后从校军、东征军、党军，进而扩编成国民革命军，都是以黄埔军校的军事和政治骨干为基础的。他们以统一广东的威望，赢得领居国民革命首脑和主干的地位，在北伐军总司令部各军事中枢部门担任重要职务。蒋介石以校长盛名出任国民革命军、北伐军总司令，副校长李济深任总参谋长，教育长邓演达任总政治部主任，校秘书长邵力子任总司令部秘书长。黄埔第1期毕业生蒋先云任总司令部侍从机要秘书，金佛庄任总司令部警卫团长。鲍罗廷和加伦等苏联顾问分别任政治总顾问和军事总顾问。

在各军事部门内，由黄埔军校教官任处长的很多，在司令部的14个处中：由校办公厅主任张定潘任参谋处长，校入伍生总队长张治中任副官处长，校管理部主任林振雄任海军处长，校军械处长杨志春任军械处长，校学生总队长严重任秘书处长，校军需部主任俞飞鹏任训练处长，校军医处长金诵盘任军医处长，还有教官陆福廷任交通处长，徐桴任军法处长，褚民谊任审计处长。除军务、航空、军需和征募4个处外，由黄埔军校教官任处长者共10人，占78%。人数比重之大，地位之重要，实非其他革命武装组织可比。

1926年7月9日，北伐誓师大会在广州东校场举行，李济深亲任誓师大会总指挥，张治中任司礼官，钱大钧率领第1军第20师任大会警卫司令。在大会上，举行了总司令及各军将领授印、授旗和阅兵式。国民政府高级官员、广东工农商学各界人士都参加大会，盛况空前。留校教授部主任李铎和训练部主任吴思豫，分率军校长官和军校武装学生到会祝贺，潮州分校学生来电请缨出征。第4军叶挺独立团中的黄埔生、共产党人数最多，他们先于誓师大会前荣任"北伐先锋"，挥军挺进湖南，为北伐军首传捷报。

国民革命军第 1 军至第 8 军，是最早出战的主力，除第 5 军留守外，其余分东、西、中 3 路水陆兼程，昼夜进发，开赴进攻出发地点，待命出击。黄埔军校教官和学生，除在总司令部任职外，各期教官和第 1 期至第 4 期毕业生，第 5 期学生，第 6 期入队生，学生军、军士教导队，高级班学员，各分校学生共计达 3.3 万多人，不管在前线或后方，实际上都直接或间接投入到北伐战斗中去。

黄埔军校师生担任军、师、团长、参谋长、各级党代表、政治部主任的人数很多，使北伐军的军事和政治素质都得到了有力提升。其中较多集中在总司令部的直属团、队和第 1 军所属各师，有的分散在各北伐军中担任基层连队的军事和政治骨干。在北伐军任军级领导的，有军长何应钦、军党代表缪斌、军参谋长叶剑英、副军长王柏龄等；主要由黄埔师生任师长、师参谋长、党代表、团长和政治骨干的，有王柏龄第 1 师、刘峙第 2 师、谭曙卿第 3 师、冯轶裴第 14 师、钱大钧第 20 师、严重第 21 师、陈继承第 22 师及张贞独立师等。第 4 军叶挺独立团中，有黄埔教官杨宁（朝鲜人）、袁炎烈，第 1 期毕业生周士第、曹渊、许继慎、董仲明、胡焕文，第 2 期学生吴道南、练国梁、卢德铭、张堂坤、蔡晴川等，分任参谋长、参谋、营长、连长、队长和政治骨干，他们都是共产党员，战斗尤为英勇。参战的黄埔军校师生和武器数量，相当于两个军的实力。黄埔师生是北伐军的重要力量，他们冲锋陷阵，破敌攻城，立下战功。

在著名的汀泗桥之战、贺胜桥之战中，黄埔师生与兄弟北伐军共同战斗，最先突破敌军阵地，为克天险、破要塞立下首功。他们带动全军歼灭吴佩孚主力，打破敌阵大门，为北伐军扫荡湘赣敌军，长驱直进铺平了道路。武汉之战，由邓演达担任攻城司令，第 4 军叶挺独立团主攻武昌城，刘峙第 2 师投入战斗，随军第 6 期入伍生也参加挖地道攻城，最后胜利破城。

在湘鄂战场的第 3、第 4、第 8 军进军河南，打败奉军，进占郑州。军中黄埔生英勇赴敌,慷慨牺牲。南昌之战,王柏龄第 1 师、刘峙第 2 师与第 6 军各师部队与孙传芳强敌展开恶战,2 次攻入南昌又两次撤出,牺牲惨重。师长王柏龄陷入重围,在前线失踪 20 余天。第 3 次是兄弟军驰赴增援,金佛庄也率部投入作战,首先进城,终于全歼孙传芳江南主力,确保总司令部进驻南昌。

东路军何应钦、王俊为总指挥,率谭曙卿第 3 师、钱大钧第 20 师、冯轶裴第 14 师、张贞独立师和潮州分校炮兵团向闽浙战场进军。严重第 21 师、陈继承第 22 师转战浙赣各地,胜利攻取杭州城。闽省敌军闻吴佩孚、孙传芳接连败北,都畏惧北伐军的声威而无法抵抗,福州守敌举旗投降。孙军总司令周荫人被擒,浙闽两省很快被克复,北伐各军再向江苏前进。以黄埔师生为主力的部队先后云集江苏战场,迅速占领孙传芳的最后巢穴南京、上海,继而渡江北上进占徐州。这时,北伐军从最初的 8 个军,不到 1 年时间就扩充增编为 30 多个军。长江流域中下游各个省,大半个中国均为北伐军所有,创我国武装反帝反封建的鼎盛时期,黄埔师生在其中建立了功勋。

共产党人是北伐前线和后方政治战线的主力军。恽代英、聂荣臻等先后开赴前线。留校的熊雄、安体诚、张秋人、萧楚女、杨其纲、王懋廷等仍是军校主要骨干和核心。黄埔军校出版的《黄埔日刊》《黄埔潮》《革命军》,武汉分校出版的《革命生活》,各个时期出版特刊、专号,以及供学生用的政治读物、讲义、课本,都大力进行革命教育,鼓动投身北伐斗争。《黄埔日刊》被称为"东方人民的角号",中外发行,日销 5 万份,影响之大,为国内普通报刊所难以匹敌。《黄埔潮》周刊奉命发往北伐各军每营 1 本,第 1 军所属各师以黄埔师生特多,则每连 1 本,用以传递信息,鼓舞士气,指导战斗。在军校书报刊中的宣言、通电、社论、短评、传单大多出自共产党人之手。恽代英、熊雄、萧楚女等人尤以文才出众著名。由于师生们分散在各军、各地、无论前线和后方都配合作战,需要形成一支既分散又统一的政治劲旅,与军事进攻并驾齐驱。这些刊物为鼓舞士气，瓦解敌军，争取民心取得显著效果。

在北伐战争中，还有一批活跃在敌人后方的黄埔军校师生。他们在北伐军出师前后，深入敌人营垒，隐姓埋名，瓦解敌军，在无形战线上同敌人开展斗智斗勇的斗争。他们或请缨或受派都能勇敢地到敌人后方去。在河南、湖北、湖南、江苏、福建、浙江、安徽等省均派负责人执行这种任务。军校教官茅延桢早在 1925 年年底东征结束后，便到河南进行地下工作。徐向前与几位第 1 期同学向校部请缨，回到北方从事政治工作。1926 年年底，周恩来秘密进驻上海，在 1927 年 3 月领导两次工人武装起义，参加总罢工人数从 36 万人增至 80 万人。直接与张宗昌守城敌军作战的工人武装达 1 万多人，歼敌 3 个团，缴枪 4000 余支。直到"四一二"反革命政变发生，周恩来才"穿了长袍，带了眼镜，扮成商人乘船转赴武汉"。

1925 年，第 2 期学生王一飞，被选为革命军人代表，参加"广东外交代表团"辗转北上，从上海、南京、九江、武汉、郑州、开封到达北京，他沿途开展革命宣传。在著名的北京"三一八"惨案中，王一飞先在天安门由陈毅拥到华表之下，登高向群众大会发表演说，然后担任游行队伍的总指挥，率队开赴段祺瑞政府门前示威，血溅铁狮子胡同，轰动中外。第 3 期学生黄铁民受军校派遣赴安徽开展地下工作，策反军阀部队起义。他动员马济所部陈雷一团归顺北伐军，与跟踪追击的敌军开展恶斗，边战边走，顺利抵达汉口。校政治部宣传科长王懋廷（德之）奉命举办云南籍学生政治训练班，结业后一起回原籍开展秘密工作，配合北伐进军。

黄埔师生中的这批精锐的骨干，在无形战线上投入战斗，在城市、农村开展艰险斗争，英勇无畏，置生死于度外，以多种多样的形式在敌人的心脏里开展活动，虎穴立功。这对瓦解敌人，争取民心发挥了很大作用，使军阀、官僚、奸商、地主、土豪闻之丧胆。

北伐军在进军途中，乘东征胜利的威望，普遍受到各地工农群众燃放鞭炮、箪食壶浆的热烈欢迎。各地工农组织如上海工会、河南红枪队、湖南农会、福建民兵、武汉纠察队势似排山倒海，震动神州，对支援北伐战争、壮大革命威势，发挥了重大作用。当年省港罢工委员会组织了 3000 多人的运输队、宣传队、卫生队随军远征，韶关地区农民多达万人随军北上，湖南各地农会纷纷成立宣传队、慰劳队、破坏队、长矛大刀队、敢死队等，为北伐军担任侦察、带路、送信、救护和拿起武器直接参加战斗，确保北伐军取得胜利。北伐军第一次攻入南昌城，就是当地工农群众与北伐军里应外合的结果。80 万上海工人起义也为北伐军进城铺平了道路。

黄埔师生在军事和政治训练并重的校风、校训熏陶下，皆有大无畏的敢于牺牲的革命精神。从统一广东到北伐中原，牺牲约 3000 余人，但后来在纪念碑或史书上能留下姓名的仅有 600 余人，漏缺实在太多，而且不少著名的黄埔烈士英名都未镌刻在纪念碑上。如蒋先云，他是黄埔学生的优秀代表，周恩来称他是"青年将才"，担任军校很多重要职务，是总司令部著名的秘书，继后率第 77 团开赴河南与奉系敌军作战，不幸中弹受重伤，仍三仆三起，继续英勇指挥战斗，壮烈牺牲。总司令部警卫团长金佛庄，自动请缨深入敌后，到宁、沪、杭地区策反敌军起义，但在南京不幸被捕，终为孙传芳杀害，英勇捐躯。第 2 师文志文、熊绶云、张汉章等团长，在南昌之战与敌开展恶战，以身殉职。第 2 师团长郭俊，在浙江战场牺牲。茅延桢在河南开展地下工作时，牺牲在敌军的乱枪之中。以上不少是共产党员，特别是蒋先云、金佛庄、茅延桢等，在后来的黄埔烈士名册和烈士碑上竟未题名。

黄埔英烈的姓名，至今不能或者说已经永远不能全部列出，甚至也很难大部列出。据 1927 年年底的统计数字，第 1 期至第 5 期学生在北伐战争中阵亡者 1751 人，受伤者 707 人。而建立在黄埔岛校园内的

"北伐阵亡将校纪念碑"上留名的仅 351 人。在 1936 年出版的《中央陆军军官学校史稿·第八篇》中，以 1926 年 7 月至 1927 年 4 月在北伐战争中牺牲者为限，不完全包括所有北伐牺牲的烈士，仅有 113 人，他们是：

黄埔军校第 1 期：

张迪峰	湘	张慎阶	粤	彭宝经	湘	蔡 粤	湘	罗宝钧	粤
赵敬统	豫	杜聿鑫	秦	黄再新	湘	钟 畦	湘	胡焕文	湘
文志文	湘	李子玉	鲁	帅 伦	赣	赵子俊	鄂	宋雄夫	湘
李绍白	秦	杨晋先	蜀	曹 渊	皖	梁廷骧	粤	赵荣忠	晋
朱孝义	湘	邓白珏	湘	韩绍文	赣	郭树械	晋	张其雄	鄂

黄埔军校第 2 期：

龚光宗	湘	李治魁	粤	唐子卿	粤	曹润群	黔	赖益躬	赣
刘 靖	浙	邹 骏	蜀	吴盛清	湘				

黄埔军校第 3 期：

余锡祺	赣	肖际峰	蜀	张云腾	粤	杜映江	晋	付桴远	蜀
王玉珊	蜀	符气云	粤	陈长彩	湘	应 威	闽	唐干林	湘
王使能	粤	张继侯	赣	吴尚贵	蜀	孙孔文	浙	曾吉斋	湘
王礼芹	苏	刘举善	湘	刘作仁	蜀	朱 斌	湘	何 朴	湘
陈 魁	湘	刘志坚	粤	陆玉璋	黔	陈 陶	浙	杨 杰	湘
陈伟贤	湘	胡立生	苏	唐赓增	粤	黄敬熙	苏	王 震	鄂
王志新	蜀	蔡 藻	鄂	温 良	赣	王谐辅	豫	楼炳谦	浙
马 騄	蜀	王治平	湘	谭 理	滇				

黄埔军校第 4 期：

何震华	湘	万 宁	湘	李杜蘅	湘	谭 道	湘	何祖琪	湘
钟荣福	赣	曹根深	湘	付汝尧	晋	方允中	蜀	曹惇颐	湘
封祖善	湘	严 涤	湘	唐宗鑫	桂	阙一鹤	浙	龚居仁	皖
方道江	鄂	吴楚桢	鄂						

黄埔军校第5期：

甘射侯　鄂　　祝贤亭　湘　　王运武　鄂　　向　旭　湘　　李开甲　湘

金　斌　浙　　方敦厚　黔　　李建勋　鄂　　李宗贤　湘　　王　纪　蜀

潮州分校第1期：

古惠我　粤　　朱仲英　皖　　黄　良　湘　　袁维国　湘　　何伯清　粤

凌清泉　粤　　刘志怀　粤　　邓国强　粤　　刘镇南　湘　　刘远权　粤

李振才　皖　　吴光国　皖

军补班：

谭　岳　湘

军官班：

刘文达　湘　　晏振阊　湘

　　撰写于1927年黄埔本校时期的《黄埔阵亡烈士芳名表序》记载：国民革命军，由广东出发，向着中原前进。不二年工夫，即由珠江流域，而长江流域，而黄河流域，最近且克复了北平，把中国全部置在青天白日旗帜之下。我们固然知道，反革命的势力，已为全民众所哑异，不能不归消灭。然若考察成功何以有如是之速，则任何一人，都不能不归功于黄埔军校。按黄埔军校，自开学以来，已经卒业了5期。第1期学生共592人，而阵亡的竟达300人左右。第2期学生共454人，而阵亡的竟达200人左右。第3期学生共1259人，而阵亡的竟达500人左右。第4期学生，共2651人，而阵亡的竟达700人左右。第5期学生，共1989人，而阵亡的竟达300人左右。就是每一次战役，无不有黄埔同学的血；每一个战场，无不有黄埔同学的骨。啊！黄埔，崇高的黄埔。你们的血，是要扫荡政治上、社会上旧染之污；你们的骨，是要筑成自由平等的世界。我们后死之辈，何能不继续努力，贯彻先烈之志，以慰先烈之魂。黄埔同学的牺牲者，前后共有3000名左右，然因为散在各地，不容易调查，所以现在只能够把已经调查了的烈士芳名，列表如左（略）。（黄埔同学会《黄埔血史》）

北伐战争是一次武装反帝反封建的革命战争。从 1926 年 7 月广州誓师出征，到 1927 年夏天，短短 1 年时间，席卷东南各省，连克武汉、南昌、南京和上海。战斗之烈，取胜之速，军威之盛，实我国现代史上所罕见。在这次战争中，黄埔军校师生高举北伐大旗，奋勇当先，历经百战，血溅山河，为震动中外的北伐战争创立辉煌战功，黄埔军校的声威也进入高峰。

思考题：

1. 北伐战争在黄埔校史中有怎样重要的历史地位？
2. "北伐先锋"叶挺独立团怎样赢得"铁军"的赞誉？
3. 论述黄埔师生在北伐战争中的重要作用。

第二十一讲

国共两党的黄埔将领有多少

黄埔军校是中国现代著名将帅的摇篮，从这里走出了无数影响现代中国走向的人。据《广州市志·军事志》记载："黄埔军校作为中国第一所培养革命军官的军事学校，为国共两党培养了大批军事、政治人才。人民解放军中获少将以上军衔的有 40 余人……国民党军方面，任兵团司令以上职务的有 60 余人。"

一、出身于黄埔军校的解放军将领

黄埔军校由国共两党共同创办，这也就决定了中国共产党人在军校中有着堂堂阵容。出身于黄埔的中国共产党人，后来有的成为中国共产党著名的政治家、理论家、外交家，但更多的成为将帅之星。在共和国 10 大元帅里，有 5 人曾是黄埔军校的教官和学生；在 10 位大将里，有 3 位毕业于黄埔军校；而曾经在黄埔军校学习过的上将有 8 人、中将有 9 人、少将有 11 人。也就是说，仅在 1955 年中华人民共和国授予的开国将帅中，就有 36 人直接受过黄埔精神的熏陶。他们是：

元帅（5 人）：

叶剑英，教授部副主任，中央军委副主席、国防部长、总参谋长。

聂荣臻，政治部秘书兼政治教官，中央军委副主席。

陈　毅，武汉分校政治部文书，中央军委副主席。

徐向前，黄埔第 1 期，中央军委副主席兼国防部长。

林　彪，黄埔第 4 期，中央军委副主席兼国防部长。

大将（3 人）：

陈　赓，黄埔第 1 期，国防部副部长。

许光达，黄埔第 5 期，国防部副部长。

罗瑞卿，武汉分校，中央军委秘书长。

上将（8 人）：

陈奇涵，黄埔政治大队长，解放军军事法院院长。

陈明仁，黄埔第 1 期，四野第 21 兵团司令。

周士第，黄埔第 1 期，防空军司令员。

杨至成，黄埔第 5 期，军事科学院副院长。

宋时轮，黄埔第 5 期，军事科学院院长。

张宗逊，黄埔第 5 期，总参军训部长。

郭天民，黄埔第 6 期，训练总监部副部长。

陈伯钧，武汉分校，高等军事学院院长。

中将（9 人）：

阎揆要，黄埔第 1 期，军事科学院副院长。

常乾坤，黄埔第 3 期，空军副司令员。

倪志亮，黄埔第 4 期，武装力量监察部副部长。

唐天际，黄埔第 4 期，总后勤部副部长。

郭化若，黄埔第 4 期，军事科学院副院长。

王　诤，黄埔第 6 期，副总参谋长。

谭希林，黄埔第 6 期，北京军区副司令员。

曾泽生，黄埔军校高级班，第 50 军军长。

彭明治，黄埔军士教导队，武装力量监察部副部长。

少将（11 人）：

袁也烈，黄埔军校政治部干事，海军副参谋长。

徐介藩，黄埔第 3 期，装甲兵工程学院副院长。

方之中，黄埔第 4 期，天津警备区司令员。

洪　水，黄埔第 4 期，训练总监部条令局副局长。

李逸民，黄埔第 4 期，总政治部文化部长。

曹广化，黄埔第 4 期，军事检察院检察长。

白　天（魏巍），黄埔第 4 期，炮兵技术学校校长。

廖运周，黄埔第 5 期，高级炮兵学校校长。

周文在，黄埔第 5 期，福建军区副政委。

张开荆，黄埔第 5 期，沈阳军区副参谋长。

朱家璧，黄埔军校第 8 期，云南省军区副司令员。

人民解放军中一些早期黄埔生，凭资历本来是可以授中将以上军衔，但只授予了少将军衔，这里面虽然有种种原因，但主要是因为缺乏红军时期的经历，或革命经历不完整，而影响了他们职务和军衔的晋升。

在革命斗争中建立了光辉业绩的黄埔军校著名共产党人，还有在1955 年授衔前已经牺牲或未授予军衔的师生 53 人，他们是：

周恩来，黄埔军校政治部主任，中央军委副主席兼总参谋长。

熊　雄，黄埔军校政治部副主任、代理主任。

鲁　易，黄埔军校政治部副主任，红 3 军政治部主任。

恽代英，黄埔政治部主任教官，南昌起义军总指挥部政治部代理主任。

雷经天，黄埔军校政治部宣传科长，三野两广纵队政委。

徐成章，黄埔特别官佐，琼崖工农革命军东路军总指挥。

杨　林，黄埔学生队长，红 1 方面军参谋长。

胡公冕，黄埔卫兵长，红 13 军军长。

李之龙，黄埔第 1 期，海军局代局长兼中山舰长。

李汉藩，黄埔第 1 期，湖南省委军委书记。

许继慎，黄埔第 1 期，红 1 军军长。

黄　敖，黄埔第 1 期，红 4 军参谋长。

董　朗，黄埔第 1 期，红 4 军参谋长。

彭干臣，黄埔第 1 期，红 10 军参谋长。

蔡升熙，黄埔第 1 期，红 25 军军长。

唐　澍，黄埔第 1 期，西北工农革命军总指挥。

冯达飞，黄埔第 1 期，湘赣军区参谋长。

孙德清，黄埔第 1 期，红 2 军团参谋长。

刘畴西，黄埔第 1 期，红 10 军团军团长。

左　权，黄埔第 1 期，八路军副参谋长。

宣侠父，黄埔第 1 期，八路军高级参议。

袁仲贤，黄埔第 1 期，三野第 8 兵团政委。

周逸群，黄埔第 2 期，红 2 军团政委。

熊受暄，黄埔第 3 期，红 1 军政治部主任。

肖人鹄，黄埔第 3 期，红 5 军军长。

吴光浩，黄埔第 3 期，红 11 军军长。

朱云卿，黄埔第 3 期，红 1 方面军参谋长。

段德昌，黄埔第 4 期，红 6 军军长。

李天柱，黄埔第 4 期，红 8 军军长。

伍中豪，黄埔第 4 期，红 12 军军长。

何　昆，黄埔第 4 期，红 14 军军长。

李鸣珂，黄埔第 4 期，四川省委军委书记。

刘志丹，黄埔第 4 期，红 15 军团副军团长兼参谋长。

曾中生，黄埔第 4 期，红 4 方面军参谋长。

王世英，黄埔第 4 期，八路军副参谋长。

袁国平，黄埔第 4 期，新四军政治部主任。

李运昌，黄埔第 4 期，东北人民自治军第 2 副司令员。

赵尚志，黄埔第 5 期，东北抗日联军第 3 军军长。

潘中汝，黄埔第 5 期，工农革命军鄂东军总指挥。

陶　铸，黄埔第 5 期，广州军区政委。

黄公略，黄埔高级班，红 3 军军长。

李青云，武汉分校军事教官，红 15 军军长。

项　英，武汉分校政治教官，新四军副军长。

张国焘，武汉分校政治教官，中革军委副主席兼红军总政委。

李富春，武汉分校政治教官，四野副政委。

王　良，武汉分校，红 4 军军长。

李超时，武汉分校，红 14 军政委。

徐彦刚，武汉分校，红 1 军团参谋长。

邓　萍，武汉分校，红 3 军团参谋长。

刘　型，武汉分校，东北军政大学政治部主任。

张友清，武汉分校，八路军总部秘书长。

程子华，武汉分校，四野第 13 兵团司令。

夏　曦，长沙分校政治部主任，红 6 军团政治部主任。

20 世纪 80 年代，经中央军事委员会认定，有 36 位军事家是中国革命战争最终取得辉煌胜利的组织者和领导者。在这个由毛泽东、周恩来、朱德……方志敏、刘志丹等组成的英名方阵里，可看到有 16 人曾经在黄埔军校留下过青春的足迹，他们是：毛泽东、周恩来、陈毅、徐向前、聂荣臻、叶剑英、林彪、陈赓、罗瑞卿、许光达、许继慎、蔡申熙、段德昌、左权、黄公略、刘志丹。

二、国民党将领与"黄埔系"

在国民党军中，黄埔军校师生出身的将领更是蒋介石的嫡系，日渐形成了以蒋为首的"黄埔体系"。这棵主干分明、枝繁叶茂的国民党军中"大树"，主要由黄埔教官和黄埔毕业生两部分人组成，人称"黄埔系"。

1. "黄埔系"教官与保定军校的血脉关系

说黄埔军校创建时的师职力量，首先要直接追溯到保定军校。黄埔军校在开办之初，蒋介石从保定军校、云南、广东、浙江的陆军讲武堂、江西海陆军讲武堂、日本士官学校以及留俄、留法勤工俭学人员中挑选来了教职官员。这些人到黄埔后，受戒于蒋介石，可谓是"念得蒋氏真经，修成黄埔正宗"。特别是来自保定军校的教职官员，他们是黄埔军校创建时师职力量的核心骨干。黄埔军校的教学力量、管理力量基本上是保定军校的毕业生。

在黄埔军校、国民革命军的历史上，保定军校毕业生起了很大作用。这些人主要有：蒋介石、商震、周思诚、张辉瓒、张群、王柏龄、杨杰、陈调元、方本仁、何恩溥、刘文辉、唐生智、邓锡侯、张治中、黄琪翔、傅作义、上官云相、白崇禧、顾祝同、刘峙、陈诚、李品仙等。特别是蒋介石，他在 1907 年（光绪三十三年）进入保定陆军部速成学堂留日学生预备班学习，后来留日。不久，蒋介石及黄埔师生成为继北洋军阀之后的庞大军事集团，统治中国达 22 年之久。

保定军校最显著的业绩是培训出了"黄埔系"。蒋介石以"保定系"成员为主，开始培训"子弟兵"。他在一生的政治军事活动中，依靠的力量主要是"保定系"为前导的"黄埔系"。无论是东征时以黄埔毕业生为主的校军、党军，还是北伐时期的国民革命军第 1 军，以及后来的南京政府的数百万大军，主要指挥官不少是保定军校的毕业生；无论是东征时巩固广东革命根据地的战斗，还是讨伐北洋政府的战斗；无论是进行反共夺权的内战，还是全民族的抗日战争，保定军校的毕业生都是重要的指挥官，协助蒋介石具体指挥各军兵种。这是因为指挥数百万的军队必然需要一大批高级将领，而蒋介石自己培训的"黄埔系"还未成熟，羽翼未丰。因此，蒋对保定军校这一清朝末年以来培养的具有现代军事意识和基础的将领，当然十分重视。而蒋又自称是保定军校较早的毕业生，所以，他对这些保定校友格外器重，分别授予高级职务，中下级职务则由黄埔生担任。即使抗日战争全面开始后，"黄埔系"全面走上接班岗位，"保定系"也没有全面退出历史舞台。

"保定系"在国民党军事史上的地位，从蒋介石执政后的第一批授衔时人选也可以看出来。1935年4月2日，特级上将蒋介石任命第一批将军时，一级上将有9人：阎锡山、李宗仁、冯玉祥、张学良、何应钦、朱培德、陈济棠、唐生智、陈绍宽。4月3日，任命二级上将20人：陈调元、韩复榘、宋哲元、刘峙、于学忠、商震、白崇禧、徐源泉、万福麟、刘镇华、顾祝同、何成浚、傅作义、蒋鼎文、刘湘、徐永昌、龙云、朱绍良、何健、杨虎城。4月4日，任命中将89人：杨杰、贺耀祖、钱大钧、陈诚、卫立煌、夏斗寅、孙连仲、陈继承、上官云相、薛岳、罗卓英、谷正伦、周岩、陶峙岳、万耀煌、汤恩伯、吴奇伟、周浑元、张自忠等。在这118名将军中，相当部分属于"保定系"。特别是后期，在上述人员中有不少地方实力派的名额，开始大幅度减少。从次年起蒋介石授衔的名单中，主要属于"保定系""留日系"和"黄埔系"的将领。

"保定系"的学生骨干，后来大多成为"黄埔系"的将领。他们除了服从蒋介石的领导，为南京统治集团卖命作战外，平时对蒋介石也极其尊重，极少对蒋介石的指挥说三道四，无不把得到蒋介石的接见视为一生夸耀的事情。至于后来由于政见分歧和为了某种需要，也有一些该系统的将领对蒋介石进行了严厉批评。

2."黄埔系"的潮起潮落

"黄埔系"从产生到形成，有一个较长期的过程。1924年10月，黄埔校军与友军一起平定商团叛乱后，于11月和12月先后正式成立军校教导第1、第2团，由何应钦（日本士官学校生）、王柏龄（保定陆军速成学堂生）分任团长。次年参加东征北伐，这一时期为黄埔校军时期，也是"黄埔系"萌芽时期。

　　1925年2月，国民党中执会决定成立党军第1旅，旅长何应钦，校军变为党军。4月组建以钱大钧（保定军官学校第5期留日生）为团长的第3团，6月平定刘震寰、杨希闵叛乱后增加了第4、第5团，由刘尧宸（保定军官学校第7期骑科生）、蒋鼎文分任团长，此为国民党党军时期。1925年8月，第1旅扩编为国民革命军第1师，师长何应钦，原党军第4、第5团为国民革命军第2师，两师合编为第1军，军长蒋介石，骨干用的全是黄埔毕业生。第1军在次年参加了北伐。这一时期为国民革命军成立时期。

　　1927年4月至1937年7月，是"黄埔系"的初步形成时期。北伐军占领东南一带后，蒋介石将第1军扩编为第1集团军。"黄埔系"的重要人物刘峙（保定军官学校第2期步科生）任第2师的师长，在蒋介石发动的"四一二"反革命政变中，是上海大屠杀的主要军事指挥官。从此开始，"黄埔系"成为蒋介石利用长期担任黄埔军校校长之便，以国家力量养成效忠其个人的一支武装力量。

　　在1929年至1931年的新军阀混战中，蒋介石依靠"黄埔系"这支日益强大的军事力量，先后打败了唐生智（保定军官学校第1期步科生）、张发奎、李宗仁、石友三、阎锡山和冯玉祥等部。蒋介石通过改编、改组这些军队，大批安插、起用"黄埔系"军人到要害岗位上，从而大大扩展了他的军事实力。由于"黄埔系"军队在组织、纪律上相对比其他部队要强一些，财政、装备、后勤也较为充足，所以在历次战争中屡胜众军阀，从而政治军事实力愈益雄厚。此后，在多次进攻共产党的革命根据地、"围剿"红军时，"黄埔系"都是主力。但这时的"黄埔系"还未能全部掌握大权，在1927年至1937年的10年内战时期，国民党军队的指挥大权多被"保定系"和黄埔教官掌握，黄埔生中除胡宗南等少数人外，一般只是中层军官，并未真正掌握上层指挥权。

抗日战争时期，黄埔出身的许多将领纷纷率军上阵与日军作战。在历次战役中，先后有谢晋元、戴安澜等20多名将领壮烈殉国。也正是在抗战时期，"黄埔系"全面形成，其骨干纷纷当上了师长、军长、集团军司令乃至战区司令长官，从而完成了"黄埔系"在军界的接班部署。

全面内战时期，"黄埔系"势力达到了顶峰。2年内，国民党军队的第一线指挥官，如地区"剿总"、绥靖区、警备区、兵团、军、师管区的司令官以及军、师长，大部分来自"黄埔系"，甚至中央军事部门的指挥大权也部分掌握在他们手中。

黄埔教官的核心人物有：

俞飞鹏，曾任交通部长、北京军需学校毕业。

钱大钧，曾任军委会委员长侍从室主任、上海特别市市长、保定军官学校第5期留日生。

蒋鼎文，曾任第1战区司令长官，浙江讲武堂毕业。

刘　峙，曾任徐州"剿总"总司令，保定军官学校第2期步科生。

周至柔，曾任空军总司令和国防会议秘书长，保定军官学校第8期步科生。

顾祝同，曾任第3战区司令长官和参谋总长，保定军官学校第6期步科生。

何应钦，曾任行政院长、陆军总司令、中央评议会主席团主席，日本士官学校毕业生。

陈　诚，曾任国民党副总裁、参谋总长、军委会政治部长，保定军官学校第8期炮科生。

黄埔毕业生中虽然此时仅有胡宗南一人得上将军衔，他们却掌握着军队的实际权力，从而真正成为国民党军队的中坚和骨干力量。到20世纪40年代后期，黄埔毕业生在国民党军政界中可谓将星闪烁，冠盖如云。其主要人物，几乎全是前6期毕业生，最神气的是前3期。

前后界限分明，高 1 期压死人。在前 6 期中，也有不少后期生超过前期生而居高位的。

蒋介石与"黄埔系"的关系是互为利用。一方面，蒋介石依靠"黄埔系"起家，实行专制独裁；另一方面，"黄埔系"成员必须依靠大权在握的蒋介石，以实现自己的权力欲望，步步高升，占据军界要职。同时，蒋介石在职务、装备、后勤、作战等方面也给予"黄埔系"种种特权，而"黄埔系"则效忠于蒋介石个人，其中不乏为之效死力者。

1949 年，大陆解放前夕，"黄埔系"继大革命后出现第二次大分化，他们与"保定系"的不少将领先后走向光明，加入革命阵营。"黄埔系"逃到台湾者则多为陈诚、蒋经国所排斥，有实权者在数千"黄埔系"成员中不过数十人而已。红极一时的胡宗南也遭冷遇，多数生活无计，苟活于世，"黄埔系"至此衰败没落。

论说黄埔军校的领导人和教官，有一人不得不特别列出，他就是从保定军校毕业、长期在黄埔军校中担任要职的张治中。他身为国民党高级将领，最难得的就是从来没有参加过一次国民党的反共战事，一直致力于国共两党的和平共处，与周恩来等共产党人士有着深厚的友谊，这在那段岁月里是尤为难得的。第一次国共合作破裂时，他就表现得很"沉沦"。1932 年，"剿共"多年的国民党内终于有人开始响应全国高涨的抗日呼声，这个人就是时任黄埔军校第 3 期入伍生总队副总队长的张治中。淞沪抗战时，他不顾国民党统治集团的阻挠，毅然开赴前线，并留下遗嘱，誓要以身殉国。好在他没有殉国，却拉开了国民党军抗日的序幕。抗战胜利后，他极力主张和平建国，并促成重庆谈判。1949 年，他又以国民党代表团团长的身份到当时的北平和共产党进行和平谈判。新中国成立后他又为和平统一事业尽心尽力，为使台湾回归做了大量工作。

还有一个著名的黄埔教官，是后来隐入山林的严重中将。他也是保定军校毕业生，曾任黄埔 1 期学生总队长、国民政府军事委员会军政厅长等职。他离开黄埔军校后，常反思北伐以来的一场场激战，众多的兄弟命丧黄泉，却扶起了一个更大的军阀蒋介石。1928 年冬，他抛掉所有的军政事务，独自一人隐居于庐山，在太乙峰下建草庐"劬园"。"劬"的含义是劳累，可见其主人此时的心态。他是真的隐居山林，每天与樵夫农夫生活在一起，靠自己的种田收成糊口。严重的学生陈诚常上庐山看望恩师，蒋介石总捎信问候，并一再热情邀请严重住到南京附近，以便能经常讨教。1930 年，严重回武汉看望生病的妻子，蒋介石觉得这是拉拢严重的好机会。他派人秘密前往武昌，授严重冯阎大战军事总指挥，并授上将军衔。为表诚意，蒋介石让人把上将军服都带去了。蒋介石这招对冯玉祥也许灵，对严重却失效了。严重回到庐山，在草庐的墙壁上贴满标语："不耕而食、不织而衣者，皆自然界之扒手，社会之蟊贼也！"坚持不出山，不与贼人同流合污。直到 1939 年，抗日烽火点燃了严重的革命热情，他毅然出山，任湖北省政府主席。1943 年病逝于任上，一个刚烈汉子、黄埔军人为他的学生们树立了无言的榜样。

3. 国民党军中黄埔生"拜将"的先后历程

黄埔军校毕业生的"拜将"，大多经历了战火的考验，有着艰辛的奋斗历程。当初第 1 期的李之龙属于特殊时期的特殊人物而坐"直升机"直接晋升，属于特例，大部分黄埔毕业生都是由黄埔校军的建立而开始起步。1924 年年底，先后组建黄埔校军教导第 1、第 2 团，初期组建时只有少数黄埔生担任军官职务，如蒋先云、贺衷寒、楼景樾、桂永清、郑洞国等任连级军官，胡宗南、侯镜如、陈明仁、关麟徵、左权、石祖德等任排级军官，大部分只是挂着见习军官当兵而已。第一次东征后，随着革命队伍的扩大，黄埔生所任职务逐步晋升。

1926 年 3 月，蒋介石制造"中山舰事件"，共产党被迫退出国民革命军，黄埔同学会的骨干迅速控制了国民革命军的政治工作，曾扩情由团党代表升任第 20 师政治部主任，成为黄埔生中第一个师级军官。不久，鄷悌也升任第 1 军第 1 师政治部代理主任。与曾扩情、鄷悌同时任团党代表的邓文仪、贺衷寒，因先后到苏联学习，而错过了这次晋升的机会。

1926 年 7 月，国民革命军誓师北伐时，因东征中表现突出的孙元良拔得头筹，荣任嫡系第 1 军第 1 师第 1 团团长。同时回粤军任职的范汉杰异军突起，任第 4 军第 10 师第 29 团团长。团长在当时的国民革命军中是个耀眼的职位，从北伐时任团长的名单就可知道其职位的重要，薛岳、蔡廷锴、余汉谋、蒋鼎文、卫立煌、徐庭瑶、陈继承、黄琪翔、戴戟等，在那时也不过是个团长。

最幸运的是时任第 2 团副团长胡宗南，部队刚出征，该团团长倪弼在紧急时刻无法随部队行动，胡宗南得以晋补第 2 团团长。之后不久晋升团长的还有李延年、郑洞国、桂永清、蒋先云、王世和、俞济时，同时任团级职务的还有团党代表李默庵、王尔琢、李汉藩等，团参谋长顾希平、周士第、侯镜如等。蒋先云是同时受到毛泽东和蒋介石喜欢的"黄埔三杰"之首，在二次北伐中壮烈牺牲，追赠少将。

1927 年，蒋介石发动"四一二"反革命政变，从苏联回国的邓文仪在政变后升任黄埔军校政治部少将副主任兼代理主任；北伐中英勇作战的团长范汉杰被蒋介石任命为浙江警备师师长，成为黄埔生中的第 1 个师长；而同时的团长孙元良却因在北伐中溃退被免职，蒋介石惜其才把其送到日本学习，此后的孙元良就像是中了魔咒似的，战绩一直不佳，屡战屡败屡逃，他在离开大陆前一直待在黄埔生晋升的第 2 梯队中，再难名列前茅。孙元良的"官运"虽然不畅，但他也许是因祸得福，在与激烈争斗的官场远隔一段距离后，也落得了半辈子心地清闲，他是惟一一个活到 21 世纪纪念母校 80 华诞时的黄埔 1 期生。

1927 年 8 月，龙潭战役时，胡宗南升任第 1 军第 1 师副师长。战后蒋介石被迫下野，胡宗南与国民革命军总司令部参谋长朱绍良一起，联系时任初级军官的楼景樾、李延年、关麟徵、李默庵、丁炳权、李树森、陈武、王敬久、黄杰等黄埔同学，极力抵制李宗仁为首的桂系，坚决拥护蒋介石东山再起，蒋介石最终得以复出，黄埔生从此受到蒋的重视。作为回报，先后晋升胡宗南为第1军第22师师长，楼景樾任代理第2师师长（楼是浙江诸暨人，1931年，任警卫第1师师长，副师长是俞济时，楼如果不是身弱多病，前途不可限量），李延年任第2师副师长，王世和（蒋介石的表弟，首任侍卫长）任陆海空军总司令部侍卫总队总队长。一批"黄埔系"出身的旅长、团长也先后新鲜出炉。

1932年年底，在蒋介石的授意下，国民党特务组织复兴社正式成立，胡宗南、贺衷寒、酆悌、滕杰、桂永清、康泽、郑介民、彭孟缉、曾扩情、潘佑强、周复、戴笠、邓文仪、袁守谦成为组织骨干，号称"复兴十三太保"，主掌政治工作并控制国民党的政训系统。其中滕杰（黄埔第4期）是第1任书记长，起步很高，可是后期表现平平。贺衷寒是复兴社发起人，第2任书记长，后长期担任政训工作，是国民党军政治工作的旗手，官位至国民党中央执委常委。邓文仪以写拍蒋介石马屁的文章得到晋升，官至战区政治部主任、国防部新闻局长。此3人去台湾后均未受重用。酆悌是第3任书记，抗战时长沙大火，蒋介石丢卒保车，被判死刑。康泽是第5任书记长，官至军委会政治部第2厅长、第15绥靖区司令，后被俘，1963年，第四批特赦。曾扩情在任成都城防司令部政治部主任时被俘，1959年，因其曾在西安事变时主张蒋介石抗日，有功而得以首批特赦。

桂永清和彭孟缉较早离开了政训系统。桂永清抗战胜利后进入海军，出任副总司令，不久升任海军总司令，以加强中央对海军的掌控。1949年，指挥战舰27艘和其他船只计15万吨安全撤至台湾有功，此后桂氏的经历极富戏剧性，1951年，晋升二级上将，正春风得意时，却因与时任台湾省主席的吴国桢有隙，被迫转任"总统府"参军长，等到吴国桢叛蒋离台后，升任参谋总长并晋一级上将，成为黄埔生首位一级上将，不幸的是这位第一个爬上巅峰的黄埔生视事仅 45 天，就病魔缠身，死于任上。彭孟缉的"拜将"经历也比较曲折，1947 年，由桂永清推荐任台湾警备司令，自此发迹，在桂永清死后继任参谋总长，本应同时晋升一级上将，却因为彭氏资历太浅（黄埔第 5 期），又去当了两年的陆军总司令，1959 年，再次出任参谋总长后才最终晋升一级上将。

在复兴社内设特务处，蒋介石最初是想让康泽当处长，因康泽推辞，小字辈戴笠这才脱颖而出。戴笠是浙江江山人，黄埔第 6 期毕业，他最终把小小的特务处破茧成蝶，经营成了国民党的两大特情机构之一的军事委员会调查统计局，即"军统"。1938 年，戴笠升任中将副局长（职务军衔）代行局长职责，在全国各地遍设站点，暗杀之事四起，政府官员、军事将领人人自危。同时因只对蒋介石一人负责，军统也成为一个独立王国，部下的封赏全由戴笠自己决定，所封少将待遇比正式的中将还高，却没人敢过问。但因资历太浅，加上与陈诚不合，戴笠直到 1945 年 2 月 20 日才由铨叙厅授予陆军少将的正式军衔。

1935 年年初，国民党军队为了统一军衔，正式军衔均由铨叙厅统一铨叙。3 月 27 日，国民党中政会决议，4 月初公布首批授予中将的 89 人，其中以师长晋升的有 29 人，黄埔生只有 3 人，皆为 4 月 9 日第 5 组铨叙，他们是："剿匪"第 2 路第 2 纵队指挥官兼第 1 军第 1 师师长胡宗南，驻闽第 4 绥靖区司令官兼第 2 军第 9 师师长李延年，驻闽绥靖第 2 区司令官兼第 14 军第 10 师师长李默庵，李是第一个声明退出中共的黄埔生，终于得到蒋介石的信任。渐露头角的俞济时，于 1936 年 1 月 28 日补叙中将，搭上了黄埔生"拜将"集团第 1 梯队的"末班车"。

1935 年 4 月 13 日铨叙的首批少将，第 1 组叙少将的黄埔生有：教导总队（蒋介石卫队）总队长桂永清、第 2 师师长黄杰、第 3 师师长李玉堂、第 11 师师长黄维、第 14 师师长霍揆彰、第 25 师师长关麟徵、第 36 师师长宋希濂、第 80 师师长陈琪、第 83 师师长刘戡、第 87 师师长王敬久、第 88 师师长孙元良等。4 月 15 日第 2 组叙少将的黄埔生有：第 98 师师长夏楚中、第 89 师师长王仲廉、第 92 师师长梁华盛、第 14 师副师长李树森等。4 月 17 日第 3 组叙少将的黄埔生有：李铁军、陈铁等。4 月 17 日第 5 组叙少将的有侯镜如等黄埔生，这些人组成了黄埔生"拜将"集团的第 2 梯队。

1936 年 1 月 29 日叙少将的黄埔生有：甘丽初、李及兰、张雪中、潘佑强、贺衷寒、陈沛等；2 月 1 日叙少将的黄埔生有李仙洲等；2 月 7 日叙少将的黄埔生有冷欣、陈明仁等。这些人组成了黄埔生"拜将"集团的第三梯队。

1936 年 9 月，陆军第 1 师扩编为陆军第 1 军，胡宗南升任军长，成为黄埔生中第一个军长，第一个师长范汉杰因为参加福建事变站错了队，后经胡宗南力保担任第 1 军副军长，但再也追不上其晋升步伐，从此"天子第一门生"胡宗南便举起黄埔生的晋升大旗，一路高歌，直到离开大陆之前，无人企及。

1936 年 10 月 5 日，黄埔生关麟徵、刘戡、王敬久、孙元良、夏楚中、贺衷寒、宋希濂、陈琪以师长职务由少将晋升中将。至抗战爆发前，黄埔生桂永清（1936 年 10 月 22 日），蒋伏生（1937 年 5 月 2 日），霍揆彰、李树森（1937 年 5 月 21 日）也先后以师级军官晋升中将。

1937 年七七事变后，全国地方部队整合，部队扩编。晋升中将的门槛随之增高，抗战英勇的黄埔生李仙洲（1938 年 3 月 1 日），陈铁（1938 年 5 月 10 日），黄维（1939 年 6 月 6 日），王仲廉、李铁军（1939 年 7 月 13 日），陈沛（1940 年 12 月 2 日）均以军级军官晋升中将。还有许多黄埔将领慷慨殉国，追赠中将的有：第 54 军军长陈烈（第 1 期）、苏鲁战区政治部主任周复（第 3 期，复兴社十三太保之一，抗日殉国的第一位高级政工人员)、第 2 军副军长郑作民(第 1 期)、第 5 军第 200 师师长戴安澜(第 3 期)、第 73 军暂 5 师师长彭士量(第 4 期)、第 10 军预备第 10 师师长孙明瑾(第 6 期)、第 10 军第 190 师副师长赖传湘(第 4 期)等。而壮烈殉国后追赠少将和未获追赠的黄埔将领不胜枚举,主要有:师长王竣(第 3 期),副师长胡义宾(第 3 期)、梁希贤(第 5 期)、王剑岳(第 5 期),军参谋长吕旃蒙(第 5 期),旅长黄梅兴(第 1 期)、蔡炳炎(第 1 期)、吴继光(第 2 期)、高致嵩(第 3 期)、易安华(第 3 期)、朱赤(第 3 期)、官惠民(第 4 期),师参谋长姚中英(第 2 期),副旅长杨杰(第 4 期),团长王润波(第 3 期)、谢晋元(第 4 期)、罗芳桂(第 4 期)、陈文杞(第 5 期)、刘眉生(第 5 期)、杨家骝(第 5 期),等等。

1939 年 8 月 4 日,胡宗南晋任第 34 集团军总司令。10 月 2 日,关麟徵任第 15 集团军总司令。胡宗南比关麟徵的晋升快了 50 多天,两人把其他黄埔同学远远甩在了后边,直到 1941 年王仲廉、王敬久等才升任集团军总司令。

1944 年 12 月,第 1 战区司令官陈诚因为调不动胡宗南的部队,被迫调任军政部长,胡宗南升任第 1 战区司令官,他是黄埔生中第一个也是惟一一个战区司令官。

抗战后期,一批在抗战中脱颖而出的黄埔后起之秀得以加入中将行列,同时晋升中将的门槛再次增高。后来居上的黄埔 1 期生杜聿明(时任第 5 集团军总司令)、以悍将著称的黄埔第 3 期领跑者王耀武(时任第 24 集团军总司令)、职务"越跑越慢"的黄埔 1 期生郑洞国(时任中国驻印军副总指挥)于 1945 年 2 月 20 日晋升中将;之后还有范汉杰、丁德隆、陈大庆(1945 年 3 月 8 日)、董钊、李文、刘咏尧(1945 年 6 月 28 日)也以集团军总司令职务而晋升中将。

抗战后进行的国民党军整编,使得大批军官退为预备役,非嫡系的黄埔生军官在退役和解职后进入中训团学习之列,最终酿成震惊国内的哭陵事件，参加的黄埔生主要有黄鹤、李模、祝光谦、谢清灏等。虽然蒋介石在事件后给一些军官安排了军职，但许多人最终还是退役回家，这些黄埔生为自己站错队付出了代价。

1946年国共和谈后不久，蒋介石下令国民党军转向内战，拥有40余万精锐部队的"西北王"胡宗南，第一个又是惟一一个军事集团的黄埔生首领，第一个也是惟一一个在离开大陆以前加上将军衔的黄埔生，曾经风光一时，光焰万丈。但是，随着全国解放步伐的加快，他的数十万大军兵败如山倒，迅速瓦解，在成都战役中老本尽失，1950年，由西昌只身逃到台湾后即遭弹劾，不久就从人生巅峰迅速跌落，只能化名秦东昌任"浙江省主席"兼"江浙人民反共救国军总指挥"。死后蒋介石惜其忠，特追赠一级上将。

俞济时在集团军副司令任内因指挥失误被调任军长，度过一段低谷后，于1942年11月升任军事委员会委员长侍从室侍卫长，任期长达15年，他于1948年1月晋上将缺（享受上将军衔待遇），使其重回黄埔生"拜将"集团的第1梯队。

除了胡宗南、俞济时以外，还有几个离上将军衔距离最近的黄埔生，关麟徵曾被委任东北保安司令长官、陆军总司令等上将级官职，但因与陈诚矛盾的公开化，最终与上将之衔擦肩而过，心灰意冷的关氏迁居香港，过起了隐居生活。杜聿明身兼华北"剿总"副总司令与徐州"剿总"副总司令的要职，却最终在淮海战役中兵败被俘，也与上将之衔无缘。

范汉杰在胡宗南推荐下，长期担任其副手。1942年，接任胡氏之第34集团军总司令，1944年年底，任第1战区副司令长官兼参谋长，1946年9月，任陆军副总司令，1948年，任东北"剿总"副司令，10月被俘，这位黄埔1期生更是与上将之衔的缘分太浅。

国民党军中强调辈分，在黄埔生中大一期就压死人的情况下，第3期王耀武凭借着抗日的赫赫军功，有老长官俞济时提携，1944年，升任第 24 集团军总司令，1945 年，任第 4 方面军总司令，并打造出国民党军王牌军第 74 军，进入黄埔生"拜将"集团的第 2 梯队，实属传奇。济南战役时，王氏丢下仍在战斗的部队化装逃亡青岛，最终仍不免在战场附近被俘。

陆军副司令罗奇（第 1 期，广西容县人）的提升，在很大程度是靠广西老乡关系。他在早期的仕途平平，1943 年才任第 37 军军长，一年后即因战败被撤职，后又出任京沪杭警备副司令。1949 年 9 月，被时任代总统的老乡李宗仁委任为陆军副总司令，1950 年去台湾，蒋介石重新整军时因为是黄埔生，仍然留任，但因为是李宗仁提拔的"广西乡亲"，也就再没有晋升的机会，所以他在陆军副总司令的任职上一干就是 16 年。

这一时期的国民党军统系统，基本上也被黄埔生所掌控，这些人以专横霸道而著称于黄埔同学之间。"军统"源于复兴社特务处，戴笠任处长，副处长是郑介民（第 2 期），郑氏心存不平，一直耻于在后辈戴笠手下当副手，长期不安于事，虽然于 1943 年 2 月 10 日比戴笠早两年正式授少将衔，却有职无权。1946 年，戴笠死于飞机失事后，郑氏继任军统局长，毛人凤、唐纵任副局长（时人称"军统三巨头"），却发现实权掌握在毛人凤手上，终无大的建树，一年后调任国防部次长，毛人凤接任局长。毛氏是潮州分校第 1 期毕业生，相当于黄埔第 3 期，因为与戴笠同是浙江江山人，受到戴的宠信和重用，任内暗杀杨杰，炸毁"泽生号"轮船和"喀什米尔公主号"专机，1957 年死于台湾，追赠陆军上将。而唐纵后离开军统，调任警察总署署长兼国防部保安事务局局长，组建起全国统一的警察系统，并对警察部队进行训练整编，去台湾后改任文职。

在国民党空军系统内，黄埔生更是独占鳌头。1931 年，中央航空学校成立，这是国民党军的第一所航空学校。毛邦初以副校长之职主持校务，他是黄埔第 3 期毕业生，浙江奉化人，蒋介石原配毛夫人之侄。1933年，为了壮大空军力量，特制定空军新官阶以提高空军地位，空军官阶比陆军高两级，毛氏晋升空军最高军衔空军少将，相当于陆军上将。毛氏起点高，却不争气，先因为生活不检点，所以长期担任空军第一副职，后又因贪污而被撤职。抗战初期，为了培养更多的空军预备飞行人员，决定成立空军军士学校，出任教育长的是黄埔第1期的王叔铭。王曾于1926年2月加入中国共产党，后去苏联深造，1931年秋，回国脱党转投蒋介石。1940年接替周志柔，长期担任中央空军学校教育长，国民党的空军人员大多出自其门下。1952年，任空军总司令，最高官衔至参谋总长并授一级上将。

1948年9月22日，国民党军在大陆最后一次大范围授衔，大部分在职军官都授予军衔，其中授予中将的黄埔生有：参谋本部宪兵司令张镇、国防部政工局局长邓文仪、南京卫戍司令张耀明、淞沪警备司令宣铁吾、云南警备总司令何绍周、西安警备司令曹日晖、陆军总司令部参谋长冷欣、国防部参谋次长李及兰、第13兵团司令李弥、第17兵团司令侯镜如、第21兵团司令刘安祺、福建省保安司令李良荣、国防部第5厅厅长沈发藻、国防部测量局局长杜心如、长沙绥靖公署副主任方天、第7绥靖区司令张雪中、第8绥靖区副司令廖运泽、南京卫戍副司令覃异之、北平警备总司令部副总司令罗奇、第1兵团副司令史宏烈、第2兵团副司令邱清泉、第7兵团副司令唐云山、第12兵团副司令胡琏、第16兵团副司令梁恺、川陕甘边区绥靖公署副主任兼参谋长罗列、湘鄂川边区绥靖公署副主任方靖、郑州指挥所副主任张世希、整编第26师师长钟彬、第16军军长袁朴、福建保安司令部参谋长伍诚仁、整编第29军参谋长陈武等。这次授衔时，济南战役接近尾声，仅时隔2天后的9月24日，战役结束，黄埔生的榜样人物、1945年2月即以较浅的黄埔3期资历晋升中将衔的王耀武，在几天后被人民解放军俘虏。

国民党军撤往台湾后，蒋介石重整缩编部队，许多黄埔生也与大批杂牌部队的将领一样被强制假退役,同时对台湾部队进行嫡系大接替,少数黄埔生亲信桂永清、王叔铭、袁守谦、石觉、袁朴、罗列、罗友伦、罗奇、陈大庆等得到重用。而最终晋升一级上将的有桂永清、王叔铭、彭孟缉,解放战争末期逃到越南被囚后被遣送回台湾的黄杰,有带着整编制部队撤往台湾的刘安祺、刘玉章,还有在金门战役中成名的胡琏、高魁元等8人。

三、评说黄埔"一百单八将"

时代变迁,现在黄埔军校的风云人物,常常成为人们茶余饭后的谈资,有人模仿《水浒传》中梁山泊英雄排座次的模式,将黄埔军校师生也"封"出了"一百单八将",虽然不尽合理,但也能反映出黄埔英杰阵容的一个轮廓。综合以上所述各位黄埔师生在历史舞台上的表现,笔者将自我感觉到能上本榜的"官佐"和"弟子"排列于此,仅作温习黄埔军校历史的"佐料"参考。

36官佐:

孙中山	廖仲恺	蒋介石	李济深	戴季陶	周恩来
邵力子	汪精卫	胡汉民	鲍罗廷	加仑	方鼎英
何应钦	王柏龄	邓演达	张申府	叶剑英	聂荣臻
张治中	陈继承	严重	钱大钧	蒋鼎文	刘峙
陈诚	顾祝同	鲁易	熊雄	恽代英	萧楚女
茅延桢	金佛庄	张国焘	项英	陈毅	陈奇涵

72弟子:

蒋先云	李之龙	徐向前	曹渊	蔡升熙	许继慎
左权	胡宗南	桂永清	王叔铭	黄杰	陈大庆
罗奇	袁守谦	袁朴	刘咏尧	张镇	刘戡
陈赓	陈明仁	周士第	俞济时	蔡炳炎	陈烈
郑作民	关麟微	张耀明	阎揆要	范汉杰	邓文仪

杜聿明	侯镜如	宋希濂	李默庵	郑洞国	李延年
贺衷寒	曾扩情	黄公略	曾泽生	邱清泉	郑介民
覃异之	毛人凤	毛邦初	戴安澜	常乾坤	康泽
王耀武	林彪	高魁元	彭士量	段德昌	曾中生
刘志丹	张灵甫	李运昌	谢晋元	洪水	彭孟缉
赵尚志	杨至成	宋时轮	张宗逊	陶铸	罗瑞卿
许光达	赵一曼	陈伯钧	郭天民	孙明瑾	戴笠

黄埔军校中国共两党的猛将如云，本名单所列仅是其中的一小部分，他们是众多雄杰中各方面的代表，其他人难与其比肩，不能代替。个别人就品质讲可能说不上优秀，甚至对处于不同历史时段、持不同政见或学术观点的读者来说，还是反面人物，但笔者以为这些黄埔师生却代表着军校历史的某一个方面，不管他是"太阳"，还是其他的"恒星"或者"月亮"，少了他，黄埔军校史的"星空"就明显不完整。

怎样才能比较全面、准确地反映能代表黄埔高水准的师生，是一个不小的难题。所以，在开列这个名单前，只好先定一个"录取"标准，"官佐"和"弟子"在时间上的统一标准是黄埔军校第 1 期至第 6 期（含武汉等早期分校）。"官佐"名单的基本标准有四：校、部主要领导人；亲自授课的教官并在学生中有崇高威望；学生队著名官佐代表；国共两党著名军事家。"弟子"名单的基本标准有五：授衔元帅、大将、上将、中华人民共和国 36 位军事家之一；在东征、北伐、抗日战争中壮烈牺牲的著名英烈；曾任黄埔军校校长、全国黄埔同学会会长；在战史上有成名之仗的著名将领；第 2 期至第 6 期、1926 年前高级班、分校毕业生杰出代表。

即使划定了以上比较苛刻的入选条件，在名额限定的情况下，还是有不少著名人物不能入榜。现再备选"弟子"44 人的名单开列于下，形式上有些类似于"候补"或颁发"提名奖"，但主要还是为了让广大读者也参与进来，看看以下名单中或还在名单之外的黄埔军校著名师生，谁有充分资格能够代替以上入榜人物。

王敬久（第 1 期，国民党中将）、黄维（第 1 期，国民党中将）、廖运泽（第 1 期，国民党中将）、蒋孝先（第 1 期，国民党中将）、王尔琢（第 1 期，解放军著名英烈）、彭干臣（第 1 期，解放军著名英烈）、刘仇西（第 1 期，解放军著名英烈）、李仙洲（第 1 期，国民党中将）、孙元良（第 1 期，国民党中将）、陈铁（第 1 期，国民党中将）、霍揆彰（第 1 期，国民党中将）、李树森（第 1 期，国民党中将）、夏楚中（第 1 期，国民党中将）、陈琪（第 1 期，国民党中将）、王仲廉（第 1 期，国民党中将）、李铁军（第 1 期，国民党中将）、董钊（第 1 期，国民党中将）、李文（第 1 期，国民党中将）、李弥（第 1 期，国民党中将）、钟斌（第 1 期，国民党中将）、余程万（第 1 期，国民党中将）、丁德隆（第 1 期，国民党中将）、彭明治（军校军士教导队，解放军中将）、鄞悌（第 1 期，国民党少将）、王逸常（第 1 期，国民党少将）、周逸群（第 2 期，解放军著名英烈）、卢德铭（第 2 期，解放军著名英烈）、余洒度（第 2 期，解放军著名英烈）、廖昂（第 2 期，国民党中将）、王一飞（第 2 期，校内著名中共党员）、姜镜堂（第 3 期，国民党中将）、郭化若（第 4 期，解放军中将）、倪志亮（第 4 期，解放军中将）、唐天际（第 4 期，解放军中将）、唐生明（第 4 期，国民党中将）、吴起舞（第 4 期，国民党中将）、伍中豪（第 4 期，国民党中将）、郭汝瑰（第 5 期，解放军中将）、邱行湘（第 5 期，国民党中将）、郑庭笈（第 5 期，国民党中将）、程子华（武汉分校，解放军著名将领）、谭希林（第 6 期，解放军中将）、王诤（第 6 期，解放军中将）、廖耀湘（第 6 期，国民党中将），等等。

开列"一百单八将"名单，肯定会有多种版本。甚至过若干年后，会有"及时雨""智多星""黑旋风"的别号，加在这些黄埔师生的头上。笔者认为，只要这个社会还崇拜英雄，黄埔军校的故事就会继续讲下去，因为国共合作的黄埔军校充满"拜将"传奇和众多战将的英雄魅力。

思考题：

1. 为什么国民党主办的军校培养出了众多的共产党高级将领？

2. 试论国民党军"黄埔系"生成的利与弊。

3. 开列黄埔"一百单八将"的新版本还有哪些？

第二十二讲

黄埔军校中的外籍学生

在大革命风暴中诞生的黄埔军校，不但给中国觉悟青年带来了希望，而且吸引着深受帝国主义压迫和奴役的东方各国众多的有志青年，他们纷纷冲破艰难险阻，不惜颠沛流离投奔黄埔，学习革命本领和政治军事技术，谋求救国之策。

一、各时期的外籍学生

1. 黄埔本校时期

首批到中国学习军事的外籍学生是 1925 年 1 月参加黄埔第 3 期学习的朝鲜青年刘铁仙等 4 人，其中 3 人学航空（当时革命政府在广州大沙头建有航空学校），1 人学步兵。学步兵的名叫李彬，毕业后留校，在第 4 期政治科大队任区队长。

第 4 期有朝鲜学生 22 人，其中学步兵的有李箕焕等 15 人，学炮兵的 1 人，学工兵的 1 人，朴益济等 5 人学政治。越南学生洪水也是第 4 期学生。第 5 期学生是在第 4 期学生还未离校就入伍了。朝鲜学生金浩元等 5 人和越南学生黎国望、新加坡学生邱中植，他们都学的是步兵。

1926 年 10 月 8 日，军校完成招收第 6 期入伍生，截止本期招生。黄埔军校因前几期的成功举办，声誉正如日中天，青年们喊响了"到黄埔去"的口号。除有本校入伍生部招收各省党部与湘省保送外，学生来源广及缅甸、安南（越南）、朝鲜、南洋群岛等地，众多革命青年主动来校投考。

第 6 期有朝鲜学生 8 人，其中崔文镛等 5 人学步兵，金明山等 3 人学骑兵。学骑兵的还有越南的阮振南，他是魔术表演艺术家，抗日战争时期留在中国，领衔组建"新中国魔术团"和"军中魔术队"，积极为抗战作宣传工作。

2. 南京本校时期

军校第 7 期，有越南的黄国寿等 11 人和爪哇的刘庆仁等 3 人，全都学的是步兵。第 8 期，只有 1 名外籍学生。他是朝鲜青年李根浩，学的是步兵。第 8 期学生在 1930 年入伍，这时正当九一八事变前夕，日本帝国主义加紧对内控制、镇压，对外侵略、扩张。英、法帝国主义也加紧对殖民地人民的镇压和掠夺，因之，到黄埔学习的各国青年一时锐减。一些有志青年侥幸逃出虎口的，就直接参加抗日联军和中国军队对敌作战了。在《中国抗日阵亡将士传》一书中，可看到不少外国籍烈士的名字。抗日战争开始后，黄埔军校从南京迁到成都。

3. 成都本校时期

1940 年 2 月初，第 17 期学生开始分批招生。本月，昆仑关战役打响，日军自南宁进犯宾阳。军校第 4 分校（广州分校）奉命编组全体官兵为第 120 军，辖 2 个师，参加桂南作战，出色地完成任务后，迁移到贵州独山。6 月，第 17 期新生入伍，成立两个总队，共 2629 人。7 月奉命实施乙种编制。分校建议招考海外侨胞青年子弟回国受训，专请侨务委员会及战时驻东南亚各国领事馆负责招生，计招学生 254 人，成立了华侨大队。1941 年第 18 期学生入伍时，有位越南青年谭锡江到黄埔军校学习辎重兵。

军校第 20 期学生入伍时，是抗日战争最后阶段，在 1944 年 3 月投身到黄埔军校的朝鲜青年有 4 人：金重镇、姜弘模学步兵，李建国、张哲夫学骑兵。在结束入伍生教育后升入军官教育阶段，法国政府还派步兵中尉赖武颂来学军语，他是黄埔军校中仅有的欧洲学生。第 21 期学生入伍时，是抗日战争胜利前夕的 1945 年年初。来学习的有朝鲜学生金英勋、赵东麟、朴胄泽 3 人，寮国（老挝）学生唐苏温、道凡 2 人，他们学的都是步兵。抗日战争胜利后，韩国和越南政府都派人到校学习。韩国派了 50 人学步、工、通信；越南派了 20 人学步兵。

从第 3 期至第 22 期，到黄埔军校学习的（不包括原籍是中国的侨生），现能找到名字的外籍学生共有 140 多人，实际数字可能还要多。有文章说，第 7 期有朝鲜籍学生 34 名、越南籍学生 13 名，还有蒙古、新加坡等籍贯的学生。

二、几位著名的越南籍学生

外籍学生在黄埔军校学习，人数较多的要数越南，其中也出现了数位著名人物，如洪水、吴元甲、黎仲迅等。

1. 中越两国将军洪水

在黄埔军校外籍学生中，第 4 期学生洪水的经历比较独特，他后来成为中越两国将军，这在黄埔军校历史上是独一无二的。

洪水（1908—1956 年），原名武元博，1908 年 10 月生于越南河内。他从河内师范学校毕业后，就追随胡志明去法国，从事革命活动。在巴黎，他认识了周恩来、陈延年、李富春等中国战友。1924 年，胡志明来到广州，他号召国内以及旅居国外的越南爱国青年到广州来。洪水响应号召，放弃了优越的家庭生活条件，于 1925 年到达广州。在中国大革命风暴中，他和黄文欢、范文同等一起参加了胡志明主办的越南革命青年训练班，在课堂上，他认识了毛泽东、刘少奇和彭湃等。训练班结束后，经蔡畅介绍，洪水进入黄埔军校，成为第 4 期学生。

1927 年"四一二"反革命政变后，洪水毅然退出国民党，正式加入中国共产党。洪水原来有一个中国名字，叫鸿秀，意在成为越南革命斗争中的俊杰。1928 年时，他有一次看到国民党一张传单上把红军说成是洪水猛兽。他觉得对敌人来说，自己就是要当"洪水猛兽"，吞噬一切反动派，遂改名"洪水"。在中央根据地，洪水先后被王明、张国焘以高级特务、"国际间谍"等罪名开除出党。但是，洪水始终不渝坚信马列主义，没有离开革命队伍和中国。

在中国工农红军二万五千里长征中，洪水是为数不多的几位外国人之一。长征途中，他两次爬雪山、过草地，经历了千辛万苦。抗战爆发后，洪水在山西、河北等地开展抗日工作。曾任晋察冀军区《抗敌报》第一任社长。洪水是惟一经历过中国人民解放军从建军到抗日战争胜利全过程的外国人，并随红军走完了二万五千里长征路。

1945 年 8 月，胡志明领导了越南"八月革命"，迫切需要军事干部。洪水毅然辞别妻儿，回去报效祖国。洪水 1945 年回到越南，改名阮山，先后任第 4 联区司令员、第 5 联区司令员兼政委，授少将军衔。1954 年年底，他回到中国，担任中国人民解放军总参谋部《战斗训练》杂志社社长。1955 年，洪水被授予正军级少将衔，还被授予一级八一勋章、一级独立自由勋章、一级解放勋章。他是中国人民解放军在 20 世纪 50 年代授衔的惟一外籍将军。洪水同时兼有越南人民军少将衔，是世界少有的两国将军之一。

1956 年年初，洪水患晚期胃癌。他要求回越南养病，得到了中央的批准。9 月，毛泽东按照国家元首的规格，为他安排了专列，并亲自送行，到车站送行的还有周恩来、彭德怀、叶剑英、黄克诚等中共领导。越共中央主席胡志明亲自到河内火车站迎接。10 月 21 日，洪水在河内病逝，年仅 48 岁。

在广东革命历史博物馆征集来的黄埔军校文物中，就有一条陕西榆林地区特有的手纺毛毯，它的主人就是中越两国将军洪水。

2. 越军总司令武元甲

武元甲（1911—2013 年），是越南共产党、越南民主共和国、越南社会主义共和国和越南人民军的主要缔造者和领导人之一。越南人民军大将，曾任越共中央政治局委员、中央军事委员会书记、越南政府副总理、越南国防部部长等职。参与指挥第一次印度支那战争和第二次印度支那战争及第三次印度支那战争的功臣，号称"红色拿破仑"。

1911 年 8 月 25 日，武元甲出生在越南广平省（曾为平治天省）的一个地主家庭，祖籍在广平省丽水县安舍村。他 1926 年参加新越革命党，1930 年参加"反法国殖民统治"的学生运动被捕，遭返家乡管制，后入河内大学历史系学习，考取法学学士文凭，在私立升龙中学当过历史教师。在课余时间，他热衷于研究拿破仑的军事战术，也在《劳动报》《消息报》《我们的声音报》上投稿，与长征发表"农民问题"的著作。

1938 年，武元甲加入胡志明创立的印度支那共产党（今越南共产党）。1939 年，法属印度支那政府宣布印度支那共产党为非法政府，开始逮捕其中成员，武元甲与胡志明一同逃往中国，在广西一带活动。时值中国抗日战争期间，1940 年年初，武元甲进入黄埔军校第 6 分校（南宁分校）军官训练班学习（学历按规定比照黄埔军校第 16 期）。从黄埔军校毕业后，武元甲返回越南，筹建抗日武装，开展游击战争。

1941 年 5 月，第一届第八次中央会议在高平省原平县的北坡林区举行，决定成立越南独立同盟会，简称"越盟"。武元甲负责越盟总部军事委员会，在中国国民党的资助与协助训练下，建立军队，在越南进行游击战。1944 年 12 月 22 日，负责组织"越南解放军宣传队"，参与组建越南人民军。3 天后在高平省的费克和那银首战告捷，任北坼革命军事委员会委员，越南解放军总指挥。1944 年至 1946 年间，武元甲建立起一支武装部队，瓦解了法国在中南半岛的权势，又发动并赢得奠边府战役，再利用游击队攻击美国扶植的南越政府，并与美国的军事力量正面交锋。

1945 年 8 月，日本投降后，武元甲随胡志明进驻河内，越南民主共和国成立后，1946 年任国防部部长。1946 年 12 月 19 日，抗法战争

HUANGPUDAJIANGTANG

爆发，任国家军队和民兵自卫队总指挥。1947年兼任越南人民军总司令。至1950年，武元甲已建立起一支包含4个步兵师的正规部队，总兵力达1万人。

1953年12月，在中国军事顾问团的指挥和中国军队的参与下，武元甲集中4万多人从南北合围奠边府，向奠边府法军发起攻击。战役从1954年3月至5月进行，共歼灭法军1.6万人，击落、击毁法军飞机62架，俘虏法军卡斯特里准将及其全部参谋人员，取得了"奠边府大捷"，震惊世界。用武元甲自己的话说，"这是（越南）对西方第一次的大胜"。1954年法国不得不与越南签订《日内瓦停战协议》，同意撤离，北越得到解放，武元甲在欧美舆论界中获得"奠边府之虎"美誉，个人威望也达到了一个高峰，成为一位民族英雄。1958年晋升为大将军衔，当选为中央政治局委员。

《日内瓦停战协议》生效之后，美国取代法国介入越南战场，支持吴廷琰政权，企图在1962年年底以前平定越南。1968年，美国在越南战场兵力高达54万人，同年1月底，北越发动了规模空前的"春节攻势"。超过8万北越军队和越共游击队对南越几乎所有的大小城市发起了进攻，包括西贡都被攻击，越共敢死队突袭了美国驻西贡大使馆。

抗法战争胜利后，越南人民军于1958年仿照中国人民解放军的军衔制度重新授衔，武元甲被授予大将军衔。1969年，胡志明去世之后，越南党政军大权逐渐被亲苏的黎笋集团把持。经过一系列政治斗争后，黎笋在越南党政军里安插了大量的亲苏势力。但由于有武元甲、黄文泰等将领撑着，大体上还是保持了亲华与亲苏的平衡。此后武元甲虽然还担任着越南的国防部长，但其实在军内已走下坡路。

1972年3月，武元甲动员了几乎全部北越军事力量，发动了更大规模的"复活节攻势"（越方称"广治战役"），希望一举击败南越军。但在美军强大的海空优势下，北越的复活节攻势以失败告终，损失逾10万人，武元甲因此被撤职，由文进勇接任越南解放军总指挥。复活节攻势使美国意识到战事已不可为，开始决定摆脱深陷日久的泥淖，

1973 年 1 月 27 日，双方签署停战协定，美军开始全面撤退。1975 年 4 月 30 日，越南人民军攻陷西贡，越南统一，史称"430 事件"。

武元甲在很长时期内曾被美国视为越南军中仅次于胡志明的人物。但 1969 年胡志明去世后，武元甲逐渐远离越南领导核心。武元甲 1972 年的抗美攻势被认为未能取得预期效果，交出实际军事指挥权（仍任国防部长）。然而，美国也开始从越南全面撤军。没有美国的军事支持，南越政权仅维持 2 年便于 1975 年垮台。武元甲仍作为越南主要军事领导人"笑到最后"。

越南战争结束后，武元甲被进一步边缘化。1976 年，武元甲任越南政府副总理。1979 年，卸任国防部长职务，随后更被排挤出政治局。1981 年 7 月，任部长会议副主席（副总理）。他在政治局公开反对黎笋入侵柬埔寨的政策，这在政治局里是唯一一个公开反对黎笋的。此后，他又在一个很公开的场合说越军在柬埔寨"前途不光明"。1982 年，他离开了政治局，只保留了副总理的空头衔，直到 1986 年越共六大退休，从此开始了政治上的休眠。

1991 年，武元甲辞去越南副总理职务，离开政治领域，但他的政治影响力从未完全消失，退休后仍然受民间爱戴。他曾反对越南政府在西原扩建一座铝土矿，担心此举会破坏当地环境；他也曾抗议政府计划拆除河内著名历史建筑巴亭会堂，但是没有得到越南政府的重视，越南政府仍按原定计划进行。他曾鼓励越南与美国改善关系，在他的努力下，1995 年越南与美国恢复外交关系。

2013 年 10 月 4 日，武元甲去世，享年 102 岁。

美国媒体纷纷对武元甲的去世予以大篇幅报道，对这位昔日对手大多持敬重之情。美国《纽约时报》以"把美国赶出越南的武元甲将军去世"为题，追忆了武元甲的军事作战理念及其个人风格。在一生的军旅生涯中，武元甲曾面对法国、日本、美国、柬埔寨等各国军队，他以独特的战术与战略，战胜了强大的敌军。通过 1954 年的奠边府战役闻名天下，开始成为西方国家重点关注的越南军事人物。《纽约时报》说，支持武元甲的人将其与麦克阿瑟、隆美尔等军事天才并列，而批评他的人则认为他的军事成功是与其不计士兵伤亡代价密不可分的。武元甲在越战期间接受奥琳埃娜·法拉奇采访时，已完全表露出强硬作风。他表示，为了赢得越战的胜利，为了击败"宿敌"美国，即使再大的牺牲也在所不惜。

武元甲曾 3 次登上美国《时代》杂志封面，分别是在 1966 年 1 月、1968 年 2 月和 1972 年 5 月。在此期间，武元甲正在指挥军队展开抗美斗争。在越南战争中，武元甲被美国日益关注。1972 年 5 月出版的以武元甲为封面的《时代》周刊，介绍武元甲的内容成为该期杂志的核心内容。当时武元甲已 60 岁。《时代》文章特别引述了法国人对他的评价，称武元甲是"被白雪覆盖的火山"，形容他外表平静但内心炽热。

武元甲早年投身革命时，曾和胡志明一起在中国开展革命活动。1990 年，武元甲出席了北京亚运会。中国官媒形容他为改善中越关系"作出了不懈努力"。他曾深入研究过毛泽东军事思想，撰写了有关游击战的军事书籍，著有《奠边府战役》《人民战争和人民军队》《论游击战争》等书。

3. 中、法、越 3 国军人黎仲迅

黎仲迅（1914—1986 年），又名黎仲素，1914 年 10 月 1 日，生于越南河内市怀德县安义乡，京族，中农家庭出身。1935 年至 1941 年，在法国殖民军中任军士，后到中国黄埔军校受训，曾任国民党军官。

1944 年黎仲迅加入越盟阵线组织，在河内白梅地区从事兵运工作。1945 年 3 月在应和县组织和训练自卫队，同年 6 月与其他人一起指挥消灭了同官据点，后任河东省起义委员会军事委员，参加指导了在该省夺取政权的斗争。1945 年 12 月加入印度支那共产党（今越南共产党）。1946 年任山罗团副团长、团长。1947 年 10 月任第 14 区代理区长。1948 年任第 10 联区副区长、联区抗战行政委员、联区党委常委。1949 年任步兵第 209 团团长兼政委。1950 年任步兵第 312 师代理师长。1953 年 5 月任该师师长、党委副书记。1954 年年底调任陆军军官学校校长。1958 年授予大校军衔。

1960 年至 1962 年，黎仲迅曾先后两次随武元甲到苏联军事学院和中国军事学院学习。1961 年 3 月升任越南人民军副总参谋长，主管作战工作，同年年底晋升为少将。1964 年奉命调越南南方战场，化名巴龙，任南方解放军副司令，南方局军委委员，主管招募与训练工作。1970 年调回北方，复任越南人民军副总参谋长。1971 年 3 月任 "9 号公路——下寮战役" 司令。1971 年 12 月任越南人民军总司令部驻老挝人民军指挥部特派员，参加指导了解放查尔平原的战役。1972 年任治天战役司令。1973 年任越南人民军副总参谋长兼第 1 军军长。1974 年晋升为中将。1975 年 3 月任 "解放顺化——砚港战役" 司令。1975 年 4 月任 "胡志明战役" 副司令，直接指挥东翼纵队。1976 年复任越南人民军副总参谋长兼高等军事学院院长，同年 12 月在越党四大上当选为中央委员，中央军委委员。1968 年 6 月、1974 年 11 月和 1977 年 6 月曾 3 次访问中国。1978 年升任国防部副部长兼总参谋长。1979 年任侵柬越军总指挥，同时参与了侵犯中国边境的作战指挥，因此，在中国一些文章中，称他是 "从黄埔军校走出的越南反华大将"。1980 年 2 月晋升为上将，1981 年 4 月当选为越南第七届国会代表。1982 年 3 月在越共五大上当选为中央委员，中央军委常委。1984 年 12 月晋升为大将。曾获胡志明勋章，一、二级军功勋章，一级战胜勋章，一级抗战勋章，一、二、三级光荣战士勋章，一、二、三级解放战士勋章，决胜军旗奖章，40 年党龄奖章和一些外国授予的勋章。1986 年 12 月 5 日因心脏病发作，在河内第 108 军医院病逝，终年 72 岁。

思考题：

1. 黄埔军校对外籍学生的巨大吸引力表现在哪些方面？

2. 黄埔军校对外籍学生革命思想的重大影响是什么？

3. 论述黄埔军校外籍学生的国际主义精神。

第二十三讲

抗战中黄埔将领指挥的著名战役

黄埔军校出身的黄埔军人，是一个具有较高军事素养的群体，他们经过军校的正规学科、术科军事学习和训练，尤其是一系列军事斗争考验和长期战争的锤炼，早期的同学到抗日战争时期已经成长为中国军队指挥系统的基干力量。国共两军中黄埔出身的团职以上军事指挥官约有 3000 多人，其中有 300 多名黄埔师生担任师长以上职务（1925 年年初至 1929 年 5 月，本校第 1—6 期毕业 11 635 人，5 个分校毕业约 3400 余人，各种训练班约 5000 余人，合计约 2 万余人），他们指挥着全国半数以上的抗日之师，参与指挥了绝大多数会战和战役。

1929 年 9 月至 1945 年 4 月，从黄埔军校走出的大批毕业生，他们担任旅、团、营、连、排的中下级军官（本校第 7—19 期毕业 27 200 人、9 个分校毕业约 15 万余人，各种训练班约 4 万余人，合计约 22 万余人）。他们走出校门，即上战场。到抗战后期，可以说在中国军队各个团级单位中几乎都有黄埔军校毕业生，尤其是在正面战场，黄埔出身的团级指挥员占据了整个指挥系统的大半壁江山，并且指挥了整个抗战的绝大多数恶仗、硬仗、胜仗。

黄埔军人参与指挥的对日作战，比较突出地集中在以下 18 次大战役、大会战和大区域军事作战行动中。

一、"一·二八"淞沪抗战

1932年1月28日,恣意挑起事端的日本海军陆战队进攻上海闸北租界。担负沪宁地区卫戍任务的国民革命军第19路军在蒋光鼐、蔡廷锴率领下,就地奋起抵抗,击退敌人的多次进攻。次日,第19路军通电全国,坚决抗日,誓死保卫国土。南京黄埔军校官生积极响应,发起声势浩大的声援游行等活动。

此时,第87师第261旅旅长宋希濂(黄埔1期)率部驻扎南京。战争爆发次日下午,宋希濂跑到军政部部长何应钦的办公室,代表全旅官兵请战。面对昔日的黄埔军校原战术总教官,宋希濂反复陈述官兵的抗日请求,但被何应钦以破坏中央政策为由,断然拒绝。当晚11时,南京鼓楼斗鸡闸1号的何应钦住宅,闯进了一辆军用大卡车,宋希濂带领全旅30多名营以上军官再次请愿,这些军官大多数为黄埔毕业生。他们的抗日要求一再被拒后,大家的情绪难以控制,纷纷质问何应钦,态度激昂。双方僵持到凌晨1时,何应钦表示:"视情况的发展,如有必要,立刻派你们这个旅开往上海参战。"以一线官兵的身份,闯入国民政府要员的家中据理力争,在当时,恐怕只有黄埔学生才有这样的勇气,也只有他们才敢于这样做。10多天后,宋希濂部如愿奉命开赴上海,全旅官兵一片欢呼。随后,宋希濂率部在上海痛击日军。战后,宋希濂因军功升为第36师师长。

2月14日,国民政府军令部特别任命请缨抗日的黄埔军校教育长张治中任第5军军长兼第87师师长及左翼指挥官。15日,张治中率所部第87、第88师(师长孙元良,黄埔1期)、南京黄埔军校教导总队(总队长唐光霁,代队长钟学栋,队副朱宗海、杨政民)、独立炮兵第1团山炮营到沪增援,归第19路军统一指挥。16日,第5军接替第10路军从上海江湾北端经庙行至吴淞西端的防线,先后发起庙行、浏河、葛隆镇等战斗。第19路军为右翼军,担负江湾、大场以南及上海市区的防御。在驰援第 19 路军的张治中第 5 军这支唯一援军中，主要军事将领大多出自黄埔军校。

黄埔将领一时云集上海，此地变成了黄埔师生与日寇厮杀的血海战场。一大批出自黄埔军校的官生加入此役，在军中担任重要职务。仅黄埔 1 期毕业生就有 20 余人，著名将领有：第 5 军第 87 师副师长王敬久、第 88 师师长孙元良、第 87 师第 259 旅副旅长李杲、第 259 旅司令部参谋主任钟彬、第 259 旅第 517 团团长张世希、第 259 旅第 518 团团长石祖德、第 87 师第 261 旅旅长宋希濂、第 87 师第 261 旅副旅长刘保定、第 87 师独立旅旅长伍诚仁、第 87 师独立旅第 2 团团长傅正模、第 5 军第 88 师师长俞济时、第 88 师副师长李延年、第 88 师司令部参谋长宣铁吾、第 88 师第 262 旅旅长杨步飞、第 262 旅司令部参谋主任萧冀勉、第 262 旅第 523 团团长冯圣法、第 264 旅副旅长兼第 528 团团长黄梅兴等。他们成为最早参加抗战的一批黄埔指挥官。

张治中率第 5 军、军校教导总队与第 19 路军蒋光鼐、蔡廷锴所部第 60 师、第 61 师、第 78 师并肩作战，打得日军五易主帅，伤亡达 1 万之众。

此役至 3 月 3 日结束，当天，旅沪黄埔同学段远谋、戴辉中、陈勋、秦绍恬、陈世昌、汪大鹏等 252 人致电蒋介石、汪精卫等，对战役中的增援不力和中央政府的对日纵容态度表示不满，电曰："在沪抗日之军昨忽全部撤退，考其撤退原因，则为中央日言增援，而按兵不动。消息传来，群情激愤。""乃十九路军抗战经月，公等始终不予充分之应援，即请缨杀敌之军队，政府亦不予征调""必欲使此大好河山沦于异族""而古来权奸民贼之末路，公等恐亦终无所逃也。"

此役是自 1894 年中日甲午战争和 1931 年九一八事变以后，中国军队首次对日本侵略军的沉重一击，是中国军队打响正面抗击日军的第一枪，显示了中国最高当局对日政策之改变以及对寻衅日军坚决抗击之决心。此役，中国军队毙伤日军 3091 人。第 19 路军和第 5 军伤亡、失踪共计15 173人（官佐883人）。以国民革命军第19路军、第5军等为代表的爱国官兵与上海民众同仇敌忾，奋勇抵抗，迫使日军在30多天的攻势中屡战屡败，是全国抗战的一首悲壮序曲。

战后，张治中返回南京黄埔本校，仍任校务委员会委员兼教育长，他与会必讲淞沪抗战牺牲精神，对黄埔学生影响巨大。1933年2月13日，军校召集临时校务会议，决定为前线抗击日军侵略募捐订购飞机。至9月止，共得捐款82 000余元，用于购买飞机1架，命名为"黄埔第一号"。11月2日上午9时，军校捐款购买的"黄埔第一号"飞机在南京举行命名典礼大会并起飞，开赴抗日战场。

二、长城抗战

长城抗战又称"古北口之役""喜峰口之役"，是1933年春发生在北平附近长城各口，包括董家口、冷口、界岭口、古北口、喜峰口、罗文峪诸要隘在内的战线长达150余千米，时间长达近3个月的一次重大战役。此役中的军事指挥官多毕业于黄埔军校，团以上指挥官有10余人，主要有：第2师师长黄杰（黄埔1期），第25师师长关麟徵（黄埔1期），第83师师长刘戡（黄埔1期），第2师副师长惠东升（黄埔1期区队长），第25师副师长兼第73旅旅长杜聿明（黄埔1期），第4旅旅长郑洞国（黄埔1期），第6旅旅长罗奇（黄埔1期），第73旅旅长梁恺（黄埔1期），第75旅旅长张耀明（黄埔1期），还有在古北口血战中负伤的第25师第145团团长戴安澜（黄埔3期）等。

1933年3月4日，日军以8万兵力向长城冷口、喜峰口、古北口等处进攻，企图突破长城防线，进一步向华北扩大侵略。国民政府军事委员会北平分会代理委员长何应钦（黄埔军校原战术总教官）指挥中国军队20余万人，依托长城阻止日军进关。由黄埔毕业学生黄杰、关麟徵、刘戡等分别统领的国民革命军第2师、第25师和第83师北上增援，从本年春开始发起了长城抗战。

日军总攻长城各口，平津危急。先头部队第 25 师师长关麟徵率部于 3 月 9 日抵达古北口，以简陋武器抗击强敌，据险死守长城南天门一线。古北口一役之惨烈，被认为是抗战初期"激战中之激战"，开战时是关麟徵的第 25 师在第一线，被打残了；黄杰的第 2 师顶了上去，换下第 25 师；第 2 师被打残了，刘戡的第 83 师又顶了上去，换下了第 2 师。师长关麟徵、黄杰、刘戡都毕业于黄埔第 1 期，这 3 个师的军官大多数也是黄埔军校毕业生。在争夺古北口关口时，关麟徵中弹负重伤，但仍坚持指挥战斗。关麟徵师激战 3 昼夜，全师伤亡) 人，第 73 旅旅长梁恺负伤，第 25 师第 149 团团长王润波（黄埔 3 期）牺牲。中国军队予日军以重创，此后 1 个多月，日军未敢轻易冒进。

此役从 1933 年 3 月 5 日开始至 5 月 25 日结束，历时 80 余天，是九一八事变后，中国军队在华北所进行的第一次较大规模的抗击日本侵略者的战役，是七七事变全民族抗战前规模最大的一次战役，也是自九一八事变以来，日军遇到的最顽强的抵抗。据日本参谋部统计：入侵长城一线作战，连同热河作战在内共死伤日军 2400 余人。其中关内作战死 163 人，伤 838 人。就南京政府来说，长城抗战与九一八事变时完全不抵抗的政策相比较，是一个很大的进步，应当给予充分的肯定。此役中，广大爱国官兵，尤其是黄埔师生表现出了极为高涨的爱国热情，奋勇杀敌，这是自北伐战争以来所仅见的。中国军队在喜峰口、铁门关、潘家口、罗文峪、古北口、怀柔等地的保卫战，都表现出了抵御外侮、视死如归的黄埔精神和民族气概，给骄横一时的日军以沉重的打击。中国军队也作出了重大牺牲，据第 17、第 29、第 32、第 53、第 67 军 5 个军的统计，伤亡达 18 325 人。中国军队在古北口与日军对峙 2 个多月，进行了艰苦卓绝的防御战，是整个长城抗战中时间最长、战事最酷烈、对时局影响最大的一次战役。时有报纸评论："古北口之战是黄埔军魂再现，是中华民族一曲气壮山河的英雄颂歌。"

三、"八一三"淞沪会战

1937年7月7日，日本侵略者制造卢沟桥事变，发动全面侵华战争。中国军民奋起反抗，开始了全面抗战时期。日军企图速战速决，中国政府则采取持久消耗战略。这场持久战，是在第二次国共合作条件下进行的，在反对日本法西斯侵略的统一战略目标下形成正面与敌后两个战场，各自独立而又相互配合，相互依存，其主次关系随着战争形势的发展而变化。在为争取中华民族独立和解放的斗争中，都发挥了自身的作用，功不可没。7月17日蒋介石在庐山谈话会上庄严宣布：卢沟桥事变为最后关头，中国将坚持最低限度立场。在从7月至1938年10月的战略防御阶段，国民党军的正面战场先后进行了淞沪、忻口、徐州和武汉4次大规模的战略性防御战役，众多黄埔师生参加了这些战役。作为此阶段中国抗战的主战场，对粉碎日军速战速决的战略企图，迫使日军由战略进攻转为战略防御起到了决定性作用。

日军自1932年恣意挑起"一·二八"淞沪事变后，再次在上海向中国守军挑起战端是1937年8月13日，先后投入兵力30余万人，妄图3天占领上海。中国军队前后参战的部队约有近70个师，给日军以严重打击，从此揭开了中国全面持久抗战的序幕。

黄埔军校师生在此役中再次奋勇争先，参战部队的各级指挥官多系黄埔师生。著名将领有：蒋介石（国民政府军事委员会委员长兼黄埔军校校长，第二次世界大战同盟国中国战区最高统帅）兼任第3战区司令长官，顾祝同（黄埔军事教官）任第3战区副司令长官，前敌总指挥陈诚（黄埔1期教官）任左翼军总司令，第9集团军总司令张治中（黄埔军校原教育长）任中央军总司令。仅黄埔第1期毕业生就有20余人率所部参加此役：第1军军长胡宗南，第2军军长兼第9师师长李延年，第8军军长兼税警总团团长黄杰，第54军军长霍揆彰，第 71 军军长兼第 87 师师长王敬久，第 72 军军长兼第 88 师师长孙元良，第 74 军军长兼第 58 师师长俞济时，第 78 军军长兼第 36 师师长宋希濂；第 1 师师长李铁军，第 3 师师长李玉堂，第 11 师师长彭善，第 14 师师长陈烈，第 51 师师长王耀武，第 60 师师长陈沛，第 61 师师长杨步飞，第 67 师师长李树森，第 78 师师长李文，第 88 师师长孙元良，第 98 师师长夏楚钟；第 58 师副师长冯圣法，第 67 师副师长黄维；黄埔军校教导总队长桂永清；陆军装甲兵团团长杜聿明等。

在这几个月的惨烈战斗中，还有第 28 军炮兵第 2 旅旅长蔡忠笏（黄埔军事教官），第 71 军独 20 旅旅长战中晋升第 61 师师长的钟松（黄埔 2 期），第 106 旅旅长陈瑞河（黄埔 2 期时用名陈荣光），上海保安总团团长吉章简（黄埔 2 期），炮兵团团长孙生之（黄埔 2 期），武汉行营少将高参宋瑞柯（黄埔 3 期），第 88 师参谋长陈素农（黄埔 3 期），第 364 旅旅长廖龄奇（黄埔 4 期），第 26 师师长刘雨卿（黄埔高教班 3 期），第 76 师师长王凌云（黄埔高教班 3 期），第 36 师参谋长向贤矩（黄埔高教班 5 期），第 524 团副团长谢晋元（黄埔 4 期），第 216 团团长胡家骥（黄埔 5 期），炮兵团团长彭孟揖（黄埔 5 期）等共 60 多位团级以上黄埔军校师生直接参加了指挥作战。还有众多的黄埔军校出身的营长、连长、排长，他们大多数是第 6—11 期毕业不久的学生。

尤其是第 36 师、第 87 师、第 88 师，从排、连、营、团到旅、师各级几乎全部以黄埔毕业生为骨干军官，全部配属德式装备，是当时中国最精良的部队，被称为"模范教导师"。这 3 个师在上海与日军血战 3 昼夜，打出了黄埔军人的威风。

8 月 13 日下午，第 88 师（师长孙元良）第 262 旅与日军在八字桥激战，拉开了淞沪会战的帷幕。3 天激战下来，战局走势与最初的预想差距很大。日军在上海租界秘密修建了坚固的军事据点，同时配有强大的海军、空军火力支持，中国军队预先设计的迅速穿插、分割包围的突击战未能实现，战斗演变成了惨烈的攻坚战。

第 78 军军长兼第 36 师师长宋希濂（黄埔 1 期）亲率第 106 旅旅长陈瑞河（黄埔 2 期）为突击部队，沿天宝路向日军发起猛烈进攻。由于缺乏攻坚炮火，第 36 师官兵只能逐步接近日军的火力点，以手榴弹爆破，伤亡极大。开战不久，陈瑞河旅长身负重伤。第 36 师依然一路攻击前行，目标是日军的重要据点——汇山码头。担任主攻汇山码头的是第 216 团团长胡家骥（黄埔 5 期），任务是将汇山码头的守卫日军赶进黄浦江，并占领阵地，阻止敌增援部队登陆。胡家骥以悍勇扬名，每战必身先士卒，宋希濂常把他喊过来训导："你现在是团长，不是排长。团长就应该待在团长的指挥位置上！"胡家骥总是笑着说："一时手痒，下次一定改正。"身先士卒，是抗战时期一线黄埔军官的普遍战斗作风。这一次，胡家骥再一次冲在队伍的最前面。2 名护卫先后牺牲，胡家骥也留下了 5 处伤口，依然率部冲过唐山路、东熙华德路、百老汇路，直逼汇山码头。

陆军装甲兵团团长杜聿明（黄埔 1 期）率领的装甲战车也前来助战，猛烈阻击军舰上的日军登陆。

黄埔将领都亲临前线指挥，因此伤亡极重。

空战中也不乏黄埔军人的身影。8 月 14 日，中国空军 15 分钟的空战，瞬间击落日机 6 架，重创日军第 3 舰队旗舰"出云号"，使其失去应战能力。而中国空军自身无一伤亡，日本王牌航空队大队长石井大佐羞愧难当，当晚剖腹自杀。此役中，中国空军首位击落敌机的飞行员是第 5 大队、黄埔第 9 期毕业生刘粹刚。他是辽宁昌图人，1932 年在黄埔军校还未毕业时考入中央航空学校第 2 期，淞沪会战爆发后奉命参战，创造了单机击落 11 架敌机的记录，被称为中国空军的"红武士"。刘粹刚在 2 个月后执行飞行任务时夜间迫降，人机俱焚而殉国。空战对手、日本王牌飞行员加藤建夫称刘粹刚是"赵云般的勇士"。黄埔军校第 8 期毕业生李桂丹，在此役空战中也取得了击落 8 架敌机的战绩。黄埔空中英雄与战友们携手抗敌，在此役中共击落日机 47 架，炸沉日巡洋舰 1 艘。

10 月 26 日，大场阵地失陷，上海市区内已无法据守，中国 50 万军队全线西撤。第 88 师师长孙元良（黄埔 1 期）将"死守上海最后阵地"的命令，亲手交给本师第 262 旅第 524 团副团长谢晋元（黄埔 4 期）。谢晋元率一营官兵 410 余人担任主力军掩护任务，在苏州河北岸的四行仓库坚守，掩护主力部队后撤。对外虚称 800 人，以壮大视听。谢晋元带领着这一营孤军坚守四行仓库，连续 4 昼夜击退日军 6 次进攻，于 31 日撤出四行仓库，退入公共租界，演绎了"四行八百壮士"的抗战经典。

11 月 12 日，淞沪会战失利，上海沦陷。此役是中日战争中第一次规模最大、具有决战性质的战略性战役。历时 3 个多月，日军投入 8 个师团和 6 个旅 30 万余人，伤亡约 7 万余人；中国军队投入 75 个师和 9 个旅 70 余万人，伤亡约 25 余万人。中国军队鏖战上海百日，广大官兵以劣势装备，浴血奋战，重创日军，迫使其作战由北向南改为由东向西进犯，从日本国内和中国华北及台湾 4 次抽调兵力增援上海，粉碎了其妄图速战速胜、3 个月吞并中国的迷梦。

四、平型关大捷及八路军、新四军初期抗战

抗日战争中，国共第二次合作，两党黄埔军校同学再次并肩作战，抗御外侮。1937 年 8 月，中共中央洛川会议后，中共中央军委改组，担任重要军事职务的著名黄埔将领有：周恩来（黄埔军校政治部原主任）任军委副主席，叶剑英（黄埔军校原教授部副主任）、林彪（黄埔 4 期）、徐向前（黄埔 1 期）任军委委员。8 月 22 日，国民政府军委会宣布将中国共产党领导的工农红军编为国民革命军第八路军，蒋介石以军事委员会委员长名义发布命令，委任朱德、彭德怀为国民革命军第八路军正、副总指挥。8 月 25 日，中共中央发布中国工农红军改编为国民革命军第八路军（9月11日改为第18集团军）命令，成立八路军总指挥部。任命朱德为总指挥（9月11日改称"总司令"），彭德怀为副总指挥（9月11日改称"副总司令"），参谋长叶剑英、副参谋长左权（黄埔1期）。八路军总部成立后，随即东渡黄河，开赴抗日前线，左权与总司令朱德、副总司令彭德怀、政治部主任任弼时、政治部副主任邓小平一起，到山西太行山地区开辟华北敌后抗日根据地。

在中共领导的抗日武装力量营、团职以上干部中，约有60余人出自黄埔军校。

八路军下辖第115师、第120师、第129师。每师辖2旅，每旅辖2团，每师定员1.5万人，全军共4.6万人。3个师的师、旅级黄埔著名将领有：林彪（第115师师长，黄埔4期）、聂荣臻（第115师副师长，黄埔军校政治部原秘书兼政治教官）、周士第（第120师参谋长，黄埔1期）、张宗逊（第120师第358旅旅长，黄埔5期）、陈伯钧（第359旅旅长，黄埔6期）、徐向前（第129师副师长，黄埔1期）、倪志亮（第129师参谋长，黄埔4期）、陈赓（第129师第386旅旅长，黄埔1期）等。

时在延安军委总参谋部工作的黄埔军校毕业生还有：第1局局长郭天民（黄埔6期）、第2局局长曾希圣（黄埔4期）。1939年，郭天民先后任晋察冀军区副参谋长、第2分区司令员、冀察军区司令员，巩固和发展了冀察抗日根据地。曾希圣1940年秋到新四军，任新四军渡江指挥部指挥长、新四军第7师兼第19旅政委，一直坚持该地区的军事斗争。谭希林（黄埔5期）任陕甘宁保安司令部参谋长，1940年任新四军第2师第6旅旅长兼政委、第7师师长等职，开辟了江北、路东根据地，并坚持了该地区的游击战争。陶铸（黄埔5期）在1937年赴鄂中地区进行抗战宣传，组织抗日武装，参与开辟鄂中游击区，后到延安军委总政治部任秘书长兼宣传部长，对部队建设和抗日宣传有突出贡献。

在国民党军队于正面战场奋勇抵抗之时，中国共产党领导的八路军、新四军及其他人民武装，挺进敌后，广泛开展独立自主的游击战争，建立抗日民主根据地，逐步开辟了广大的敌后战场。

1937年9月24日晚，晋北平型关一带大雨滂沱。八路军第115师官兵单衣薄裤，冒着大雨，长途行进在湿滑的山道，进入伏击阵地后，安静地潜伏在泥泞的山间。次日上午，第115师官兵在师长林彪和副师长聂荣臻指挥下，全歼日军板垣第5师团第21旅1个大队和后勤人员1000余人，切断了平型关后方日军的补给线路。这是抗战以来中国军队取得的第一次大胜利，沉重打击了日军的嚣张气焰，鼓舞了全国军民的斗志，抗战热情空前高涨。平型关大捷前后，八路军在山西雁门关、代县阳明堡机场等地广泛配合晋绥军作战。在山西战场仅两个月时间内，八路军就与国民党军队协同作战100余次，减轻了国民党军正面战场的压力。在平型关之战中立下奇功的林彪师长，不久因赴苏联疗养枪伤，从此在抗日战场上缺席。

11月，聂荣臻率八路军第115师进驻山西五台山，创建了敌后第一个抗日根据地——晋察冀抗日根据地。12月，第120师参谋长周士第（黄埔1期）随师长贺龙、政委关向应，创建了晋西北抗日根据地。周士第先后担任晋绥区参谋长、副司令员，仅1941年到1942年间，率部粉碎日军大小扫荡30余次。第120师第358旅旅长张宗逊（黄埔5期），1938年11月，率部在五台山滑石片地区歼灭日军一个大队，配合晋察冀军民粉碎了日军对五台山抗日根据地的进攻。12月，周士第随贺龙、关向应率部推进到冀中，参与指挥部队粉碎了日军的多次扫荡。该旅第716团团长宋时轮（黄埔5期）带领部队开辟雁北抗日根据地，任雁北支队支队长兼政委，1938年任八路军第4纵队司令员，与邓华一起率部挺进冀东创建根据地。1938年冬，聂荣臻指挥了黄土岭战斗，击毙日军"名称之花"阿部规秀中将。

坚持南方游击战的红军游击队改编为新四军后，军长为叶挺、副军长项英（黄埔军校武汉分校教官）、政治部主任袁国平（黄埔4期）、第1支队司令员陈毅（黄埔军校武汉分校文书、中共党委书记）。项英重视部队的教育训练和干部的队伍建设，努力提高部队的军政素质，对新四军的部队建设和抗日根据地建设有重要贡献。陈毅坚决执行中央独立自主发展敌后游击战争的战略方针，开辟了以茅山为中心的抗日根据地，指挥了著名的黄桥之战，与八路军南下部队会师，奠定了苏北抗日民主根据地的基础，打开了华中抗战的局面。袁国平长于宣传鼓动，重视思想教育，能及时总结经验，提出政治工作任务，为坚持大江南北的敌后抗战作出了重要贡献。正是他们卓有成效的工作，使新四军在抗日烽火中由小到大，由弱到强，逐渐发展成为华中地区坚持敌后抗战的主力军。

五、忻口会战

忻口会战又称"太原会战"，是平津失陷和淞沪会战开始之后中国军队组织的一次以保卫太原为目的的大会战。1937年7月12日，蒋介石在江西庐山发表了著名的《抗日宣言》，此时的李默庵（黄埔1期）正在庐山集训。讲话结束后，蒋介石当场宣布任命李默庵为第14军军长，与其他几位同时任命的将领即日起程，北上抗日。整个会场掌声雷动。会后，蒋介石特别邀请李默庵、刘戡两位黄埔军校第1期毕业的将领共进午餐，嘱咐他们多加珍重。下午，李默庵、刘戡2人整装北上，奔赴抗日前线。李默庵的第14军奉命驰援山西忻口，担负起保卫山西的重任。

10月初的北方战场，日本大本营下令进攻太原。日军以板垣征四郎及铃本重康等5个师团的7万精锐兵力，兵分3路沿正太、同蒲线向山西进军，夹击太原，并迅速突破了晋绥军的防线。李默庵奉命率第14军驰援太原，任山西防线的左翼指挥官。第2战区集团军总司令卫立煌，指挥李默庵军的彭杰如师、刘戡师、陈铁师和李仙洲师（李、彭、刘、陈、李均系黄埔军校第 1 期毕业生），以及刘茂恩、王靖国、郝梦龄、陈长捷等部，在忻口地区展开了激战。

10 月 11 日，忻口战役打响。日军集中 20 多架飞机、50 多辆坦克、上百门大炮以及步、骑兵，向中国守军阵地发动进攻，战斗打得异常残酷。黄埔军校第 1 期毕业生李默庵、王敬修、李仙洲等参加指挥作战。中路守军的中央阵地受到日军的猛攻，阵地反复易手，每一仗打下来双方都有 1000 多人战死。鏖战 20 余日，反复争夺，阵地多次失而复得。中国军队以散兵战壕阻击日军坦克。晚年的李默庵曾回忆："对中国守军威胁最大的是坦克车，第 10 师 28 旅 57 团的一个连，遭敌坦克攻击，横碾该连的临时战壕。官兵被碾埋一半，无一退避。"第 9 军军长郝梦龄、第 54 师师长刘家祺、旅长郑廷珍等殉职，师长李仙洲身负重伤。

在正面战场作战的国民党军部队，受到林彪、聂荣臻、徐向前等黄埔将领所率领的八路军的强力支援。八路军在敌后雁门关、平型关一带几百平方千米的土地上，破坏敌交通线，伏击敌运输车辆，捣毁敌机场，有力地配合了正面战场的作战。李默庵所部的左翼战场是开阔地区，易攻难守。让李默庵头痛的是日军的飞机，制空权几乎完全控制在日军手中，从 10 月 11 日投入战斗至 19 日的短短 9 天中，就有 2000 多人死伤于敌机的狂轰滥炸之下。10 月 20 日上午，李默庵在观察所观测前沿阵地战情，发现日军只有地面进攻，空中却没有了飞机的配合。李默庵正感到纳闷，接卫立煌总司令来电：八路军第 769 团陈锡联部于昨晚袭击敌阳明堡机场，烧毁全部敌机。李默庵在多年后回忆说："我一生历战无数，唯有忻口一战，不同以往，感受最深的就是，只要是中国人，只有一个敌人。当时真是同仇敌忾啊。这是我从军几十年来唯一感受到的最难得的一点。"

忻口战役历时 21 天，是国共两党团结合作、在军事上相互配合的一次成功范例。在八路军的密切配合下，歼敌 2 万余人，牵制了日军沿同蒲路南犯，形成华北战斗中最有利的战局。此役虽然创造了歼敌逾万的抗战纪录，但中国军队也付出了 2 倍于敌伤亡的代价。给这批黄埔系军官留下的深刻印象是："日军训练精良，射击准确，其战术法则，全照步兵操典，按部就班。"硬碰硬之下难为对手，必须改变战法，因此，李默庵所部此后留在晋南中条山区，与八路军一道开始了对敌游击战。

1938 年武汉失陷后，蒋介石在南岳主持召开了有第 3、第 9 战区各部队指挥官参加的"第一次南岳会议"。国民政府军事委员会此后制定的《第二期作战指导方针》，把"策应敌后之游击队，加强敌方控制区之扰袭"列入指导方针，明确了将"三分之一的部队留在敌后作游击战"的布置。故而在华北、东南沿海沦陷地区，不仅活跃着中国共产党领导的人民武装，更散布着大量游击化的国民政府正规军。

1938 年春节，李默庵专程到洪洞县牧马村八路军总部拜年，与他的老乡、黄埔 1 期同学、时任八路军副参谋长的左权交流游击战经验。李默庵后来被誉为"国军中的游击战干才"，在晋南多次发动对日军马车站、运输队的扰袭，予敌以重创，由第 14 军军长升任第 33 军团军团长。他指挥的部队与中共军队合作无隙，又收获了"土岭大捷"等一系列游击战成功战例。

六、徐州会战及台儿庄大捷

1938 年 3 月 10 日至 10 月 8 日，第 5 战区司令长官李宗仁（黄埔军校南宁分校总负责人）率部在鲁南地区与日军血战。在这次会战中，由黄埔军人指挥参战的部队主要集中在台儿庄地区和豫东战场，有 40 多位军、师级指挥官是黄埔军人。

黄埔军人在台儿庄战役中指挥的部队主要有：第 5 战区（副司令长官李品仙，黄埔军校第 1 分校主任）；第 20 军团（军团长汤恩伯，黄埔教官）；第 42 军（军长冯安邦，黄埔高教班 2 期）、第 52 军（军长关麟徵，黄埔1期）、第85军（军长王仲廉，黄埔1期）、第60军（参谋长赵锦雯，黄埔官佐）、第92军（军长李仙洲兼第21师师长，黄埔1期）；第2师（师长郑洞国，黄埔1期）、第13军第4师（师长蔡剑鸣，黄埔3期）、第85军第4师（师长陈大庆，黄埔1期）、第25师（师长张耀明，黄埔1期）、第31师（师长池峰城，黄埔高教班1期）、第89师（师长张雪中，黄埔1期时用名张达，师参谋长吕公良，黄埔5期）、第93师（师长甘丽初，黄埔1期）、第104师（师长王文彦，黄埔1期）、第110师（师长张轸，黄埔军校第4期战术总教官）、第180师（师长刘振三，黄埔高教班2期）、第183师（副师长潘朔端，黄埔4期）、第73旅（旅长戴安澜，黄埔3期）、第89旅（旅长黄鼎新，黄埔3期）、第557团（副团长彭佐熙，黄埔2期）、第12旅（旅长石觉，黄埔3期）、第529团（团长罗芳珪，黄埔4期）、第1085团（团长曾泽生，黄埔3期区队长）等。还有邓春华（黄埔1期）、吴瑶（又名吴伯华，黄埔1期）、王隆玑（黄埔3期）、吴超（黄埔3期）、张忠中（黄埔4期）、杜鼎（黄埔5期）等参加了此役。

台儿庄战役异常激烈。日军凭借炮火优势，攻入台儿庄城内。双方展开了巷战、肉搏战，台儿庄城内枪林弹雨，血流成河。3月27日，在战事趋向激烈的时刻，蒋介石在李宗仁、白崇禧等人陪同下，到台儿庄南车站会见守卫台儿庄的第31师师长池峰城，给予勉励。池峰城坚决表示："我师绝对战斗到底，与阵地共存亡，以报国家，以报校长知遇之恩"，并立即组织敢死队，准备夺回阵地。在此之前，攻城的1个营的战士全部牺牲，再上1个145人的连，只剩下18人活着回来。报名参加敢死队的战士们知道此去九死一生，依然踊跃报名。池峰城宣布："敢死队每人赏大洋30块。"报名的战士当即表示："要钱干什么？我们打仗是为了不让我们的子孙后代作日本人的奴隶，是要争取民族的生存。"阵地终于夺了回来，但57名敢死队员只剩下11人活着回来。此时，黄埔军人关麟徵的第52军和王仲廉的第85军在外线正向枣庄、峄县日军侧背发起猛烈攻击。此役激战 4 天，中国军队重创日军濑谷支队、坂本支队，其余日军残部向峄城、枣庄撤退。

台儿庄战役从 1938 年 3 月 16 日开始至 4 月 15 日结束，因此役异常惨烈又称"血战台儿庄"，因作战地域又称"鲁南会战"，因中国军队取得了空前大胜利又称"台儿庄大捷"。在历时 1 个月的激战中，中国军队参战约 29 万人，日军参战约 5 万人。中方伤亡约 5 万余人，日军伤亡约 2 万余人（日军自报伤亡11 984人）。此役歼灭了日军大量有生力量，打击了日本侵略者的嚣张气焰，坚定了中国全国军民坚持抗战的信心，改变了国际视听。这次大捷是中华民族全面抗战以来，继长城会战、平型关大捷等役后，中国人民取得的又一次胜利，是抗日战争以来取得的最大胜利，也是徐州会战中中国军队取得的一次重大胜利。周恩来高度评价说："这次胜利虽然在一个地方，但它的意义却影响战争全局，影响全国，影响敌人，影响世界。"[①] 毛泽东在《论持久战》一文中写道："每个月打得一个较大的胜仗，如像平型关台儿庄一类的，就能大大地沮丧敌人的精神，振起我军的士气，号召世界的声援。"[②]

豫东战役是徐州会战的另一个重要组成部分，黄埔军人在此役中指挥的部队主要有：第 17 军团（军团长胡宗南兼第 1 军军长，黄埔 1 期）、第 8 军（军长黄杰，黄埔 1 期）、第 27 军（军长桂永清，黄埔 1 期）、第 71 军（军长宋希濂，黄埔 1 期）、第 74 军（军长俞济时兼第 58 师师长，黄埔 1 期）；第 1 师（师长李铁军，黄埔 1 期）、第 36 师（师长蒋伏生，黄埔 1 期；后继师长陈瑞河，黄埔 2 期）、第 46 师（师长李良荣，黄埔 1 期）、第 51 师（师长王耀武，黄埔 3 期）、第 58 师第 174 旅（旅长冯圣法，黄埔 1 期）、第 78 师（师长李文，黄埔 1

---

① 中共中央文献研究室、中国人民解放军军事科学院编：《周恩来军事文选》（第二卷），北京：人民出版社，1997 年版，第 120 页。

② 毛泽东：《毛泽东选集》（第二卷），北京：人民出版社，1991 年版，第 485 页。

期）、第 87 师（师长沈发藻，黄埔 2 期）、第 88 师（师长龙慕韩，黄埔 1 期）、第 95 师（师长罗奇，黄埔 1 期）、第 166 师（师长郜子举，黄埔军事教官）等。

黄埔军人在其他地区作战中指挥的部队还有：第 2 军（军长李延年兼第 9 师师长，黄埔 1 期）；第 3 师（师长李玉堂，黄埔 1 期）、第 28 师（师长董钊，黄埔 1 期）、第 49 师（师长周士冕，黄埔 1 期）、第 61 师（师长钟松，黄埔 2 期）、第 117 师（师长李守维，黄埔 2 期）等。

徐州会战，中国军队伤亡 10 余万人，歼灭日军 3.2 万余人。取得了抗战初期正面战场最大的一次胜利，重创了日本侵略军的嚣张气焰，打破了日本法西斯不可战胜的神话，增强了中国人民抗战必胜的勇气和信心，为组织武汉保卫战赢得了时间。

七、南京保卫战

1937 年 7 月 26 日，日军向中国地方当局致最后通牒，要求中国军队自北平及北平附近撤退。期限未满，即已大举进攻平津区域，恣意摧毁平民生命财产、教育文化机关，举世震骇。军事委员会委员长兼黄埔军校校长蒋介石号召全国军民，一致奋起，实行抗战到底的计划。同时，为了保护军事干部的摇篮——黄埔军校，支持长期抗战，即在"八一三"淞沪会战之前，决定将黄埔军校南京本校西迁。在日军"最后通牒"的同一天，国民政府军事委员会颁布黄埔军校南京本校西迁命令。迁校之前，黄埔师生作临时疏散，第 13 期学生疏散到城郊板桥镇；第 11 期第 1 总队疏散到东郊灵谷寺，即在该地宣布毕业；第 11 期第 2 总队及第 12、第 13 两期各 1 个总队，随校西迁。迁移计划，经过周密的准备部署，于 8 月 5 日开始实施，第一步迁至九江，到达后驻留 1 月；第 11 期第 2 总队则在九江于 9 月间毕业。10 月，本校再迁武汉。

　　1937 年 12 月 1 日，中国军队在淞沪会战失利后，展开了在上海之西仅 300 余千米的保卫首都南京作战。由唐生智任南京卫戍司令长官，指挥号称 15 万的中国军队，抗击 20 万日军精锐部队。卫戍南京的中国军队，大多数是从淞沪会战战场上撤退下来的疲惫部队，共有 14 个师（旅）。黄埔军人指挥的部队主要有：第 71 军（军长王敬久，黄埔 1 期），辖第 87 师（师长沈发藻，黄埔 2 期）；第 72 军（军长孙元良兼第 88 师师长，黄埔 1 期）；第 74 军（军长俞济时，黄埔 1 期），辖第 51 师（师长王耀武，黄埔 3 期）、第 58 师（师长冯圣法，黄埔 1 期）；第 78 军（军长宋希濂兼第 36 师师长，黄埔 1 期）；黄埔军校教导总队等。

　　驻南京东郊的教导总队，各级指挥官基本上都是黄埔毕业生。他们在上海作战 2 个多月后，又奉命担任护卫南京任务。从上海撤回南京时已不足 5000 人，立即补充新兵，扩大编制。以原有的 3 个步兵团为基干，扩编为 3 个旅，每旅辖 2 个团，直属部队除特务、通信 2 营外，骑、炮、工、辎 4 个营均扩编为团，全总队共有 10 个团、2 个直属营，实力超过一般的步兵师，故作为防守南京的主力使用。扩编后的序列为：总队长桂永清，副总队长周振强，参谋长邱清泉；第 1 旅（旅长周振强兼）辖第 1 团（团长秦士铨）、第 2 团（团长谢承瑞）；第 2 旅（旅长郭启儒）辖第 3 团（团长李西开）、第 4 团（团长刘子叔）；第 3 旅（旅长马威龙）辖第 5 团（团长睢友兰）、第 6 团（团长王化）；总队直属骑兵团（团长王翰卿）、炮兵团（团长楼迪善）、工兵团（团长杨厚彩）、辎重兵团（团长郭岐）。黄埔军校南京本校教导总队成建制地投入到南京保卫战中。

　　中国军队在淳化镇、光华门、杨坊山、紫金山、中华门、赛公桥、雨花台等地与攻城的日军发生激烈交战。驻守南京东南淳化、方山一带的是王耀武第 51 师，日军以飞机、炮火连日轰炸。"其步兵又复猛烈攻击，战况异常惨烈。"从 12 月 5 日到 7 日，第 51 师官兵伤亡达

900 余人，但士气依然旺盛，阵地也很稳固。日军猛攻淳化 10 多次而未得逞。8 日晨，日军又增加 2000 多人、大炮 10 余门，其正面部队在飞机、炮兵、坦克车掩护下向淳化猛攻。第 51 师守军奋勇杀敌，阵地屡失屡得，伤亡甚大。第 301 团代团长纪鸿儒负重伤，连长伤亡 9 人，排长以下伤亡 1400 余人。第 305 团团长张灵甫（黄埔 4 期）负伤，连长伤亡 5 人，排长以下伤亡 600 余人。由于没有后援兵力，该镇于午后 4 时失守。

南京保卫战，毙伤日军 1.2 万余人（伤 9000 余人，毙 3000 余人）。中国军队突围撤退 32 144 人。12 月 13 日，南京陷落。5 万日军入城，开始了连续 6 个星期震惊世界的大屠杀。

八、武汉会战及万家岭大捷

为攻占中国抗战中心武汉，摧毁中国人民抗战的意志，日军于 1938 年 6 月至 10 月纠集 100 余万兵力，从海、陆、空各方立体进攻武汉。负责指挥江南地区作战的是第 9 战区司令长官兼武汉卫戍总司令陈诚（黄埔 1 期教官），负责指挥江北地区作战的是第 5 战区司令长官李宗仁。第 5 战区和第 9 战区共动用了 130 个师和海、空军各一部，共约 100 万人沿长江两岸及大别山麓布兵防御，开始了抗战以来规模最大、历时最长、日军损失最为惨重的武汉会战。这次会战中，宋希濂军在富金山战斗中将日军第 13 师团歼灭过半，约 2 万余人。宋希濂放言："淞沪鏖战，予敌重创。富沙歼敌，恨未能使匹马不回耳。嗣当激励士气，功期再战，驱逐倭寇，还我河山，余之愿也。"

大批黄埔师生投入这次会战，所指挥的部队有：第 9 战区（司令长官陈诚，黄埔 1 期教官）、第 11 军团（军团长兼第 2 军军长李延年，黄埔 1 期）、第 17 军团（军团长兼第 1 军胡宗南，黄埔 1 期）、第 32 军团（军团长兼第 52 军军长关麟徵，黄埔 1 期）、第 37 军团（军团长兼第 25 军军长王敬久，黄埔 1 期）；第 6 军（军长兼第 93 师师长甘丽初，黄埔1期）、第8军（军长李玉堂，黄埔1期）、第16军（军长兼第28师师长董钊，黄埔1期），第18军（军长黄维，黄埔1期）、第54军（军长兼田南要塞指挥官霍揆彰，黄埔1期）、第71军（军长宋希濂，黄埔1期）、第74军（军长俞济时，黄埔1期）、第92军（军长李仙洲，黄埔1期）、湖口守备区（指挥官兼第167师师长薛蔚英，黄埔1期）；第1师（师长李正先，黄埔2期时用名李正仙）、第2师（师长赵公武，黄埔潮州分校1期）、第4师（师长陈大庆，黄埔1期）、第9师（师长郑作民，黄埔1期）、第11师（师长彭善，黄埔1期）、第13师（师长方靖，黄埔潮州分校2期）、第14师（师长陈烈，黄埔1期）、第18师（师长李芳彬，黄埔2期），第21师（师长侯镜如，黄埔1期）、第23师（师长欧阳棻，黄埔1期肄业）、第25师（师长张耀明，黄埔1期）、第26师（师长刘雨卿，黄埔高教班3期）、第36师（师长陈瑞河，黄埔2期）、第49师（师长李精一，黄埔2期）、第51师（师长王耀武，黄埔1期）、第52师（师长唐云山，黄埔1期）、第55师（师长李及兰，黄埔1期）、第57师（师长施中诚，黄埔高教班4期）、第58师（师长冯圣法，黄埔1期）、第60师（师长陈沛，黄埔1期）、第61师（师长钟松，黄埔21期）、第78师（师长李文，黄埔1期）、第79师（师长段朗如，黄埔3期）、第87师（师长沈发藻，黄埔2期）、第88师（师长钟彬，黄埔1期）、第89师（师长张雪中，黄埔1期时用名张达）、第95师（师长罗奇，黄埔1期）、第103师（师长何绍周，黄埔1期）、第110师（师长吴绍周，黄埔高教班5期）、第121师（师长牟廷芳，黄埔1期）、第185师（师长方天，黄埔2期）、第190师（师长梁华盛，黄埔1期时用名梁文琰）、第195师（师长梁恺，黄埔1期）、预6师（师长吉章简，黄埔2期）等。计有10多个军的军长、30多个师的师长是黄埔军校毕业生。

1938年8月至10月间，中国军队第9战区第1兵团在总司令薛岳的指挥下，在南浔线上的德安县磨溪乡万家岭一带，一举歼灭日军第106师团等部共17 700余人，俘虏100余人，取得了万家岭大捷。此战中的主力部队第74军是一支抗日英雄部队，在军长王耀武（黄埔3期）的率领下几乎参加了全面抗战8年内所有国民革命军针对日军的重大战役，毙伤日军无数，屡挫日军精锐，在此又创造了全国闻名的万家岭大捷（又称"德安大捷"），被誉为抗日铁军。担任团长的张灵甫（黄埔4期）率一支小部队偷袭德安张古山，随后又坚守该阵地数昼夜，身负重伤，消灭日军数以千计，对取得万家岭大捷有着至关重要的作用。兵团作战科长赵自立（黄埔6期）曾赋诗叙其战况，诗云："万牯一声鸣，千岳伏尸盈。战骨雨淋白，素花血溅红。马陵庞子难逃命：华容，阿瞒幸得生。"

万家岭大捷是武汉会战中的重要组成部分，是武汉会战中气壮山河的光辉亮点，更是抗战中唯一几乎全歼日本整个师团的战役。此役，中国军队所表现出的组织严密、机动灵活以及官兵英勇顽强、不怕牺牲、浴血奋战，大大震惊了日军上下、朝野内外和国际社会。而日军第106师团被歼灭70%以上，几遭灭顶之灾，在日本陆军历史上也从未有过。此役，曾被中共主办的《新华日报》誉为"南浔以西的伟大胜利"。一代名将叶挺如此评价："万家岭大捷，挽洪都于垂危，作江汉之保障，并与平型关、台儿庄鼎足而三，盛名永垂不朽。"郭沫若专门派田汉编剧，歌颂万家岭大捷，张灵甫在剧中以真名出现，一时间闻名天下。

武汉会战是抗日战争初期著名的"四大会战"之一，是抗战中中国军队对日作战规模最大的战役，在抗日战争中具有重大意义。

九、南昌会战

1939年年初，中日两军围绕守卫与攻占南昌城在赣北地区发生了一系列争夺战。3月至5月，日军5个师团12万人从赣北进犯南昌，攻势极为猛烈。赣北属于第 9 战区，中国守军为本战区所属的 4 个集团军 10 个军 33 个师，计 20 万人。战区司令长官陈诚，代理司令长官薛岳，罗卓英以战区前敌总司令的名义负总责，是中国军队的总指挥。

此役中，黄埔军人指挥的部队主要有：第 9 战区（司令长官陈诚，黄埔 1 期教官）、第 1 集团军（总司令卢汉，黄埔昆明分校总队长；代总司令高荫槐，黄埔昆明分校副总队长；参谋长赵锦雯，黄埔官佐）、第 30 集团军（参谋长宋相成，黄埔官佐）；第 8 军（军长李玉堂，黄埔 1 期）、第 58 军（军长孙渡，黄埔昆明分校 16 期）、第 74 军（军长俞济时，黄埔 1 期）、第 79 军（军长夏楚中，黄埔 1 期时用名夏楚钟）；第 3 师（师长赵锡田，黄埔 4 期）、第 26 师（师长刘雨卿，黄埔高教班第 3 期）、第 51 师（师长王耀武，黄埔 3 期）、第 57 师（师长施中诚，黄埔高教班 4 期）、第 58 师（师长冯圣法，黄埔 1 期）、第 76 师（师长王凌云，军校高教班 3 期）、第 77 师（师长柳际明，黄埔教官）、第 79 师（师长段朗如，黄埔 3 期）、第 98 师（师长王甲本，黄埔高教班 3 期）、第 118 师（师长王严，黄埔 3 期）、第 141 师（师长唐永良，黄埔教官）、第 179 师（师长丁炳权，黄埔 1 期）、新 16 师（师长吴守权，黄埔 6 期）、预 9 师（师长张言传，黄埔 2 期）、预 10 师（师长方先觉，黄埔 3 期）等。

这次会战，从 3 月 17 日开始到 5 月 9 日结束，中国军队奋勇抵抗，付出了巨大代价，伤亡51 328人，仍没有守住南昌。但此役给予日军重大杀伤，毙伤日军24 000余人，是抗战进入相持阶段以后的一次具有重要意义的战役，使全世界特别是日本军事当局认识到：日军虽然占领了武汉三镇，但既未能迫使国民政府屈服，也未能重创中国军队主力，更没有摧毁中国广大军民的抗战意志。中国军队不仅在广袤的国土上继续进行抗战，还开始实施战役范围的反攻。此役在抗战史上被认为是抗日战争进入相持阶段后中日军队的首次交锋，既是正面战场进入相持阶段后中日军队的首次大战，也是武汉会战的自然延伸和以下一系列会战的前奏，为以后中国军队会战提供了宝贵的作战经验。

十、长沙会战

武汉会战和南昌会战，最终虽然以武汉、南昌失守结束，但中国军队的正面抵抗，极大地消耗了日军有生力量，抗日战争从此进入战略相持阶段。进入相持阶段后，湖南成为中日双方争夺的焦点。日军第 11 集团军调兵遣将，集中步兵 10 万人、陆军航空兵团约 100 架飞机及海军一部的强大兵力，企图集中打击中国军队第 9 战区主力。从 1939 年 9 月至 1942 年 1 月，日军先后 3 次进犯湖南长沙地区，每次使用兵力约 12 万人。中国军队参战部队为 14 个军，发起大会战，共歼敌 13 万余人。

在 3 次长沙会战中，任职军长、师长指挥部队作战的黄埔军人有：李玉堂（黄埔 1 期）、夏楚中（黄埔 1 期时用名夏楚钟）、张耀明（黄埔 1 期）、关麟徵（黄埔 1 期）、陈沛（黄埔 1 期）、罗奇（黄埔 1 期）、覃异之（黄埔 3 期区队长）、王耀武（黄埔 3 期）、傅仲芳（黄埔高教班 4 期）、古鼎华（黄埔 4 期入伍生队长）、郭汝瑰（黄埔 5 期）等。

第一次会战时，战场在赣北、湘北、鄂南三个方向展开。黄埔军人关麟徵、张耀明、陈沛、罗奇、覃异之等率部集中在湘北作战，首先取得了湘北大捷。

日军 3 次进攻长沙，均被中国军队击退到原阵地。

十一、桂南会战及昆仑关大捷

1939 年年底，日军发动桂南作战，占领桂南重镇南宁和战略要地昆仑关。1940 年 2 月，日军自南宁进犯宾阳，桂南会战首先在昆仑关打响。抗日战争以来，中国军队在正面战场完全是防御作战，而昆仑关战役是一场攻坚战，防守者是日军的王牌钢军——板垣师团。此次会战，日军共调集 4 个集团军计 25 万人，应战日军 4 万余人。

　　昆仑关大捷是桂南会战中的经典之战，中国军队的主力部队是第 5 军（军长杜聿明，黄埔 1 期）荣誉第 1 师（师长郑洞国，黄埔 1 期）、新编第 22 师（师长邱清泉，黄埔 2 期）、第 100 师（师长戴安澜，黄埔 3 期）。杜聿明是中国第一个装甲兵团的团长，他任军长的第 5 军是当时中国第一支也是唯独一支军级全机械化部队，所辖荣誉第 1 师，师长郑洞国；第 200 师，号称中国军队的第一个也是当时唯一的机械化师，师长戴安澜，参加过台儿庄会战和武汉会战；新编第 22 师，师长邱清泉，他在黄埔军校毕业后到德国陆军大学深造，参加过淞沪会战和南京保卫战。由杜聿明率领的第 5 军担任夺取昆仑关的主攻任务。郑洞国率领的荣誉第 1 师担任正面主攻；戴安澜率领的第 200 师为总预备队，随时准备支援荣誉第 1 师正面战斗；邱清泉率领的新编第 22 师迂回敌后进到南宁以北，以截断昆仑关之敌。经过反复争夺血战，中国军队夺回昆仑关，以伤亡 1.5 万人的代价，全歼日军板垣师团 12 旅团，重挫日军，大扬中国国威。戴安澜在坚守昆仑关战斗中身负重伤，战后国民政府颁授四等宝鼎勋章。

　　由黄埔军人指挥参加桂南会战的中国军队还有：第 2 军（军长李延年，黄埔 1 期）、第 6 军（军长甘丽初，黄埔 1 期）；第 9 师（师长郑作民，黄埔 1 期）、第 49 师（师长李精一，黄埔 2 期）、第 76 师（师长王凌云，黄埔高教班 3 期）、第 92 师（师长梁汉明，黄埔 1 期）、第 93 师（师长吕国铨，黄埔 2 期）、第 99 师（师长高魁元，黄埔 4 期）、第 118 师（师长王严，黄埔 3 期）、预 2 师（师长陈明仁，黄埔 1 期）等。

　　此期间，黄埔军校第 4 分校（广州分校）全体官兵奉命编组为第 120 军，辖 2 个师，参加桂南会战。1944 年 8 月，桂林、柳州一线战局紧张，本分校奉命组织黔桂边区防守司令部，其组成由本分校优秀官佐充任，官兵沿黔桂边区各要隘地区修筑防御工事，完成任务后转移到贵阳附近的湄潭县作为新校址。本分校两次参加抗日作战，3 次迁移校址，对学生完成学业影响甚大，但这批黄埔毕业生也在抗日战火中得到了独特的实战锻炼。

十二、百团大战

1940年8月20日，中国共产党领导的八路军在华北地区发动此役，同时出动105个团40万兵力、20万民兵，向以正太路为中心的华北敌占主要交通线开始总破击，至12月5日胜利结束。历时3个半月，共进行大小战斗1824次，毙伤日伪军25 790人，俘日军281人，俘伪军18 407人，缴获多种炮53门，多种枪5800余支，破坏铁路470千米、公路1500千米，破坏车站、桥梁、隧道共260多处，使正太路中断1个月之久。黄埔师生聂荣臻（黄埔教官）、徐向前（黄埔1期）、陈赓（黄埔1期）、倪志亮（黄埔4期）、李运昌（黄埔4期）、程子华（黄埔武汉分校6期）等参与指挥了这次战役。

此役中，聂荣臻组织指挥了正太、津浦、平汉、北宁等铁路的破袭战。同月，八路军第129师副师长徐向前与师长刘伯承、政委张浩（后由邓小平担任）并肩指挥作战，以太行山区为中心，开创了晋冀豫抗日根据地。之前，徐向前还参与指挥了广阳、响堂铺等战斗和晋东南反"九路围攻"。1938年4月，徐向前率第129师和第115师各一部进入河北南部，开辟冀南抗日根据地；1939年6月，徐向前到山东抗日根据地，任八路军第1纵队司令员，统一指挥山东、苏北、皖北八路军各部队，坚持抗日游击战争。

第129师第386旅旅长陈赓参与神头岭、响堂铺、长乐村等战斗指挥，继而转战平汉路中段、晋西北和冀南平原，1940年任太岳纵队司令员。第129师参谋长倪志亮参与本师作战指挥，后任晋冀豫抗日根据地军区司令员、晋冀豫边区游击纵队司令员。李运昌在1938年任中共冀热边特委书记，坚持冀热边游击斗争。程子华在1939年任冀中军区政委，与吕正操把当地的抗日武装整编为八路军第3纵队，总结和推广平原游击战争的经验，指挥冀中军民打破了日军多次围攻和扫荡。1943年秋，聂荣臻回延安，程子华担任晋察冀军区代理司令员兼政治委员。

十三、中国远征军赴缅作战

1941年12月，日军轰炸美国珍珠港后，美英两国和中国在共同抗日的基础上结成联盟。为保卫滇缅公路和打通关系中国生死存亡的国际交通线——中印公路，抗击日本对云南和友邻缅甸的入侵，中英两国签订了《共同防御滇缅路协定》，中国政府派遣远征军赴缅甸与美英盟军协同作战，开始了大规模的主动出击。史学界通常把1942年1月至1945年3月缅甸防御战期间入缅援英的中国远征军第一路军，发动缅北反攻战役的中国驻印军，进行滇西反攻战役的中国军队，这3支部队统称为"中国远征军"。

中国远征军吸收了大批知识青年入伍，其中黄埔军校出身的军官有1.2万余人，占参战部队军官总数的70％以上，这个比例在抗战期间历次参战部队中是最高的。排查远征军每位团级以上军官的履历，现在至少可列出125位出身于黄埔军校，还有大批的黄埔军校毕业生分配到营、连、排一线部队任指挥官。其中，军级将领出自黄埔军校的比例最高，占67％；多毕业于黄埔1期，有13人，占43％。师级指挥官出自黄埔军校的占60％，团级军官占近40％；师、团级军官多毕业于第6期，师级占31％，团级占39％。大部分毕业于步兵科，年龄多在35—45岁。

远征军中的军级以上黄埔军人有30多位，他们是：统一负责西南各战区部队作战、指挥及训练的中国战区中国陆军总司令何应钦（黄埔军校原战术总教官），第1路中国远征军副司令长官杜聿明（黄埔1期），第1路中国远征军第11集团军副总司令、第66军军长张轸（黄埔4期战术总教官），中国远征军司令长官陈诚（黄埔1期教官），中国驻印军副总指挥郑洞国（黄埔1期）。参与指挥作战的高级将领还有黄埔军校第1期毕业生：宋希濂（第11集团军总司令）、黄杰（继任第11集团军总司令）、霍揆彰（第20集团军总司令）、梁华盛（第20集团军副总司令）、何绍周（第8军军长）、钟彬（第71军军长）、陈明仁（继任第71军军长）、史宏烈（第6军军长）、甘丽初（继任第6军军长）、胡素（新编第1军副军长）。还有南京黄埔军校高教班3期生王凌云（第2军军长），黄埔2期生方天（第20集团军副总司令）、钟松（第2军副军长）、成刚（第11集团军参谋长），黄埔3期生张金廷（第2军副军长），黄埔4期教官叶佩高（第54军副军长），黄埔4期生阙汉骞（第54军军长）、李弥（第8军副军长）、叶佩高（第54军副军长），黄埔6期生廖耀湘（新编第6军军长）、傅亚夫（第6军参谋长）、刘廉一（第54军参谋长）、冯宗毅（第71军参谋长）、刘廉一（第54军参谋长）、刘建章（新编第1军参谋长），黄埔武汉分校6期生魏汝霖（第20集团军参谋长），黄埔7期生欧阳春圃（第11集团军高参），黄埔长沙分校生段藐苏（新编第6军参谋长）等。

入缅之时，远征军副司令长官杜聿明一手建立的第200师已扩充为第5军，配备炮战车59辆，枪战车55辆，各类型汽车1000辆。他手下的得力战将几乎都是黄埔系出身，主要有荣誉第1师的郑洞国（黄埔1期）、第22师的廖耀湘（黄埔6期）和接任第200师师长的戴安澜（黄埔3期）。黄埔军校前8期学生在远征军中任师、团级指挥员的有70多人，如戴安澜、胡义宾、刘放吾、潘裕昆、顾葆裕、高吉人、陈克非、龙天武、李鸿、郑庭笈、凌则民、李涛等。戴安澜、刘放吾是其中的典型人物。1942年3月7日，黄埔3期生、第200师师长戴安澜率部到达缅甸同古，协同英军作战，遭日军重兵围攻，激战12昼夜，"日军死五千，伤不胜数，遗尸遍野"。远征军最后被迫放弃同古，突围北撤，戴安澜师长和第96师副师长胡义宾殉国。4月中旬，仁安羌方面英军情况紧急，英缅军总司令亚历山大急电中国远征军司令长官部求援。新编第 38 师第 113 团团长刘放吾（黄埔 6 期生）率部驰援，激战 3 昼夜，击溃数倍于己之日军，成功救出被困英军、英军被俘官兵、英美传教士、记者和家眷等 7500 余人，史称"仁安羌大捷"。

8 月初，中国远征军分别撤至印度及滇西集结。从缅甸撤至印度境内的远征军，在兰姆加集中进行训练，同时成立中国驻印军总指挥部。此后陆续补充兵员，空运至印度进行训练，先后成立了新 1 军、新 6 军。10 月，中国驻印军开始反攻缅甸。经过 1 年多的英勇顽强连续作战，赢得了胡康河谷、孟拱河谷战斗以及密支那、八莫等战役的胜利，并乘胜向滇西畹町推进。从缅甸撤至滇西的远征军，经过整编、补充和训练，于 1943 年 4 月成立中国远征军司令长官部。11 月中旬，中国远征军进攻于邦，展开了缅北会战。

1944 年 5 月 11 日，为了打通中印公路，这条被视为中国抗日战争"生命线、输血管"的国际援华唯一通道，中国远征军第 20 集团军强渡怒江天险、翻越高黎贡山，向占据在腾冲的侵华日军发起反攻。时任第 198 师师长叶佩高（黄埔原军事教官）指挥所部在桥头、马面关成功奇袭日军，打开了远征军全局胜利的局面。后因这一战功，国民政府授予第 198 师陆海空最高集体荣誉奖"飞虎旗"。松山战役中，由于日军在此地经营时间较长，据点极为坚固，易守难攻，远征军在 6 月到 9 月的时间内，先后发动 9 次攻击，轮换 4 个师参战，最后以伤亡 1 万余人的高昂代价全歼守敌，其战斗之惨烈，被日军认为是第二次世界大战亚洲战场上的"玉碎之战"。战斗中，所有团长都亲率步兵冲锋，多数受伤。战后，第 8 军军长何绍周（黄埔 1 期）、荣 3 团团长赵发毕（黄埔 9 期）获青天白日勋章；由黄埔生熊绶春、陈永思、谭国铎分任师长、副师长、参谋长的第 103 师获国民政府陆海空最高集体荣誉奖"飞虎旗"。

缅北滇西反攻作战，是抗战以来中国军队取得彻底胜利的一次歼灭战，中国正面战场第一次大反攻并获得了彻底胜利，为抗日战争的最后胜利奠定了后方基础。这一胜利，打通了中印公路，解除了日军对中国战场西侧的威胁，打破了日军对美援物资的封锁，也牵制了日军大量的兵力，从而减轻了盟军在太平洋战场上的压力。

从 1942 年年初到 1945 年年初，中国先后投入中缅印战场约 40 万大军对日作战，伤亡近 20 万人。日本在中缅印战区投入兵力总计 30 余万人，被歼 18 万余人。在这场悲壮的远征作战中，大批黄埔军人为保卫国家民族利益，不惜流血牺牲，捍卫了中国军人的尊严，赢得了世界的尊重。

十四、常德会战

1943 年 11 月初，日军调集 7 个师团约 10 万兵力进犯湘鄂西的常德地区，中国军队集中第 6 战区和第 9 战区的 16 个军 43 个师约 21 万兵力迎战。中国军队依托阵地顽强阻击，迟滞日军进攻，给敌重大消耗。12 月 20 日，会战以中国军队的胜利而结束，计毙伤日军联队长、师团长以下 4 万余人（毙 1 万余人）。中国军队伤亡 5 万余人。

参加此役的黄埔军校出身的军、师级以上指挥官有 40 余人，所指挥的部队主要有：第 10 集团军（总司令王敬久，黄埔 1 期）、第 27 集团军（副总司令李玉堂，黄埔 1 期）；第 10 军（军长方先觉，黄埔 3 期）、第 18 军（军长罗广文，黄埔教官）、第 30 军（军长池峰城，黄埔高教班 2 期）、第 44 军（军长王泽浚，黄埔高教班 6 期）、第 59 军（军长刘振三，黄埔高教班 2 期）、第 66 军（军长方靖，黄埔潮州分校 2 期）、第 75 军（军长柳际明，黄埔教官）、第 74 军（军长王耀武，黄埔 3 期）、第 79 军（军长王甲本，黄埔高教班 3 期）、第 86 军（军长朱鼎卿，黄埔高教班 3 期）、第 99 军（军长梁汉明，黄埔 1 期）、第 100 军（军长施中诚，黄埔高教班 4 期）；第 3 师（师长周庆祥，黄埔 4 期）、第 5 师（师长李则芬，黄埔 5 期）、第 11 师（师长胡琏，黄

4 期)、第 18 师(师长覃道善,黄埔 4 期)、第 51 师(师长周志道,黄埔 4 期)、第 57 师(师长余程万,黄埔 1 期)、第 58 师(师长张灵甫,黄埔 4 期)、第 63 师(师长赵锡田,黄埔 4 期)、第 77 师(师长郭汝瑰,黄埔 5 期,代师长韩浚,黄埔 1 期)、第 92 师(师长艾瑗,黄埔 4 期)、第 98 师(师长向敏思,黄埔 4 期)、第 121 师(师长戴之奇,黄埔潮州分校 2 期)、第 185 师(代师长李仲辛,黄埔 6 期)、第 190 师(师长朱岳,黄埔 3 期)、第 194 师(师长龚传文,黄埔高教班 3 期)、第 199 师(师长周天健)、暂 5 师(师长彭士量,黄埔 4 期,阵亡)、暂 6 师(师长赵季平,黄埔 4 期)、暂 7 师(师长王作华,黄埔 2 期)、暂 35 师(师长劳冠英,黄埔 5 期)、暂 54 师(师长饶少伟,黄埔 6 期)、预 10 师(师长孙明瑾,黄埔 6 期)等。

第 74 军第 57 师的 8000 名官兵阻击 10 万日军,长达 15 天之久,最后仅剩 200 余人还能战斗。师长余程万发出了最后一封电报:"弹尽,援绝,人无,城已破。职率副师长、师附、政治部主任、参谋部主任死守中央银行,各团长划分区域,扼守一屋,作最后抵抗,誓死为止,并祝胜利。七十四军万岁!"第 57 师 169 团团长柴意新(黄埔 3 期)在全团仅剩 12 人、弹药告罄时,仍临危受命率部掩护师长等突围,壮烈牺牲。余程万师长率部 200 余人突围,最后仅剩 83 人。许国璋、彭士量、孙明瑾 3 位师长和叶迪、柴新意 2 位团长及一批黄埔军校毕业生牺牲。翌年 9 月 8 日,国民政府追赠柴意新为陆军中将,以表彰其抗战功绩。

常德保卫战以酷烈、惨胜而著名于抗战史。战后半个月,美国《纽约时报》记者目睹常德战场废墟景象,写道:"这里举目尽是烧焦的围墙、残破的砖瓦和灰堆而已……要想在这个曾经有过 16 万人口的城里寻一未经摧残的东西,实在难乎其难。"此役是抗日战争时期大规模会战之一,也是抗战以来最有意义的胜利之一,在整个抗日战争乃至第二次世界大战中都有重要意义和历史地位。

十五、东北抗日联军作战

这支由中国共产党领导的抗日武装，在东北地区顽强地坚持了多年的艰苦卓绝武装斗争。在东北抗联中，包括东北中共地下党军事领导人，从黄埔军校走出的军人现统计有 16 人：

杨林，原名金勋，化名毕士悌、杨宁，朝鲜族。1924 年于云南陆军讲武堂第 16 期炮兵科毕业后到广州，任黄埔军校教官、第 3 期上尉队长，参加东征。任叶挺独立团第 3 营营长时，参加北伐。后到莫斯科中山大学和莫斯科步兵学校学习。1930 年任东满特委军事部长，1931 年任中共满洲省委军委书记（此时改名杨林），创立"磐石工农义勇军"（南满游击队和东北抗日联军第 1 军前身）。1932 年 7 月，到江西中央苏区任红 1 方面军补充师师长、干部团参谋长。长征结束后，任红 15 军团第 75 师参谋长。1936 年 2 月，在开赴抗日前线的东渡黄河战役中牺牲。

崔庸健，朝鲜族。1923 年到云南陆军讲武堂学习军事，1925 年 5 月至 1927 年 11 月，任黄埔军校教官、第 5 期区队长，参加东征。黄埔时期用名"崔秋海"。曾参加广州起义。1928 年由党组织派遣到东北地区，时用化名金志刚，从事建立党组织和游击队的工作。1933 年 4 月，成立饶河工农义勇军，时用化名崔石泉，历任队长、团参谋长、师参谋长、军参谋长、抗联第 7 军军长、第 2 路军总参谋长、野营教导旅参谋长、中共东北党委书记。1945 年回朝鲜任保安局长，后任朝鲜人民共和国次帅、共和国副主席、最高人民委员会委员长等重要领导职务。1976 年病逝于平壤。

赵尚志，化名李育才。1925 年冬受中共党组织派遣南下广州，考入黄埔军校第 4 期。1926 年 5 月，因对蒋介石策动的反共的"中山舰事件"和"整理党务案"不满，毅然退出黄埔军校，按照党的要求，回到哈尔滨市从事革命活动。曾任东北抗日联军总司令、第 3 军军长、第 2 路军副总指挥等职。1942 年 2 月，在对日作战中牺牲。

赵一曼，原名李坤泰，学名李淑宁，又名李一超。黄埔军校武汉分校第 6 期毕业。1927 年 9 月，到苏联莫斯科中山大学学习。1933 年领导哈尔滨市电车工人罢工运动。曾任中共珠河县委特派员、铁北区委书记、东北抗联第 3 军第 2 团政委等职。1935 年 11 月，在对日作战中负伤被俘，1936 年 8 月，在珠河英勇就义。

李秋岳，杨林夫人。原名金锦珠，别名张一志、柳明玉，朝鲜族。1926 年 3 月，在广州曾参加国民革命军东征军宣传队、平定滇桂军叛乱等军事斗争。1927 年 6 月，在黄埔军校武汉分校第 6 期毕业。后随杨林到东北地区，任中共珠河中心县委委员、妇女部部长、珠河中心县委铁北区委书记、通河特别支部书记等职。与黄埔同学赵一曼同为珠河抗日游击区的领导者和组织者，成为东北游击区著名的抗日女英雄，被群众亲切地称为"李黑子"，与赵一曼并称为"黑白二李"。1935 年在通河县被捕，后被日军杀害。

潘庆由，原名李起东，化名潘向允、老潘，朝鲜族。东北抗联创建者之一。黄埔军校毕业（期别待考）后，参加过北伐战争、南昌起义和广州起义，后到苏联学习。曾任中共满洲省委巡视员、吉东局组织部长等职。1933 年在珲春县牺牲。朝鲜领导人金日成在回忆录《与世纪同行》中提及对他早期革命生涯产生重大影响的人有 3 位，其中之一就是鼓励他树立朝鲜人"主体意识"的潘庆由，他写道："在我的抗日革命历程中，像见到潘省委时那样，就朝鲜革命的命运和路线问题坦诚、认真、热烈而又深入地进行讨论的，恐怕只有这一次。潘省委对于革命，是个有自己独到见解的理论家……自从见到了潘省委以后，我更深切地认识到进行革命斗争，既要有实践家、也必须有能够引导和驾驭实践的理论家。"当年 43 岁的潘庆由鼓励刚刚 20 岁出头的金日成"希望你做一个朝鲜的胡志明"，这话在 10 余年后变成了现实。

李仁根，别名张秋，朝鲜族。黄埔军校毕业（期别待考）。曾任汤原游击总队参谋长等职，1935 年因"民生团"事件被错误杀害。

李成林，原名金东植，化名金大伦、孙靖海，朝鲜族。黄埔军校第 4 期毕业。曾任东北抗日救国军宣传部部长、黑龙江省密山县委宣传部长、勃利县委书记等职。1936 年 6 月，在勃利县对日作战中牺牲。

曹基锡，又名曹永勋，朝鲜族。1926 年考入黄埔军校（期别待考），毕业后回东北地区组织抗日军事斗争，曾任中共延吉区委员会书记等职。1932 年在延吉县被日本军警杀害。

申春，又名梁道益，朝鲜族。1927 年加入朝鲜共产党，黄埔军校第 6 期毕业。曾随黄埔军校特务营第 2 连参加广州起义。后回到东北地区，组织东北第一个苏维埃政府——和龙县药水洞苏维埃政府，建立抗日游击队，任总指挥。后任中共延吉县委军事部长、珲春县委军事部长等职。1934 年被捕，后在延吉监狱被日本军警杀害。

张适，原名张来顺，字适斋，曾用名张弓、张有才。黄埔军校武汉分校第 6 期毕业。曾参加广州起义，任营党代表。1930 年到东北地区后，任中共哈尔滨市委委员、满洲省委巡视员、绥化县四方台特别支部书记、北满抗日义勇军参谋长、奉天（今沈阳）特委书记、中苏友好协会秘书长等职。1946 年 3 月，被国民党特务暗杀于哈尔滨；1957 年 9 月，被中央人民政府追认为革命烈士。

宋国瑞，原名宋振邦，号祥斋，又名宋琦，化名宋士宣、王任恒、任怀良、王敏。1926 年入军校武汉分校第 6 期学习，1927 年 6 月，毕业后回山东省，历任中共高密县执行委员、县委书记。1929 年调到东北，任中共满洲省委委员、巡视员、东满军委书记、北满特委书记。1933 年在对日军作战中牺牲。

朴勋，朝鲜族，中共党员，黄埔军校毕业（期别待考），曾参加广州起义。后回东北地区，参加抗联军事领导组织工作。1932 年参加创建汪清地区游击队的工作。金日成回忆录《与世纪同行》中称朴勋为

"军事顾问、教官"，任职及其后情况不详。

陈公木，朝鲜族。1918 年在朝鲜釜山商业学校毕业。次年，参加朝鲜"三一"运动被捕入狱。出狱后，辗转来到中国。1923 年考入北京高等师范学校，1925 年考入上海惠灵英语专门学校，1926 年考入广州黄埔军校第 6 期，后转至武汉中央军事政治学校。曾参加南昌起义。1928 年 7 月，赴吉林磐石县任中国朝鲜人同盟庶务部长。后任朝共满洲总局组织部长、中共满洲省委巡视员、安图县委书记、延吉县委书记。1931 年 4 月，在延吉县被捕，押往朝鲜汉城监狱，1935 年在狱中牺牲。

李向之，原名李世荣，别名李一民、李玉名、魏有才。黄埔军校第 6 期毕业生。后考入上海法学院。1932 年到东北地区参加抗日救亡斗争。1936 年任东北特别支部书记，后任平西"东北抗日游击总队"第 2 路军政委、第 1 游击总队政委、联合县长等职。1958 年任吉林"民革"副主席、省民政厅副厅长等职。1976 年病逝。

全光，又名吴成伦，朝鲜族，黄埔军校毕业（期别待考）。曾任东北抗日联军第 1 军第 2 师政治部主任。1941 年投敌叛变，同年在晋察冀抗日根据地被八路军处决。

十六、豫湘桂会战

日本称之为"一号作战"或"大陆打通作战"，是日军于 1944 年 4 月至 12 月贯穿中国河南、湖南和广西 3 地的大规模攻势。此役分为 3 个阶段：攻守河南中部的豫中会战（含豫南平原作战）、攻守长沙的长衡会战（衡阳保卫战）、攻守桂林与柳州的桂柳会战。日军投入 41 万士兵、800 辆战车、近 7 万匹战马，在纵深 2400 千米的战线上发动攻击。此役是抗战以来日军动员规模最大的一次攻势作战。中国军队参战总兵力为 104 个师，也是抗战以来投入兵力最多的一次大会战，并且损失惨重。

此役中，黄埔军人指挥的部队有 7 个集团军（兵团）、20 多个军、

30 多个师。

集团军（兵团）：第 8 战区（司令长官胡宗南，黄埔 1 期）、第 19 集团军（总司令陈大庆，黄埔 1 期）、第 24 集团军（总司令王耀武，黄埔 1 期）、第 27 集团军（副总司令李玉堂，黄埔 1 期）、第 28 集团军（总司令李仙洲，黄埔 1 期）、第 31 集团军（总司令王仲廉，黄埔 1 期）、第 34 集团军（总司令李延年，黄埔 1 期）、独立兵团（总司令刘戡，黄埔 1 期）等。

军：第 10 军（军长方先觉，黄埔 3 期）、第 13 军（军长石觉，黄埔 3 期时用名石世伟）、第 14 军（前军长张际鹏，黄埔 1 期）、第 27 军（军长周士冕，黄埔 1 期）、第 29 军（前军长马励武，黄埔 1 期）、第 29 军（后军长孙元良，黄埔 1 期）、第 37 军（军长罗奇，黄埔 1 期）、第 38 军（军长张耀明，黄埔 1 期）、第 57 军（军长刘安祺，黄埔 3 期）、第 62 军（军长黄涛，黄埔 6 期）、第 78 军（军长赖汝雄，黄埔 2 期）、第 79 军（军长王甲本，黄埔高教班 3 期）、第 85 军（军长吴绍周，黄埔高教班第 5 期）、第 89 军（军长顾锡九，黄埔 2 期）、第 93 军（军长陈牧农，黄埔 1 期）、第 97 军（军长陈素农，黄埔 3 期）、第 98 军（军长刘希程，黄埔 1 期）、暂 2 军（军长沈发藻，黄埔 2 期）、暂 4 军（军长谢辅三，黄埔潮州分校 1 期）、骑兵第 2 军（军长廖运泽，黄埔 1 期）、

师：第 4 师（师长蔡剑鸣，黄埔 3 期）、第 17 师（师长申及智，黄埔 4 期）、第 20 师（师长赵桂森，黄埔 6 期）、第 22 师（师长谭乃大，黄埔 4 期）、第 27 师（师长萧劲，黄埔 6 期）、第 44 师（师长姚秉勋，黄埔 3 期）第 47 师（师长杨蔚，黄埔 4 期）、第 54 师（师长史松泉，黄埔 6 期）、第 55 师（师长李守正，黄埔 4 期）、第 65 师（师长李纪云，黄埔 3 期）、第 83 师（师长沈向奎，黄埔 4 期）、第 85 师（前师长王连庆，黄埔 1 期）、第 85 师（后师长陈德明，黄埔 4 期）、第 91 师（师长王铁麟，黄埔 5 期）、第 97 师（师长胡长青，黄埔 4 期）、第

98 师（师长向敏思，黄埔 4 期）、第 109 师（师长戴慕真，黄埔 6 期）、第 110 师（师长廖运周，黄埔 5 期）、第 157 师（师长李宏达，黄埔 6 期）、第 167 师（师长王隆玑，黄埔 3 期）、第 177 师（师长李振西，黄埔 6 期）、新 29 师（前师长吕公良，黄埔 6 期）、新 29 师（后师长刘汉兴，黄埔 4 期）、暂 14 师（师长李鸿慈，黄埔 4 期）、暂第 16 师（师长吴求剑，黄埔 3 期）、暂 30 师（师长洪显成，黄埔 1 期）、暂 51 师（师长史宏熹，黄埔 2 期）、预 3 师（师长陈鞠旅，黄埔 5 期）、预 10 师（师长葛先才，黄埔 6 期）、预 11 师（师长赵琳，黄埔 3 期）、炮兵指挥部（总指挥彭孟缉，黄埔 5 期）等。

仅就师级主官看，由黄埔毕业生担任师长的主力师数量占本次会战总兵力的三分之一，而由黄埔毕业生担任军事主官的连、排级部队则占到了部队官佐的 70％ 以上。从这次会战中黄埔指挥官在战场上所占比例的一个侧面，可看到在整个抗日正面战场上黄埔指挥官所占的比例也大致如此。

此役中的衡阳保卫战，从 6 月 22 日开始到 8 月 7 日为止，中国参战部队共有 13 个军，由黄埔军人任军长的就有 12 个军。第 10 军坚守城池 47 天，为抗战以来固守时间最长的一次守城战。这次作战，双方伤亡都很惨重，中国军队伤亡 9 万余人，日军伤亡 6.6 万余人，其第 68 师团长佐久间为中将和其参谋长原真三郎以及志摩原吉旅团长被击毙。

本次会战的 8 个月中，日军总计伤亡 30 余万人（亡 2.4 万人）。中国军队总计伤亡 50 余万人，丧失 4 个省会和 146 座城市、7 个空军基地、36 个飞机场，丧失国土 20 多万平方千米，6000 万人民陷于日军铁蹄之下。

中国军队由于在此役中损失惨重，兵源不继，面临的情况颇为危急。蒋介石命令成都黄埔本校和各地分校做好准备，决定以即将毕业的第 19 期学生为排长，把军校毕业生编为两个师，并令经理处准备 3 个月的粮秣，准备打游击战。1945 年 4 月初，在全国反攻日军前夕，为配合抗战总反攻，适应抗日前线军官补充的要求，黄埔军校成都本校决定第19期所有学生提前毕业，奔赴抗日战场。

十七、龙虎关大捷

龙虎关大捷是豫湘桂会战之衡阳保卫战的外围重要作战。1944年5月15日，黄埔军校第6分校奉军训部命令，开赴龙虎关对日作战。本分校主任甘丽初（黄埔1期）集合全校师生作战备动员报告，宣布参加著名的龙虎关战役。黄埔师生成建制地整体开上前线直接对日作战，唯有这一次，成为黄埔军校史上独特的抗日壮举。

龙虎关位于湖南与广西两省交界处，是保卫广西的第一道防线。5月18日晨，本分校师生兵分两路出发：一路以第11总队第7、第8队为主，途经临桂、大墟；另一路以第9、第10队及练习营为主，途经良丰、白沙、阳朔。21日，两路师生同时进抵总指挥部所在地恭城，甘丽初任总指挥官，教育处长张广君任参谋长，教育处教官大部分安排为作战参谋、联络参谋，一部分派作情报、后勤补给、军需等工作。学校军医处改作野战医院。本分校第19期第11总队回民大队的学生，经过短期军事训练后即投入此役，与众将士一起共同阻击上万日军的进攻，写下了回族黄埔学生抗战史上的光辉一页。

军校第6分校专设有回民大队，号召回族青年报考入学，学生信仰伊斯兰教，深受《古兰经》和穆圣"侵略者必败，杀人者必遭被杀"的教导，在抗日战场上冲锋陷阵，英勇杀敌。本分校师生在龙虎关战役中激战至6月22日凌晨，后奉命转移，将剩余枪支弹药和部分军需补给运抵龙围山区，留下练习营部分官兵配合当地民兵组建游击队，建立敌后根据地；分校学生队师生途经恭城、莲花、二塘，向平乐进发，将该地区防务移交第4战区张发奎部。

时《广西日报》《扫荡报》《云南日报》等，均以头版头条、大字标题报道"龙虎关大捷"的消息称："侵犯龙虎关的日寇遭到我军校师生英勇阻击，3 天共歼灭敌人 300 余人。"

十八、湘西会战

湘西会战又称"雪峰山战役""雪峰山大捷""芷江作战"，是中国人民抗日战争的最后一次会战。1945 年年初，日军在印缅战场、太平洋战场上已经处于强弩之末，但侵华日军仍作垂死挣扎。4 月 9 日，日军调集 8 万兵力向湘西进犯，中国军队在第 4 方面军司令官王耀武指挥下与敌鏖战 2 个月。双方参战总兵力共 28 万余人（日军 5 个师团，中国军队 9 个军 26 个师），战线长达 200 余千米。中国抗日战争最后一仗的主战场，选在了怀化溆浦县的龙潭镇、温水乡和邵阳市洞口县的高沙、江口、青岩、铁山一带。6 月 7 日，此役以日军战败而结束。日军伤亡 2.7 万人，中国军队伤亡 2.66 万人。此役标志着中国抗日正面战场由防御转入反攻阶段，日军遭此打击后，不敢再发动攻势，不过数月，日本宣布无条件投降。

黄埔军人在此役中指挥的部队有：第 10 集团军（总司令王敬久，黄埔 1 期）、第 24 集团军（兼总司令王耀武，黄埔 3 期）、第 27 集团军（总司令李玉堂，黄埔 1 期）、第 18 军（军长胡琏，黄埔 4 期），指挥第 11 师（师长杨伯涛，黄埔军校武汉分校 7 期）、第 18 师（师长覃道善，黄埔 4 期）、第 118 师（师长戴朴，黄埔军校武汉分校 7 期）。第 73 军（军长韩浚，黄埔 1 期），指挥第 15 师、第 77 师（师长唐生海，黄埔 3 期）、第 193 师（师长萧重光，黄埔 6 期）。第 74 军（军长施中诚，黄埔高教班 4 期），指挥第 51 师、第 57 师（师长李琰，黄埔高教班 5 期）、第 58 师（师长蔡仁杰，黄埔 5 期）、暂 6 师（师长赵季平，黄埔 4 期）、第 196 师（师长曹玉珩，黄埔 4 期时用名曹森）。第 94 军（军长牟廷芳，黄埔 1 期），指挥第 5 师（师长李则芬，黄埔 5 期）、第 43 师、第 121 师（师长朱敬民，黄埔 6 期）。第 100 军（军长李天霞，黄埔 3 期时用名李耀宗），指挥第 19 师（师长杨荫，黄埔 4

期）、第51师（师长周志道，黄埔4期）、第63师、第86军第13师（师长靳力三，黄埔4期时用名靳希尚）。新6军（军长廖耀湘，黄埔6期），指挥第14师（师长龙天武，黄埔4期）。新22师（师长李涛，黄埔6期）、青年军第207师（师长廖耀湘兼）等。

由以上各级指挥官履历，可看到黄埔第1期毕业生在抗战末期已升任集团军军职，黄埔前6期毕业生已经多任师职指挥官。黄埔前14期毕业生多任营、团职军官，前19期毕业生多任排、连职军官。在14年的长期抗战中，黄埔军校师生主要分布在中央军和一些依附于中央军的部队中。

除以上所述历次作战外，中国军队在全国各地还进行了一系列会战。黄埔军校师生比较集中地参与指挥的著名会战，主要还有：1940年5月至6月的枣宜会战，1941年5月的中条山（晋南）会战，1942年5月至8月的浙赣会战，1943年5月至6月的鄂西会战等。此外，随枣会战、上高会战、抗战末期的局部反攻等，也多有黄埔军人参与指挥。黄埔军人从抗战之初到抗战结束，几乎是无役不予，并且战绩颇佳。如较为突出的黄埔军人是第3期毕业生王耀武，他在1937年参加淞沪会战、南京保卫战；1938年参加武汉会战中的万家岭战役；1939年参加南昌会战、第1次长沙会战；1941年率第74军参加上高会战，重创日寇，被誉为抗日铁军。后参加第2次、第3次长沙会战，浙赣会战，鄂西会战，常德会战，长衡会战。1945年指挥了抗战中的最后一次会战——湘西雪峰山会战。

1945年9月9日9时，日本侵略军中国派遣军总司令冈村宁次在南京黄埔路陆军总司令部前进指挥所签署向中国投降书，中国接受投降的陆军总司令何应钦在日军投降书上签字。经20分钟完成。日军投降书共9条，由冈村宁次与何应钦签署。签字地址即在黄埔军校原南京本校的大礼堂内。"九"为数之极，在华夏文化中有着特别的意义，黄埔军校内的"三九"之月之日之时，成为中国人民"光荣与胜利"

的喜庆时刻。

那个代表日本签署投降书的侵华日军总司令冈村宁次，在1939年曾说："敌军抗日势力之中枢既不在于中国四亿民众，亦不在于政府要人之意志，更不在于包括若干地方杂牌军在内之二百万抗日敌军，而只在于以蒋介石为中心、以黄埔军官学校系统的青年军官为主体的中央直系军队的抗日意志。只要该军存在，迅速和平解决有如缘木求鱼。"① 1965年8月15日，日军战败20周年之际，日军退役中将吉田在东京发表文章说："中日之战，日军之败是由于统帅部对中国20余万受过黄埔教育之军官的英勇爱国力量，未有足够的估价。"昔日战场上日军将领，对黄埔军人有着客观的认识和比较中肯的评价。

在那个血与火的时代，黄埔军人担当着中华民族的历史大任，挺起了中国军队抗战的脊梁。一部中国抗战史，黄埔将领这个群体的英名处于显赫位置，成为支撑这场空前惨烈持久战的重要军事力量。"一寸山河一寸血"，每一次战役，无不洒有黄埔将士的血；每一个战场，无不留下黄埔将士的骨。黄埔将士抗战意志之坚定，战斗士气之高昂，令人敬佩。他们的英勇悲壮，铸就了黄埔军魂，唱响了气壮河山的英雄赞歌。

思考题：

1. 抗战中黄埔将领指挥的著名战役有哪些？
2. 为什么黄埔将领会成为抗战的中坚力量？
3. 黄埔将领指挥的战役哪一次最为经典？
4. 黄埔将领中哪一位在抗战中的战功最为突出？
5. 论述黄埔将领对抗战胜利的重大贡献。

---

① 日本防卫厅防卫研究所战史室编：《中国事变·陆军作战史》（第二卷，第一分册），北京：中华书局，1979年版，第197页。

第二十四讲

抗日战争中殉国的黄埔军人

　　黄埔军校，为长达 10 多年的中国持久抗战培养了众多的军事指挥官。在抗战时期的国民革命军中，有 200 多名黄埔师生担任师长以上军职，指挥全国三分之二的精锐之师，在全国各战场上抗击日本侵略者。由黄埔师生统领的国民党中央军以及敌后战场的八路军、新四军，是取得抗日战争最后胜利的主力军。在轰轰烈烈的抗日战争中，黄埔师生是中国战场上的灵魂人物，他们活跃在抗战最前沿，牺牲也最大。时任基层军官的历届黄埔毕业生众多，为国尽忠殉难者更是难计其数。据不完全统计，从黄埔军校走出的著名抗战英烈和高级将领中，有多达 200 余人为国殉难。在历次重大战役、会战中，无数黄埔师生抛头颅，洒热血，救国救民，他们是抗战的中坚力量和民族精英。

一、1932 年"一·二八"淞沪抗战

　　1932 年 1 月 28 日，日本海军陆战队突袭进攻上海闸北租界。担负沪宁地区卫戍任务的第 19 路军在蒋光鼐、蔡廷锴率领下，就地奋起抵抗，击退日军的多次进攻。次日，第 19 路军通电全国，坚决抗日，誓死保卫国土。南京黄埔军校官生积极响应，发起声援游行等活动。2 月 14 日，中国政府派请缨抗日的张治中任第 5 军军长兼第 87 师师长，率所部第 87 师、第 88 师及中央陆军军官学校教导总队、独立炮兵第 1

团山炮营增援上海。在这支唯一的援军中，主要军事将领多出自黄埔军校。军长张治中时任中央陆军军官学校教育长，黄埔军校第1期毕业生俞济时、李延年、王敬久、宣铁吾、宋希濂、孙元良、李杲、钟彬等均在军中担任重要职务，他们成为最早参加抗战的一批黄埔官生。

这次典型的以弱抗强、以寡敌众之战，中国军队各部在民族大义感召下，并肩战斗，作出了巨大牺牲。此役之惨烈，牺牲之巨大罕见。警戒浏河地区的中央军校教导总队1个连及少数义勇军，在登陆日军强大炮火和步兵攻击下，抗击众敌，顽强坚持，大多数均不幸牺牲。张治中所率领的第5军"计官长（排长以上军官）阵亡83名，受伤242名，失踪26名；士兵阵亡1533名，受伤2897名，失踪599名；合计5380名"。许多黄埔同学在殉职前，写下了决心誓死保卫国家的遗书，报国壮志气贯长虹。第87师第259旅第517团（团长张世希，黄埔1期）在3月2日的一天激战中伤亡近千人，牺牲1名营长、2名连长、2名连附、6名排长，大多数是黄埔军校毕业生。

此役中，牺牲的黄埔军人的连、营、团职军官主要有：

朱耀章，又名耀彰，自号雪僧。浙江浦江人。1901年出生于画家家庭。黄埔军校第5期毕业。时任第87师第259旅第517团第1营营长。他代表全旅188名官佐向国民政府请缨，获准后进发上海，2月18日，接替第19路军部分防务。2月20日，日军发起进攻，他率全营官兵迎战，与日军进行肉搏战，多次打退敌人的进攻。3月2日，第517团移防娄圷镇，他率第1营驻守朱家桥。日军以优势兵力猛扑，阵地被截成数段。战斗从拂晓打到近黄昏，朱家桥左翼被敌突破，部队奉命突围。朱耀章身先士卒，直扑日军阵地，身中7弹，壮烈殉国。遗体安葬在南京灵谷寺烈士墓。1963年，被浙江省人民政府追认为革命烈士。朱耀章在牺牲前两天作词《月夜巡视阵线有感》，后半阙是："月愈浓，星愈稀，四周妇哭与儿啼。男儿百战死，壮士十年归。人生上寿只百年，无须留连，听其自然！为自由，争生存，沪上麾兵抗强权。踏尽河边草，洒遍英雄泪，又何必气短情长。宁碎头颅，还我河山！"深情表达了一个爱国黄埔军人誓死抗战的壮志豪情。

马聪，湖南湘潭人。1906年出生。黄埔军校第5期毕业。时任第5军第88师第262旅第524团团长。1932年2月22日，牺牲在上海江湾、庙行间。

伍子宪，湖南石门人。1906年出生。黄埔军校第5期毕业。时任第5军第87师第261旅第11连连附。1932年2月22日，牺牲在上海蕴藻浜。

张超，湖南嘉禾人。1903年出生。黄埔军校第4期毕业。时任第5军第87师第261旅步兵团连长。1932年2月22日，牺牲在上海蕴藻浜。

雷翼龙，四川璧山人。1903年出生。黄埔军校第4期毕业。时任第5军第88师第262旅第523团第1营3连连长。1932年2月22日，牺牲在上海蕴藻浜竹园墩金家木桥。

邹冠雄，广东东江人。1905年出生。黄埔军校第4期毕业。时任第5军第88师第262旅第523团第1营3连连附。1932年2月25日，牺牲在上海庙行。

李富德，四川隆昌人。1908年出生。黄埔军校第4期毕业。时任第5军第88师第262旅第524团第1营2连连长。1932年2月下旬，牺牲在上海庙行。

云昌绵，广东文昌人。1902年出生。黄埔军校第4期毕业。时任第5军第88师第262旅第524团第1营2连连附。1932年3月1日，牺牲在上海江湾、庙行间。

云昌藩，广东文昌人。1905年出生。黄埔军校第4期毕业。时任第19路军第78师第155旅第1团第1营1连连长。1932年3月1日，牺牲在上海江湾。

汤皋，浙江天台人。1903年出生。黄埔军校第4期毕业。时任第

5 军第 87 师第 261 旅第 521 团副团长。1932 年 3 月 1 日，牺牲在上海江湾。

此外，还有多名刚从军校毕业的排职黄埔军人在此役中牺牲。这些英烈，是牺牲在抗日战场上最早的一批黄埔军人。

二、1933 年长城抗战

1933 年 3 月 4 日，日军以 8 万兵力向长城冷口、喜峰口、古北口等处进攻，企图突破长城防线，进一步向华北扩大侵略。国民政府军事委员会北平分会代理委员长何应钦指挥中国军队 20 余万人，依托长城阻止日军进关。从本年春开始的长城抗战，由黄埔第 1 期毕业生黄杰、关麟徵、刘戡统领的中央军第 2 师、第 25 师和第 83 师北上增援。从 3 月至 5 月，中央军在古北口进行了艰苦卓绝的防御战，与日军对峙 2 个多月，是长城抗战中时间最长、战事最酷烈、对时局影响最大的一次战役。时有报纸评论："古北口之战是黄埔军魂再现，是中华民族一曲气壮山河的英雄颂歌。"

此役中的黄埔第 1 期毕业生指挥官有：第 2 师师长黄杰，第 25 师师长关麟徵，第 83 师师长刘戡，第 2 师第 6 旅旅长罗奇，第 25 师副师长兼第 73 旅旅长杜聿明，第 25 师第 73 旅旅长梁恺，第 25 师第 75 旅旅长张耀明，第 2 师第 4 旅旅长郑洞国。还有曾任黄埔 1 期区队长的第 2 师副师长惠东升，在古北口血战中负伤的黄埔第 3 期毕业生、第 25 师第 145 团团长戴安澜等。

牺牲在长城抗战中的著名黄埔军人是王润波，字启大，四川开县（今重庆市开县）汉丰镇西津坝人。1905 年出生。黄埔军校第 3 期毕业。1932 年任国民革命军第 17 军第 25 师第 75 旅第 149 团上校团长。1933 年 3 月初，奉令由徐州北上，参加古北口长城抗战。3 月 12 日，攻占潮河北岸高地。在短兵肉搏中被日军炮弹击中，壮烈殉国，尸骨无存，年仅 28 岁。后国民政府追晋陆军少将。1987 年 4 月 14 日，四川省人民政府批准追认王润波为革命烈士。

三、1937 年"八一三"淞沪会战

这是 1937 年中国全面抗战爆发后的首次大规模对日作战,有许多黄埔军人参战和牺牲,仅营职以上黄埔军人为国捐躯者,就有 30 余人。此役,以中国军队的败退而结束。参加会战的全国各地部队蜂拥在撤出上海的道路上,胡宗南(黄埔 1 期)于 11 月 20 日致函戴笠(黄埔 6 期)称:"黄埔部队多已打完,无人支撑,其余当然望风而溃。"由这个侧面也可看出黄埔军人的英勇作战与巨大牺牲。

上海罗店、杨行等地是会战初期争夺最激烈的战场,统军者正是黄埔系"大哥大"人物胡宗南。他指挥的第 1 军奉命驰援淞沪战场,在杨行初接敌,即展开血战。淞沪警备司令部作战科长到第 1 军督战,留下了如此记录:"该军已补充兵员四次,接防换防五次,总算能顶住。第 1 师旅长先后伤了 3 个,团长先后死伤 5 个,全师连长除通信连长外,余均伤亡换人。"胡宗南率部白天隐蔽在竹林村庄,任敌机投弹扫射,不轻易出击,如此"守多攻少,反可持久",硬是死守阵地逾一周。

8 月 23 日清晨,日军 6 架飞机飞至罗店上空轰炸,投掷硫磺弹,并以步兵 3 个联队向罗店发起攻击。为迎战日军坦克,第 18 军第 11 师第 66 团团长胡琏(黄埔 4 期)组织了由 18 人组成的敢死队,他们身绑集束手榴弹,扑向日军坦克,拉动导火线炸瘫坦克,用火力封住日军进攻路线。攻击部队相机出击,与日军展开肉搏战,一昼夜打退日军 10 多次进攻。

第 67 师师长李树森(黄埔 1 期)被敌机扔下的炸弹炸伤右臂,副师长黄维(黄埔 1 期)代理师长,前赴后继,率部继续抵抗日军。面对日军的猛烈进攻,黄维率部苦守 7 天,打到最后,所部 3 个团长,1 人战死,2 人重伤,师部仅留下了 1 个电报员,文书、炊事员都拿枪冲

上了战场。战后整编，活着的人连 1 个团也凑不够。

罗店争夺战历时 37 天，战况惨烈。中国军队夺回罗店达 13 次，牺牲营长以上军官 24 人，歼灭日军近万人。罗店，被日军称为"血肉磨坊"。面对巨大的伤亡，曾任第 3 战区司令官的冯玉祥万分悲痛地说："我们的部队，每天一个师又一个师地投入战场，有的不到 3 个小时就死了一半，有的支持 5 个小时死了三分之二。这个战场就像大熔炉一般，填进去后很快就被熔化了！"经 10 多次的拉锯战，原来繁华的罗店古镇荡然无存，街区成一片瓦砾，数年后仍是市面萧条，直至解放前夕还没能恢复。

此役中牺牲的黄埔军人主要有：

黄梅兴，字敬中，广东平远县东石镇坳上村人。1896 年出生于贫苦农民家庭。黄埔军校第 1 期毕业。时任第 72 军第 88 师第 264 旅少将旅长。1937 年 8 月 14 日，开战第二天，仅黄梅兴所率第 264 旅就伤亡 1000 余人。中午，为尽早攻入日本海军司令部，旅长黄梅兴将自己编入敢死队，在战斗一线冲杀。下午，在进攻日军于上海爱国女子大学固守的堡垒时被炸弹击中，壮烈牺牲，时年 41 岁，成为淞沪抗战中首位为国捐躯的高级将领。国民政府追赠其为陆军中将。新中国成立后，国家民政部追认其为革命烈士。1957 年，平远县人民政府在县城新建烈士陵园，把黄梅兴的名字镌刻在纪念碑上。

蔡炳炎，字絜宜，别号子遗。安徽合肥人。1902 年出生。黄埔军校第 1 期和陆军大学特别班第 1 期毕业。时任第 18 军第 67 师第 201 旅少将旅长。1937 年 8 月，奉令于上海罗店阻敌。他在战前表示决心说："本旅将士誓与阵地共存亡，进生退死，不得畏避！吾辈有两条路，敌生我死，我生敌死！"8 月 25 日，他率尖兵夜袭陆家宅，随后与日军增援部队激战，身先士卒，亲自督率 1 个营及特务排向日军冲击，展开肉搏战。在距日军阵地数百米之处身中数弹殉国，时年 35 岁。国民政府追赠其为陆军中将。1985 年，安徽省人民政府追认其为革命烈士，合肥市人民政府重修烈士墓，以志纪念。第15军集团司令罗卓英回忆说："我在罗店作战，赖诸将士用命，大战7天7夜，敌人进犯3次，3次都被我军击退。在第二次争夺战时，本军旅长蔡炳炎、团长李维潘壮烈殉国。今以诗记其事：三来三往力争持，十荡十决扫虾夷。淞沪风云罗店血，大书蔡李是男儿。"

谢晋元，广东蕉岭人。1905年出生。黄埔军校第4期毕业。时任第72军第88师第262旅第524团中校副团长。1937年10月27日至31日，率领第524团1营（加强营）"八百壮士"（实为450余人）坚守上海四行仓库，与日军血战4昼夜。1941年4月24日晨5时许，被内部叛兵暗杀，时年36岁。国民政府追晋其为陆军少将，被誉为"八百壮士第一人"。

路景荣，原名路精荣。1902年出生于江苏省常州市武进郊区青龙乡丁庄村。黄埔军校第4期毕业。时任第18军第98师第294旅少将参谋长兼第583团团长。1937年8月，奉令于上海宝山及狮子林炮台一线阻敌。他用电话向师长聂楚中报告："师长，请放心，有我在，就有阵地在！"9月10日中午，在又一次暴雨般倾泻而来的炮弹爆炸中，路景荣倒在前线指挥所里，鲜血溅满全身，手中还紧紧地抓着电话筒。牺牲时年仅35岁。是役，该师官兵伤亡4960余人，其中营、连、排长200余人，军官几乎换了一茬。路景荣牺牲后，中日军队仍在僵持中争夺。京沪铁路沿线虽然遭到敌机轰炸袭击，但道路尚未阻断，路景荣的灵柩得以用军车护送回到他的家乡常州。9月25日，武进县政府公祭路景荣，各界人士共1000多人自发赶来参加。路景荣的遗体安葬在常州西部公墓。

李友梅，号竹三。广东五华县人。1908年出生。黄埔军校第4期步兵科毕业。时任第1军第1师第4团上校团长。1937年8月，率部由驻地徐州开赴上海，参加淞沪会战。9月5日，在刘行、罗店、浏河一带与日军展开激战。9月18日晚，在罗店与日军再次展开争夺战。

激战中，不幸中弹牺牲，年仅 29 岁。国民政府追授其为陆军少将。家乡人民为他建立一座亭台，以志纪念。

杨杰，字子英，河北容县人。1895 年出生。黄埔军校第 4 期毕业。时任第 1 军第 1 师第 1 旅少将副旅长兼第 2 团团长。1937 年 8 月，奉命率部扼守上海西塘。战况异常惨烈，阵地数度易手，前沿呈"尸山"状态。10 月 11 日晚，日军冲破阵地，上级询问杨杰战况，他坚定地回答："尚能支持，不须后援。"言毕，亲率预备队向前冲击，不幸身中数弹，壮烈殉国，时年 41 岁。台湾忠烈祠有杨杰的牌位。1993 年，被国家民政部追认为革命烈士。

秦庆武，湖南浏阳社港镇人。1903 年出生。黄埔军校第 6 期毕业。时任第 70 军第 19 师第 113 团上校团长。1937 年 9 月 23 日，奉命率部开赴淞沪战场。10 月 3 日起，在敌强我弱、力量十分悬殊的情况下，率全团官兵在大场以北、藻浜以南的万家牌楼一带与日军展开血战，击退日军的数次疯狂进攻。战至 17 日拂晓，全团 1400 余名官兵，仅存 50 余人，他也多处负伤，仍率领官兵死守阵地，3 次从日军手中夺回阵地。最后，当阵地上仅剩下 11 名官兵时，他手握马刀冲出掩体，一连砍死 4 名日军。奋勇拼杀中，他再次负伤倒地，接着又被日军刺中要害，血染阵地，英勇捐躯，时年 34 岁。国民政府追授其为陆军少将。1984 年，被湖南省人民政府追认为革命烈士。

宫惠民，字剑豪。广东曲江人。1906 年出生，黄埔军校第 4 期毕业，后入陆军大学深造。时任第 4 军第 90 师第 270 旅少将旅长。1937 年 8 月，奉命率部从贵州赶赴上海参加淞沪会战，担任攻击罗店东南一线日军的任务。战斗中，率全团与敌反复激战，攻占日军阵地。10月，因功升任第 270 旅旅长。旋奉命率部在嘉定县清水显一线阻击日军，多次率部与日军展开白刃格斗。激战中，左臂中弹，仍裹伤坚持战斗。10 月 28 日下午，在嘉定境内被日军飞机炸弹炸中，壮烈牺牲，时年 31 岁。1986 年 8 月，被国家民政部追认为革命烈士。

　　吴继光，安徽盱眙县（今属江苏）三界镇（今属安徽明光市）人。1897 年出生。黄埔军校第 2 期毕业。时任第 58 师第 174 旅少将旅长。1937 年 8 月，率部参加淞沪会战，于罗店重创日军。11 月初，奉令赴青浦阻敌，血战 4 个昼夜，继而转守白鹤港，战至 9 日，所部几乎被打光，他也中弹牺牲，时年 34 岁。国民政府追赠其为陆军中将。

　　汪化霖，湖北黄冈人。1905 年出生。黄埔军校第 3 期毕业。时任第 18 军第 67 师第 401 团副团长。淞沪会战中，奉命掩护全团退出罗店，在金家宅附近坚守阵地。团长朱志席心情沉重地对汪说："任务艰巨，希望你多坚持一点时间。"汪化霖斩钉截铁地回答："成功不敢预期，成仁我确有决心，不坚持到日暮，决不生还。"日军在飞机、大炮的连续轰击下，一再向金家宅进攻。1937 年 9 月 17 日，汪化霖率部反复搏斗，终于坚持到黄昏，完成了任务。在转移中与敌遭遇中弹牺牲，时年 32 岁。所率领的 1 个排全体官兵也全部壮烈殉国。

　　姚子青，广东平远人。1909 年出生。黄埔军校第 6 期毕业。时任第 18 军第 98 师第 294 旅第 583 团第 3 营营长。在罗店外围的宝山县城，他率部抵抗日军陆、海、空军三方夹击，全营 500 余名官兵死伤惨重。苦守 1 周后，他率残部与攻入城区的日军肉搏血战，殉国前仍然拼力呼喊："弟兄们，杀身成仁，报效国家的时候到了！"全营官兵无一生还，壮烈殉国。姚子青时年 28 岁。凶暴的日军被中国勇士的精神所折服，在战后将中国战死者的尸体收殓掩埋，并列队鸣枪致敬。后人赞颂姚子青营"宝山保卫战"的壮烈："五百健儿齐殉国，中华何止一田横。"国民政府追晋姚子青为陆军少将。

　　丘之纪，别号帛臣。广东揭阳人。1902 年出生。黄埔军校第 3 期毕业。时任国民政府财政部税警总团上校副总团长（职级同副师长）兼第 5 团团长。1937 年 5 月，率部进驻青岛市郊胶州湾西部盐田区，与日军机智巧妙周旋。由于日本方面的大肆渲染，税警团入青一事陡然成为中日两国间的一件重大外交事件，双方为此交涉长达数月之久，成为抗战爆发前夕轰动中外的重大政治事件，税警团官兵的爱国行动也在全国人民心目中留下了良好的印象，团长丘之纪由此全国知名。1940 年 10 月 16 日，毛泽东、朱德在电报中要求"利用一切机会对黄埔系军人进行统战工作"，指出："这次苏北事件中，税警团未参加反共战争，而该团干部大半都是黄埔生……这一切证明，我党我军中过去把黄埔生看作一个笼统的反共集团的传统观念是错误的、有害的。"1937 年 10 月 28 日，丘之纪奉令于上海刘家宅阻敌。11 月 2 日，与敌激战肉搏，壮烈殉国，时年 35 岁。国民政府追赠其为陆军少将。1991年 12 月 11 日，被国家民政部追认为革命烈士。

吴继光，安徽盱眙（现属江苏省）人。1903 年出生。黄埔军校第2 期毕业。时任第 74 军第 58 师第 174 旅少将旅长。1937 年 8 月，率部在上海罗店保卫战中与日军激战。11 月 11 日，在白鹤港附近激战中壮烈牺牲，时年 34 岁。国民政府追晋其为陆军中将。

四、1937 年忻口、太原会战

此役是平津失陷和淞沪会战开始之后，中国军队组织的一次以保卫太原为目的的大会战。第 2 战区集团军总司令卫立煌，指挥李默庵军的彭杰如师、刘戡师、陈铁师和李仙洲师（李、彭、刘、陈、李均系黄埔军校第 1 期毕业生），以及刘茂恩、王靖国、郝梦龄、陈长捷等部，在山西忻口地区展开激战。1937 年 10 月 11 日，日军集中 20 多架飞机、50 多辆坦克、上百门大炮以及步、骑兵，向中国守军阵地发动进攻。李默庵、王敬修、李仙洲等参加指挥作战。阵地反复易手，每一仗打下来双方都有 1000 多人战死。鏖战 20 余日，反复争夺，阵地多次失而复得。在正面战场作战的国民党军部队，受到林彪（黄埔 4期）、聂荣臻（黄埔教官）、徐向前（黄埔 1 期）等黄埔将领所率八路军的强力支援。八路军在敌后雁门关、平型关一带几百平方千米的土地上，破坏敌交通线，伏击敌运输车辆，捣毁敌机场。第 769 团袭击敌阳明堡机场，烧毁全部敌机，有力地配合了正面战场的作战。

此役历时 21 天，歼敌 2 万余人，牵制了日军沿同蒲路南犯，形成华北战斗中最有利的战局，是国共两党团结合作、在军事上相互配合的一次成功范例，创造了歼敌逾万的抗战纪录。但中国军队也付出了 2 倍于敌伤亡的代价，第 9 军军长郝梦龄、第 54 师师长刘家祺、旅长郑廷珍等殉职，师长李仙洲身负重伤。牺牲的著名黄埔将领有：

刘眉生，字天睱。贵州遵义人。1904 年出生。1923 年，考入贵州省赤水县崇武军校。1926 年，考入黄埔军校第 5 期步兵科。毕业后投身北伐战争，历任排长、连长等职。1934 年年初，考入中央步兵专科学校校官班。1937 年夏，任国民革命军第 14 军第 85 师第 253 旅第 510 团团长，奉命随第 14 军入晋抗日，参加忻口会战，率部扼守忻口战场左翼洪山阵地。10 月 11 日，日军开始向其阵地发动猛攻，战斗异常激烈。在多次战局危急时刻，亲率卫兵巡视阵地，身先士卒参加战斗，多次击退日军集团冲锋。10 月 28 日，日军再次集中兵力进攻，他上火线指挥作战。激战中，身中数弹，壮烈牺牲，时年 33 岁。国民政府追赠其为陆军少将。

张本禹，安徽巢县（今巢湖市）人，黄埔军校教育长张治中的胞弟。1899 年出生。黄埔军校第 3 期步科毕业生。时任第 13 军第 4 师第 12 旅少将副旅长。曾率部支援傅作义部在百灵庙抗击日军。1937 年 8 月，转战北平南口居庸关等处。旋奉令前往山西太原催运军火并负责押运。8 月 30 日，在南口车站指挥卸运军火时，突遇日机轰炸。他不避危险，继续指挥卸运，被敌弹命中车厢，与卸车的官兵同时被炸殉国。时年 38 岁。10 月，巢县各界举行隆重的追悼大会，公葬张本禹于巢南银屏山麓。1981 年，被安徽省人民政府追认为革命烈士。

五、1937 年南京保卫战

1937 年 12 月，中国军队在淞沪会战失利后，展开了在上海之西保卫首都南京的作战。15万中国军队抗击20万日军精锐部队。卫戍南京的中国军队14个师（旅）中，黄埔军人指挥的部队占半数以上。第71军军长王敬久、第72军军长孙元良、第74军军长俞济时、第78军军长宋希濂都是黄埔军校第1期毕业，所辖第87师（师长沈发藻）、第51师（师长王耀武）、第58师（师长冯圣法）及军校教导总队的主官等都是黄埔军校毕业。此役毙伤日军1.2万余人，中国军队突围撤退3.2万余人。12月13日，南京陷落。众多黄埔军人牺牲，仅团职以上黄埔将领就有10余人，著名英烈有：

万全策，字春豪。广西苍梧县夜村人。1902年出生。黄埔军校第1期毕业。时任中央教导总队第1旅少将参谋长。1937年12月，参加南京保卫战。第1旅奉命防守紫金山工兵学校左侧及孝陵卫、西山、中山门一带。自8日起，他协助旅长周振强（黄埔1期）与敌交战，主阵地始终未失。至11日，战事最激烈时牺牲，时年35岁。

朱赤，号新民。江西省修水县人。1904年出生。黄埔军校第3期步兵科毕业。时任第72军第88师第262旅少将旅长。上海沦陷后，他奉命率部于1937年12月退守南京雨花台。12日晨，日军再次攻击，在阵地全毁的危急时刻，与敌肉搏，他壮烈牺牲，时年33岁。全旅官兵无一生还，雨花台阵地随之失陷。国民政府追认其为抗战烈士。

易安华，字福如。江西宜春人。1900年出生。黄埔军校第3期宪兵科毕业。时任第71军第87师第259旅少将旅长。1937年8月，参加淞沪会战，随第87师围攻上海市区日军阵地，毙伤大量日军，遂任该师第259旅旅长。11月，奉命撤离上海。后于镇江任戒严司令。12月，参加南京保卫战，防守中华门右翼阵地。9日，日军猛攻光华门、通济门、雨花台。10日午后，日军第9师团冲入光华门，占据沿街房屋。易安华率部与该师第261旅经过8个多小时的血战，全歼入城日军。在接下来的恶战中，他与第261旅参谋主任倪国鼎及本旅所剩30余官兵同时全部壮烈牺牲，时年37岁。江西宜春乡亲以灯草束身作衣冠冢，安厝烈士英灵于宜春城西北化成岩下。新中国成立后，2014 年 9 月，被国家民政部追认为革命烈士。

高致嵩，字子晋。广西岑溪人。1899 年出生。黄埔军校第 3 期毕业。时任第 72 军第 88 师第 264 旅少将旅长。1937 年 12 月 12 日，他率部在杀伤日军数百人后，因弹尽与全旅大部官兵壮烈牺牲于南京雨花台阵地，时年 39 岁。国民政府追赠其为陆军中将。1986 年 3 月，浙江省人民政府追认其为革命烈士。

姚中英，字若珠。广东平远县人。1896 年出生。黄埔军校第 2 期毕业。时任第 83 军第 156 师少将参谋长。1937 年 10 月，淞沪会战失利后，他率部退守南京。12 月 12 日，日军用 1 个师团兵力攻击紫金山东的青龙山。为掩护其他友军，姚中英机智地率部向日军兵力薄弱地带突围，不断与日军遭遇，率整师在紫金山东冲锋，杀出了一条血路。激战中，姚中英身先士卒，辗转冲杀，连砍数敌，不幸身中数弹牺牲，时年 41 岁。其英勇抗敌的事迹在他的家乡广泛传扬。1940 年，他的名字入祀平远忠烈祠。1957 年 9 月，被追认为革命烈士，名字镌刻在平远县人民政府修建的烈士纪念碑上。

刘国用，号剑豪。广东梅县人。1898 年出生。黄埔军校第 3 期步兵科毕业。时任第 74 军第 58 师第 174 旅少将副旅长。1937 年 12 月，参加南京保卫战，防守牛首山。9 日，在与敌激战 3 天后，退守水西门以东地区为预备队，仍继续与敌激战。13 日，因弹尽与数千将士在水西门外牺牲，时年 39 岁。

雷震，原名汝勤。四川蒲江人。1901 年出生。黄埔军校第 2 期炮兵科毕业，时改名雷震。1937 年，抗战全面爆发后，调南京任中央军校教导总队第 3 旅上校副旅长。12 月，参加南京保卫战，坚守紫金山阵地。12 日下午，教导总队总队长桂永清（黄埔 1 期）率主力撤离，雷震奉命率部留守。13 日，掩护军民于下关火车站乘火车突围，与连长雷天乙等上最后一节车厢殿后。时日机空袭，将列车炸断，火车头拉着前面车厢开走，雷震下车指挥官兵抗击日军，力战阵亡。1938 年 9 月，国民政府追晋其为陆军少将。家乡人将其英名入祀蒲江忠烈祠。1986 年 11 月，四川省人民政府追认其为革命烈士。

华品章，字荣衮，后改希平。四川西昌人。1902 年出生。黄埔军校第 4 期炮兵科毕业。时任第 88 师第 262 旅上校副旅长。1937 年 8 月，开赴上海前线抗击日军。11 月底，撤至南京整补备战，驻守雨花台阵地。12 月 9 日，随部先后击退日军两个联队的进攻。后日军主力在飞机、大炮、坦克的协同下连日猛攻雨花台，战况激烈。12 日下午，他在拼杀中壮烈殉国，时年 35 岁。1939 年 8 月，国民政府追晋其为陆军少将。

六、中国远征军赴缅作战

中国远征军先后出动 31 万余人赴缅作战，其中黄埔军校出身的军官有 1.2 万余人，占参战部队军官总数的 70%；其中 5700 余人伤亡，近一半黄埔军官伤亡。此役中殉国的 13 位少将（含追赠）以上的中国远征军高级将领中，戴安澜、胡义宾、凌则民、柳树人、闵季连、李竹林、张剑虹、李颐、唐铁成等 9 人毕业于黄埔军校。

戴安澜，幼名衍功，学名炳阳，号海鸥。1904 年出生。安徽无为县仁皋乡风和村人。黄埔军校第 3 期毕业。曾参加古北口长城抗战、台儿庄大战等。在昆仑关战役中，率部与日军浴血奋战，直至身负重伤才下战场。1942 年，他任第 5 军第 200 师少将师长，率部作为中国远征军先头部队赴缅甸作战。3 月 7 日，抵达同古，打响了中国远征军入缅后的第一战——同古（东瓜）保卫战。第 200 师与数倍于己之敌激战，戴安澜立下遗书，誓与战地共进退。击毙日军 5000 余人，在国内外引起巨大反响。后又率第 200 师收复棠吉，浴血奋战，屡建奇功。5 月，因上级指挥失误，缅甸战局急转直下，中英联军实行总撤退。远征军掩护英军安全撤退后，被迫撤退回国。5 月 18 日夜，第 200 师在撤退途中通过细摩公路时，在缅甸北部科郎地区密林中遭遇日军伏击，戴安澜在混战中身负重伤。5月26日，在翻越野人山对日作战的缅甸孟密特之北时，戴安澜因伤不治牺牲于朗科茅邦村密林，时年38岁，成为"中国远征军将领中殉国第一人"，也是中国远征军中牺牲职级最高的将领。戴安澜的卓越战功和爱国壮举，在国内外产生重大影响，被誉为"黄埔之英，民族之雄"。国民政府追晋其为陆军中将。同年10月29日，美国政府为了表彰戴安澜在第二次世界大战中作为同盟国友军一员所作出的卓越贡献，向其颁授懋绩勋章。戴安澜是第二次世界大战反法西斯斗争中第一位获得美国勋章的中国军人。1956年9月，中央人民政府内务部追认其为革命烈士。

胡义宾，江西兴国人。1906年出生。黄埔军校第3期毕业。时任第5军第96师副师长。1942年3月赴缅甸对日作战，同年6月在缅甸埋通激战中壮烈殉国，时年35岁。国民政府追晋其为陆军少将。1983年11月，被江西省人民政府追认为革命烈士。

还有第5军少将高参张炎（黄埔3期）、第5军第200师第599团团长柳树人（黄埔5期）、第36师副师长兼政治部主任闵季连（黄埔5期）、第66军新编第29师第87团团长陈海泉（黄埔6期）、第5军第96师第288团团长兼腊戍警备副司令凌则民（黄埔6期）、新编第6军预备第2师第5团团长李颐（黄埔6期）、远征军兵站部参谋长兼滇缅警备司令李竹林（黄埔7期）、装甲师师长冯子扬（黄埔11期）等，在此役中牺牲。

七、常德会战

1943年11月初，日军调集6个师团约10万以上兵力，进犯湘鄂西。常德会战开始。许国璋、彭士量、孙明瑾3位师长和叶迪、柴新意2位团长等及一批黄埔毕业生为国殉职。

彭士量，湖南浏阳人。1905年出生。黄埔军校第4期毕业。时任第 73 军暂编第 5 师少将师长。1943 年 11 月，参加常德会战，率部固守石门。11 月 15 日，同敌血战时被日机炸亡，时年 38 岁。国民政府追晋为陆军中将。1985 年 5 月，被四川省人民政府追认为革命烈士。

孙明瑾，江苏宿迁人。1905 年出生。黄埔军校第 6 期毕业。时任第 10 军预备第 10 师少将师长。1943 年 11 月，率部参加常德会战。12 月 1 日，在常德赵家桥与日军血战中壮烈殉国，时年 38 岁。葬南岳忠烈祠公墓区。国民政府追晋为陆军中将。1956 年 12 月，中央人民政府追认其为革命烈士。

柴意新，四川南部人。1898 年出生。黄埔军校第 3 期毕业。时任第 74 军第 58 师少将参谋长兼第 57 师第 169 团团长。1943 年 12 月，率部参加常德会战。3 日，在全团仅剩 12 人、弹药告罄时，仍临危受命，率部掩护师长余程万（黄埔 1 期）突围，壮烈牺牲，时年 45 岁。1944 年 9 月 8 日，国民政府追赠为陆军中将。

还有第 10 军预备第 10 师参谋长代师长陈飞龙（黄埔 3 期）等，在此役中牺牲。

八、中共军队中牺牲的著名黄埔军人

左权，字叔仁，曾用名左纪权，湖南醴陵人。1905 年出生。黄埔军校第 1 期毕业。1925 年，加入中国共产党，同年 12 月赴苏联学习。中国工农红军和八路军高级将领。1936 年，任红 1 军团代理军团长。1937 年，任八路军副总参谋长。他在抗日斗争中表现出了卓越的军事指挥才能。在太行山区反“扫荡”战斗中，亲临前线指挥作战。1940 年，协助彭德怀副总司令指挥了著名的百团大战。1941 年 11 月，指挥了被称为“反扫荡模范战斗”的黄崖洞战斗。1942 年 6 月 2 日，在山西辽县（今左权县）麻田村附近率部对日军反“扫荡”作战中壮烈牺牲，时年 37 岁。他是中共军队在抗战时期牺牲职级最高的将领，后被评为新中国 36 位军事家之一。

赵尚志，辽宁省朝阳人。1908 年出生。1925 年加入中国共产党，是东北地区最早的共产党员之一。黄埔军校第 5 期毕业。北伐战争时期，他在东北地区组织和从事反帝反军阀的革命活动。九一八事变后，任中共满洲省委常委、军委书记，创建珠河抗日游击队和哈东游击根据地，是东北抗联创建者和主要领导人之一。后任东北反日游击队哈东支队司令、东北人民革命军第 3 军军长、北满抗日联军总司令部总司令等职。1938 年年初，任抗日联军第 2 路军副总指挥。1942 年 2 月 12 日，在同日军激战中身负重伤被俘，壮烈牺牲，时年 34 岁。2009 年被评为"100 位为新中国成立作出突出贡献的英雄模范人物"之一。

赵一曼，字淑宁，原名李坤泰。四川省宜宾县白花镇白花场村人。1905 年出生。1926 年加入中国共产党。黄埔军校第 6 期女生队毕业。大革命失败后，在党组织安排下转移到上海工作，后派往苏联莫斯科中山大学学习。1928 年回国，在宜昌、南昌和上海等地进行党的秘密工作。1935 年春，任东北人民革命军第 3 军第 1 师第 2 团政治委员，率部与日军浴血奋战在白山黑水之间。1935 年 11 月，在珠河铁北地区同日军作战中被包围，身负重伤被俘，在狱中受尽酷刑，宁死不屈。1936 年 8 月 28 日，于珠河县壮烈殉国，时年 31 岁。2010 年被评为"100 位为新中国成立作出突出贡献的英雄模范人物"之一。

九、徐州、武汉、南昌、桂南、随枣、豫南、中条山、长沙、豫中、桂林、湘西会战等

1938 年徐州会战，第 23 师中将师长李必蕃（黄埔 2 期训练处长）、第 23 师少将参谋长黄启东（长沙分校大队长）、第 27 军 46 师 138 旅少将旅长马威龙（黄埔 4 期）、第 85 军第 89 师第 528 团上校团长李友于（黄埔 4 期）、第 89 师第 529 团上校团长罗芳珪（黄埔 4 期）、第 52 军 25 师 75 旅 150 团上校团长高鹏（黄埔 4 期）、第 75 军 6 师 18 旅 34 团上校团长李仁民（黄埔 7 期）、第 27 军第 46 师第 276 团上校团长毛

麟义（潮州分校 2 期）等，在此役中牺牲。

1938 年武汉会战，第 12 军暂编 20 师少将副师长王桢祥（黄埔 1 期）、暂编第 20 师司令部参谋长兼副师长王祯祥（黄埔 1 期）、山东军管区司令部少将副司令李大中（黄埔 1 期）、第 63 军 153 师 459 旅上校旅长钟芳峻（黄埔 3 期）、第 75 军第 13 师第 37 旅少将副旅长汪成钧（黄埔特训班 4 期）、预备第 9 师第 35 团上校团长毛岱钧（黄埔高教班 5 期）、第 87 军第 198 师第 572 旅上校团长李秉君（黄埔特训班 4 期）、第 75 军第 13 师第 37 旅第 73 团上校团长田耘之（黄埔 5 期）、空军第 4 大队上尉大队长李桂丹（黄埔 8 期）等，在此役中牺牲。

1939 年南昌保卫战，第 79 军少将参谋处长王禹九（黄埔高教班）等，在此役中牺牲。

1939 年、1940 年桂南会战，第 2 军少将副军长兼 9 师师长郑作民（黄埔 1 期）、第 2 军 9 师 26 团上校团长夏驿（黄埔 5 期）、第 5 军第 200 师第 600 团上校团长邵一之（黄埔 6 期）、第 31 军 131 师 782 团上校团长韦灿（南宁分校 6 期）、第 2 军第 9 师第 27 团上校团长牛凤山（黄埔 7 期）等，在此役中牺牲。

1940 年随枣会战，第 49 师参谋处上校主任兼第 4 团团长蓝挺（黄埔 3 期）等，在此役中牺牲。

1941 年豫南会战，第 1 战区游击挺进军第 22 纵队上校副司令兼河南第 8 军分区保安副司令燕鼎九（黄埔 4 期）、第 13 军第 110 师第 330 团上校团长陈钦文（黄埔 6 期）等，在此役中牺牲。

1941 年中条山会战，第 80 军新编第 27 师少将师长王俊（黄埔 3 期）、副师长梁希贤（黄埔 5 期）、参谋长陈文杞（黄埔 5 期）、第 3 军 12 师政治部主任李石安（黄埔 4 期）、新编第 9 军第 24 师第 100 团团长薛金吾（黄埔 4 期）、第 98 军 42 师上校参谋处长余开纬（黄埔 6 期）等，在此役中牺牲。

1941 年、1942 年长沙会战，第 37 军少将参谋长周名琳（黄埔 6

期）、暂编第 2 军第 8 师第 15 团上校团长刘世焱（黄埔 2 期）、第 10 军第 190 师少将副师长赖传湘（黄埔 4 期）、第 37 军第 95 师第 284 团团长黄红（黄埔 5 期）等，在此役中牺牲。

1944 年豫中会战，暂编第 15 军新编第 29 师少将师长兼河南许昌守备司令吕公良（黄埔 6 期）、新编第 29 师副师长黄永淮（黄埔 5 期）、新编第 29 师第 87 团团长李培芹（洛阳分校 6 期）、第 57 军第 8 师副师长王剑岳（黄埔 5 期）、第 12 军第 20 师第 60 团团长曹和光（黄埔 9 期）等，在此役中牺牲。

1944 年桂林保卫战，第 16 集团军第 31 军少将参谋长吕旃蒙（黄埔 5 期）、第 31 军第 131 师第 392 团团长吴展（南宁分校 2 期）等，在此役中牺牲。

1944 年湘西会战，暂编第 6 军参谋长徐亚杰（成都本校教官）等，在此役中牺牲。

由以上所列各次重大战役、会战可见，国共两党黄埔师生几乎无役不从，全国各地遍布黄埔英烈的忠骨。

从 1931 年九一八事变至 1945 年 9 月抗战胜利，中国军民在抗日战争时期共伤亡 3500 多万人，其中军人达 380 多万人。中国军队与日军展开 22 次大型会战，1117 次中型战役，28 931 次小型战斗，320 多万将士浴血阵亡。其中，陆军阵亡 3 211 418 人；空军阵亡 6164 人，毁机 2468 架；海军舰艇毁损殆尽，所有舰艇全部打光。中下级军官阵亡数万人，团职军官阵亡 1228 人。其中史载著名英烈，往复冲杀肉搏成仁者 82 人，身陷绝境自戕蹈死者 25 人，身陷囹圄视死如归者 14 人。有 261 名将军（上将 21 人、中将 73 人、少将 167 人）为国捐躯，其中有 97 人毕业于黄埔军校。

当时国民革命军中央军中的基层军官大多数是黄埔毕业生，黄埔军校新招收的学生有的还未等到毕业，就因前线急需基层军事军官，离校后分派到作战部队。当时的作战环境极其艰难残酷，伤亡极大。

1936 年 8 月，第 10 期黄埔生毕业分派到部队，经淞沪抗战和南京保卫战，到 1937 年年底已伤亡过半。1937 年 9 月，黄埔军校昆明分校第 11 期生，为了抗日提前毕业，其中分派到第 58 军的有 117 位学生，经过 3 次长沙会战，阵亡者达 60 余人。第 16 期毕业的某队 100 多人分派到部队担任排长，一年多后再统计仅剩下不到 20 人。战斗之激烈、悲壮，由此可见一斑。

黄埔第 3 期毕业生宋瑞珂回忆说：在 3 个月的淞沪会战中伤亡的连排长共有数千人，其中大多数是黄埔生。其时，黄埔第 11 期刚毕业就派赴淞沪战场，第 8 期至第 10 期基本为军中的连长、排长基层军官，他们毕业后大多数被分配在中央军服役。淞沪会战，中国方面的军队首先是以中央军为主力，如张治中第 9 集团军的第 36、第 87、第 88 师，后又赶到的陈诚的第 18 军和胡宗南的第 1 军等。黄埔第 11 期毕业生王海峤回忆说："由于有的同学刚报到就上火线，往往连胸章也来不及发，以至于牺牲后连姓名都不为人所知。"何止是淞沪战场，乃至全国各个抗日战场，牺牲的那些黄埔军校毕业的基层军官，有的留有姓名，相当多数人没有留下姓名，成为无名英烈。

十、抗战中殉国的黄埔军人简况

这里所说的"黄埔军人"，包括广州、南京、成都本校及各分校的官佐、教官、学员、学生；"殉国"包括两种情况：抗日作战中阵亡殉国，因战伤不治或积劳成疾染病殉国。据表 1 和表 2 不完全统计，牺牲在抗日战场的知名黄埔军人计有 192 人，伤病殉国 24 人，共 216 人。因缺乏资料，还有众多黄埔师生未在统计中。表 1 和表 2 以卒年时间为序排列。

表1　抗日作战中阵亡人数统计（192人）

姓名 （生卒时间）	黄埔 资历	籍贯	部职衔	战役名称 （殉难地）
1932年—1936年（21人）				
马　聪 （1906年— 1932年2月22日）	本校 5期	湖南 湘潭	第5军88师262旅524团 上校团长	淞沪抗战，上海 江湾庙行间
伍子宪 （1906年— 1932年2月22日）	本校 4期	湖南 石门	第5军87师261旅步兵 11连连附	淞沪抗战，上海 蕴藻浜
张　超 （1903年— 1932年2月22日）	本校 4期	湖南 嘉禾	第5军87师261旅步兵 团连长	淞沪抗战，上海 蕴藻浜
雷翼龙 （1903年— 1932年2月22日）	本校 4期	四川 璧山	第5军88师262旅523团 1营3连连长	淞沪抗战，上海 蕴藻浜竹园墩金 家木桥
邹冠雄 （1905年— 1932年2月25日）	本校 4期	广东 东江	第5军88师262旅523团 1营3连连附	淞沪抗战，上海 庙行
李富德 （1908年— 1932年2月）	本校 4期	四川 隆昌	第5军88师262旅524团 1营2连连长	淞沪抗战，上海 庙行
云昌绵 （1902年— 1932年3月1日）	本校 4期	广东 文昌	第5军88师262旅524团 1营2连连附	淞沪抗战，上海 江湾、庙行间
云昌藩 （1905年— 1932年3月1日）	本校 4期	广东 文昌	第19路军78师155旅1 团1营1连连长	淞沪抗战，上海 江湾
汤　皋 （1903年— 1932年3月1日）	本校 4期	浙江 天台	第5军87师261旅521团 副团长	淞沪抗战，上海 江湾
朱耀章 （1901年— 1932年3月2日）	本校 5期	浙江 浦江	第5军第87师第259旅 第517团第1营少校营 长，追晋中校	淞沪抗战，上海 娄圹镇朱家桥
曹基锡 （1902年—1932年）	本校 6期	朝鲜	东北抗联中共延吉区委员 会书记，被日本军警杀害	黑龙江延吉县
王润波 （1900年— 1933年3月11日）	本校 3期	四川 开县	第17军25师75旅149团 上校团长，追晋少将	长城抗战，河北 古北口

续表

姓名 （生卒时间）	黄埔 资历	籍贯	部职衔	战役名称 （殉难地）
潘庆由 （1891 年— 1933 年 7 月）	本校 5 期	黑龙江 宁安	东北抗联中共吉东局常委、组织部部长，被叛徒杀害	黑龙江珲春县大荒沟
宋国瑞 （1900 年—1933 年）	武汉分 校 6 期	山东 高密	东北抗联中共北满特委书记	黑龙江北满
申 春 （1907 年— 1934 年 6 月）	本校 6 期	朝鲜咸 镜北道 明川郡	中共黑龙江省珲春县委军事部长，被日本特务杀害	黑龙江延吉
李仁根 （1901 年— 1935 年 3 月）	本校 6 期	黑龙江	东北抗联汤原游击总队参谋长，因"民生团"事件被错误杀害	黑龙江汤原县
陈公木 （1918 年—1935 年）	本校 6 期	朝鲜 釜山	中共满洲省委巡视员、延吉县委书记，被捕就义	朝鲜汉城日军狱中
李成林 （1904 年— 1936 年 6 月）	本校 4 期	朝鲜咸 镜南道	东北抗日救国军宣传部部长、中共黑龙江勃利县委书记	黑龙江勃利县福兴村北沟
赵一曼 （1905 年— 1936 年 8 月 28 日）	武汉分 校 6 期 女生队	四川 宜宾	东北抗联第 3 军 1 师 2 团政委，被俘就义	黑龙江珠河县
李秋岳 （1901 年— 1936 年 9 月 3 日）	武汉分 校 6 期 女生队	朝鲜平 安南道	东北抗联中共黑龙江省延方特支书记，被俘就义	黑龙江通河县城西门外
朴 勋 （1903 年—1936 年）	本校 6 期	朝鲜	东北抗联汪清游击队负责人	黑龙江
1937 年（57 人）				
黄梅兴 （1896 年— 1937 年 8 月 14 日）	本校 1 期	广东 平远	第 72 军 88 师 264 旅少将旅长，中炮亡，追晋中将	淞沪会战，上海虹口爱国女子大学
邓 洸 （1905 年— 1937 年 8 月 14 日）	本校 4 期	福建 汀州	第 72 军 88 师 264 旅中校参谋主任	淞沪会战，上海苏州河畔八字桥

续表

姓名 （生卒时间）	黄埔 资历	籍贯	部 职 衔	战役名称 （殉难地）
刘宏深 （1903年— 1937年8月17日）	本校 5期	湖南 醴陵	第88师528团2营营长	淞沪会战，上海 虬江路
张本禹 （1899年— 1937年8月23日）	本校 3期	安徽 巢县	第13军4师12旅上校副旅长，追晋少将	北平北郊昌平南 口车站
韩应斌 （1905年— 1937年8月23日）	本校 4期	陕西 乾县	第18军11师62团代团长	淞沪会战，上海 罗店镇
睦宗熙 （1904年— 1937年8月24日）	本校 1期	江苏 丹阳	第54军98师政训处少将处长	淞沪会战，上海 罗店镇
蔡炳炎 （1902年— 1937年8月25日）	本校 1期	安徽 合肥	第18军67师110旅少将旅长，追晋中将	淞沪会战，上海 罗店陆家宅
李维藩 （1901年— 1937年8月25日）	本校 3期	山东 莱阳	第18军67师201旅上校副旅长兼402团团长	淞沪抗战，上海 罗店陆家宅
虞晓冰 （1910年— 1937年8月31日）	本校 6期	江苏 溧水	第61师361团中校副团长	淞沪会战，上海 吴淞
路景荣 （1902年— 1937年8月）	本校 4期	江苏 武进	第98师少将参谋长兼583团团长	淞沪会战，上海 松花
窦长清 （1904年— 1937年9月5日）	本校 4期	陕西 兴平	第9师26旅52团上校团长	淞沪会战，上海杨树浦金墚宅北营
姚子青 （1909年— 1937年9月6日）	本校 6期	广东 平远	第18军98师294旅583团3营营长，追晋少将	淞沪会战，上海 宝山
詹文 （1902年— 1937年9月8日）	本校 5期	湖北 蕲水	第51师302团2营营长	淞沪会战，上海 嘉定
刘振武 （1903年— 1937年9月8日）	本校 5期	山东 武城	第51师306团1营营长	淞沪会战，上海 嘉定
路景荣 （1902年— 1937年9月10日）	本校 4期	江苏 武进	第18军98师294旅上校参谋长兼583团团长，追晋少将	淞沪会战，上海 月浦
陈绥之 （1904年— 1937年9月10日）	本校 7期	浙江 永康	第9师50团2营4连连长	淞沪会战，上海 嘉定

续表

姓 名 （生卒时间）	黄埔 资历	籍贯	部 职 衔	战役名称 （殉难地）
曾宪邦 （1903 年— 1937 年 9 月 13 日）	本校 4 期	湖南 桃江	第 17 军 83 师 249 旅 498 团团长，追晋少将	门头沟战役，北 平西郊宛平县辽 冀山
汪化霖 （1905 年— 1937 年 9 月 17 日）	本校 3 期	湖北 黄冈	第 67 师 401 团副团长	淞沪会战，上海 罗店镇金家宅
李友梅 （1908 年— 1937 年 9 月 17 日）	本校 4 期	广东 五华	第 1 军 1 师 2 旅 4 团上校 团长，追晋少将	淞沪会战，上海 刘行东王宅
陈裕廉 （1908 年— 1937 年 9 月）	本校 7 期随 营军校	湖北 兴山	本校教导总队步兵团 1 营 中校营长，中毒殉国，追 晋上校	淞沪会战，上海 苏州河畔八字桥
卜懋民 （1901 年— 1937 年 10 月 6 日）	本校 5 期	广东 合浦	第 8 军第 8 师 48 团代 团长	淞沪会战，上海 姚家街王家边间
姜玉贞 （1893 年— 1937 年 10 月 10 日）	本校 高教班	山东 菏泽	第 65 师 196 旅少将旅长， 追晋中将	忻口会战，山西 崞县原平镇
杨 杰 （1895 年— 1937 年 10 月 11 日）	本校 4 期	河北 容县	第 1 军第 1 师 1 旅上校副旅 长兼 2 团团长，追晋少将	淞沪抗战，上海 蕴藻浜南西塘桥
秦庆武 （1903 年— 1937 年 10 月 17 日）	本校 6 期	湖南 浏阳	第 70 军 19 师 113 团上校 团长，追晋少将	淞沪抗战，上海 藻浜南万家牌楼
卢义欧 （1903 年— 1937 年 10 月 20 日）	本校 4 期	河南 滑县	第 19 军 70 师 215 旅 429 团上校团长	忻口会战，南怀 化高地
秦 霖 （1900 年— 1937 年 10 月 23 日）	南宁 分校 高级班	广西 桂林	第 7 军 171 师 511 旅少将 旅长，追晋中将	淞沪会战，上海 陈家行附近
庞汉祯 （1899 年— 1937 年 10 月 23 日）	南宁 分校 高级班	广西 靖西	第 7 军 170 师 510 旅少将 旅长，追晋中将	淞沪会战，上海 陈家行
刘粹刚 （1913 年— 1937 年 10 月 25 日）	本校 9 期	辽宁 昌图	空军第 5 大队上尉飞行 员，追晋空军少校	忻口会战，山西 高平县城东南角 魁星楼

续表

姓名 （生卒时间）	黄埔资历	籍贯	部职衔	战役名称 （殉难地）
雍济时 （1904年— 1937年10月26日）	本校 4期	陕西 华县	第11军团33师97旅194团上校团长，追晋少将	淞沪会战，上海大场苏州河畔
官惠民 （1901年— 1937年10月28日）	本校 4期	广东 曲江	第4军第90师270旅少将旅长	淞沪抗战，上海嘉定清水显
刘眉生 （1903年— 1937年10月28日）	本校 5期	贵州 遵义	第14军85师253旅510团上校团长，追晋少将	忻口会战，山西洪山
丘之纪 （1902年— 1937年11月2日）	本校 3期	广东 揭西	财政部税警总队第2总队上校副总队长兼5团团长，追晋少将	淞沪会战，上海刘家宅
季韦佩 （1898年— 1937年11月3日）	本校 5期	湖南 华容	第8军61师183旅365团上校团长	淞沪会战，上海苏州河南吴家库
吴继光 （1903年— 1937年11月11日）	本校 2期	安徽 盱眙	第74军58师174旅少将旅长，追晋中将	淞沪会战，上海青浦白鹤港
尹元之 （1906年— 1937年11月20日）	本校 6期	湖南 攸县	第51师301团1营营长	淞沪会战，上海青浦
曾庆敏 （1898年— 1937年11月28日）	本校 6期	广东 东莞	第66军159师457旅副旅长，追晋少将	江苏江阴
万全策 （1902年— 1937年12月11日）	本校 1期	广西 苍梧	本校教导总队第1旅少将参谋长	南京保卫战，紫金山
蓝运东 （1899年— 1937年12月12日）	本校 1期	湖南 醴陵	预备第10师少将参谋长	南京保卫战
姚中英 （1896年— 1937年12月12日）	本校 2期	广东 平远	第83军第156师少将参谋长	南京保卫战，太平门
朱赤 （1900年— 1937年12月12日）	本校 3期	江西 修水	第72军88师262旅上校旅长，追晋少将	南京保卫战，雨花台
易安华 （1900年— 1937年12月12日）	本校 3期	江西 宜春	第71军87师259旅上校旅长，追晋少将	南京保卫战，莫愁湖
韩宪元 （1902年— 1937年12月12日）	本校 3期	海南 文昌	第72军88师262旅524团上校团长，追晋少将	南京保卫战，雨花台

续表

姓名 （生卒时间）	黄埔 资历	籍贯	部 职 衔	战役名称 （殉难地）
高致嵩 （1900 年— 1937 年 12 月 12 日）	本校 3 期	广西 岑溪	第 72 军 88 师 264 旅少将 旅长，追晋中将	南京保卫战，雨 花台
胡 豪 （1907 年— 1937 年 12 月 12 日）	本校 4 期	江西 兴国	第 74 军 51 师 153 旅 306 团 2 营营长	南京保卫战，中 华门以西城堤
谢家珣 （1904 年— 1937 年 12 月 12 日）	本校 5 期	江西 赣县	第 71 军 87 师 259 旅野战补 充团上校团长，追晋少将	南京保卫战，光 华门
李 杰 （1906 年— 1937 年 12 月 12 日）	本校 5 期	湖南 东安	第 72 军 88 师 264 旅少将 副旅长兼 527 团团长	南京保卫战，雨 花台
华品章 （1902 年— 1937 年 12 月 12 日）	本校 5 期	四川 西昌	第 72 军 88 师 262 旅上校 副旅长，追晋少将	南京保卫战，雨 花台
程 智 （1907 年— 1937 年 12 月 12 日）	本校 5 期	湖南 醴陵	第 74 军 51 师 151 旅 302 团上校团长	南京保卫战，水 西门
罗策群 （1893 年— 1937 年 12 月 12 日）	潮州分 校教官	广东 兴宁	第 66 军 159 师副师长	南京保卫战
黄纪福 （1902 年— 1937 年 12 月 12 日）	潮州分 校 2 期	广东 梅县	第 159 师 477 旅副旅长	南京保卫战
雷 震 （1901 年— 1937 年 12 月 13 日）	本校 2 期	四川 蒲江	本校教导总队第 3 旅上校 副旅长，追晋少将	南京保卫战，下 关火车站
刘国用 （1898 年— 1937 年 12 月 13 日）	本校 3 期	广东 梅县	第 74 军 58 师 174 旅少将 副旅长	南京保卫战，水 西门
秦士铨 （1904 年— 1937 年 12 月 13 日）	本校 4 期	湖南 零陵	军校教导总队 1 旅 1 团上 校团长	南京保卫战，八 卦洲
陈 节 （1895 年— 1937 年 12 月 13 日）	本校 7 期	广东 梅县	第 66 军 159 师上校参谋 处长，追晋少将	南京保卫战，太 平门突围战
谢琼珠 （1903 年— 1937 年 12 月 19 日）	本校 4 期	湖南 湘乡	军事委员会调查统计局少 将司令	上海
李昌龄 （1907 年— 1937 年 12 月）	本校 3 期	山东 潍县	本校教导总队团长	南京保卫战

姓名 （生卒时间）	黄埔 资历	籍贯	部 职 衔	战役名称 （殉难地）
谢承瑞 （1905年— 1937年12月）	本校 4期	江西 南康	教导总队第1旅2团团长	南京保卫战，挹江门
1938年（32人）				
李桂丹 （1914年— 1938年2月18日）	本校 8期	辽宁 新民	空军第4大队上尉大队长	武汉保卫战，武汉高空
陈纯一 （1903年— 1938年3月30日）	本校 3期	湖南 新宁	第85军4师23团上校团长，追晋少将	山东峰县
谢升标 （1903年— 1938年4月2日）	本校 3期	江苏 临海	苏浙皖边区少将游击司令，追晋中将	安徽广德
李仁民 （1910年— 1938年4月4日）	本校 7期	湖北 潜江	第75军6师18旅34团上校团长	徐州会战，台儿庄战役，天柱山
李友于 （1905年— 1938年4月6日）	本校 4期	陕西 扶风	第85军89师528团上校团长，追晋少将	徐州会战，台儿庄外大顾栅村
罗芳珪 （1907年— 1938年4月6日）	本校 4期	湖南 衡山	第85军89师529团上校团长，追晋少将	徐州会战，台儿庄外围
高鹏 （1904年— 1938年4月24日）	本校 4期	陕西 乾县	第52军25师75旅150团上校团长	徐州会战，台儿庄战役，邳县
周元 （1894年— 1938年5月10日）	南宁分校高级班5期	广西 宁明	第48军173师少将副师长，追晋中将	安徽蒙城县城东南飞机场
李必蕃 （1892年— 1938年5月14日）	本校 2期训练处长	湖南 嘉禾	第23师中将师长，自戕殉国	徐州会战之郓城战役，菏泽县城南王庄
黄启东 （1891年— 1938年5月14日）	长沙分校上校大队长	湖南 平江	第23师少将参谋长	徐州会战之郓城战役，菏泽县城
马威龙 （1908年— 1938年5月24日）	本校 4期	广西 容县	第27军46师138旅少将旅长	徐州会战之豫东战役，开封罗王寨

姓名 （生卒时间）	黄埔资历	籍贯	部职衔	战役名称 （殉难地）
毛麟义 （1903年— 1938年5月24日）	潮州分校2期	江西兴国	第27军46师276团上校团长，追晋少将	徐州会战之豫东战役，开封罗王寨
阎普润 （1906年— 1938年5月26日）	本校4期	河南唐河	第91军166师498旅992团上校团长，追晋少将	河南沁阳十八里铺村
王桢祥 （1901年— 1938年8月23日）	本校1期	湖南醴陵	第12军暂编20师少将副师长	武汉会战，瑞昌外围
毛岱钧 （1902年— 1938年9月2日）	高教班5期	湖南湘潭	预备第9师35团上校团长，追晋少将	武汉会战，南浔线德安以北乌石门
范荩 （1899年— 1938年9月）	本校3期教官	江西丰城	第198师少将副师长，追晋中将	湖北黄陂
周卓然 （1904年— 1938年秋）	本校6期	湖北钟祥	骑兵第6军7师少将师长	潼关战役，山西芮城黄河风陵渡
杨家骝 （1904年— 1938年9月25日）	本校5期	贵州荔波	第37军60师306旅360团团长，追晋少将	南浔线北段江西马回岭
雷忠 （1901年— 1938年9月28日）	本校6期	湖南嘉禾	皖北少将军事联络委员兼游击副总指挥	安徽霍邱
李秉君 （1904年— 1938年9月28日）	特训班4期	湖南耒阳	第87军198师572旅上校团长，追晋少将	武汉会战之广济田家镇战役
钟芳峻 （1898年— 1938年10月22日）	本校3期	广东东源	第63军153师459旅上校旅长，投河殉国，追晋少将	武汉会战之外围福田战斗，广东增江石滩
江煌 （1897年— 1938年10月）	本校教官	安徽宁国	黄埔军校南京本校总办公厅中将主任，沉船遇难	武汉
王禎祥 （1901年— 1938年10月）	本校1期	湖南醴陵	暂编第20师司令部参谋长、副师长	武汉会战
李大中 （1908年— 1938年10月）	本校3期	山东滕县	山东军管区司令部少将副司令	武汉会战，武昌城外围
汪成钧 （1900年— 1938年10月）	特训班4期	湖北黄冈	第75军13师37旅少将副旅长	武汉会战，蒲圻赵李桥

续表

姓名 （生卒时间）	黄埔 资历	籍贯	部 职 衔	战役名称 （殉难地）
朱炎晖 （1901 年— 1938 年 11 月 3 日）	高教班 3 期	浙江 瑞安	第 94 军 185 师 546 旅少将旅长	湖北金牛铺
陈芝馨 （1895 年— 1938 年 11 月 6 日）	广州分校官佐	广东 罗定	黄埔军校广州分校（第 4 分校）中将副主任，沉船遇难	广东三水马口
邵令江 （1903 年— 1938 年 11 月 6 日）	广州分校官佐	浙江 余姚	黄埔军校广州分校（第 4 分校）政治部少将主任，沉船遇难	广东三水马口
刘振黄 （1904 年— 1938 年 11 月 22 日）	本校 3 期	江苏 宿城	第 89 军 198 团上校团长	宿迁保卫战
耘 之 （1906 年— 1938 年 11 月）	本校 5 期	湖南 吉首	第 75 军 13 师 37 旅 73 团上校团长，追晋少将	武汉会战，蒲圻赵李桥
张廷玉 （1902 年— 1938 年 12 月 19 日）	本校 3 期	江西 兴国	第 3 军 7 师政训处上校处长，追晋少将	山西沁源
李少初 （1895 年—1938 年）	本校战术教官	安徽 蒙城	鄂赣皖第 2 游击挺进纵队副司令	枣宜会战
1939 年（3 人）				
龚选登 （1899 年— 1939 年 3 月 21 日）	本校 6 期	海南 乐会	第 79 军 76 师参谋长，追晋少将	江西涂家埠修水河畔
王禹九 （1902 年— 1939 年 3 月 27 日）	本校 高教班	浙江 黄岩	第 79 军少将参谋处长，追晋中将	南昌保卫战，江西高安虬岭
邵一之 （1904 年— 1939 年 11 月 26 日）	本校 6 期	湖南 湘阴	第 5 军 200 师 600 团上校团长，追晋少将	桂南会战之昆仑关战役，宾阳二塘
1940 年（13 人）				
张整维 （1901 年— 1940 年 1 月 31 日）	本校 6 期	湖南 茶陵	第 94 军 55 师 165 团上校团长	湖北京山

续表

姓名 （生卒时间）	黄埔资历	籍贯	部职衔	战役名称 （殉难地）
曹直正 （1904年— 1940年1月）	武汉分校6期	山东诸城	军委会别动总队华北少将联络参谋兼别动队第13支队参谋长，被俘就义	山东博兴
郑作民 （1902年— 1940年2月3日）	本校1期	湖南新田	第2军少将副军长兼9师师长，追晋中将	桂南会战，昆仑关战役，广西上林
韦灿 （1898年— 1940年2月24日）	南宁分校6期	广西容县	第31军131师782团上校团长，追晋少将	桂南会战，昆仑关战役，广西上思枯理
夏骅 （1898年— 1940年2月）	本校5期	湖南益阳	第2军9师26团上校团长	桂南会战，昆仑关战役
牛凤山 （1907年— 1940年2月）	本校7期	湖南株洲	第2军9师27团上校团长	桂南会战，昆仑关战役
袁聘之 （1903年— 1940年3月29日）	本校5期	山东茌平	山东第4区保安司令兼山东保安第22旅少将旅长	河南宁陵毛家楼
唐仁玙 （1907年— 1940年4月10日）	南宁分校	湖南东安	第7军171师上校团长兼湖北黄安县县长兼县军民抗日游击总队总队长	湖北黄安县檀树岗
赵达源 （1911年— 1940年4月12日）	本校4期	云南大理	安徽保安第9团上校团长，追晋少将	安徽寿县
周文富 （1903年— 1940年4月12日）	南宁分校5期	四川双流	第7军171师上校代师长兼参谋长、1021团团长，战败自戕	湖北黄安
张敬 （1908年— 1940年5月16日）	本校7期	福建侯官	第33集团军总司令部少将高参	湖北宜城南瓜镇
蓝挺 （1904年— 1940年6月8日）	本校3期	福建武平	第49师参谋处上校主任兼第4团团长，追晋少将	第二次随枣会战，湖北南漳
谢振邦 （1900年—1940年）	本校2期	江西南昌	1940年8月追晋少将	

续表

姓名 （生卒时间）	黄埔资历	籍贯	部 职 衔	战役名称 （殉难地）
1941 年（22 人）				
燕鼎九 （1894 年— 1941 年 1 月 28 日）	本校 4 期	河南 新蔡	第 1 战区游击挺进军第 22 纵队上校副司令兼河南第 8 军分区保安副司令，时用名燕寿祺，被俘就义，追晋少将	豫南会战，汝南城郊
陈师洛 （1902 年— 1941 年 2 月 23 日）	本校 6 期	湖南 茶陵	第 89 军参谋处少将处长，追晋中将	江苏淮阴
程啸平 （1903 年— 1941 年春）	潮州分校 2 期	江西 乐平	第 3 战区预备第 8 师少将参谋长兼浙江金华警备区副指挥官	浙江绍兴
陈　瑞 （1901 年— 1941 年 3 月）	长沙分校	贵州 怀仁	第 28 师少将参谋长	贵州镇远
陈钦文 （1907 年— 1941 年 4 月 4 日）	本校 6 期	江西 萍乡	第 13 军 110 师 330 团上校团长	豫南会战，武阳赵河镇
蒋志英 （1902 年— 1941 年 4 月 19 日）	潮州分校 1 期	浙江 诸暨	浙东沿海台州守备少将指挥官，追晋中将	浙赣反登陆战役，浙江台州海门
谢晋元 （1905 年— 1941 年 4 月 24 日）	本校 4 期	广东 蕉岭	第 72 军 88 师 262 旅 524 团中校副团长，被叛兵杀害，追晋少将	上海租界
王　俊 （1898 年— 1941 年 5 月 9 日）	本校 3 期	陕西 蒲城	第 1 战区第 80 军新编第 27 师少将师长，追晋中将	中条山会战，晋南张店镇
李石安 （1902 年— 1941 年 5 月 9 日）	本校 4 期	湖南 醴陵	第 3 军 12 师政治部主任，被俘就义，追晋少将	中条山会战，晋南中条山
陈文杞 （1904 年— 1941 年 5 月 9 日）	本校 5 期	福建 莆田	第 1 战区 80 军新编 27 师中校参谋长，追晋少将	中条山会战，晋南垣曲台寨
梁希贤 （1898 年— 1941 年 5 月 10 日）	本校 5 期	陕西 铜川	第 1 战区 80 军新编 27 师少校副师长，投黄河殉国，追晋少将	中条山会战，晋南垣曲台寨黄河

续表

姓名 （生卒时间）	黄埔 资历	籍贯	部 职 衔	战役名称 （殉难地）
薛金吾 （1906 年— 1941 年 5 月 12 日）	本校 4 期	直隶 磁县	新编第 9 军 24 师 100 团 上校团长，追晋少将	中条山会战，山 西夏县
张荣田 （1905 年— 1941 年 5 月 23 日）	本校 5 期	山东 新泰	鲁苏皖豫边区少将特派员 兼第 13 军高参，重伤自戕	山东夏邑
陈中柱 （1906 年— 1941 年 7 月 1 日）	本校 6 期	江苏 建湖	鲁苏皖边区第 4 游击纵队 司令兼江都县县长，追晋 中将	江苏泰县武家泽
杨 生 （1906 年— 1941 年 7 月 13 日）	本校 5 期	江西 南昌	湘赣鄂边挺进军总指挥部 第 9 战区南浔挺进纵队少 将参谋长兼游击第 2 支队 司令	上高会战，南昌 郊外罗家岗
赖传湘 （1904 年— 1941 年 9 月 24 日）	本校 4 期	江西 南康	第 10 军第 190 师少将副 师长，追晋中将	第二次长沙会战， 市郊金井
黄 红 （1905 年— 1941 年 9 月 24 日）	本校 5 期	湖南 邵阳	第 37 军 95 师 284 团上校 团长，追晋少将	第二次长沙会战， 湖南岳阳新开汨 罗江南岸
朱实夫 （1902 年— 1941 年 9 月 25 日）	本校 4 期	绥远土 默特旗	暂编第 3 军新编骑 3 师少 将副师长，被特务毒害	陇东靖远县
刘世焱 （1900 年— 1941 年 9 月 26 日）	本校 2 期	广东 始兴	暂编第 2 军 8 师 15 团上 校团长，追晋少将	第二次长沙会战， 市郊石们东流
余开纬 （1902 年— 1941 年 9 月 29 日）	本校 6 期	湖南 攸县	第 98 军 42 师上校参谋处 长，追晋少将	中条山会战，山 西沁水
袁执中 （1905 年— 1941 年 10 月）	本校 2 期	江苏 海门	江苏省盐东行政公署主任	江苏盐东
廖龄奇 （1904 年— 1941 年 11 月）	本校 4 期	湖南 祁阳	第 74 军 58 师少将师长， 因冤案被错杀后平反，葬 南岳忠烈祠	湖南衡山
1942 年（15 人）				
赵尚志 （1908 年— 1942 年 2 月 12 日）	本校 4 期	辽宁 朝阳	东北抗日联军总司令、第 2 路军总指挥，被俘就义	黑龙江鹤立县

姓名 （生卒时间）	黄埔 资历	籍贯	部 职 衔	战役名称 （殉难地）
周名琳 （1904 年— 1942 年 3 月 4 日）	本校 6 期	湖南 茶陵	第 37 军少将参谋长，重伤于医院自戕	第二次长沙会战
余光奎 （1907 年— 1942 年春）	本校 4 期	湖南 桑植	淞沪地区游击队少将指挥，被俘就义，追晋中将	上海日军狱中
李 挺 （1908 年— 1942 年 4 月 14 日）	本校 6 期	江西 德化	第 3 战区第 10 集团军上校参议兼浙江省桐乡县长，追晋少将	浙江桐乡县
陈海泉 （1906 年— 1942 年 5 月 2 日）	本校 6 期	湖南 邵阳	第 66 军新 29 师 87 团上校团长，追晋少将	中国远征军，缅甸腊戍
柳树人 （1907 年— 1942 年 5 月 18 日）	本校 5 期	贵州 安顺	第 5 军 200 师 599 团上校团长，追晋少将	中国远征军，缅甸腊戍
左 权 （1905 年— 1942 年 5 月 25 日）	本校 1 期	湖南 醴陵	八路军少将副参谋长	山西辽县麻田
戴安澜 （1904 年— 1942 年 5 月 26 日）	本校 3 期	安徽 无为	第 5 军 200 师少将师长，追晋中将	中国远征军，缅甸茅邦村
凌则民 （1911 年— 1942 年 5 月 26 日）	本校 6 期	湖南 平江	第 5 军 96 师 288 团（补充团）上校团长兼腊戍警备副司令，追晋少将	中国远征军，缅甸彬文那（平满纳）
闵季连 （1896 年— 1942 年 5 月 29 日）	本校 5 期	重庆 奉节	远征军 36 师少将副师长兼政治部主任，追晋少将	滇西会战，惠通桥
岑家焯 （1901 年— 1942 年 6 月 12 日）	本校 3 期	海南 文昌	军统驻新加坡站少将站长，被捕就义	新加坡日军狱中
胡义宾 （1906 年— 1942 年 6 月 27 日）	本校 3 期	江西 兴国	第 5 军 96 师上校副师长，追晋少将	中国远征军，缅甸埋通
冯子扬 （1912 年— 1942 年 6 月）	本校 11 期	山东 鄄城	远征军装甲师少将师长	中国远征军，缅甸麦克提纳以东
衡怀冰 （1910 年— 1942 年 8 月）	本校 10 期	陕西 汉中	第 92 军 21 师 426 团中校团附代团长，追晋上校团长	安徽砀山

续表

姓名 （生卒时间）	黄埔资历	籍贯	部职衔	战役名称 （殉难地）
郑长庚 （1913 年— 1942 年 11 月 1 日）	本校 8 期	江苏 南通	空军第 8 大队少校大队长，因气候恶劣迫降机场，失事殉职	兰州
1943 年（12 人）				
李其实 （1904 年— 1943 年 1 月 6 日）	本校 1 期	广西 临桂	鲁苏战区苏北挺进军第 2 游击纵队中校司令，被俘越狱溺水，追晋少将	江苏泰县张游西溪河
赵清廉 （1900 年— 1943 年 1 月）	本校 1 期	陕西 商县	陆军第 128 师副师长，劝降军回归遇害	湖北沔阳县仙桃镇
周 复 （1901 年— 1943 年 2 月 21 日）	本校 3 期	江西 临川	鲁苏战区政治部中将主任，追晋上将	山东安丘张家骝城顶山
张少舫 （1905 年— 1943 年 2 月 21 日）	本校 5 期	江西 瑞金	鲁苏战区第 113 师少将参谋长	山东安丘张家骝城顶山
高道先 （1901 年— 1943 年 5 月）	本校 9 期	安徽 舒城	山东游击队铁道破坏少将总队长	山东
李竹林 （1906 年— 1943 年夏）	本校 7 期	湖北 长阳	远征军兵站部少将参谋长、滇缅警备司令	中国远征军，缅甸近滇缅边境
彭士量 （1905 年— 1943 年 11 月 15 日）	本校 4 期	湖南 浏阳	第 6 战区 29 集团军 73 军暂编第 5 师少将师长，追晋中将	常德保卫战，石门西郊
陶绍唐 （1906 年— 1943 年 11 月 27 日）	本校 5 期	河南 西峡	第 80 军新 27 师中校副师长，追晋少将	湖南桃源
孙明瑾 （1905 年— 1943 年 12 月 1 日）	本校 6 期	江苏 宿迁	第 9 战区第 10 军预 10 师少将师长，追晋中将	常德保卫战，城东南赵家桥
陈飞龙 （1903 年— 1943 年 12 月 1 日）	本校 3 期	广东 新会	第 10 军预 10 师上校参谋长代师长，追晋少将	常德保卫战
柴意新 （1898 年— 1943 年 12 月 3 日）	本校 5 期	四川 南部	第 74 军 7 师少将参谋长兼 169 团团长，追晋中将	常德保卫战，常德城

续表

姓名 （生卒时间）	黄埔 资历	籍贯	部 职 衔	战役名称 （殉难地）
纪乃武 （1905 年—1943 年）	本校 3 期	海南 万宁	第 52 军 25 师 233 旅少将 副旅长	福建东部
1944 年（17 人）				
丁立群 （1903 年— 1944 年 1 月）	本校 3 期	安徽 怀宁	第 3 战区战地服务总队少 将指导员兼皖南游击纵队 副司令，车祸身亡	缅甸
张 炎 （1902 年— 1944 年 1 月 31 日）	本校 3 期	安徽 凤台	第 5 军少将高参，时用名 张剑虹	中国远征军，龙 陵战役
王成桂 （1904 年— 1944 年 2 月）	本校 2 期	四川 成都	重庆卫戍司令部第 3 区副 司令	重庆
黄永淮 （1902 年— 1944 年 5 月 1 日）	本校 5 期	四川 安岳	暂编 15 军新编第 29 师上 校副师长，被俘就义，追 晋少将	豫湘桂会战之豫中 会战许昌战役，河 南许昌邓庄乡于庄
吕公良 （1903 年— 1944 年 5 月 1 日）	本校 6 期	浙江 开化	暂编 15 军新编 29 师少将 师长兼河南许昌守备司 令，追晋中将	豫湘桂会战之豫 中会战许昌战役， 河南许昌城郊
李培芹 （1910 年— 1944 年 5 月 1 日）	洛阳分 校 6 期	山东 成武	暂 15 军新 29 师 87 团上 校团长，追晋少将	豫湘桂会战之豫 中会战许昌战役， 河南许昌
曹和光 （1907 年— 1944 年 5 月）	本校 9 期	山东 益都	第 12 军 20 师 60 团上校 团长	豫湘桂会战之豫 中会战，河南襄 城二郎庙
王剑岳 （1906 年— 1944 年 6 月 10 日）	本校 5 期	湖南 澧县	第 7 战区 57 军 8 师上校 副师长，追晋少将	豫湘桂会战之豫 中会战，河南灵 宝毕家砦
于丕富 （1909 年— 1944 年 6 月）	本校 10 期	山东 陵县	第 49 军 26 师 78 团上校 团长	衢龙阻击战
彭孝儒 （1907 年— 1944 年 8 月 25 日）	本校 7 期	湖南 益阳	第 3 战区少将高参兼第 88 军 21 师 63 团团长	丽水防守战，浙 江丽水县城

续表

姓名 （生卒时间）	黄埔资历	籍贯	部职衔	战役名称 （殉难地）
李 颐 （1908 年— 1944 年 9 月 14 日）	本校 6 期	湖南醴陵	新编第 6 军预备第 2 师 5 团上校团长，追晋少将	中国远征军，滇西腾龙战役，云南腾冲城
吕旃蒙 （1905 年— 1944 年 11 月 10 日）	本校 5 期	湖南零陵	第 16 集团军第 31 军少将参谋长，追晋中将	桂林保卫战，桂林城
吴 展 （1908 年— 1944 年 11 月 10 日）	南宁分校 2 期	广西桂林	第 31 军 131 师 392 团上校团长，追晋少将	桂林保卫战，桂林城郊侯山坳
王辉武 （1907 年— 1944 年 11 月 25 日）	本校 6 期	湖北汉川	第 4 战区干训团少将参谋处长，美空军误炸殉职，追晋少将	广西南丹六寨
易凤翔 （1906 年— 1944 年 11 月）	本校 6 期	江西宜春	第 97 军 196 师 588 团上校团长，追晋少将	广西南丹野车河
徐亚杰 （1888 年—1944 年）	成都本校教官	河北蠡县	暂编第 6 军参谋长	湘西会战，雪峰山
李相辅 （1920 年— 1945 年 4 月 2 日）	本校 16 期	山东烟台	中美空军混合团第 3 大队中尉 3 级飞行员，驾机出击途中飞机故障失事殉国	陕西安康

表 2 抗日战争中染病殉国人数统计（24 人）

姓名 （生卒时间）	黄埔资历	籍贯	部职衔	殉难地
1932 年—1936 年（21 人）				
张际春 （1899 年— 1933 年 4 月）	本校 1 期	湖南醴陵	南京本校政治教官	四川重庆
楼景越 （1893 年— 1933 年 10 月）	本校 1 期	浙江诸暨	第 87 师师长，率部参加"一·二八"淞沪抗战，后任军事委员会军事参议院参议兼武汉行营补充兵编练处主任，病逝	湖北汉口

续表

姓名 （生卒时间）	黄埔 资历	籍贯	部 职 衔	殉难地
李 青 （1903 年— 1934 年春）	本校 1 期	湖南 桂阳	军事委员会侍从室侍从副 官，病逝	江苏南京
萧 乾 （1901 年— 1935 年 3 月 20 日）	本校 1 期	福建 汀州	驻闽新编第 10 师师长， 沉船溺亡	福建福鼎至霞浦 途中
庐盛粉 （1898 年— 1935 年 7 月）	本校 1 期	江西 南康	南京本校步兵大队长， 病逝	江苏南京
陈选普 （1903 年— 1936 年 1 月）	本校 1 期	湖南 临武	浙江省保安第 6 团团长、 浙江省保安司令部高参， 病逝	浙江杭州
曾伯熹 （1905 年— 1939 年 11 月 26 日）	本校 3 期	江西 兴国	第 9 战区司令长官部少将 高参，病逝	江西赣州
丁炳权 （1897 年— 1940 年 1 月 25 日）	本校 1 期	湖北 云梦	第 8 军 197 师师长兼鄂南 游击区指挥部指挥官， 病逝	江西武宁
刘鸿勋 （1898 年— 1940 年 3 月）	本校 1 期	陕西 城固	第 34 集团军 196 师副师 长兼军事委员会西北战时 干部训练团第 4 团 6 学员 总队总队长，病逝	陕西西安
蔡 劭 （1902 年— 1940 年 5 月）	本校 2 期	湖北 黄陂	第 14 军 94 师少将师长， 病逝。曾误传 1938 年秋 在武汉会战中牺牲并追晋 少将	河北邢台县路 罗镇
冯士英 （1902 年— 1940 年 10 月）	本校 1 期	四川 渠县	第 18 军新编师少将副师 长，病逝	四川重庆
陈 烈 （1902 年— 1940 年 10 月 31 日）	本校 1 期	广西 柳城	第 54 军少将军长，拔牙 感染病逝，追晋中将	云南富宁
蔡凤翁 （1903 年— 1940 年 12 月）	本校 1 期	广东 万宁	军政部第 41 补充训练处 上校处长，病逝	四川重庆
黎鸿峰 （1901 年—1940 年）	本校 2 期	越南	越南共产党早期领导人之 一，在越南狱中病逝	越南

续表

姓名 （生卒时间）	黄埔资历	籍贯	部 职 衔	殉难地
王 祁 （1901 年— 1941 年 4 月 5 日）	本校 1 期	湖南 衡阳	成都本校副教育长，病逝	湖南衡阳
张少勤 （1897 年— 1941 年 12 月 26 日）	本校 1 期	湖北 沔阳	川军营长，病逝	湖北宣恩县牧猪奴村
李向荣 （1899 年— 1942 年春）	本校 1 期	江西 永丰	军事委员会军事训练部监员，病逝	四川重庆
易珍瑞 （1902 年— 1942 年 10 月）	本校 1 期	湖南 醴陵	军事委员会调查统计局人事处上校副处长，病逝	四川重庆
陈 敬 （1906 年—1942 年）	本校 4 期	山东 峄县	师参谋处处长，太原会战时染病后不治病逝	山东枣庄
余安全 （1902 年— 1943 年春）	本校 1 期	云南 镇南	成都本校第 2 督训处处长，病逝	四川成都
张 琼 （1905 年—1943 年）	本校 2 期	四川 华阳	第 15 军少将副军长，病逝，追晋中将	河南洛阳
仝 仁 （1904 年— 1943 年 5 月）	本校 1 期	河南 孟津	新编第 7 军少将副参谋长兼作战科科长，病逝	四川重庆
方 镇 （1903 年— 1944 年 10 月）	本校 2 期	湖南 沅江	黔贵湘边区总司令部少将旅长，病逝	广西桂北
薛锦泉 （1896 年— 1945 年 8 月 23 日）	本校 4 期	广东 惠阳	第 4 军 90 师少将师长，病逝，追晋中将	江西南昌

思考题：

1. 黄埔英烈视死如归的信念为何如此坚定？

2. 为什么黄埔师生中绝少出叛国者？

3. 试论黄埔英烈"杀身成仁"的勇气与军校教育的关系。

4. 为什么说"爱国、牺牲"精神是黄埔精神的主要内涵？

第二十五讲

国共内战及内争中殉难的黄埔军人

黄埔师生有许多人战死在东征、北伐和抗日战争的疆场（名册见本书前节），其中也有部分师生在国共内战、国民党内争、中共"肃反"和内争或事变中殉难（本书统计知名者 73 人）。表 3 中统计的黄埔师生，是在近现代历史上的知名者，主要依据现有资料整理编写，资料缺项和人物遗漏的，待有新的史料后再补充。

表 3　国共内战及内争中殉难的黄埔军人

姓名 （生卒时间）	黄埔资历	籍贯	部职衔	殉难地
李劳工 （1901 年— 1925 年 9 月）	本校2 期	广东海丰	1924 年加入中国共产党。黄埔军校中共外围组织火星社创建人，军校后方主任。1925 年 9 月被地方反动武装杀害	广东
孙炳文 （1885 年— 1927 年 4 月）	本校教官	四川南溪	1922 年加入中国共产党。1926 年任黄埔军校政治部主任和总教官。1927 年 4 月被捕，同月被秘密杀害	广州
熊　锐 （1902 年— 1927 年 4 月）	本校教官	广东	1919 年前后曾留学日本、法国、德国，并获德国博士学位，中共旅德小组成员。1925 年任黄埔军校教官。1927 年 4 月在广州就义	广州
萧楚女 （1893 年— 1927 年 4 月）	本校教官	湖北汉阳	1922 年加入中国共产党。1926 年任黄埔军校政治教官。曾任广州农民运动讲习所专职教官、国民党中央宣传部干事。1927 年 4 月就义	广州

姓名 （生卒时间）	黄埔资历	籍贯	部职衔	殉难地
安体诚 （1896年— 1927年5月）	本校教官	河北丰润	1922年加入中国共产党。1926年任黄埔军校宣传科长和政治教官。曾任中共杭州独立支部书记。1927年5月被捕就义于上海	上海
熊 雄 （1892年— 1927年5月）	本校教官	江西宜丰	1922年加入中国共产党。1925年任黄埔军校政治总教官、政治部主任、东征军总指挥部政治部秘书。1927年5月在广州就义	广州
卢德铭 （1905年— 1927年9月）	本校2期	四川宜宾	1924年加入中国共产党。历任武汉国民党警卫团长、秋收起义总指挥、红1师师长。1927年9月25日阵亡	江西芦溪
游 曦 （1908年— 1927年12月）	武汉分校女生队	四川巴县	大革命时期入党，1926年年底入黄埔军校武汉分校女生队。1927年12月在广州起义中率女兵班参加战斗阵亡	广州
梁桂华 （1893年— 1927年12月）	本校学员	广东云浮	1922年加入中国共产党。1924年7月入第1届广东农民讲习所学习，8月到黄埔军校学习军事，结业。农民领袖。1927年12月被捕就义	广东
张秋人 （1898年— 1928年2月）	本校教官	浙江诸暨	1922年加入中国共产党。1926年在黄埔军校任政治教官。1927年任中共浙江省委书记兼任宣传部主任。1928年2月被国民党杀害	杭州
徐成章 （1892年— 1928年2月）	本校教官	广东琼山	1923年加入中国共产党。黄埔军校特别官佐。曾任大元帅府铁甲车队队长。中共琼崖军委委员。1928年2月阵亡	广东万宁
赵自选 （1901年— 1928年5月）	本校1期	湖南浏阳	1924年加入中国共产党。1927年年底任中共广东省委委员。1928年5月在进攻海丰县城战斗中阵亡	广东海丰
王尔琢 （1903年— 1928年8月）	本校1期	湖南石门	1924年加入中国共产党。参加南昌起义、湘南起义，任红4军参谋长等。1928年8月25日阵亡	江西井冈山

续表

姓名 （生卒时间）	黄埔资历	籍贯	部职衔	殉难地
李之龙 （1897年—1928年）	本校1期	湖北沔阳	1921年加入中国共产党。1926年任广东革命政府海军局代局长、参谋长兼中山舰舰长。1928年在广州被杀害	广州
唐澍 （1903年—1928年）	本校1期	河北易县	1924年加入中国共产党。曾任西北工农革命军游击第1支队总指挥等职。1928年在陕西作战中阵亡	陕西洛南
吴光浩 （1902年—1929年5月）	本校3期	湖北黄陂	1926年加入中国共产党。鄂豫边红军和革命根据地创建人，曾任红11军军长等职。1929年5月阵亡	湖北罗田
伍中豪 （1905年—1930年）	本校4期	湖南耒阳	1924年加入中国共产党。历任红4军第11师第31团团长、红12军军长。在江西作战中阵亡	江西
何昆 （1898年—1930年4月）	本校4期	湖南永新	1926年加入中国共产党，同年入黄埔军校学习。曾和李超时等创建红14军，任军长兼第1师师长。1930年4月在江苏阵亡	江苏
李鸣珂 （1899年—1930年4月）	本校4期	四川南部	1925年加入中国共产党。曾任中共四川省委委员兼军委书记。1930年4月在重庆被捕后就义	重庆
张子清 （1901年—1930年5月）	长沙分校教官	湖南益阳	1925年加入中国共产党。1926年在黄埔军校长沙分校任教官。1930年5月任红4军第11师师长。1930年5月病逝。又名张涛	江西永新
陈毅安 （1905年—1930年8月）	本校4期	湖南湘阴	1924年加入中国共产党。曾任红3军团第8军第1纵队司令。1930年8月在长沙战役中阵亡	湖南长沙
王懋庭 （1898年—1930年）	本校教官	云南祥云	又名王德三。1922年加入中国共产党。1925年任军校政治教官。1926年任红军校宣传科长和政治教官。1928年任中共云南省委书记。1930年年底被捕就义	云南昆明

姓名 （生卒时间）	黄埔资历	籍贯	部职衔	殉难地
毛简青 （1891年—1931年）	本校教官	湖南平江	1922年加入中国共产党。1924年任军校政治教官。1928年出席中共六大，曾任《红旗日报》主编。1931年受中共"左"倾路线迫害，病逝狱中	湖北洪湖
恽代英 （1895年—1931年4月）	本校教官	江苏武进	1921年加入中国共产党。黄埔军校政治总教官、中共党团书记。1928年任中共中央宣传部秘书长。1931年4月在南京就义	南京
朱云卿 （1907年—1931年5月）	本校3期	广东梅县	1925年加入中国共产党。历任红军第4军、第1军团、第1方面军参谋长。1931年5月病逝	江西
周逸群 （1896年—1931年5月）	本校2期	湖北蒲圻	1924年加入中国共产党。黄埔军校"青年会"主要负责人。曾任红2军团政委等职。1931年5月在湖南作战中阵亡	湖南
李超时 （1906年—1931年9月）	武汉分校	江苏邳县	1926年加入中国共产党，同年入黄埔军校武汉分校学习。曾任红14军军长兼政委等职。1931年9月在江苏被捕就义	江苏
黄公略 （1898年—1931年9月）	本校3期	湖南湘乡	1927年加入中国共产党。平江起义领导人之一，曾任红3军军长等职。1931年9月阵亡。中华人民共和国36位军事家之一	江西兴国
许继慎 （1901年—1931年11月）	本校1期	安徽六安	1924年加入中国共产党。历任红1军军长、红4军第11师师长。1931年11月因反对张国焘"左"倾路线而遇害。中华人民共和国36位军事家之一	河南光山县新集
姜镜堂 （1902年—1931年）	本校3期	湖北英山	1925年加入中国共产党。曾任皖西北特委会常委兼军委会主席。1931年在"肃反"中被诬陷错杀	河南
徐百川 （1901年—1931年）	本校5期	安徽合肥	原名张开太，又名张泉。1928年加入中国共产党。皖西革命根据地创建人。1931年在"肃反"中被错杀	湖北

续表

姓名 （生卒时间）	黄埔资历	籍贯	部职衔	殉难地
周凤岐 （1903 年— 1932 年 1 月）	本校 1 期	陕西 高陵	国民党军第 4 师 12 旅 23 团团长，在湘鄂西"围剿"红军中负伤阵亡	湖北应城
傅维钰 （1900 年— 1932 年 3 月 10 日）	本校 1 期	湖北 英山	中共上海抗日救国义勇军组织部部长、中央军委书记，在上海石灰巷集会演讲时被警察局拘捕枪杀	上海北火车站
王　良 （1905 年— 1932 年 6 月）	本校 4 期	四川 綦江	1927 年加入中国共产党，1932 年年初任红 4 军军长，6 月在中央红军第 3 次反"围剿"中阵亡	福建武平县大禾圩
孙德清 （1904 年—1932 年）	本校 1 期	安徽 寿县	1924 年加入中国共产党。曾任红 6、3 军军长、红 2 军团参谋长、红 3 军参谋长。1932 年夏在"肃反"中遇害	湖北监利
陆更夫 （1906 年—1932 年）	本校 4 期	四川 叙永	1925 年加入中国共产党。曾参加北伐战争、广州起义，任中共两广工作委员会书记等。1932 年被捕就义	广州
鲁　易 （1901 年—1932 年）	本校 教官	湖南 常德	1922 年加入中国共产党。1925 年在黄埔军校政治部任秘书、副主任、代主任。后任中共洪湖苏维埃政府主席。1932 年被捕就义	湖北
刘启熊 （1903 年— 1932 年 8 月 15 日）	本校 2 期	江苏 江宁	国民党军第 6 纵队 2 师 9 团上校团长，在"围剿"鄂豫皖地区红军时阵亡，时用名刘献琨	湖北黄安七里坪
孙大安 （1906 年— 1932 年秋）	本校 4 期	山东 莘县	国民党军第 26 军 3 师 17 团少校团副，1931 年率部参加宁都起义，次年秋在做地下工作时殉难	福建闽侯
蔡升熙 （1905 年— 1932 年 10 月 8 日）	本校 1 期	湖南 醴陵	又名蔡申熙。1924 年加入中国共产党。历任红 4 方面军第 15、第 25 军军长，彭杨军政学校校长，1932 年 10 月在湖北与胡宗南部第 1 师作战中负伤阵亡。中华人民共和国 36 位军事家之一	湖北黄安河口镇东北仙人洞
陈军锋 （1903 年— 1933 年 3 月 20 日）	本校 2 期	湖北 英山	国民党军第 59 师 175 旅上校团长，与红 1 方面军作战中阵亡	江西广昌草鞋岗

续表

姓名 (生卒时间)	黄埔 资历	籍贯	部职衔	殉难地
黄承谟 (1901年— 1933年4月15日)	本校 1期	福建 上杭	国民党军湖北省保安司令部独立第2旅副旅长，在与红4方面军作战中阵亡	湖北黄安
应修人 (1900年— 1933年5月)	本校 教官	浙江 慈溪	原名庄麟德。1925年加入中国共产党。1926年年底在黄埔军校政治部工作。1932年任中共江苏省委秘书长。1933年5月在上海阵亡	上海
段德昌 (1904年— 1933年5月)	本校 4期	湖南 南县	1925年加入中国共产党。湘鄂西革命根据地创建人。曾任红3军第9师师长等职。1933年5月在"肃反"中被错杀。中华人民共和国36位军事家之一	湖北巴东
唐星 (1898年— 1933年8月18日)	本校 1期	浙江 嘉兴	国民党"围剿"军第2纵队司令部警备团团长，在与红4方面军作战中阵亡	湖北黄安
吴展 (1899年—1933年)	本校 1期	安徽 舒城	红军彭(湃)杨(殷)军事政治学校教育长，因"肃反扩大化"被害	四川通江
王泰吉 (1906年— 1934年3月3日)	本校 1期	陕西 临潼	又名王太吉。红26军42师师长，1934年1月在陕西淳化县通润镇被当地国民党政府逮捕后杀害	陕西西安
李安定 (1901年— 1934年6月27日)	本校 1期	广东 兴宁	国民党福建省政府保安处处长兼保安司令部参谋长，因组织"革命青年励志团"被国民党军统暗杀	上海
许永相 (1899年— 1934年10月11日)	本校 1期	浙江 诸暨	国民党军第3师8旅少将旅长，1934年9月2日在福建连城县朋口、温坊"围剿"红军时"指挥无方"，败而只身逃跑，被该师军法队执行枪决	
彭干臣 (1899年— 1935年1月)	本校 1期	湖北 英山	中共闽浙赣军区新编第10军参谋长，随方志敏部红军北上途中中弹阵亡	皖南
汤家骥 (1900年— 1935年1月)	本校 1期	陕西 郿县	国民党军第36师108旅216团中校代团长，与红军作战阵亡	赣西南

姓名 （生卒时间）	黄埔资历	籍贯	部职衔	殉难地
邓萍 （1908年— 1935年2月）	本校 6期	四川 富顺	1926年加入中国共产党。曾任红3军团参谋长兼第5军军长。1935年2月在长征途中的遵义战役阵亡	贵州遵义
毛泽覃 （1905年— 1935年4月）	本校 教官	湖南 湘潭	1923年加入中国共产党。1925年在军校政治部工作。曾任红军独立师师长，闽赣军区司令。1935年4月在作战中阵亡	江西瑞金
李天柱 （1899年— 1935年4月）	本校 4期	湖南 耒阳	原名李振湘。1927年加入中国共产党。曾任湘赣军区副总指挥、红8军军长。1935年4月在江西阵亡	江西瑞金
唐嗣桐 （1899年— 1935年7月4日）	本校 1期	陕西 蒲城	国民党军陕西警备第1旅旅长，在山阳县袁家沟口与红25军作战中被俘就义	陕西山阳县子午镇
刘仇西 （1898年— 1935年8月6日）	本校 1期	湖南 望城	又名刘畴西。1924年加入中国共产党。曾任红8师师长、闽浙赣军区司令、红军抗日先遣队第10军团军长兼20师师长。1935年1月25日在浙江怀玉山程家湾附近负伤被捕，后被杀害	江西南昌百花洲下沙窝
曾中生 （1900年— 1935年8月）	本校 4期	湖南 资兴	1925年加入中国共产党。曾任红4军政委、参谋长等职。1935年8月，在长征途中因反对张国焘"左"倾路线被错杀。中华人民共和国36位军事家之一	四川阿坝
徐彦刚 （1907年— 1935年9月）	武汉 分校	四川 开江	大革命时期加入中国共产党。1926年入黄埔军校武汉分校学习。曾任红3军军长、第1军团参谋长。1935年9月作战受伤后被害	江西永修
毕士悌 （1898年— 1936年2月22日）	本校 教官	朝鲜 平安 北道	红15军团第75师参谋长，在与山西阎锡山军队作战中阵亡	山西石楼贺家坳黄河岸边
郑武 （1905年— 1936年2月）	本校 2期	广东 广州	国民党军第61师366团团长，在与红4方面军作战中阵亡	西康省

姓名 （生卒时间）	黄埔资历	籍贯	部职衔	殉难地
刘志丹 （1903 年— 1936 年 4 月 14 日）	本校 4 期	陕西 保安	红军北路军总指挥兼红 28 军军长，在与山西阎锡山军队作战中阵亡。中华人民共和国 36 位军事家之一	山西中阳县三交镇
蒋孝先 （1898 年— 1936 年 12 月 12 日）	本校 1 期	浙江 奉化	国民党军事委员会委员长侍从室少将高参兼第 3 组组长，"西安事变"中与东北军士兵交战阵亡，追晋中将	陕西西安至临潼途中
印贞中 （1898 年— 1936 年 12 月 12 日）	本校 1 期	浙江 浦江	国民党军事委员会委员长侍从室中校副官兼中统局党务处副处长，"西安事变"中与东北军士兵交战阵亡，追晋少将	陕西西安
宣侠父 （1899 年— 1938 年 8 月 1 日）	本校 1 期	浙江 诸暨	1923 年加入中国共产党，1924 年 5 月考入黄埔军校第 1 期学习，7 月因反对蒋介石以军权代替党权，而被开除学籍。曾任中共上海临时中央局特科负责人、八路军高级参议。1938 年 8 月在西安被国民党军统组织暗杀	陕西西安
丁 琥 （1886 年— 1940 年 10 月 5 日）	本校 1 期	江苏 东台	国民党军第 89 军司令部副参谋长，与新四军交战被击溃落水溺亡，亦有记载战败突围时被同僚部属暗害将尸体投江	江苏泰兴
李守维 （1901 年— 1940 年 10 月）	本校 2 期	江苏 洋河	国民党军第 89 军中将军长，与新四军交战被击溃落水溺亡，国民政府追认抗战英烈	江苏泰兴
袁国平 （1906 年— 1941 年 1 月 15 日）	本校 4 期	湖南 邵东	1925 年加入中国共产党。新四军政治部主任，皖南事变中负重伤后自戕	安徽泾县茂林地区章家渡
梁锡祜 （1902 年— 1941 年 1 月）	本校 1 期	广东 梅县	新四军司令部干部教导总队总队长。皖南事变中阵亡	安徽泾县茂林地区
项 英 （1898 年— 1941 年 3 月 14 日）	武汉分校教官	湖北 武昌	中共中央东南局书记兼新四军副军长。皖南事变中被叛徒杀害	安徽泾县茂林镇蜜蜂洞

姓名 （生卒时间）	黄埔资历	籍贯	部职衔	殉难地
赵铮 （1906年—1941年10日）	本校6期	陕西府谷	中共鲁南区党委书记兼鲁南军区政委，1941年10月27日被国民党第51军683团逮捕后活埋	鲁南苍山县九女山
冯达飞 （1898年—1942年6月8日）	本校1期	广东连县	1923年加入中国共产党。曾任新四军司令部干部教导总队副总队长兼教育长、新编第2支队副司令员，皖南事变突围中负伤被俘就义	江西上饶集中营西山监狱茅家岭
胡旭盱 （1915年—1945年6月23日）	本校8期	湖南长沙	国民党军委会突击总队少将副司令兼第3战区第1突击队司令官，与新四军交战中阵亡，追晋少将	浙江孝丰天目山
王尚德 （1890年—1946年8月）	本校教官	陕西渭南	1925年加入中国共产党。1926年在黄埔军校政治部工作。曾任国民党陕西省党部执行委员兼农民部长。1946年8月被国民党特务杀害	西安

思考题：

1. 论述黄埔师生从为主义而争到为主义而战的历史轨迹。

2. 怎样认识和评价在国共内战中殉难的黄埔军人？

第二十六讲

被处决、投敌的黄埔军人

黄埔军校培养出了众多英杰俊才，但也有人因违反军纪、军规被处决（表4统计知名者6人），其中也有事后证明是被错杀者。同时，也有叛变投敌者（表5统计知名者10人），这是黄埔队伍中极少数的另类，甚至是民族败类，但瑕不掩瑜，丝毫不损黄埔军校的光辉。

表4　被处决的黄埔军人

姓名 （生卒时间）	黄埔资历	籍贯	部职衔	被处决地
余洒度 （1898年—1934年）	本校2期	湖南平江	1927年9月参加秋收起义任工农革命军第1军1师师长，1931年投靠国民党军，任第61军政训处少将处长，因贩毒被枪决	江苏南京
龙慕韩 （1902年—1938年6月17日）	本校1期	安徽怀宁	国民党军第88师师长。1938年5月24日因在兰封会战中指挥作战失利被撤职逮捕，追究责任，被军法审判处决	湖北武汉
薛蔚英 （1903年—1938年8月15日）	本校1期	山西离石	国民党军第8集团军16军167师少将师长兼长江江防军湖口要塞区司令部司令官，以"作战指挥不力"被军法审判处决	湖北武汉
酆悌 （1903年—1938年11月20日）	本校1期	湖南湘阴	国民党长沙警备司令部司令官，因长沙大火案被追责，被军法审判处决	湖南长沙

续表

姓名 （生卒时间）	黄埔 资历	籍贯	部职衔	被处决地
胡启儒 （1901 年— 1942 年 8 月 1 日）	本校 2 期	湖南 常德	国民党贵州省贵兴师管区少将司令，因浮报名额、扣饷不发、擅权杀人、行贿等罪名被枪决	四川重庆
陈牧农 （1901 年— 1944 年 9 月 20 日）	本校 1 期	湖南 桑植	国民党军第 4 战区 93 军军长，1944 年 8 月参加桂柳会战因不战而退、失守广西全州被枪决	广西桂林

表 5　叛变投敌的黄埔军人

姓名 （生卒时间）	黄埔 资历	籍贯	部职衔	备注
周佛海 （1897 年— 1948 年 2 月）	武汉 分校 教官	湖南 沅陵	中国共产党的创始人之一，后脱党。黄埔军校政治教官、武汉分校秘书长兼主任。1938 年叛国投敌。1948 年 2 月病死于南京狱中	
刘明夏 （1904 年— 1951 年 3 月）	本校 1 期	湖北 京山	国民党军第 14 军 94 师少将师长，中条山战役失利被日军俘虏，任汪伪少将参赞武官等。抗战胜利后被捕入狱。新中国成立后在"镇反"中被处决	
黄子琪 （1903 年—?）	本校 1 期	广西 荔浦	国民党军野战补充旅旅长，所部在安徽被日军围歼，出任伪军师长，汪伪军事委员会任少将参赞武官。抗战胜利后被捕入狱，获释后营商	
谢文达 （1901 年— 1983 年 1 月 6 日）	本校 1 期	台湾 台中	曾任国民革命军团长，后在上海做生意。汪伪政府成立后任和平建国军第 14 路军司令、暂编第 10 师师长等	
刘启雄 （1901 年—?）	本校 2 期		南京保卫战时任国民党军第 260 旅少将旅长，城陷时躲避于难民区。后任汪伪政权军官训练队总队长、伪中央陆军军官学校校务委员兼教育长、警卫第 1 师师长等	

续表

姓名 （生卒时间）	黄埔资历	籍贯	部职衔	备　注
刘　夷 （1901 年—？）	本校2 期	江西吉安	1938 年任国民党中央党务训练团军训处长时被俘投敌。任汪伪军官训练团团长、军事参议院参议、独立警备旅旅长。抗战胜利后被国民政府逮捕，经刘峙（刘夷之叔）说情获释移居香港，后返江西定居	
陈孝强 （1905 年— 1955 年春）	本校2 期	广东蕉岭	国民党军第 27 军预 8 师少将师长，1943 年夏所部在太行山被日军歼灭。其被俘虏，后任汪伪第 20 师师长、中将参赞武官等。1945 年 9 月，第 20 师被重庆政府改编，后任第 196 师师长。1949 年 5 月所部在陕南被解放军歼灭，同年秋到台湾，任台湾省保安司令部第 1 师师长、联勤总部少将部员。卒于台北家中	
张海帆 （1905 年—1967 年）	本校2 期	湖南临沣	1940 年年初任国民党军第 5 战区独立第 16 师参谋长，在与日军作战中被俘，任汪伪参赞武官公署少将参赞武官、陆军部特务团少将团长、中将参赞武官。1945 年 9 月投案自首，不久获释退役。"文革"时卒于家乡	
金亦吾 （1905 年— 1951 年 1 月 13 日）	本校3 期	湖北京山	1939 年 3 月任国民党军第 6 战区鄂中游击第 7 纵队司令。1943 年 2 月 25 日于湖北咸宁被日军俘获投敌，该部为汪伪国民政府改编。1945 年 9 月为国民政府收编。后任第 15 绥靖区高参、第 14 兵团参谋等职。1949 年 10 月向解放军投诚。卒于解放初期"镇反"运动	

续表

姓名 （生卒时间）	黄埔 资历	籍贯	部职衔	备　注
方先觉 （1905 年— 1983 年 3 月 3 日）	本校 3 期	江苏 萧县	国民党军第 10 军中将军长，衡阳保卫战中战败，为保证救治负伤官兵而向日军投降。4 个月后在军统衡阳站接应下潜逃回重庆，任第 36 集团军中将副总司令，授青天白日勋章。卒于台北家中	此人在"投敌"问题上颇具争议。是"降将"还是临危受命的"英雄"，多年来说法不一

思考题：

1. 怎样认识黄埔庞大队伍中的点滴渣滓和异类？

2. 为什么黄埔英雄凯歌高奏中会出现这些别样杂音？

3. 论述个人素质与家国命运对人生道路的重大影响。

第二十七讲

黄埔军校在大陆共办了多少期

黄埔军校是国共合作的产物，有着刻画很深的发展轨迹，经历了各个特殊的历史阶段。黄埔军校在大陆共办 23 期，本校（总校）毕业学生计有 52 438 人。由于这一期间处在特殊的战争环境，前线急需基层指挥员，黄埔军校在各地还开办了多所分校，学员、学生受训时间普遍较短，学期比较灵活，有的甚至仅有两三个月，在学会某一项兵科技术、战术后即算是毕业。因此，从分校毕业的各种学员、学生、军官超过了总校毕业生的数量，计有 125 500 余人。本校（总校）和各地分校毕业学员、学生共计约 22 万人。时代变迁中，起步于广州黄埔区的这所军校虽然几改校名，校址几易其地，但一般仍统称为"黄埔军校"。因校址改变，军校在大陆经历了广州、南京、成都 3 个时期，后又迁移到台湾凤山。

一、国共合作的广州时期

军校宣布成立时，正式命名为"中国国民党陆军军官学校"，但仍简称为"陆军军官学校"，悬挂在校大门上的校牌即如此书写。因校地址位于广州黄埔区长洲岛，在当时的口语中通俗称为"黄埔军校"。其实，该校对外对内发表宣言文告和出版书报刊的署名，从来不用简称或俗称，而用全称。此后，黄埔军校先后四迁校址，屡改校名，另有不同时期不规范的简称或外加、冒充的名称，合计校名多达 10 余个，但一说到黄埔军校，人们一般都会明白所指即是这个起源于广州黄埔岛的军校。黄埔军校广州时期共招收 7 期学生，其中：

第 1 期：1924 年 3 月 27 日举行新生入学考试，4 月 28 日放榜，正取 350 人，备取 120 人，录取学生编成 4 个队。其中许多学生是共产党组织从各地选派来的党团员和革命青年。5 月 5 日，新生陆续入校编队，进行入伍教育。11 月 19 日，湘军讲武堂学生 158 人并入该校，编为第 6 队。另有四川等地送来的 20 余名学生并入本期，分别插入各队学习。11 月 30 日，第 1 期学生考试完毕，宣布毕业。旋及开赴东征前线。1925 年 6 月 25 日补行毕业典礼，共 5 个队计 635 人毕业。

第 2 期：1924 年 8 月 14 日举行新生入学考试。原内分步、炮、工、辎重、宪兵等科，但在实际上并未详分。本期修业期本定为半年，后因各地学生随到随入校的原因，延迟修业期为 1 年。1925 年 9 月 6 日举行毕业典礼，共计 449 人毕业。

第 3 期：1924 年冬，招考于广州、上海等地，陆续进校，分步、骑两科。1925 年 7 月 1 日开学，共分 9 个队与 1 个骑兵队，不分科目。1926 年 1 月 17 日举行毕业典礼，共计 1225 人毕业。

第 4 期：1926 年 1 月进校，3 月 8 日开学，分步兵、炮兵、工兵、经理、政治 5 个科。本期学生经历了"中山舰事件"、第二次东征、军校改组等重大事件，因此从入伍到毕业很少有安定授课的时间，但也使这期学生增长了在激烈的军事、政治斗争中成长的见识，故本期学生后来比较出众。1926 年 10 月 4 日举行毕业典礼，共计 2656 人毕业。

在广州招生的军校第 5、第 6、第 7 期学生，计有 8300 余人，后大部转到南京学习、毕业。其中第 6 期有 718 人、第 7 期有 666 人毕业于广州黄埔本校。

黄埔军校从 1924 年创办到 1927 年大革命失败的 3 年时间里，共招收了 6 期学生，1 万余人。其中除了第 5、第 6 期是在蒋介石公开叛变、大革命失败后毕业的外，其余 1 期至 4 期共 4971 人都是大革命时期毕业的。这些学生经过严格的军事训练和纪律教育，特别是接受了革命理论的熏陶和战斗的考验，大都成为创建和壮大国民革命军、工农红军的骨干。

1924 年年初至 1927 年 4 月，在校史上常称为是黄埔本校时期。黄埔军校在广州时期创造了辉煌的业绩和历史。军校建校之初，积极贯彻联俄、联共、扶助农工三大政策，努力建设一支为救国救民、统一国家而不怕牺牲的革命军，在支援群众运动、统一广东革命根据地和北伐战争中，发挥了重大作用。广州黄埔军校从 1924 年创建到 1930 年停办，历时 6 年，共招收 7 期学生，毕业 4 期计 6248 人（含第 6、第 7 期部分毕业于广州黄埔本校的学生），培养出大批军事政治人才，在中国现代军事史上占有重要地位。

二、国民党一党独办军校的南京时期

1927 年 4 月 18 日，国民党政府定都南京。为便于直接控制军校，排斥共产党，实现国民党一党专制，蒋介石遂决定在南京另行筹建中央陆军军官学校。南京本校的校址在小营。1928 年 3 月 6 日，举行开学典礼。黄埔军校在南京时期的各期学生入学、毕业简况如下：

第 5 期：系由 1926 年 3 月将原已编入第 4 期而没有升学的入伍生组成，在广州黄埔本校入学，4 月开学。本批学生最初为第 5 期入伍生第 1 团。7 月，又成立第 2 团，此批入伍生炮兵团、工兵营、迫击炮连，曾随师北伐，战绩卓著。留守学生，担任本校护卫任务。11 月升学，所分科目同第 4 期。本期全部学生于 1927 年 7 月 20 日转至南京学习，8 月 15 日举行毕业典礼（第 3、第 4、第 5 队学生时在武汉执行警戒任务，未能参加毕业典礼。在校第 1、第 2、第 6 队毕业生计 1480 人参加毕业典礼）。本期共计 2418 人毕业。

第 6 期：本期学生分别在广州黄埔和南京两地学习。本期也是军校在南京时期招收的首批学生，于 1928 年 3 月举行开学典礼。4 月 13 日，由杭州中转的广州黄埔本校第 6 期学生 1026 人到达南京，与在校考取生和长沙分校、武汉分校、学兵团、福建陆军干部学校学生合并，共计 2269 人。除长沙分校学生编为步兵第 3 大队外，其余混编为步兵第 1 大队、步兵第 2 大队、炮兵大队、工兵大队。暑假后，步兵第 3 大队毕业离校，又将陆续来南京的黄埔本校学生和校宣传队编入南京本校。同时，第 14、第 44 军军官讲习所学生也并入南京本校，编为步兵第 4 大队。其他学校的交通技术学生并入南京本校后编为交通大队。第 26 军军官团并入南京本校后，编为辎重区队，属炮兵大队。南京本校本期学生于 1929 年 5 月 15 日期满毕业，共计 3534 人。在黄埔军校史上称为"第 6 期第 1 总队"，以此与广州黄埔本校的第 6 期第 2 总队相区别。广州黄埔本校第 6 期学生于 1926 年 8 月招生，10 月录取入伍生 4400 余人。升学时分炮、工、步 3 科。此期间，蒋介石在军校中"清党"，白色恐怖下，黄埔本校的校务陷于停顿，本批学生中途退学、潜离者占大半，留黄埔本校者还有 800 余人。1929 年 2 月期满时，仅剩 718 人毕业。在黄埔军校史上称为"第 6 期第 2 总队"。本期学生在南京本校和黄埔本校共计有 4252 人毕业。武汉分校黄埔第 6 期，还培养了黄埔军校史上惟一的一期女生队。

第 7 期：本期学生也分别在广州黄埔和南京两地学习。以 1928 年年初浙江国民党省政府在杭州设立的军事训练班为第 7 期基础，其中收容广州黄埔本校学生 1000 余人，编为第 3 大队，除第 1、第 2 大队属于第 6 期学生外，其余为第 3 大队即第 7 期预科生。稍后，国民党第 2 集团军军官学校的学生，送杭州改编，也同属于第 7 期预科生。1928 年冬，该期预科生来南京升学，1929 年 3 月 16 日开学，分步兵、骑兵、炮兵、工兵 4 科。1929 年 10 月，南京本校本期学生曾奉命去武汉执行警卫任务，分驻各地，教育因此停顿；学生至 11 月才返校补课，12 月 28 日举行毕业典礼，共计 852 人毕业。在黄埔军校史上称为

"第 7 期第 1 总队"，以此与广州黄埔本校的第 7 期第 2 总队相区别。广州黄埔本校第 7 期学生有预科生和入伍生之区别，当第 6 期入伍生入学考试结束后，远道来广州报考军校者甚多，便成立了学生军及军士教导队，为第 7 期预科，之后去南京本校的学生很多，黄埔本校仅剩 200 余人。1927 年冬，国民革命军第 8 路军总指挥部在燕塘组织军官学校，招收学兵。1928 年 5 月，国民党中央为统一军校教育，电令取消燕塘军官学校，原在校学兵就近由黄埔本校接收。黄埔本校在燕塘特设入伍生部，派李扬敬为部长，招取入伍生 800 余人。这批入伍生与黄埔本校原本期预科生均在 1928 年冬升学。本期广州黄埔本校学生因蒋介石下野曾一度中断学习，后复课。1929 年 9 月 26 日举行毕业典礼，计有 666 人毕业。在黄埔军校史上称为"第 7 期第 2 总队"。本期学生在南京本校和黄埔本校共计有 1518 人毕业。

第 8 期：本期在教育体制等方面，与以往各期有较大的不同：一是该期于 1930 年 5 月成立入伍生团。其组织虽与普通编制相同，但又与普通步兵团不同，在各连设尉官班长，这是以前入伍生团所没有的。二是自本期开始，延长学生在校修业时间为 3 年。第 1 年为入伍生教育，使其对军队生活有所了解。第 2、第 3 年为学生教育，学习各兵科将校官必要的知识和指挥能力。三是从 1931 年起，军校采用德国教育方式。蒋介石曾经专聘德国顾问来校讲学，如总顾问鲍尔、德国驻上海总领事克礼培尔、德国原国防军总司令塞凯特、德国将军魏资尔等都曾为军校出谋划策。1932 年 3 月，武汉分校第 8 期学生总队并入南京本校，为"第 8 期第 2 总队"。本校生为"第 1 总队"。第 1 总队于 1933 年 5 月 20 日毕业，计有学生 505 人。第 2 总队于 11 月毕业，计有学生 1240 人。该期毕业生共计 1745 人。

第 9 期：该期学生主要来自黄河流域的山东、河南、山西、陕西和东北地区的辽宁、绥远、黑龙江等地。自该期起，黄埔军校向黄河南北、边疆等地招生。本期学生于 1930 年 3 月 6 日入校，1931 年 5 月升学，1934 年 5 月毕业，共计有毕业生 654 人。

第 10 期：本期学生分为两批，经过两次招生。第一批于 1933 年 9 月进校，编为入伍生团。入伍生团分为步、骑、炮、工、交通 5 个科，学生于 1936 年 6 月 16 日毕业，计 940 人，称为"第 10 期第 1 总队"。第二批是后将备取生成立入伍生预备班，修业时间延长半年。预备班的学生分科与第 1 总队相同，于 1937 年 1 月毕业，计有 621 人，称为"第 10 期第 2 总队"。该期共计有毕业生 1561 人。

第 11 期：该期学生主要来自北平、洛阳、汉口、南京、上海、广州等城市，于 1934 年 9 月入伍，编为两个入伍生团。正取生 700 余人，编为入伍生第 1 团，称"第 11 期第 1 总队"。备取生纳入预备班，编为入伍生第 2 团，称"第 11 期第 2 总队"，修业期延长半年。第 1 总队学生于 1935 年 11 月入伍期满，分发各部队实习 3 个月，于 1936 年 1 月升学，1937 年 8 月 28 日毕业，计有 605 人。第 2 总队学生于 1937 年 10 月 25 日毕业，计有 664 人。本期分步兵、骑兵、炮兵、工兵、交通 5 个科，共有毕业生 1269 人，是黄埔军校在南京时期毕业的最后一批学生。

第 12 期：于 1935 年 9 月 28 日在南京本校入伍者，计有 652 人。11 月 11 日，要塞炮校的 103 名学生转入本校。1936 年 9 月 9 日分步兵、炮兵、工兵、通信兵 4 个科，步兵 4 个连，炮兵 1 个连，工兵 1 个连，通信兵 1 个排。1937 年 1 月 28 日升学，为"第 12 期学生总队"。下半年因日军进犯，战火迫近南京，军校自 8 月开始陆续西迁。因抗战需要，该期学生提前于 1938 年 1 月 20 日毕业于武昌，共计有 740 人。

第 13 期：本期学生是黄埔军校南京时期最后一批在南京招收并进行入伍生教育行将期满的学生。1936 年 8 月招生，9 月 1 日入伍，共计有 1490 人。入伍生教育即将期满升学时，因日军侵犯南京，国民党军大溃退，军校也由南京西行，经江西、湖南、湖北进入四川。1937

年 11 月 11 日，本期入伍生于庐山举行升学典礼，共 1446 人，为"第 13 期学生第 1 总队"。1938 年 9 月 16 日毕业于四川铜梁，共计有毕业生 1412 人。

此外，在南京招考的还有第 14 期入伍生，分别于 1937 年 10 月之后在南京入伍。1938 年 11 月和 1939 年 9 月分别毕业于四川铜梁。累计有毕业生 2179 人。该期入伍生在南京基本上没有受训学习，故一般不计入南京时期黄埔军校毕业生内，而归入成都时期黄埔军校。

南京时期是黄埔军校史上的一个重要时代。南京本校建立以来，开办计有 9 期，其中第 5 期至第 11 期学生在校毕业，招收了第 8 期至第 13 期军校生。共招收 7459 人，毕业 11 000 余人。南京时期黄埔军校较之前后另外两个时期，突出的特点是反共宣传更为彻底。黄埔本校时期，为国共合作建校。成都本校时期，抗日民族统一战线形成，军校在某些方面有很大的进步性。南京本校时期，军校则是自始至终的反共，为国民党政权培养了不少积极反共的中坚力量。因此，南京时期的黄埔军校，对研究民国史、国民党史有着不可或缺的重要作用。

三、在大陆时间最长的成都时期

1937 年年底，日军占领南京前夕，黄埔军校西迁四川，一直到 1949 年年底国民党政府败退大陆，校址再没有离川，历时长达 12 年。除短训班外，有 2 期学生毕业于四川铜梁，10 期学生毕业于成都。一般说来，在四川铜梁招收入伍升学的学生，统一划归黄埔军校成都时期。这一时期，是黄埔军校在大陆培训学生最多、校址未变时间最长的一个时期，也是该校在大陆培训学生的最后一个时期。在成都时期，培训学生计有第 14 期至第 23 期，共 10 期。

第 14 期：本期学生于 1937 年秋、冬分别入校，分 3 个总队。第 1 总队于 1937 年秋入校，1938 年 11 月毕业于四川铜梁，计有 669 人毕业。第 2 总队于 1937 年 10 月在南京入校，1939 年 9 月毕业于四川铜梁，计有 1510 人。第 1、第 2 总队学生累计有毕业生 2179 人。他们入校于南京，但基本上没有在南京学习，大多数时间是在战火中的西迁过程和四川铜梁度过的。这批学子就学于历史巨变关头，其经历与本校第 4 期相似，特殊的历练使他们在此后人生道路上所取得的成就，明显大于前后数期校友。本期学生除毕业于铜梁的两个总队外，第 3 总队于 1937 年 9 月入校，系原成都分校招考的学生。合并后，由本校实训，1939 年 1 月毕业，计有 1520 人。本期学生共计有 3699 人毕业。

第 15 期：本期招考于武昌，于 1938 年 1 月 1 日入校，1940 年 7 月 21 日毕业，计有 1559 人。此期间，军校代训空军学生 272 人，归入本期毕业。本期毕业生共计 1831 人。

第 16 期：本期学生分 3 个总队。第 1 总队于 1938 年 8 月入校，驻成都南较场，于 1940 年 12 月毕业，计有 1597 人。另代训空军学生 97 人，编为第 16 期步兵第 7 队。第 1 总队毕业生计有 1694 人。第 2 总队学生在 1939 年 1 月入校，受训于铜梁，为期 10 个月，于 1939 年 10 月毕业，计 1629 人。第 3 总队驻北较场，于 1939 年春入校，1940 年 4 月毕业，计有 1165 人。本期共计有毕业生 4488 人。

第 17 期：本期学生分为 3 个总队。第 1 总队于 1940 年 4 月 15 日开学，驻成都西较场，计有 1527 人，毕业于 1942 年 4 月底。第 2 总队于 1940 年 5 月 6 日开学，驻铜梁，计 1374 人，毕业于 1941 年 11 月 20 日。第 3 总队于 1940 年 7 月 13 日开学，驻成都北较场，毕业于 1942 年 2 月 15 日，计有毕业生 1030 人。本期毕业生共计有 3931 人。

第 18 期：本期学生分为 2 个总队。第 1 总队于 1941 年 4 月 1 日入伍，分驻成都西郊草堂寺、青羊宫。1942 年，步、工兵大队迁北较场，特科大队迁西较场。毕业于 1943 年 2 月，计有 1215 人。第 2 总队于 1941 年 11 月 25 日入伍，驻南较场，毕业于 1943 年 10 月 8 日，计 1237 人。本期毕业生共计有 2452 人。

第 19 期：本期于 1941 年后由各大城市分区招生，并派人去日伪敌占区招收优秀青年，学生陆续于 1942 年春来校，5 月中旬正式成立本期第 2 总队于草堂寺，12 月 25 日开始入伍训练。1943 年 3 月分科，分为步兵、骑兵、炮兵、工兵、特别班、辎重兵、通信兵 7 个科。复有本期第 1 总队的产生，仍驻草堂寺，只有步科总队后又因适应需要编为炮兵 2 个队，计有 9 个队，有学生共 998 人。第 2 总队为特科总队，计有骑兵 1 个队，炮兵 3 个队，工兵 2 个队，辎重、通信各 1 个队，有学生共 902 人，驻西较场，于同年 12 月升学。到 1945 年春反攻日军前夕，因前线急需干部，本期学成均提前于 4 月初将全部课程考试完毕，10 月 4 日举行毕业典礼，全期前后在校受训时间 2 年零 4 个月。本期共计有毕业生 1900 人。

第 20 期：本期于 1944 年 3 月 20 日入伍，编为 10 个队。8 月 30 日分科，分驻西较场、南较场。合编为步兵第 1 大队，辖 3 个中队。1946 年春，广西南宁第 6 分校学生合并入本校，编入本期为步兵第 4 中队。炮兵 1 个大队，辖 2 个中队。工兵 1 个大队，辖 2 个中队。通信兵 1 个大队，辖 3 个中队。其余骑兵、辎重兵各 1 个独立中队。本期分为步兵、骑兵、炮兵、通信兵、辎重兵、工兵 6 个科，毕业于 1946 年 12 月 25 日，共计有毕业生 1116 人。

第 21 期：本期学生于 1944 年 5 月至 1945 年 1 月 3 日起陆续入伍，计编步兵 11 个大队，辖 38 个中队，其中有西安督训处原所辖 17 个中队。骑兵 1 个大队，辖 3 个中队，其中有西安督训处所辖 1 个中队。炮兵 2 个大队，辖 5 个中队，其中有西安督训处所辖 2 个中队。工兵 2 个大队，辖 5 个中队，其中有西安督训处所辖 3 个中队。辎重兵 1 个大队，辖 4 个中队，其中有西安督训处所辖 1 个中队。通信兵 2 个大队，辖 4 个中队，其中有西安督训处所辖 2 个中队。战车独立 1 个中队。本期分步兵、骑兵、炮兵、工兵、辎重兵、通信兵、战车兵 7 个科。其中步兵第 1、第 2 大队入校时间较早，所辖 6 个中队，计有学生

550 人，于 1947 年 8 月 28 日毕业。其余各大队因为成立较晚，延长 1 学期，分别于 1947 年 12 月 25 日、1948 年 6 月 16 日毕业，计 5488 人（其中战车兵科于 1947 年 12 月 25 日毕业 2219 人）。本期共计有毕业生 6038 人。

第 22 期：本期为抗战胜利后招考的学生，分步兵、骑兵、炮兵、工兵、辎重兵、通信兵 6 个科，计有 3 个总队。第 1 总队，1948 年 7 月 7 日在成都以西双流县城入伍。炮兵 1 个大队，辖 3 个中队。工兵 1 个大队，辖 2 个中队。骑兵 1 个大队，辖 2 个中队。通信兵 1 个大队，辖 2 个中队。步兵 1 个大队，辖 4 个中队。辎重兵独立 1 个中队。第 1 总队于 1949 年 2 月 12 日毕业，计有 1538 人。第 2 总队，于 1948 年 7 月在双流县城入伍，12 月入伍期满升学，编为步兵科，分 3 个大队、9 个中队，另有 1 个通信中队，毕业于 1949 年 7 月，计 974 人。第 3 总队，由预备班学生卒业升学编成，分为 3 个大队、8 个中队和 1 个工兵独立中队，毕业于 1949 年 7 月，计 865 人。本期共计有毕业生 3377 人。

第 23 期：本期为军校在大陆招训的最后一期。第 1 总队为特科，其中炮兵 1 个大队，辖 3 个中队；工兵 1 个大队，辖 2 个中队；步兵 1 个大队，辖 4 个中队。另有 1 个辎重兵独立中队。该总队于 1948 年 8 月入伍，按照原计划，应于 1949 年 12 月 25 日毕业，计有学生 1362 人。第 2 总队为步科，分为 3 个大队，辖 9 个中队，于 1949 年 10 月升学，计有学生 864 人。第 3 总队为步科，分为 3 个大队，辖 9 个中队，计有学生 850 人。中华人民共和国成立后，人民解放军乘胜进军大西南。11 月下旬，国民党政府由重庆迁往成都。11 月 30 日，重庆解放，同日，蒋介石退守成都，住北较场军校校本部。这时，第 23 期学生还在学习期间，蒋介石为集聚力量，以图反攻，强令第 23 期学生于 12 月 4 日毕业。本期共计有毕业生 3076 人。

至此，黄埔军校结束了在大陆的历史，成都时期则是其最后一页，第 23 期学生为这最后一页圈上了一个重重的句号。

四、在全国各地开办的 12 所分校

黄埔军校除本校（总校）外，还在各地开办有多处分校，皆遵照本校教育大纲实施教学。

潮州分校：大革命时期国民革命政府和国民革命军东征军指挥部为培养革命武装力量创办的黄埔陆军军官学校第 1 所分校，成为第一次国共合作时期国民政府在粤东的军事摇篮，也是黄埔军校分校之开端。校址在潮州城湘太马路（即今中山路）李氏公祠。潮州分校自 1925 年 12 月正式开办，至 1926 年年底结束，存在 1 年时间，共举办 2 期，毕业生有 800 多人。

长沙分校：开办于 1926 年 6 月 12 日，1928 年 7 月停办。原称"中央军事政治学校第 3 分校"，后并入南京本校。先期录取 1000 余人，编成步兵、炮兵、工兵各兵科及政治科。学生因不满学校的教学管理，主动离开分校到南京本校的有 500 余人，编为南京本校第 6 期步兵第 3 大队，未离开长沙的一半学生 500 余人，继续学习至 1928 年 5 月毕业。

南昌分校：开办于 1928 年 5 月，1929 年 7 月停办。本分校学生由第 5 路军所属各师、旅、团中考选，计 700 余人，于 1928 年 5 月 1 日在江西省南昌举行开学典礼，8 月初在复行甄别考试，淘汰 100 余人，其余学生编为步兵 3 个队，炮兵及工兵各 1 个区队，每个区队 80 余人，分为 5 个教授班施教。1929 年 6 月初，举行联合演习，月中旬举行毕业考试。

第 1 分校（洛阳分校）：开办于 1933 年 8 月 18 日，1945 年春停办。开办此分校的宗旨是施行本校学员（生）的转地教育，及对于军官志愿赴西北服务或屯垦者，施以屯垦教育及军事训练，军官训练第 2 期学生开始在本分校召集训练。本分校共调训第 2 期至第 5 期学生

9000 余人。1937 年 7 月，奉命招收学生。校址原在河南省洛阳，1938 年 1 月迁往陕西省汉中，3 月改称"军校第 1 分校"，并扩大编制。1945 年春，该分校编并入第 9 分校。本分校第 14 期学生分 3 个总队，毕业学生 2170 人；第 16 期学生分 2 个总队，毕业学生 1935 人；第 17 期学生分 3 个总队，毕业学生 2182 人；第 18 期学生分 2 个总队，毕业学生 1098 人。共计毕业学生 7385 人。各种短期训练班队毕业学生计 7413 人。共计毕业学生14 798人。

　　第 2 分校（武汉分校、武冈分校）：校址位于武昌文昌门、平湖门之间的两湖书院旧址。分为 3 个阶段。前期：建校之初全名武汉中央军事政治学校，1926 年 10 月 27 日宣布成立。确定将黄埔第 5 期政治科学生移往武昌就读，同时面向全国招收新生。新录取男生 986 人，女生 195 人，他们先称"入伍生"，后成为黄埔第 6 期的正式学生。到 1927 年 7 月底，原武汉分校的师生全部离校。中期：1929 年 4 月初，续办武汉分校。共有学生 1700 余人。1929 年 6 月 16 日，举行开学典礼。1930 年 7 月下旬，第 7 期学生毕业后，又招收第 8 期入伍生 1 个团。这年冬，第 8 期入伍生修业期满时，奉命于 1932 年 3 月并入本校学习。后期：1936 年 1 月，陆军整理处军官教导团改组为武汉分校，又复组该分校。校址由武昌南湖迁至湖南邵阳，完成第 14 期学生入伍教育后迁移至武冈，故习惯上又称为"武冈分校"。是年冬，改称"中央军校第 2 分校"。1945 年 5 月，本分校奉命裁撤，在校受训入伍届满的第 19 期第 5、第 6 总队学生，由成都本校派员考试甄别选取，编为第 21 期，并入成都本校继续学习。后期阶段的武汉分校各期毕业生：第 14 期学生 1 个总队，毕业学生 1136 人；第 15 期学生 1 个总队，毕业学生 1195 人；第 16 期学生 2 个总队，毕业学生 2575 人；第 17 期学生 4 个总队，毕业学生 5425 人；第 18 期学生 3 个总队，毕业学生 3673 人。计有毕业学生14 004人。各种班队毕业学生 9513 人。共毕业学生23 517人。武汉分校 3 个阶段共有毕业生约32 000人。

第 3 分校（成都分校、江西分校）：1935 年 10 月 1 日创办于四川成都。校址原是四川陆军小学武备学堂的旧址。共考选军官 6121 人，区分为第 1、第 2 期，于 1935 年 11 月 1 日入校，1936 年 4 月开学。1938 年 1 月改称"军校第 3 分校"。该分校在成都历时 4 年，毕业学生约 6000 余人。1939 年 3 月，改设第 3 分校于江西瑞金。1941 年 7 月，迁往江西永丰。1942 年 6 月，迁往福建邵武。1943 年 2 月，迁往江西会昌，后又迁回瑞金。1945 年 11 月奉命裁撤，第 21 期学生，合并编入成都本校第 21 期继续学习。1946 年 2 月停办。本分校各期毕业生：第 16 期学生 2 个总队，毕业学生 4203 人；第 17 期学生 1 个总队，毕业学生 1323 人；第 18 期学生 1 个总队，毕业学生 702 人；第 19 期学生 1 个总队，毕业学生 602 人；第 20 期学生 1 个总队，毕业学生 600 人。计有毕业学生 7430 人。各种班队毕业学生 5961 人。共计毕业学生 13 391 人。本分校成都时期和江西时期，共计有毕业生近 2 万人。

第 4 分校（广州分校）：1927 年年初，军校于在广州燕塘训练第 7 期入伍生，"燕塘分校"是为广州分校校址的开端。1936 年夏，改名为中央陆军军官学校广州分校。1937 年 12 月，全校迁往德庆。1938 年 1 月，广州分校改称"中央陆军军官学校第 4 分校"（迁址德庆）。10 月，从德庆等地全部迁移到广西宜山、德胜、东江一带教学，校部设在宜山。后又迁往贵州独山、贵阳、遵义等地。1945 年 10 月，奉命裁撤。本分校各期毕业学生、学生：第 12 期学生 1 个总队，毕业学生 780 人；第 13 期学生 1 个总队，毕业学生 717 人；第 14 期学生 1 个总队，毕业学生 724 人；第 15 期学生 1 个总队，毕业学生 1482 人；第 16 期学生 2 个总队，毕业学生 2127 人；第 17 期学生 6 个总队，毕业学生 5945 人；第 18 期学生 1 个总队，毕业学生 680 人；第 19 期学生 2 个总队，毕业学生 2912 人。计有毕业学生 14 377 人。各种班队毕业学生 5079 人。共计毕业学生 19 456 人。

第 5 分校（昆明分校）：校址在云南昆明，前身是云南陆军讲武堂。1938年1月,由"中央陆军军官学校昆明分校"改称"第5分校"。1946年2月并入成都本校。本分校各期毕业生:第14期学生1个总队,毕业学生958人;第16期学生2个总队,毕业学生2856人;第17期学生1个总队,毕业学生1047人;第18期学生1个总队,毕业学生1104人;第20期学生1个总队,毕业学生577人。计有毕业学生6542人。各种班队毕业学生2480人。共计毕业学生9022人。

第6分校(南宁分校):初驻南宁,称"中央军事政治学校第1分校"。1926年5月16日,在南宁东部原陆军讲武堂旧址成立。1928年6月1日,军校改为"国民革命军陆军军官学校广西分校",后又称为"广西各部队干部训练所"。1929年秋,改为"陆军军官学校",迁桂林。1930年4月7日,改为"中央陆军军官学校第1分校"。1931年3月,军校校址迁往柳州,改为"中国国民党中央军事学校第1分校"。后校址迁回南宁,恢复"中央军事政治学校第1分校"原名,通常称为"南宁分校"。1937年7月,改名为"陆军军官学校第6分校"。1938年春,校址由南宁迁往桂林市郊外的李家村。1944年11月,撤到宜山县怀远镇,后又迁往百色地区凌云县城。1945年11月并入成都本校。本分校各期毕业生:南宁分校第14期之前计毕业学生1335人;第14期学生1个总队,毕业学生1618人;第15期学生1个总队,毕业学生1357人;第16期学生1个总队,毕业学生1418人;第17期学生1个总队,毕业学生772人;第18期学生2个总队,毕业学生1871人。第14期后计有毕业学生7036人。各种班队毕业学生7081人。共计毕业学生15 452人。

第7分校(西安分校):1937年12月底,该分校筹办,校部驻甘肃天水,分驻王曲、凤翔、兰州等处。1938年5月底,校部迁设西安之王曲。1945年11月,奉命裁撤,未毕业的学生并入成都本校继续学习。从1937年到1945年,本分校先后招训学生第15期至第21期,在训学生有23个总队另3个大队。本分校各期毕业学生有:第15期学生分 4 个总队，毕业学生 3745 人；第 16 期学生分 7 个总队，毕业学生 7935 人；第 17 期学生分 7 个总队，1 个炮科队，毕业学生 8842 人；第 18 期学生分 1 个总队 2 个大队，毕业学生 3196 人；第 19 期学生 1 个总队，毕业学生 1297 人。计有毕业学生 25 015 人。各种班队毕业学生共有 10 927 人，其中包括 1938 年毕业的女生队 189 人。共计毕业生 35 942 人。该分校招收的第 20、第 21 期学生在成都本校毕业。

第 8 分校（武当山分校）：校址在武当山下的湖北省均县草店镇和周府庵。1940 年 2 月，学生先后入校，开始预备教育，5 月 4 日补行开学典礼。1945 年 6 月，奉命裁撤。12 月正式停办。本分校历届毕业生有：第 16 期学生 1 个总队，毕业学生 1431 人；第 18 期学生 1 个总队，毕业学生 858 人。计毕业学生 2289 人。各种特别班毕业学生 3442 人。共计有毕业生 5731 人。

第 9 分校（迪化分校）：本分校的前身最早是新疆讲武堂。校址位于迪化东门与近山"一炮成功"之间。1933 年，改名为新疆军官学校。1942 年年初，纳入黄埔军校建制。3 月 27 日，原新疆军官学校奉命改组为中央陆军军官学校第 9 分校，并以当时在训的第 6 期学生改为第 18 期，独立第 6 队及第 7 期改为第 19 期，独立第 2 大队（步兵科、骑兵科、炮兵科、通信兵科）等 4 个队及第 8 期改为第 20 期。1946 年 9 月，本分校停办。1947 年 4 月，第 20 期学生毕业后，奉命改组为第 6 军官训练班。本分校历届毕业生，共计有 1044 人。各分校校详情，参见第十五讲"黄埔军校创办的分校"。

黄埔军校自从创办后，关于"黄埔军校"一词，就有狭义与广义之分的争论，再加上国共两党的政治争端，军校迁往台湾后的冠名问题，更使这一概念模糊不清，朦胧难定。一般说来，从狭义的地域概念上来讲，1924 年在广州黄埔长洲岛上创办的"中国国民党陆军军官学校"及 1926 年改组的"国民革命军中央军事政治学校"，因校址在黄埔，故俗称为"黄埔军校"。在黄埔岛上，军校共招收培育了前 4 期学生。北伐战争开始后招收的第 5 期学生，随营训练，此期之后的学生并不在黄埔岛本校学习和生活，因此，有人认为狭义上的"黄埔军校"不应包括这一期及此后的学生。"黄埔军校学生"的内涵，仅限于在广州黄埔招收并在此地学成毕业的学生。从军校沿革体制上的广义概念来讲，则宽泛得多。该校于 1928 年 3 月迁往南京，改名"中央陆军军官学校"，招收第 6 期学生，广东黄埔军校虽然也在招生，但不久被并入南京军校。1937 年军校又迁往四川成都，直到 1949 年再迁台湾。这一阶段，人们又通常把这所军校简称为"中央军校"或"军校"。由于该校一直延续自 1924 年始于广州黄埔招生时的期数，如到 1949 年大陆解放时毕业的学生为第 23 期，所以，人们把不同时期设在广州、南京、成都以至于今日台湾的这所一脉相承的"军校"，统称为"黄埔军校"。本书采用的即是广义上的"黄埔军校"。

另外，在此有必要一提的是同时代还有一个曾以正宗"黄埔军校"自居，也冠名"中央陆军军官学校"的军校，这就是汉奸汪精卫政权拼凑的伪中央军校，是那个特殊时代产生的军校怪胎。汪精卫投降日本后，1941 春，在南京光华门外工兵学校旧址，成立了一个"中央陆军军士教导团"。其成员都是从南京、北京等地骗来的无业游民，还有一批从各个战场上溃败下来的散兵游勇，人数有 2000 多人。这个"教导团"当然不能满足汪精卫的胃口。不久，汪伪政权又在绥靖学校旧址挂起了"中央陆军军官学校"的招牌。汪精卫依照蒋介石好为人师的样子，也兼任了该校的校长。学校的招牌是打出来了，而且机构很庞大，设立了校务委员会、教育长、教务处长、政训处长、总务处长、入伍生团团长、教官等，几乎和黄埔军校类同。学校有了，却没有学生。按原设想，汪精卫要在沦陷区招收 1000 名高中毕业的男青年为他的开门弟子。为此，学校各部门在南京、北京等地纷纷设立招生处，摇唇鼓舌，各显神通，然而报考的人还是寥寥无几。眼看报名截止日期已到，万般无奈下，汪精卫只好让"军干教导团"的学兵前来应试充数。放榜之时，考生的成绩低得惊人，能达 50 分者即可列入上等，最后以平均 30 分算及格的变通办法，勉强凑够人数。

1941 年 9 月 28 日，南京伪政权的"黄埔军校"开学。汪精卫俨然以国民党及其政府的"正牌"自居，升青天白日旗，唱黄埔军校校歌，只是改动了几个字，所立校训改为汪精卫亲笔书写的"智深勇沉"。课程设置和黄埔军校一样，有战术、地形、筑城等，教材多是黄埔军校的老课本，也有从日文翻译来的"新"课本。武器器材则由日本人提供，大多为日本明治年间的产品，这些即使在国民党军中，也大多属于淘汰的武器。军校第 1 期学生毕业后，第 2 期的招生与其说招生，不如说"抓生"，大部分学兵都是招兵委员们分赴苏、浙、皖 3 省通过拉壮丁的形式抓来的。后来的第 3 期也是如此。第 3 期学生还没有毕业，日本宣布投降。汪精卫的伪中央"黄埔军校"也就寿终正寝了。

1949 年年底，蒋介石国民党当局退守台湾岛，立即着手恢复黄埔军校建制。选定 1947 年成立的"陆军军官学校台湾训练班"所在地高雄县凤山为黄埔军校校址，把原成都陆军军官学校迁至于此地，通常称为"凤山军校"，是台湾当局的军事高等学校。尽管台湾当局力图延续大陆时期黄埔军校的"血脉"，但凤山军校已经失去了往日黄埔军校的魂魄，名声式微，并不为外界所知。因此，目前史学界研究黄埔军校历史，一般指的就是 1924 年至 1949 年大陆时期的黄埔军校。

百年中国，百年名校，百年沧桑。在这段谱写了民族血泪史与抗争史的峥嵘岁月里，为争取民族独立和解放，中国民主革命伟大的先行者孙中山先生在中国共产党的帮助下创建了黄埔军校。多少心怀家国理想的热血青年，化作一批批革命军人从这里成长起来，从黄埔岛的这所大熔炉中走了出来。黄埔军校为国共两党培养了众多军事将领和军事骨干。为了民族的独立和共和国的尊严，黄埔师生们前赴后继，浴血奋战，在东征、北伐和抗日战场上，建立了不朽功勋，用鲜血和生命铸就了"爱国、革命"的黄埔精神。

历史飞逝，精神永存。让我们再听一遍华人音乐大师刘家昌的那首歌《黄埔军魂》："国家的干城，革命的先锋，文武合一，薪火相传，为国为民尽忠。……亲爱精诚，团结奋斗肯牺牲，让黄埔的精神长在蓝天上放光明。"

中华民族的奋斗史，已经把黄埔军校的历史功绩和地位镌刻在丰碑上。

思考题：

1. 黄埔军校在大陆 3 个时期的各自特点是什么？

2. 比较黄埔军校在各个时期的办学特色和经验。

3. 黄埔军校为什么需要办那么多的分校？

4. 黄埔军校各分校的特点是什么？

5. 论述黄埔军校在中国历史上的重要地位和作用。

第二十八讲

黄埔精神的内涵是什么

黄埔军校在建立后初期的短短几年里，不仅培养了大批具有政治觉悟的军政人才，而且形成了其独特的革命精神——黄埔精神，在中国现代历史上产生了深刻影响。

较早见于书面系统阐述黄埔精神的文章，是在军校建立仅 2 年之后的 1926 年秋，黄埔军校政治教官安体诚特别撰写了《什么是黄埔精神》一文，这至少说明，在此时，"黄埔精神"作为一个名词，已经流行于世。安体诚指出："黄埔中央军事政治学校，在今年三月一日以前名为中国国民党陆军军官学校，其创立是在民国十三年五月，即本党第一次全国代表大会以后不久的时候，到现在，名震全球，功著党国。一方为全国奋斗的青年之生活出路；一方为国民革命武力——党军的中心和空前的模范。它在中国已形成一种势力，已成为中国革命工作上很有关系的一个组织了。这其中有它的特殊精神存在，已是本校和留意本校的人都能感到而承认的了。它的精神，有以名之，名之曰黄埔精神。"

安体诚认为，黄埔精神"是充满着信仰并实行真正中山主义的革命军人精神"，"除了它所具之一般的军人精神，如不怕死，甚至有政治主张（不论何种）和我们个人主观所希望的外，分析它的特具的精神，可说黄埔精神是建筑在总理所定的联俄、联共、扶助农工三大政策上的"，"总结黄埔学校这历史的和客观的特殊性质，我们现在就可以说：黄埔精神，是坚信并实行总理所定联俄、联共、扶助农工三大政策的革命军人的精神"。①

张治中在 20 世纪 30 年代撰写的《黄埔精神与国民革命》一文中，回顾黄埔军校师生艰苦创校史和东征北伐所取得的重大胜利时，也曾谈道："在那时候，我们党里的一般同志，都认为黄埔是真正革命的基础，黄埔精神是真正革命的精神。"该文对黄埔精神虽没进行系统地论述，却高度地评价了黄埔精神，有助于后人进一步开展对黄埔精神的研究。

此后，特别是在抗日战争时期，宣讲研讨"黄埔精神"的文章日益见多，也产生了不少的争论，这里面既有学术观点之争，也有党派政见之争。

——有观点认为，简而言之，黄埔精神就是为主义而英勇奋斗的精神。

——有观点认为，黄埔精神即是军校奉行的"同志仍须努力，革命必须成功"的坚毅精神；是"不妥协，不调和，不成功便成仁"的牺牲精神。

——有观点认为，黄埔精神就是要"服从校长，尽忠党国，精诚团结，成功成仁"，这实际上是蒋介石所倡导的"黄埔精神"。

——有观点认为，黄埔精神是孙中山倡导的"忍苦耐劳、努力奋发"的学习精神；"一心一意为国家奋斗"的革命精神；为民众利益"不要身家性命"的牺牲精神；主动活泼的富于进攻的战斗精神。

——有观点认为，黄埔精神是凡军校学生耳熟能详的"两不""两爱"精神。在黄埔军校初创时期，师生人人都知道一个被称为"两不""两爱"的口号："两不"是不要钱，不要命；"两爱"是爱国家，爱百姓。

① 安体诚：《什么是黄埔精神》，载《黄埔日刊》，1926 年 9 月 23 日。

——有观点认为，黄埔精神是一个以中华传统武德为基础，以新三民主义的革命精神为主体，以大同理想为核心的思想系统。它不仅具有丰富的武德内涵和独特的武德规范，而且充满着道德悟性和人生智慧。它是一座既有人格魅力又有思想魅力的精神宝库。

——有观点认为，真正的黄埔精神要从孙中山先生建校初衷里去寻找。孙先生说："革命事业就是要爱国，就是要救国救民，我要求诸君，从今天起，共同来担负这种责任。"所以黄埔精神就是爱国和革命的精神。黄埔军校在时代的变迁中走过了一条曲折的道路，但其开创时期的"爱国革命"精神则是彪炳青史，同时，也展示了国共合作堪称"适乎世界之潮流，合乎人群之需要"。

那么，准确、全面的黄埔精神究竟应该包含哪些内容呢？笔者以为，这还要从黄埔军校的教学实践、校园文化和成功经验，特别是黄埔师生的建功立勋中去萃取。

黄埔军校建立后，校总理孙中山倍加关注着它的发展。他要求军校培养出来的学生，不仅能指挥作战，会做政治工作，而且勇于冲锋陷阵，具有爱国爱民、献身革命的精神。他为黄埔军校制定了"亲爱精诚"的校训，在开学典礼中讲道："大家总要记得，革命是非常事业，不是寻常事业。非常事业，决不可以寻常的道理一概而论。诸君现在求学的时代，能够学得多少便是多少，只要另外加以革命精神，便可以利用；如果没有革命精神，就是一生学到老，死记得满腹的学问，总是没有用处。"军校本着孙中山的创校宗旨和要求，严格掌握"政治与军事并重，理论与实际结合"的教学方针，从环境设施到训练内容，都注重灌输爱国革命、奋斗牺牲精神。

在环境设施方面，军校通过政治色彩鲜明的标语、口号以及革命歌曲等，宣传黄埔革命精神，陶冶军人革命情操。校内重要的地方都高悬着耀眼的革命标语。如"拥护三大政策！""打倒帝国主义！打倒封建军阀！""同舟共济，团结奋斗！""不要钱！不怕死！爱国家！爱百姓！""艰苦卓绝，完成革命！"等标语，举目可见，令人振奋。同时还把一些纲领性的口号印成小传单，发给各队值星官，于早晚点名时呼叫，"使之深刻地、持久地印入每一个学生的脑子里，使之成为思想行动的指针"。凡此种种，活跃了军校的生活，对陶冶军人爱国革命精神大有益处。

军校学生除了经常唱《陆军军校校歌》《国民革命歌》外，还请苏联通讯顾问科丘别耶夫教唱《国际歌》。脍炙人口的《国民革命歌》主要歌词是：打倒列强，除军阀，国民革命成功，齐奋斗。黄埔军校第1期至第4期学生在校时唱的《陆军学校校歌》歌词是："莘莘学子，亲爱精诚，三民主义，是我革命先声。革命英雄，国民先锋，再接再厉，继续先烈成功……以血洒花，以校作家，卧薪尝胆，努力建设中华"。

黄埔军校的毕业誓词，是对在校学生的最后一堂精神教育课，对即将毕业的黄埔生具有重要教育意义，也集中体现着黄埔精神，包含了黄埔精神的主体内容。1925年9月6日，军校公告的第2期毕业生的誓词是："谨遵校训，亲爱精诚。服从党纲，五权三民。履行遗嘱，国民革命。继承先烈，奋斗牺牲。发扬光大，赴义蹈仁。言出身随，誓底功成。"1926年1月7日，军校公告的第3期毕业生的誓词是："遵守总理共同奋斗之遗嘱，本校亲爱精诚之校训，追随校长、党代表与本党各同志，于广东统一后，更努力于全国之统一，以完成国民革命之工作。不爱钱，不怕死，不闹意气，实行主义，恪守党纲，永矢勿渝，死而后已。"3月8日，《黄埔潮》在第5期学生开学纪念特刊上发布《本校誓词》："尽忠革命职务，服从本党命令。实行三民主义，无间始终死生。遵守五权宪法，只知奋斗牺牲。努力人类平等，不计成败利钝。"1926年10月4日，军校公告的第4期毕业生誓词是："不爱钱，不偷生。统一意志，亲爱精诚，遵守遗嘱，立定脚跟。为主义而奋斗，为主义而牺牲。继续先烈生命，发扬黄埔精神。以达国民革命之目的，以求世界革命之完成。"

时任黄埔军校入伍生部部长、代教育长方鼎英，在 1927 年年初曾对黄埔军校的教育有一个较全面的总结，在这篇题为《黄埔中央军事政治学校概述》的结论部分这样写道："本校自成立以来，战胜种种恶劣的环境，以五百人扩充到数万人……凡中国之二十二行省，几无不有本校学生之足迹。在此最短期间而能得此伟大之效果，已大博国人及世界上之惊叹！盖集中于'亲爱精诚'校训之下，相亲相爱，精益求精，诚心诚意，以谋团结。先之以大无畏之精神，持之以百折不挠之志气。为民众谋解放，而一己之功名富贵，皆可牺牲；为本党谋团结，而一己之自由幸福，都可放弃。故能不怕死，不畏难，以一敌百，以百敌万，决不辜负革命军人之精神。"方鼎英在这里所说的"革命军人之精神"，其主题内容也即是黄埔精神。

本书作者曾采访黄埔第 1 期至第 23 期毕业生 600 余人，从被采访人的气质和言谈中也深刻感受到了有种别样的"精神"存在，油然体会到这就是黄埔精神。但他们对黄埔精神的说法也是众口不一。应当怎样准确而全面地表述黄埔精神内涵呢？综合众多黄埔老人和学者的各种观点，结合文献资料，作者认为黄埔精神应该包括 4 个方面，这就是：爱国革命，亲爱精诚，团结合作，奋斗牺牲。

一、"爱国革命"是黄埔精神的核心内容

黄埔精神，是第一次国共合作创办黄埔军校时，孙中山所倡导的以爱国主义为基本内容的一种真正革命的精神。在中国共产党的支持和帮助下，孙中山毅然改组国民党，提出联俄、联共、扶助农工的三大政策，实现了第一次国共合作。为了创建革命军队，用武装的革命力量同武装的反革命作斗争，孙中山同以周恩来为代表的中国共产党人一道，共同创建了黄埔军校。黄埔军校一经建立，就成了当时的革命摇篮。一批批革命军人从这里成长起来，在东征、北伐和抗日战争中英勇奋战、流血牺牲，为中华民族的独立和解放建立了不朽的功勋，

用鲜血和生命铸就了"爱国、革命"的黄埔精神。

孙中山于 1924 年 6 月 16 日在黄埔军校开学典礼上曾经讲道：我们的革命事业，就是救国救民，"诸君不远千里或者数千里的道路来此求学，既是已经明白了我们的宗旨要造成一种革命军，一定是富有这种志愿，来做革命事业。"我们要把革命做成功，"建设一个新国家"，"便先要立革命的志气……一生一世，都不存升官发财的心理，只知道做救国救民的事业"。为了中国的独立和统一，"以同世界各国并驾齐驱"，使中华民族"永远生存于人类"，我们"要学革命先烈的行为"，"不要身家性命，一心一意为国来奋斗"。"今天在这地开这个军官学校，独一无二的希望，就是创造革命军，来挽救中国的危亡……我要求诸君，从今天起，共同担负这一种责任。"孙中山要求黄埔同学，发扬爱国主义精神，为国家和人民的利益奋斗终生。他的这个讲话，是构架黄埔精神的根本基础。

黄埔军校非常重视政治教育，把它提高到和军事训练同等地位。通过加强政治学习和训练，使学生逐步树立起为国牺牲、尽忠革命的信念。军校专门设立了政治部，根据孙中山对学生讲演的内容和共产党在国民革命阶段的政策方针，拟订了政治教育纲领，除规定学生学习《三民主义》《帝国主义的解剖》《社会发展史》《帝国主义侵略史》《中国近代民族革命史》《各国革命史略》等课程外，还明确规定"社会主义、共产主义、马克思主义等书籍，本校学生皆可阅读"。当时军校的周恩来、恽代英、萧楚女等共产党人，经常给学生上政治课。军校的主要领导人校总理孙中山、党代表廖仲恺等也抽空给学生作讲演。孙中山在演说中教育黄埔师生"要立革命的志气"，他希望黄埔生健康地成长，并一再嘱咐"同学不论是国民党员或共产党员，为了革命事业，都应该把鲜血流在一起"。廖仲恺在演说中，要求军校员生要树立革命理想，他说：进军校并不是为了做官，而是为主义而斗争。结合当时艰苦险恶的环境，他还讲道"俄国的革命军并没有薪金可言，两天才有一磅面包，衣也没得穿，他们只顾热心革命"。他恳切地希望军校员生"要确信主义"，一心准备革命，做"真正的革命军"。

1925 年 2 月，黄埔军校出版的教材《精神教育》中有大段训词，要求学生："以国家兴亡为己任"，"以大多数人民的利益为标准，当时时保全人民的利权。看看国内哪一党，确是保护大多数人民利益的，我们就加入哪一党，就为哪一党尽力。"教材循循善诱地指出："现在中国只有这一个训练革命军人的学校。改造中国的责任，完全在诸位身上。我望诸位能特别努力，以致国家革命于成功。"本教材封底特别注明，校阅者廖仲恺，鉴定者孙文（孙中山），编辑者为时任黄埔军校校长的蒋中正，发行者为"黄埔陆军军官学校"。

军校的学生除听讲演和上课外，还经常举行以班组为单位的座谈会。在座谈会上，共产党员、共青团员起着核心作用，他们把革命刊物，如《向导》《中国青年》等，送给学生看，或者按照党组织规定的宣传文件向学生进行宣传鼓动。所有这些，对于提高广大学生的政治素质起了极其重要的作用，使军校学生受到了革命思想的熏陶，逐步树立起尽忠革命、为国牺牲的信念。

军校通过爱国主义传统教育，激发学生的爱国精神。孙中山给黄埔生讲辛亥革命时期革命党人可歌可泣的英雄事迹，说他们为了推翻清政府，建立民国，冒死去和清兵作战。广州起义时"革命党只用 300 人，便敢打 3 万多的敌人"。武昌起义时，武昌汉口的革命党，总共不足 300 人，真正的革命党不过是几十人，"革命党只用几十人去打两万多人，可以说是用 1 个人去打 500 个人"。他们之所以这样勇敢，是因为树立了革命理想，只知专心救国，不顾身家性命。孙中山在演讲中赞扬辛亥革命时期的英雄陈天华、杨笃生"是热心血性的真革命党"，但又为他们不是死在战场上，感到"实在是可惜"。孙中山号召黄埔生学习革命先烈的爱国思想，"发扬革命精神，继续先烈的志愿，舍身流血，造成中华民国的基础，使三民主义完全实现，革命大告成功"。

黄埔军校开创时期，广东和全国工农运动蓬勃兴起。军校根据孙中山的创校建军宗旨、三大政策精神，发动师生到工农运动中去，以实际行动互助农工。在"五卅"运动、广州"六二三"惨案的第二天，军校发表《檄全国军人》文，揭露帝国主义者无故残杀中国人民的残暴罪行，疾呼"全国军人同胞，即时兴起"，与"帝国主义侵略者决一死战！"并号召师生向死难烈士学习。在省港罢工过程中，军校政治部派出一批干部到工人群众中间开展宣传工作。在农民运动方面，军校多次发表文告，支持农民反抗封建地主阶级的斗争，并组织师生和广州各乡农民开过许多次联欢会；派学生到东莞、宝安和东江各县帮助农民协会和农民自卫军施以政治及军事之训练，以此联络感情，"而收军事进行上得人民帮助之实效"。他们在工农运动中，经受了锻炼，面对帝国主义侵略者残酷镇压中国人民反抗斗争的罪恶行径，更坚定了他们爱国革命、奋斗到底的决心。

黄埔军校动员和组织师生投身到轰轰烈烈的革命运动中去，经受锻炼，用活生生的现实斗争事例，教育"后死同志，当愈加振发革命精神"。以爱国主义为基本内容的黄埔精神，在新民主主义革命时期，曾发生过重大影响。在"爱国革命"口号的感召下，黄埔军校师生在两次东征、北伐和抗日战争中建立了功勋。仅如1939年年底，黄埔1期生杜聿明在广西昆仑关大败有"钢军"之称的日军板垣征四郎师团，取得昆仑关大捷；1943年秋，同为黄埔1期的陈赓指挥太岳山区反"扫荡"作战，一举歼灭日本"皇军观战团"。国共两党的黄埔骁将在抗日战场上南北争辉。

一部黄埔军校史，即是坚持也是背离孙中山倡导的"爱国革命"黄埔精神精髓的历史。坚持了"爱国革命"的黄埔精神，军校就发达兴旺；不爱国，不革命，就会遭到历史的抛弃，军校就会黯然失色。最典型的反面例子是汪精卫，他在黄埔军校初办时也从军校卓越的表现里看到了辉煌的前景，所以他曾以国民政府常委会主席之尊兼任军校党代表，以求在军中建立自己的体系。他在黄埔军校时，的确有很多崇拜者。后来，他成为卖国、叛变革命的汉奸，并在南京伪政府名义下办过自己的"黄埔军校"，但是他背弃了黄埔精神"爱国革命"的基本宗旨，所以不管是正宗黄埔军校毕业生，还是伪政府名下的"黄埔军校"毕业生，没有人愿意提到是他的学生，更谈不上崇拜他。汪精卫的伪政府和伪军里基本没有黄埔生。原因何在？这主要还是因为黄埔精神起着重要的导向作用。

"爱国"和"革命"是紧密联系的，爱国是一种对祖国由衷热爱的朴素感情，革命是顺应浩荡世界潮流、推动社会发展进步而不断锐意进取的思想和行动。所以，仅爱国还不够，还要革命，富有蓬勃向上的朝气，而不能因循守旧，固步自封，更不能逆历史潮流而反动。"革命"对一个满怀报国之志者来说非常重要。黄埔军校政治部主任周恩来在黄埔时期，留下的惟一题词墨宝就是"革命"两字，他在当时很可能已经意识到了军校学生有"爱国"不"革命"者存在。此后的历史已经证明了这一点。"爱国"不"革命"的范例是蒋介石。自1927年黄埔军校变质，特别是1949年年底迁台湾后的军校一蹶不振，根本原因也在于此。

汪精卫、蒋介石的所作所为，揭示了这样一个道理：爱国和革命的精神，成就了黄埔军校，也历史地证明了二者相辅相成的重要性。那种只顾满足自己私欲，根据自己所想所思而采取的行动，在整个人类的历史中永远都是渺小的；只有把国家民族利益置上，团结带动大多数人共同前进的行动，才会青史留名。爱国革命，是一种永恒的精神力量，许多人从这里找到了原动力，激励着一代代人事业的成功。

二、"亲爱精诚"是黄埔精神的关键要点

孙中山经常教育军校师生，要"同学同道，生死共赴"。什么叫"同道"？孙中山解释说，就是"为振兴中华，团结友爱，悲喜同心"。

为此，他特地为黄埔军校制定了"亲爱精诚"的校训。

从 1925 年就在黄埔军校担任领导职务、长期任教育长的张治中将军，对"亲爱精诚"校训有过独到的见解。1936 年南京时期黄埔军校第 13 期学生入学时，时任教育长张治中在军校举行的孙中山纪念会上讲话，他对黄埔校训"亲爱精诚"作了深刻的诠释。对这 4 个字，他先分开讲每个字的独立意义，然后再合起来讲。他说："亲"是关系亲热，感情真实不虚假；"爱"是接近信服倾慕，对人对事有感情；"精"是完美纯洁无私念，精益求精不复杂；"诚"是恳切真挚，开诚布公不虚伪。把"亲爱"两个字连起来，作为一个词语讲，亲是爱的副词，表示爱的深厚真实，彼此关系密切。同时，亲和爱是互相关联的，能亲才就爱，不亲就不是真爱；把"精诚"两个字连起来，也是个词语，精是诚的副词，表示诚的深度，真挚实在，信守无伪。同时，精和诚也是互相关联的，诚则精，不精是不会真诚的。再进一步把"亲爱精诚" 4 个字组成校训，意义深刻重大。作为黄埔军校的师生，要把校训时刻放在思想里、行动上，贵在以身作则、推己及人，不愧为校总孙中山先生的信徒。

黄埔军校在艰险的环境中诞生，在反帝、反封建的斗争中成长壮大，革命的黄埔师生，不断发扬黄埔精神，推动着革命战争向前发展。国民革命所取得的成效，到北伐战争时已相当可观，"亲爱精诚"的校训在其中起了重要的促进作用。正如当时的教育长方鼎英所说："本校自成立以来，战胜种种的恶劣环境，以 500 人扩充到数万人；由步兵一科扩充到马、步、炮、工、经理、政治及其他无线电、航空等高级专门各科，其担负工作之部队，由本校教导团起，遍及于 30 余军之革命军，及 10 余军之西北军；凡中国之 22 省，几无不有本校学生之足迹。在此最短期间内而能得此伟大之效果，已大博国人及世界之惊叹，盖集中于'亲爱精诚'校训之下，相亲相爱，精益求精，诚心诚意，以谋团结。先之以大无畏之精神，持之以百折不挠之志气。为民众求解放，而一己之功名富贵，皆可牺牲……故能不怕死，不畏难，以一敌百，以百敌万。"古语云，"精诚所至，金石为开"。中国人民抗日战争之所以取得伟大胜利，就在于国共两党共赴国难，全国人民同仇敌忾，万众一心。

"亲爱精诚，继续永守，发扬吾校精神"，这是黄埔军校校歌中的歌词，校园上空到处飘扬着这歌声。"亲爱精诚"的大标语，写在校门口的墙壁上，让在校学生随处可见，并印在毕业证书上，让离校的黄埔生随时感受到校训的存在。1924 年 11 月底颁发的黄埔军校第 1 期毕业证书，在 4 个角上的文字即是校训"亲爱精诚"。此后，各期的毕业证书、证章，也将"亲爱精诚"的校训印在显著位置。后来此 4 字有所变动，但其基本精神未变。

黄埔校训"亲爱精诚"是遵循校总理孙中山的和平奋斗建军思想制定的，是黄埔建校的精神支柱，是动力，是灵魂。回想当年，众多有志青年为共同理想来到黄埔，却因不同的理想分道扬镳。黄埔校友未能实现孙中山先生"亲爱精诚"校训，实现中国统一，不能不说是最大遗憾。因此，继承和发扬"亲爱精诚"的革命精神，在祖国尚未统一的今天，有着重要的现实意义。

三、"团结合作"是黄埔精神的显著特点

黄埔军校之所以是一所新型的军事政治学校，"新"的最耀眼亮点，就是国共两党合作创办。黄埔精神具有顽强的生命力，在很大程度上在于它坚持贯彻了校总理孙中山当时所制订的联俄、联共、扶助农工三大政策的精神。这是黄埔精神的一个显著特点。正因为如此，它才有着极强的感召力。贯彻三大政策，国共两党亲密配合，共同致力振兴中华，这是当时许多有志青年投奔黄埔的初衷，也是真正的黄埔精神之所在。

国共两党密切合作的黄埔军校建立之初，这里是一块共产主义和

三民主义都可同时谈论的土地，校中的政治言论比较自由。军校训令中明确规定：社会主义、共产主义、马克思主义等书籍，本校学生皆可阅读。除了政治课所阅读的《三民主义浅说》《帝国主义》《国民革命概论》这些小册子之外，还有机会读到诸如《苏联研究》《社会进化史》《社会主义原理》《经济学大纲》《中国职工运动》《中国农民运动》这种政治色彩很红的书。

由于国共两党的共同努力，黄埔军校首创崭新的革命制度，培养了大量的军事政治人才，建立了反帝反封建的赫赫战功，驰名中外。军校迅速发展成为体制健全、组织严密、规模庞大的革命武装组织，国共两党的许多著名人物都毕业于该校。随着革命形势的发展需要，先后在潮州、南京、长沙、武汉又设立了4所分校。黄埔军校在国民革命时期前后招收了6期学生，其中毕业4期。第5期在大革命失败时即将毕业。这5期学生，大都参加了国民革命军，成为军中的骨干力量。在轰轰烈烈的大革命年代里，黄埔军校荣获"国民革命中心"的崇高称号，领受了"东方红军"的灿烂锦旗，对推动中国革命历史的发展作出了不可磨灭的贡献，在中国现代革命史上占有重要地位，产生了深远的影响。黄埔军校之所以能在短短的几年里闻名中外，其主要原因之一就是国共两党的真正合作。

国共两党在那时的合作有着坚实的政治基础，有着反帝反封建的共同目标。因而两党能从军校的筹建、开办到革命军的建立、东征与北伐，真诚团结，合作战斗，汗水、鲜血流在一起。当然，团结合作必须坚持国家民族利益高于一切的原则。中国共产党代表全民族绝大多数人的利益，因此，她必须和包括国民党左派在内的一切进步力量紧密地团结在一起，与反对团结合作、牺牲国家民族利益的极右势力进行坚决的斗争。只有这样，统一战线才能巩固。反之，只讲消极团结，忽视积极的斗争，甚至采取妥协退让、步步后退的政策，反动势力就会得势，统一战线就会遭到破坏，国家民族就会遭殃。大革命失败的历史证明了这一点，教训是深刻的。由于国民党右派背离了共同的目标，破坏了国共合作，从而改变了黄埔军校的性质和方向，使军校变成了培养反革命骨干的基地。当年同窗学友，战场上又兵戈相见，致使国共两党都受到损失。

轰轰烈烈的大革命失败了，但是孙中山所倡导的黄埔革命精神并没有泯灭。它由革命的黄埔生保持着，并在共产党所领导的革命运动中继续发挥着革命的作用。反共内战时期，日军乘虚而入，给中国人民带来了深重灾难。共产党人和革命的黄埔生高举团结抗日的革命大旗，推动了国共两党重新合作。在民族危机前，国共两党再次携手，并肩战斗。黄埔出身的教员学生又在挽救民族危亡的统一号召下，和全国人民奋起抗战，经过艰苦卓绝的斗争，终于打败了日本侵略者。

抗战胜利后，全国人民是希望国共两党继续合作，和平建国，但遗憾的是，在国家需要和平建设、同胞需要休养生息的时候，蒋介石却撕毁了国共两党于1946年10月10日签订的和平建国协定。他过分相信军事解决问题，结果在他担任"中华民国总统"的第二年，就从大陆败退到台湾，致使台湾与大陆同胞骨肉分离。究其原因，是他背离了孙中山的革命宗旨，违背了"团结合作"的黄埔精神。

黄埔军校的发展史证明，团结则兴，分裂则衰，这是一条颠扑不破的真理和永恒的规律。

四、"奋斗牺牲"是黄埔精神的直接诠释

黄埔创校的方针，是培养牺牲个人一切的革命军人。"升官发财请往他处，贪生畏死勿入斯门"，这是矗立在黄埔军校校门的一副对联，横批"革命者来"。奋斗、牺牲，在一代又一代的黄埔人心中，这是对他们一生坚守的黄埔精神最朴素、最直接的诠释。

孙中山在1924年开学典礼上的演讲中说："当革命军的资格，是要用什么人做标准呢？简单地说，就是要用先烈做标准，要学先烈的

行为，像他们一样舍身成仁，牺牲一切权利，专心去救国……我敢说革命党的精神，没有别的秘诀，秘诀就在不怕死。要能够有这种大勇气，在心理中就是视死如归；以人生随时都可以死，要死了之后，便能够成仁取义。"黄埔军校师生官兵受这种教育与精神的熏陶，在平时奋力做事，竭尽职守，洁身自律；在作战中义无反顾，不怕牺牲，拼死战斗。

通过军校教育，新入校的黄埔生明白了"主义"的内容，明白了世界上血染的东西最珍贵，明白了什么是无我，什么是牺牲。死亡无处不在，但一些人的生恰恰是另外一些人的死换来的，人在关键时候必须舍弃自己。

黄埔军校的课堂时刻连通着战场。从军校创办之初的东征、北伐到后来的抗日战争，为国家和民族牺牲的师生不胜枚举。每次战役，无不洒有黄埔师生的鲜血；每个战场，无不埋有黄埔师生的忠骨；每本战史，无不记载着黄埔师生的业绩。无数黄埔师生用自己的鲜血和头颅，不懈奋斗，勇于牺牲，铸就了这座军校的赫赫战功和声誉威名，也铸就了一段忠魂浩荡的鲜活历史。

在平定商团叛乱之战中，800名入学不到半年的黄埔学生军初试啼声，3天时间便使4000敌人全部缴械投降。棉湖战役中，黄埔军校教导第1团与10倍于己的精锐敌军相遇，军校全体官兵皆英勇顽强，不顾性命与敌相拼。攻打潮安城时，学生军只有12名，冲入城内，吓跑了驻在城内的洪兆麟部守军。打淡水时，学生军争先恐后，不知道什么是生死。他们在战斗中"个个不怕死"，"这种精神，亦就是平日主义训练的结晶"。第二次东征从1925年10月初开始，仅用了1个多月的时间，就彻底打垮了以陈炯明为首的军阀，收复东江，实现了广东的统一。在北伐战争时，革命的黄埔生正是在这种黄埔精神的鼓舞下乘胜前进。他们作为北伐军的核心力量，对于北伐战争的胜利，起着重要的作用。他们冲杀在前，起到了先锋和模范作用。因而"不及半载，迭克名城，会师武汉，其奋斗勇敢之精神，至可钦佩"。黄埔之名，极一时之盛。吴佩孚曾哀叹，自己的军队是"不怕死"，而黄埔军是"不知死"，"胜败之分，就在于此"。

在中华民族危难关头，国共两党第二次携手合作，黄埔师生再次并肩战斗，共同抗击日本侵略者。在 14 年抗战中，国共两党黄埔师生几乎无役不从。史料记载，在抗战时期的国民革命军中，有 200 多名黄埔生担任师长以上军职，指挥全国三分之二的精锐之师，在全国各战场上抗击或抵御日本侵略者。由黄埔师生统领的国民党中央军以及敌后战场的八路军、新四军，是取得抗日战争最后胜利的主力军。轰轰烈烈的抗日战争，黄埔军校师生是中国的灵魂人物。

1933 年 3 月，日军先头部队由东北长驱直入，一直深入到热河境内的长城脚下。蒋介石迫于战局和舆论压力，急调中央军增援长城前线。先后奉调的第 107 军 3 个师，军官几乎全是黄埔生。第 2 师师长董杰、旅长郑洞国，第 25 师师长关麟徵、副师长杜聿明，第 81 师师长刘戡，全是黄埔 1 期生。黄埔名将戴安澜、王润波、郑庭笈、覃异之、罗奇等人，都参加了这次战役。这 3 个师在长城一线，与装备精良的日军激战了 2 个月，古北口一带所有的高地都化作了焦土，共有 170 多名黄埔生的忠魂长眠于长城脚下。

1937 年"八一三"淞沪抗战，中国军队在淞沪战场投入大量精锐部队，损失 18 万人，其中有不少黄埔生。史学家黄仁宇为此评价说，中国抗战先用苦肉计，再用空城计。所谓苦肉计，是先在淞沪战场投入以黄埔军校生为主的中央军，牺牲嫡系部队，让那些马家军、龙家军、粤军、川军都跟上来。黄埔师生走在前面，全民一致，同仇敌忾。

黄埔 4 期生林彪和 1 期生杜聿明分别在山西平型关与广西昆仑关打了两场抗日的著名战役。两次战役是黄埔军校课堂上教官讲授的两种不同形式的典型进攻战例再现：林彪是占据居高临下的有利地势，打的是巧仗，是战略战术上的出其不意、攻其不备；杜聿明是仰攻

"一夫当关，万人莫开"的昆仑关，是实打实、硬碰硬的攻坚战。林彪指挥的是小米加步枪的"土八路"第 115 师；杜聿明带领的是中国惟一机械化军第 5 军。对手同是号称"钢军"的板垣征四郎师团。林彪打的是第 21 旅团辎重队和后卫部队；杜聿明攻击的是第 12 旅团主力。平型关大捷是中国军队节节败退时炸响的一曲凯歌，打破了日本"皇军"不可战胜的神话；昆仑关之战又使中国军心、民心振奋，愈战愈勇。黄埔生林彪、杜聿明也由此在全国威名大震。

中国人民抗日战争，是中华民族近代以来抗击帝国主义侵略为时最长的战争，也是自中国几千年有文字记载的历史以来一次规模最大、范围最广、参战人数最多的战争，更是中华民族自屈辱的鸦片战争以来惟——次取得全面胜利的战争。有资料统计，自"八一三"淞沪会战到全面抗战胜利，有 21 次会战，1117 次大战斗，38 931次小战斗。在这个磨砺与检验着民族精神的战场上，黄埔师生经历了血与火的考验。中国军队发扬黄埔精神，无数黄埔学生抛头颅，洒热血，救国救民，左权、赵尚志、赵一曼、戴安澜等抗日英烈是黄埔群体的杰出代表。仅在中国军队赴缅作战期间，阵亡的黄埔军校师生就有 5700 人之众。14 年抗战，黄埔出身的 97 位将军壮烈牺牲。虽然无法统计在整个抗日战争期间有多少黄埔师生为国捐躯，血沃中华，但可以完全肯定地说，在 3500 多万殉难的中国军民中，在血肉组成的抗战长城上，每一块砖石都洒下过黄埔师生的汗水、泪水，浸透过黄埔师生的鲜血。这鲜血化为了永不凋谢的鲜花，更化为了对一个不屈民族的英雄赞歌。

黄埔军人在国家和民族存亡面前，都表现出革命军人视死如归的精神，无数黄埔军人血洒疆场。各位黄埔军校抗战先烈，每一个人站起来都是一尊铜像。黄埔革命先烈创造了历史，历史上应该有他们每一个人的名字。当年日本帝国主义想灭亡中国，一般中国人束手无策，恨自己软弱无能，希望有强者出头。在天下苍生引领而望的时候，各位抗战先烈站了起来，以"大侠"的勇者姿态走上前去，"我不入地狱谁入地狱"，"成功不必在我"。在如此一大群先烈的引领下，中国人民用血肉筑长城，用鲜血洗国土，终于取得最后胜利。日本投降，中国成为世界五强之一，联合国的发起人。中国人民永远记得，各位抗战先烈那种先天下之忧而忧、公而忘私、牺牲小我的高大形象，感念并弘扬着他们那种为国家、为民族而勇于奋斗牺牲的精神。

20世纪初，国共合作、精诚团结的黄埔军校，那种昂扬的革命精神，洋溢在每位黄埔师生的脸上，贯彻于课堂和作战的始终。军校为反帝反封建的民主革命培养了大批政治军事人才，为广东革命根据地的统一和北伐战争的胜利建立了卓著的功勋，宣传和传播了革命思想，支持和推动了工农运动。两次国共合作期间，黄埔出身的国共两党将士在黄埔精神的激励下，在东征、北伐和抗战中的出色表现，一起树立起为国家为民族建功立业的历史丰碑，共同为中国人民反帝反封建的事业作出了不可磨灭的重大贡献。

在中国近现代革命史、建军史、建党史、国共合作史、统一战线史上，黄埔军校都占有非常重要的地位。特别是由于历史的造化，国共两党军队都与黄埔军校有着深厚的渊源，可以设想，如果没有这种革命精神，就没有黄埔军校，那么，中国20世纪的历史可能要重新改写。

从黄埔军校的发展轨迹看，军校武装力量是国民革命军建军的最早"原始积累"。1927年后的黄埔军校，其领导权长期由蒋介石把持，使军校成为国民党的御用机构，所培养的将领在国民党军队中形成举足轻重的黄埔派系，成为蒋介石的嫡系"中央军"和控制军队的主要力量，也是国民党统治大陆22年以及败退台湾后对台湾进行统治的军事台柱。黄埔军校还成为国民党创办其他军校的典范。20世纪30年代，国民党政府创办了一系列军校，如陆军步兵学校、陆军炮兵学校、陆军骑兵学校、陆军辎重兵学校、陆军机械学校等。这些学校不仅在教育体制等方面效法黄埔军校，而且不少领导也是出身于黄埔军校，他们在潜移默化中也把黄埔精神多多少少地带到了这些学校，为正在开展的中国抗日战争，培育了一批前线急需的基层指挥员和各科技术人才。

国共合作的黄埔军校，也是中国共产党建军实践的开端，为人民军队建设积累了初步经验，并培养了大批军政干部。中国共产党成立的最初几年，还不懂得直接准备战争和组织军队的重要性，但通过参加创办黄埔军校，通过对黄埔军校培育的"奋斗牺牲"精神的深化理解，开始懂得了军事的重要。军校师生中的共产党员成为当时中共掌握部分国民革命军，及其此后创建人民军队——中国工农红军、八路军与新四军、人民解放军的中坚骨干力量。他们为人民武装的创建、发展和壮大，建立了不朽功勋。此外，还有众多的黄埔师生在中国共产党领导下，在"爱国革命"的黄埔精神鼓舞下，走上了真正的革命道路。土地革命战争时期，跟着中国共产党继续革命的黄埔师生，参加了几乎所有的重大武装起义，为革命战争的发动和发展，为红军和苏区的建设，为白区斗争的开展，奠定了坚实的军事斗争基石。

黄埔军校不仅使中国共产党开始认识到军事的重要性，也认识到军事教育的重要性。中国共产党创建红军后，即借鉴黄埔军校的经验，创办了教导队和一些随营学校。毛泽东说，北伐时期有个黄埔，我们要办一个"红埔"，搞个培养干部的基地。中央红军军事政治学校随即开办。1936 年"抗日红军大学"（后改名为"中国抗日军政大学"）成立，毛泽东在开学典礼上说："第一次大革命时有一个黄埔军校，它的学生成为当时革命的主导力量，领导了北伐成功，但到现在它的革命任务还未完成。我们的红大就要继承着黄埔的精神，要完成黄埔未完成的任务，要在第二次大革命中也成为主导的力量，即是要争取中华民族的独立解放。"[①]

---

① 中国人民解放军国防大学：《中国人民抗日军事政治大学史》，北京：国防大学出版社，2000 年版，第 17 页。

多年以来，在争取民族独立和祖国统一的长期斗争中，中国共产党始终不渝地弘扬着黄埔精神。如抗战时期的延安黄埔同学分会，以"团结抗日救国"为职责；现代新时期的全国黄埔同学会，以"致力振兴中华，促进祖国统一"为己任。因此，发扬革命的黄埔精神，汲取国共合作与分裂的经验教训，对于促进祖国的统一具有重要意义。

历史证明，发扬黄埔精神，国共两党紧密团结合作，致力振兴中华，就会给国家民族带来好处，相反就会损害国家民族的利益。孙中山曾多次指出："统一是全体国民的希望，能够统一，全国人民便幸福，不能统一，便要受害"，并希望"凡是爱国的中国人，都应该为祖国的和平统一而努力奋斗"。今天，我们的国家尚未实现统一，台湾海峡两岸面临着紧迫的形势和新的历史要求。国家要统一，是民心所向，是民族意愿，是不可阻挡的历史潮流。在当前，黄埔精神"爱国革命"的现实意义，无疑就是要促使两岸的和平统一。有"台独"分子妄图把台湾从祖国分裂出去，是最大的不爱国和反革命，是现代的汪精卫之流。因而宣传黄埔精神，发扬黄埔精神，发挥好黄埔军校同学会在"反独促统"大业中的重要功能，对于推动海峡两岸合作，致力振兴中华，仍有着针对性很强的促进作用。

思考题：

1. 黄埔精神产生的背景和过程是什么？

2. 怎样精炼、准确概括黄埔精神的内涵？

3. 论述黄埔精神对黄埔师生的重大影响。

4. 今天如何理解和传承黄埔精神？

第二十九讲

黄埔军校的历史功绩体现在哪些方面

　　黄埔军校的历史功绩是多方面的。建校伊始，国共两党合作办校，本着"亲爱精诚"的校训，首创了崭新的革命制度，迅速发展成为体制健全、组织严密、规模庞大的武装革命组织，在当时被誉为国民革命的中心。黄埔军校因时而建，因势而为，为国共两党培养了许多军事将领骨干和政治人才，完成了结束军阀割据混战局面的东征、北伐，为抗日战争的胜利作出了重大牺牲和贡献，对中国军事思想、军事制度、军事教育的发展产生了极大的影响，并对今日中国的统一大业有着非常重要的承前启后作用和启迪意义。

一、培育了一批战将勇士——黄埔军人

　　黄埔军校，因黄埔军人而兴，因黄埔军人而荣。

　　这是一群追求进步的热血青年，他们集聚黄埔，寻求救国救民的真理。那个年代，军阀混战，民不聊生，西方列强幕后操纵，虎视眈眈，意图对四分五裂的中国进行各种形式的侵略与剥削。目睹生灵涂炭的残酷现实，中国青年以天下为己任，在深重的民族苦难中迸发出了壮志豪情。为"创造革命军队，来挽救中国的危亡"而成立的黄埔军校，具有磁石般的强大凝聚力，吸引了成千上万的爱国英才。军校所在地虽然仅是广州珠江口上的一个弹丸小岛，但在这里既能解决一

般青年的各种困难问题，又能满足他们的革命要求，投笔从戎成为有志之士的第一选择。他们以投考黄埔军校为荣，有的更是视其为唯一的人生出路。"到黄埔去！"一时成为那个时代胸怀大志的青年们最时尚的口号和志向，成为年轻学子们一个重要而实际的前途。来自五湖四海的这些优秀青年，是那时的"高考状元""尖子生""帅哥"，更是那个时代顺应历史大趋势的先知先觉者。黄埔军校成为中国青年乃至邻近各国青年的一个集合场，成为他们学习革命军事战略战术的一个理想王国。他们抱着"打倒列强，救中国"的雄心壮志，勇敢地舍弃家庭，抛弃富足的生活，牺牲一切，从各地汇聚到革命军的重地来，学习革命的先进军事理论和技术，准备着成为民族解放的先锋，从此走上了"以戈止武"、保家卫国的革命军人道路。

这是一群训练有素的青年学子，他们在这里接受了脱胎换骨般的革命大熔炉冶炼。伟大的爱国主义者、民主革命的先行者孙中山先生，在中国共产党的支持和帮助下，创建黄埔军校。他十分重视办好这所军校，主张以革命主义办校，发挥国共两党成员在军校中的作用。为了培养真正的革命军人，军校采取军事与政治并重、理论与实践结合的教育方针。本着"亲爱精诚之校训，以陶冶其性情，使能忠诚服务，重视职责，恪守军纪党纪，养成革命之精神"，旨在提高学生的政治觉悟，让学生不仅知道枪的射击方法和要领，而且知道枪要向什么人射击，使他们自觉地成为反帝反封建的革命战士。黄埔学生一边学习，一边战斗，毕业后多数派到军校教导团担任下级军官，成为战斗骨干。"洪炉出好钢"，军校的系统教育，使一批批热血青年从这个小岛、从这所军校走出来，迅速成长为带兵治军的杰出指挥官。黄埔军校硕果累累，最重要的贡献就是为国共两大阵营输送了大批军事政治人才。无论是国民党阵营还是共产党阵营，都涌现出了一大批来自黄埔军校的高级将领，显露出黄埔军人的堂堂阵容。

这是一群叱咤战争舞台、驾驭历史风云的黄埔军人，他们毅然担负起统一国家、民族解放的历史重任。他们在黄埔军校中虽然接受教育和训练的时间并不长，但在战场上置生死于度外的英勇气概和势不可挡的凌厉攻势令人惊叹。大敌当前，国难当头，他们所体现的是一种"国家兴亡，匹夫有责"的历史担当和民族气节。他们有着虔诚的信仰、激荡的热血、无畏的精神，有着心怀家国的理想，创造了许多辉煌的战绩。在黄埔军校的战争史上，不畏牺牲、奋勇杀敌的英雄事迹数不胜数。不论是在东征、北伐战争中，还是在抗日战争中，黄埔军人都冲锋在前，英勇作战。国共两大阵营的前排中坚领军人物中，都可见黄埔师生活动的频繁身影。在轰轰烈烈的战场上，黄埔师生实践了自己的誓言。在血与火的考验中，黄埔军人为国家为民族赴汤蹈火，冲锋陷阵，舍生忘死，以他们的鲜血和生命，书写了爱国、革命、团结、奉献的精神，名垂千古。

黄埔军校为厚重的中国历史词典增添了一个新名词：黄埔军人。这群人用信念忠诚、流血牺牲，建树了黄埔军校历史功绩，实现了人生的价值抱负，铸就了爱国革命的黄埔精神。正是因为有这样一个群体，他们有志向、有追求、有本领，敢于担当、不畏艰难、不怕牺牲，才使黄埔军校的历史令众人敬仰，才使黄埔军校这块历史招牌熠熠生辉。

二、建树了一代战功卓绝的伟业——黄埔战史

黄埔军校的盛名，建立于根植血火战史的历史功绩。大批青年学子经过严格的军事训练和政治教育，义无反顾地奔赴东征、北伐和抗日战场。打倒军阀，灭除列强，抗击日寇，为国家独立、民族解放不畏艰险，英勇奋战，浴血疆场。

1925年，广东革命政府的两次东征，是中国近代战争史上重要战役之一，也是国共两党第一次联手作战。东征军中的黄埔师生人手一册《训诫》，主要内容有："军人最后目的，是在于死。古语所谓'好

汉死在阵头上’，孔子所谓‘杀身成仁’是也。”出征的口号是："不要钱，不要命，爱国家，爱百姓。"校刊《青年军人》刊登《敬告士兵同志们》书："我们这次出发的时候，就应该千万爱护人民！不可扰乱人民！如果我们扰乱人民，人民也就用我们打倒陈炯明的手段，同样来打倒我们了！"校长蒋介石诫勉东征将士："国家存亡，主义成败，在此一举。望各将士万众一命，协力同心，奋勇前进，歼灭叛逆，以副我大元帅之期望。"黄埔校军是东征的主力军之一，全体官兵英勇顽强，不避艰险，不畏牺牲，奋勇杀敌，纪律严明。军校第一期毕业生蒋先云在《由前敌归来》报告中详细记载了同学蔡光举受重伤，肠子流了出来，仍然坚持作战。报告称：革命军的头衔，不是赠品，不是专利品，革命军须仰承革命党和革命政府的使命，须为全民众的解放而奋斗，须有为党、为主义、为国家、为民众而牺牲的决心。这次决定广东革命政府命运的胜利，是国共两党将士并肩浴血奋战所取得的战果。这次统一广东战争的胜利，也是中国历史上第一次将政治工作制度实施于军事工作与战斗的战役，充分证明了政治工作的巨大威力，在中国军事史上是十分重要的大事。政治工作在以后的北伐战争、国民革命以及整个中国革命中的作用以此奠定了基础，并建立了政治工作的威信，对中国共产党创建新型的人民军队提供了有益的借鉴。黄埔军校在东征后，以崭新的面貌出现在中国人民面前。

北伐战争，是一次武装反帝反封建的革命战争。从 1926 年 7 月广州誓师出征到 1927 年夏天，短短 1 年时间，席卷东南各省，连克武汉、南昌、南京和上海。战斗之烈，取胜之速，军威之盛，实我国近现代战争史上所罕见。在这次战争中，黄埔军校为各路军队输送了大批军事政治人才。北伐军的阵容和实力，即是以黄埔师生为主要支柱的。通过统一广东的历次战斗，依黄埔军校的军事和政治骨干为基础，以军校教导团为核心力量起家，一年之间从校军、东征军、党军，进而扩编成国民革命军。黄埔师生以统一广东的如日中天的威望，赢得领居国民革命首脑和主干的地位，在北伐军总司令部各军事中枢部门担任重要职务。第 4 军叶挺独立团中的黄埔毕业生、共产党人数最多，他们先于誓师大会前荣任"北伐先锋"，挥军挺进湘鄂，为北伐军首传捷报，再荣获"铁军"盛誉。黄埔师生高举北伐大旗，奋勇当先，历经百战，"不知什么是生死"，血溅山河，让群众看到了这是一支真正有战斗力的"思想军"。黄埔师生为震动中外的北伐战争创立辉煌战功，黄埔军校的声威也进入高峰。北伐战争是一场规模空前的反帝反封建的革命战争，沉重打击了北洋军阀的统治，影响深远。同时，也使中国共产党人认识到开展武装斗争的极端重要性，开始了创建工农红军、进行土地革命的新时期。

抗日战争，是中国近现代史上伟大的民族解放战争。在中华民族危急的生死存亡关头，国共两党中历经了合作分裂的黄埔军人再度携手，他们高举爱国主义的大旗，前仆后继，共赴国难。国民党军队中，从最高统帅部到各战区、集团军，黄埔师生出身的将校数以百计，他们率领国民党军官兵开辟正面战场，与日军浴血奋战。在中国共产党领导下的八路军和新四军中，从总参谋长到师、旅、团长，从各军区司令到分区指挥员，也有众多黄埔军校出身的将领，他们领导广大指战员配合正面战场作战，长期活跃在华北、华东、中南和东北敌后战场，日益成为中国抗战的中坚力量。黄埔师生在正面战场、敌后战场及各个战线上相互配合，相继发起了震惊中外、气势恢宏、空前惨烈的淞沪抗战、忻口会战、南京保卫战、平型关之战、百团大战、台儿庄之战、武汉会战、长沙会战、滇缅之战等著名战役，给日军以沉重打击。黄埔军校出身的国共两党官兵战斗在一起，流血在一起，胜利在一起。经 14 年浴血奋战，取得了自鸦片战争以来中国人民反侵略战争的第一次伟大胜利。有资料统计，黄埔军校毕业生在抗日战争中牺牲 2 万余人。

著名民国史专家唐德刚说："没有黄埔军校就没有北伐。国共两党的高层人士都和黄埔军校有关系，可以说没有黄埔军校就没有现代中国，整个一部中国近代史，逃不掉黄埔的影子。黄埔军校诞生于中国的军阀时代，它的诞生统一了中国的革命军，打掉了军阀，开启了中国的一个新时代。"

一页黄埔战史，万千黄埔英灵。每当中华民族危难时刻，广大黄埔师生挺身而出、赴汤蹈火，担当起救国救民的重任，东征、北伐、抗战，都书写了可悲可泣的壮丽篇章，成为中华民族不可磨灭的共同记忆。辉煌的黄埔战绩，有着众多英雄的故事，成就了黄埔军神的历史，正在流行为传说。

三、礼升了一种新的中华民族文化——黄埔精神

"爱国革命"是黄埔精神的核心内容；

"亲爱精诚"是黄埔精神的关键要点；

"团结合作"是黄埔精神的显著特点；

"奋斗牺牲"是黄埔精神的直接诠释。

黄埔军校之所以能够在中国革命的历史进程中产生重要影响，成为一所闻名遐迩的著名军校，一个很重要的原因，就在于所确立的以黄埔精神为主要标志的军校图腾。

黄埔精神所包含的内涵，既是中华民族精神的体现，也是那个时代价值观的反映。黄埔精神是在中国革命的特殊历史条件下提出和形成的，来自黄埔军校的创建、黄埔师生的奋战，也来自国共两党的合作、中国革命的新生，更来自中华文化的传承、民族精神的发扬。黄埔精神作为一种文化形态，本质上反映了一种价值观。尤其是其中最核心的爱国主义精神，与当今时代的社会主义核心价值观中倡导的爱国有着鲜明的契合之处。

黄埔精神代表了那个时代的中国先进文化。20世纪20年代是个特殊的历史时期，黄埔军校的校园文化形式多样、内容丰富，充分展现

了那个年代的特色和永不泯灭的时代精神，成为中华先进文化特定时代的标记。如军事政治演讲、自由讨论、创办刊物、活跃的学生社团活动、浓烈的革命校园环境气息、学校管理法制化和正规化等。国共合作时期的黄埔军校，物质生活虽然十分艰苦，但学生们的精神生活却是丰富多彩的，军校中充满了乐观向上、团结互助、平等友爱、和睦融洽的文化氛围。

孙中山十分注重黄埔军校的校风养成，亲自为军校制订了"亲爱精诚"的校训，号召军校师生为革命事业团结起来，共同奋斗。他认为，之前的旧军队都是建立在雇佣制基础之上的，他们中的绝大多数都是因为生计才去当兵，其目的是升官发财。显然，这样的人当然不能成为革命军的一员。革命军的基础，就是要有革命的志气，树立革命的理想，坚定正确的价值取向，一生一世，都不存在升官发财的心理，只知道做救国救民的事业。

黄埔军校十分重视以校园文化耳濡目染的潜移默化教育形式，引导师生们的情感认同和行为选择，把反对封建落后思想，传播科学进步的革命思想作为使命，表现出强烈的爱国主义精神，使军校文化迅速与群众文化相结合，被广大师生所接受，成为引领时代先进文化发展的旗帜。"升官发财请往他处，贪生畏死勿入斯门"的对联贴在军校大门口，"爱国家，爱百姓，不要钱，不要命"的口号在校园内外叫得震天响。这些对联和口号，时刻提醒着黄埔师生要有无私奉献的精神，要以国家和民族利益为重，使学生有了明确的奋斗方向，有了革命的精神与勇气。校训、校歌、校风等成为军校文化和黄埔精神的重要组成部分，也是对黄埔军校治学精神、办学风格、人文传统的高度概括，具有激励、引导、劝勉和规范的作用。

黄埔精神贯穿于军校的军事政治教育中，成为培养人才的核心价值观。国共合作时期的黄埔军校区别于一切旧时学校，无论从硬件设施还是软件环境都注重导向作用，使得出身不同、党派不同、学识不同的学生都能在黄埔这个革命的营寨中得到改造和提高,实现了世界观、人生观的转变。在长期艰苦卓绝的革命进程中,黄埔精神鼓舞了黄埔师生在任何时候都以国家和民族的利益为重,勇于抛弃自己的一切,一心从事革命的事业。广大黄埔师生经过血与火的洗礼,用鲜血和生命铸就了黄埔军人和黄埔军校的"灵魂"。在这种精神的灌输和影响下,黄埔军校所培养出来的学生战无不胜,军校因此名扬海内外。

四、打造了一块闪亮世界的历史名牌——黄埔军校

黄埔军校,是为创造革命军、挽救中国危亡而兴办的革命军事学校。1924 年,在共产国际的帮助下,国共两党以"党内合作"的形式实现了第一次合作。这为黄埔军校的诞生集聚了合力,创造了契机,并最终使得黄埔军校成为开启中国革命新征程的重要载体,是时代孕育和时机造就了这所享誉中外的军校。

黄埔军校重在政治建军,启发学生自觉学习和战斗。这是当时其他军校所没有的特点,也是军校能在短时间内让学生完成从一个普通民众转变为爱国军人的原因之一,为日后人才的培养打下了坚实的基础。黄埔军校设置政治部和党代表制度,在中国军事教育史上都是前所未有的崭新制度。旧式军事学校往往与民众相脱离,黄埔军校则注重与民众相结合,全力支持人民群众的革命斗争。如军校师生声援上海工人的"五卅"反帝斗争,拥护省港工人的罢工斗争,帮助广东农民自卫军和广州农民运动讲习所学员进行军事训练。先后参加了平定商团叛乱,两次东征,平定杨(希闵)刘(震寰)叛乱,以及参加北伐战争,为统一广东和北伐战争身先力行,为民先锋。

黄埔军校的教育理念和教学方式蕴含着宝贵的创新经验。军校从创立开始,就形成了独特的办学理念、办学内容和办学方式。始终本着注重使用、不尚空谈的原则,逐步形成了丰富多彩、贴近实际的教学内容和灵活多样的教学方式。军校初创时期的生活条件非常艰苦,

师生们同心同德，与艰苦相伴，与奋斗相随，与快乐相邀，在克服困难的过程中磨练意志，在披荆斩棘的创业中开拓进取。军校开展多种形式的军政教育，唱军歌、演话剧、演讲、讨论会、发行刊物、发传单、写标语等，都是教育教学的重要内容和途径。不仅丰富了学生们的校园文化生活，更是多层面坚定了学生们的革命信念。军校在这么短的办学时间内，有如此丰富的教学内容，实行军事教育与政治教育并重的方针，既讲政治又讲军事，既讲理论又重实际，不仅在校学习，而且直接参加了大革命的斗争和作战行动。其结果是国共两党在这里培养了大批军政干部，造就了许多旷世杰出人才，他们共同进行反帝反封建斗争，为国家与民族建立了伟大的业绩。

黄埔军校对中国革命的历史进程产生了深刻影响。黄埔军校曾是国共联合战线共同培养新型军政干部的学校，在中国历史上的地位和作用是非常特殊的。它是中国历史上第一所培养革命军队干部的学校，所造就的许多军事政治人才，不仅在中国近现代史上占有重要地位，而且在中国军事教育史上具有不可忽视的重要地位。在中国近现代史发展的各个阶段，都能够看到黄埔军校、黄埔军人的深刻影响和重大作用。

国民党的各种军事学校都源于黄埔一脉。由于黄埔师生受到良好的训练，所以许多毕业生后来均成为国民党军事教育的骨干。诸如陆军军官学校（黄埔军校）校长关麟徵、张耀明，新疆分校校长宋希濂，空军参谋学校教育长王叔铭，南岳游击干部训练班教育长李默庵等，都是黄埔军校早期毕业生。1932年前后，国民党政府创办的步兵学校、炮兵学校、骑兵学校、通信兵学校、机械学校、工兵学校、辎重兵学校、防空学校、兵工学校等，不仅在教育体制等方面效法黄埔军校，而且这些学校的领导教育骨干多是黄埔军校毕业生。

黄埔军校对中国共产党领导下的人民军队军事教育，也产生了重要影响。中国共产党领导创建工农红军后，即借鉴黄埔军校的经验，创办了教导队和一些随营学校。毛泽东多次盛赞黄埔军校，称：创建黄埔军校是孙中山先生的战争事业。中国共产党通过参加创办黄埔军校进入了新阶段，开始懂得了军事的重要性。[①]北伐时期有个黄埔，我们要办一个红埔，搞个培养干部的基地。中国共产党随即开办了中央红军军事政治学校，再创办抗日红军大学（简称"红大"），后更名为中国人民抗日军事政治大学（简称"抗大"）。在3年后总结抗大成绩时，毛泽东称赞说："昔日之黄埔，今日之抗大，是先后辉映，彼此竞美的。"黄埔师生成为人民解放军军事教育的骨干，在其各个时期军事院校建设中发挥了重要作用，其中许多校领导和教员是黄埔师生，培养和造就了大批军政人才。

中国共产党学习军事、开展军事斗争，在某种程度上也与黄埔军校有着密切关系。在1927年建军后的武装斗争过程中，以及军事建设、军队建设过程中，包括在创建军事院校的过程中，都研究和汲取了黄埔军校的经验。1962年，朱德元帅与黄埔军人出身的陈奇涵上将、杨至诚上将谈话时，特别指出："研究党的军史时，应当从这个老根上研究起。"[②]他所说的"老根"，指的就是黄埔军校。

黄埔军校不仅对国共两党的军事教育产生了很大影响，而且对中国近代军事教育产生了重要影响。黄埔军校作为中国近代军事教育史上的第一所革命军事学校，标志着中国军事教育发展到了一个新的阶段。

黄埔军校这所赫赫有名的军校诞生于风雷激荡的大革命历史时期，汇集了国共两党一代精英，培养了大批安邦治国的军事政治人才。尤其是前几期的黄埔师生，经过20多年的战争，涌现出了一大批高级将领，成为国共两党军队的骨干力量和风云人物，成为中国战争史册上影响最大的群体。

黄埔军校在那个年代被列为世界四大军事名校之一，与苏联伏龙

---

① 毛泽东：《毛泽东选集》（第二卷），北京：人民出版社，1991年版，第547页。
② 本社编：《朱德选集》，北京：人民出版社，1983年版，第392—393页。

芝军事学院、美国西点军校、英国桑赫斯特军事学院同享盛名。这些世界著名军校都培养过很多军事人才，但像黄埔军校这样，不仅对于军事，而且对于政治，包括对整个国家历史进程都产生了如此大的影响，而且两个对立阵营都有同一军校的学生，这在世界上是极为罕见的。一所军校能够培养出如此众多的人才，其历史地位不可低估，其历史经验耐人琢磨，其历史故事注定将被传说成"百年老店"的传奇。

思考题：

1. 怎样理解和评价"黄埔军人"这4个字沉甸甸的历史分量？

2. 怎样充分认识黄埔精神礼升为中华民族文化的意义？

3. 试撰写新版《黄埔战史》的章节构架。

4. 今天我们应当怎样珍惜"黄埔军校"这块历史招牌？

第三十讲

学习和研究黄埔军校历史的现实意义

黄埔军校的历史经验值得认真总结，因为它不仅是一段英雄史诗，而且有着许多的历史借鉴价值和现实指导意义。特别是在当今社会，黄埔的背影与我们相去还不远，我们还能明显感受到黄埔军校强能量的高热温度，它有着直接的受惠传承、经验指导和学习借鉴价值。

一、爱国情怀的精神典范

爱国，是黄埔精神的第一内涵，也是黄埔军人成功成仁的门禁卡，更是黄埔军校之所以被全国民众认可的鲜亮名片。黄埔军校是为了挽救民族危亡而创建的，黄埔军人之所以能够迸发出所向披靡的斗志和力量，皆源于他们立志振兴中华民族的崇高理想和爱国情怀。

孙中山在黄埔军校开学典礼演讲中指出：开办军校"独一无二的希望，就是创造革命军，来挽救中国的危亡"。他要求黄埔学生"一生一世都不存升官发财的心理，只知道救国救民的事业"。我们要把革命做成功，"建设一个新国家"，为了中国的独立和统一，"以同世界各国并驾齐驱"，使中华民族"永远生存于人类"，我们"要学革命先烈的行为"，"不要身家性命，一心一意为国来奋斗"。《黄埔校歌》中也强调"杀条血路，引导被压迫民众"。军校教育学生"爱国家，爱百姓，不要钱，不要命"，培养学生爱国爱民的革命精神，这是黄埔军校与旧

425

时军校根本不同的。一批批革命青年正是满怀着救国救民的革命愿望和"打倒列强除军阀"的雄心壮志，汇集到革命的黄埔，学习军事和政治。而后他们积极投身于救国救民的东征、北伐战争、抗日战争中去，为民众的解放、祖国的独立而贡献青春和生命。爱国，成为军校师生的一种永恒精神力量，许多人从这里找到了原动力，激励着他们为祖国和人民的利益奋斗终生。

黄埔精神是黄埔军校给我们留下的宝贵精神财富，其核心是为统一中国、振兴中华而矢志不渝、顽强奋斗的爱国主义。"兄弟阋于墙，外御其侮。"无论环境多么艰难，这个群体都很少出叛国者。

爱国是一种深厚的感情，一种对于自己生长的国土和民族所怀有的深切的依恋之情。爱国主义作为中华民族的光荣传统，是推动中国社会前进的巨大力量，是各族人民共同的精神支柱。当今社会，更是引导人们，特别是广大青少年树立正确理想、信念、人生观、价值观，促进中华民族振兴的重要教育内容之一。今天我们传承黄埔精神，最主要的就是致力于祖国统一和民族复兴，弘扬历代仁人志士为祖国奉献一切的献身精神。

二、尚武精神的"补钙"能量库

说到黄埔军校，突入我们眼帘的军人形象，不仅是英姿挺拔的帅哥猛男，更是血气、豪气冲天的武侠壮士。黄埔军校，首先姓"军"，其教育方针是培养牺牲个人一切的革命军人，"尚武"的氛围充盈整个课堂教育和校园文化，其内涵不仅是以武自强、以戈止武，更重要的是血性、骨气和牺牲。

在中国社会，常人言谈中非常避讳那个"死"字，但在黄埔军校中，却是言必谈"死"，师生们是名副其实的"军人以战死为荣"。校门前那副著名对联把"死"字直接写了出来："升官发财请往他处，贪生畏死勿入斯门"，横批"革命者来"，实际上在直言"来者，必须做好死在这里的准备"。课堂上下,常闻师生把"牺牲"二字挂在嘴边,笑谈以死赴义,慷慨视死如归,先走后走而已。黄埔岛上的校园,与烈士陵园融为一体;师生寝室旁,长眠着东征和北伐的同学烈士遗骨。黄埔军校的课堂,时刻联通着战场。从东征、北伐到抗战,每次战役,无不洒有黄埔师生的鲜血;每个战场,无不埋有黄埔师生的忠骨;每本战史,无不记载着黄埔师生的功绩。无数黄埔师生用鲜血和头颅铸就了黄埔军校的赫赫战功和声誉威名,铸就了一段忠魂浩荡的鲜活历史。建校仅4年,黄埔军校编印《黄埔精神》,其中概括黄埔精神内涵主要是"牺牲、团结、负责"的精神,即"为革命而牺牲、为主义而团结、为总理而负责"的"三为"精神,这里面既有东征时期形成的"不要钱,不要命;爱国家,爱百姓"的"两不两爱"精神,也有北伐时期的"不怕死、不怕苦、不怕难"的"三不怕"精神。由此亦见,"牺牲"时刻凸显在黄埔军校的血色旗帜上,引导着黄埔师生冲锋陷阵,所向无敌。在国家和民族危亡面前,黄埔军人笑对死神,血洒疆场。由此我们也就可以释疑黄埔英杰曹渊、赵一曼之死的慷慨壮烈,不再迷思黄埔忠烈蒋先云、左权之死的惊奇。我们敬仰每一位黄埔先烈,他们站起来都是一尊顶天立地的铜像。由此可见,"尚武"是黄埔军人的本分,也是凸显于黄埔军校外在表现的重要标志。

中华民族是一个自古以来爱好和平的民族,但是,我们不应忘记"忘战必危"的古训。我们绝不鼓吹战争,但决不能放松军备,及时给全社会进行尚武精神的"补钙",才能从根本上预防和避免战争。因为一个没有脊梁的民族,势必会被世界潮流所淹没;一个没有伟大精神支撑的脊梁,必将被外力所折断。

三、兼容并包、团结合作的方法论意义

黄埔军校刚建立时,政治教育多是进行孙中山的革命思想教育,马列主义内容相对提得少一些。但孙中山先生是一个非常伟大、开明

的政治领袖，他在联俄、联共、扶助农工的主导思想之下，允许军校中存在与传播其他有利于国民革命的不同政见，实行兼容并包的政治教育理念，如指出"社会主义、集产主义均包于民生主义中"。黄埔军校的政治教育贯彻了这一理念，以孙中山革命的三民主义和马克思的共产主义为主导，对不同党派和不同学派的思想理论实行兼学相长的教学方针。特别允许三民主义、马列主义的共同存在，并达到相通相融、和谐发展。军校训令明文规定："本校学生为担负本党（指国民党）军事工作之中坚，除切实接受党的训练，努力研究本党主义，凡本党之一切出版物皆须细心阅读外，更必须注意世界潮流。所以，关于社会主义、共产主义、马克思主义等书籍，以及表示同情于本党或赞成本党政策而积力援助本党之一切出版物，除责成政治部随时购置外，本校学生皆可购阅。"军校还注重学习中国历史上的古兵法，吸收国外先进的军事思想，继承和发展中外优良的军事传统，开设了内容丰富的"世界军事"课程，为黄埔军校的蓬勃发展开拓了壮丽的前景。这是黄埔军校区别于以往任何旧式的讲武场所的显著标志之一。

黄埔军校，海纳百川，以巨大的包容性聚集了当时全国军界政界的各路贤达和社会名流，还有外国的军事专家。一时群英荟萃，叱咤世界风云。早期黄埔岁月，成为黄埔军校的金色年代，是那代黄埔军人的金色年华。那时的黄埔军校，汇集了共产党人的"红色"，国民党人的"蓝色"，甚至于还有点各地军阀的"灰色"等杂色，从而打造出一个全新概念的"金色黄埔"。自然界有一个物种发展规律：杂交的动植物优于原来的母本，混血儿总是要聪明、漂亮一些。孙中山的智慧和贡献，也正在于联俄、联共，他把代表那个时代先进思想、先进政体、先进军事的"多强"联合在了一起，突出实践即体现在以俄为师、国共合作建立黄埔军校上。如此强强联合，优势杂交，其硕果必然更加耀眼夺目。

在历史岁月的长河中，国共两党的黄埔同窗写就了同心勠力御敌保国的光辉历程。作为国共第一次合作的产物，两党都曾选派重要干部到军校任职，为军校的建设呕心沥血；两党也都在这里培养造就了大批军事政治干部，在国共两次合作时期共同进行反帝反封建斗争。两次东征，军事负责人是蒋介石，周恩来担负着政治领导工作，他们共同挑起了领导指挥东征军作战的重任。广东革命根据地的统一，是国共黄埔将士浴血奋战的结果。也正是由于他们的同仇敌忾，才取得了北伐战争的重大胜利。

从黄埔精英际会分合的历史可看出，国共两党黄埔将士中始终存在着信仰与主义的不同，并且始终围绕着信仰与主义展开激烈的斗争。尽管如此，黄埔出身的国共两党将领面对合作抗敌的局面，仍然在关键时刻实现两次合作，前后维持了 11 年之久（1924—1927 年，1937—1945 年）。究其原因，就在于当时国共两党都能以国家民族根本利益为重，从寻求国家民族的统一出发，求同存异，暂时搁置内部矛盾与分歧，和衷共济，反对共同的敌人，为中华民族在国际社会开创了新格局。

团结才有力量，携手合作方能走向成功。黄埔军校的兼容并包教育和团结合作办学模式，培育出了众多的军神将星；还有同时代抗日战争时期的西南联合大学（北京大学、清华大学、南开大学等联办），受教育的这群学生中后来产生了数位诺贝尔奖获得者。一个"联"字，成就了许多有志青年。看来无论是早期黄埔军校，还是稍后的西南联大，其成功教育的秘诀显然都与这个"联"字有极大关系。

四、祖国统一大业的桥梁纽带

自古以来，中华民族始终延续着追求大一统的血缘和文脉。古文献中的"大道"国家，"大同"社会，"修身、齐家、治国、平天下"等价值观和世界观，都包含着国家统一的治国思想。在中国历史上，"话说天下大势，合久必分，分久必合"，分合交错出现，但统一始终是历史发展的导向和主流。正如孙中山所说："中国是一个统一的国家，这一点已牢牢地印在我国的历史意识之中。正是这种意识，才使我们能够作为一个国家而被保存下来，尽管它过去遇到了许多破坏的力量。""统一是中国全体国民的希望。能够统一，全国人民便享福；不能统一，便要受害。"历史像一面镜子，印证了孙先生的谆谆教诲。

在黄埔军校的建校典礼上，孙中山曾说："革命事业就是要爱国，就是要救国救民，我要求诸君，从今天起，共同来担负这种责任。"这就是黄埔军校的爱国和革命的精神，成为黄埔军校的建校方针和治军灵魂。黄埔师生们投笔从戎，目的就是为了国家的独立和统一。担负着打倒列强，不受帝国主义的压迫和奴役，铲除国内军阀的统治和压迫，求中华民族的独立自主，求中国统一和民族复兴的历史使命。舍此之外，别无其余。纵观东征、北伐、抗日战争，具有黄埔精神的黄埔师生早已把自己的命运与国家独立和统一事业联系在一起。黄埔军校记载了国共两党合作的历史，在不同历史时期都体现了共同捍卫国家主权和领土完整的坚强信念；黄埔军人胸怀实现国家统一这个大目标，并坚守了这个大目标；黄埔精神体现了民族大义，自始至终与祖国独立和统一紧密相连。

历史蕴含着真理，黄埔师生用鲜血阐释了历史的真谛：国家分裂就会出现动荡衰败，国家统一则会兴旺强盛。历史昭示着责任，引领我们凝聚共识，尊重包容，守望共同的理想，肩负起新时代的重任。今天，两岸关系和平发展，民族团结强盛，是两岸同胞的共同之福；民族若分裂弱乱，则是共同之祸。国家富强、民族复兴、人民幸福，是孙中山先生的夙愿，是中国共产党人的夙愿，也是所有中国人的夙愿。历史虽然已经造就了今日海峡两岸的格局，但国家统一的大势确定了中国社会的历史走向。

今天，在推进祖国统一的进程中，同根同源、同文同宗、血肉相连的海峡两岸同胞，要寻找更多的共同点，而黄埔军校就是共同点之一，黄埔同学就是一个重要的纽带，黄埔精神就是深化两岸文化认同的一条直通隧道。以黄埔精神为重要媒介，加强两岸的深度交流，就能够发挥独特的桥梁作用。大陆自改革开放以来，海峡两岸的黄埔同学从对立、隔绝走向交流、对话，排除各种阻力与艰难，正沿着和平发展的方向不断前进，就是先行、先学的例证。

黄埔精神是海峡两岸的共同回忆，是两岸公认的文化宝藏和精神财富，其源流已经渗透进两岸同胞的血脉，沉淀于中华民族文化的历史基因中。因此，传承黄埔精神对两岸增进国家认同，具有发人深省的启迪意义。承载着价值观诉求的黄埔精神，是促进祖国统一、致力振兴中华的强大精神动力。两岸所公认的黄埔精神，将成为塑造价值观认同的宝贵财富，起着增进两岸文化认同的重要纽带作用。这也正是黄埔精神的凝聚力、感召力所在。两岸共同弘扬黄埔精神，不仅是共同传承中华文化，更是对两岸共同认可的价值观理念的锤炼和强化，有助于将两岸文化认同引向新的境界，进而实现向民族认同、国家认同的跃升，共同致力于实现伟大祖国的完整统一，用新的伟大奋斗创造新的伟业。

思考题：

1. 为什么说黄埔师生的爱国情怀是中华民族精神的典范？

2. 现代社会怎样从黄埔军校的尚武、牺牲精神中"补钙"？

3. 论述黄埔军校兼容并包、团结合作的方法论意义。

4. 论述黄埔军校在祖国统一大业中的桥梁纽带重要作用。

参考文献

1. 黄埔同学会. 黄埔血史 [M]. [出版地不详]：黄埔同学会，1927.

2. 刘秉粹. 革命军第一次东征实战记 [M]. 北京：中华书局，1928.

3. 黄埔同学会抚恤死伤同学募捐委员会. 黄埔精神 [M] //黄埔军校史料汇编：第二册. 广州：广东教育出版社，2013.

4. 中央陆军军官学校. 中央陆军军官学校史稿 [M]. [出版地不详]：中央陆军军官学校，1936.

5. 中国国民党党史史料编纂委员会. 黄埔建军三十年概述 [M]. 凤山：黄埔出版社，1954.

6. 切列潘诺夫. 中国国民革命的北伐 [M]. 北京：中国社会科学出版社，1981.

7. 广东革命历史博物馆. 黄埔军校史料（1924—1927 年） [M]. 广州：广东人民出版社，1982.

8. 中国人民政治协商会议广东省委员会文史资料研究委员会，广东革命历史博物馆. 黄埔军校回忆录专辑 [M] //广东文史资料：第37 辑. 广州：广东人民出版社，1983.

9. 聂荣臻. 聂荣臻回忆录 [M]. 北京：解放军出版社，1984.

10. 黄埔同学会. 黄埔军校建校六十周年纪念册 [M]. 北京：长城出版社，1984.

11. 陆军军官学校. 黄埔重要文献 [M]. 凤山：台湾凤山陆军军

官学校出版社，1984.

12. 台湾"国防部"史政编译局. 黄埔六十周年论文集［M］. 台北：台湾"国防部"史政编译局，1984.

13. 黄埔军校旧址纪念馆. 第一次国共合作时期的黄埔军校［M］. 广州：广东人民出版社，1986.

14. 宋希濂. 鹰犬将军—宋希濂自述［M］. 北京：中国文史出版社，1986.

15. 杨牧，等. 黄埔军校名人传略（一）［M］. 郑州：河南人民出版社，1986.

16. 杨牧，等. 黄埔军校名人传略（二）［M］. 郑州：河南人民出版社，1987.

17. 徐向前. 历史的回顾［M］. 北京：解放军出版社，1988.

18. 胥佩兰，郑鹏飞. 陈赓将军传［M］. 北京：解放军出版社，1988.

19. 王建吾. 黄埔军校三百名将传［M］. 南宁：广西人民出版社，1989.

20. 王建吾. 黄埔军校史论稿［M］. 郑州：河南人民出版社，1990.

21. 浙江政协文史编辑部. 陈诚传［M］. 北京：华艺出版社，1991.

22. 陈贤庆，陈贤杰. 民国军政人物寻踪［M］. 南京：南京出版社，1991.

23. 四川省黄埔军校同学会. 黄埔同学话今昔［M］. 成都：四川人民出版社，1994.

24. 黄埔军校史料编辑组. 黄埔军校史料（续篇，1924—1927）［M］. 广州：广东人民出版社，1994.

25. 丘宗诚，陆军军官学校. 黄埔建校七十周年专辑［M］. 凤山：［出版者不详］，1994.

26. 郭化若. 郭化若回忆录［M］. 北京：军事科学出版社，1995.

27. 金冲及，中共中央文献研究室. 周恩来传［M］. 北京：中央文献出版社，1998.

28. 黄埔军校旧址纪念馆编. 黄埔军校［M］. 广州：广东人民出版社，2002.

29. 杨弘. 周士第将军传［M］. 北京：解放军出版社，2003.

30. 叶学成，四川省黄埔同学会. 黄埔军校建校八十周年纪念册［M］. 成都：［出版者不详］，2004.

31. 黄埔情缘［J］. ［出版地不详］：黄埔杂志社，2004，增刊.

32. 《左权传》编写组. 左权传［M］. 北京：当代中国出版社，2005.

33. 李良明，钟德涛. 恽代英年谱［M］. 武汉：华中师范大学出版社，2006.

34. 陈宇. 中国黄埔军校［M］. 北京：解放军出版社，2007.

35. 陈宇. 蒋介石在大陆的最后日子［M］. 北京：当代世界出版社，2009.

36. 陈予欢. 雄关漫道：黄埔军校第四期生研究［M］. 广州：中山大学出版社，2009.

37. 谢继民. 我的父亲谢晋元将军：八百壮士浴血奋战记［M］. 北京：团结出版社，2010.

38. 刘育钢. 黄埔一期的红色传奇［M］. 北京：团结出版社，2011.

39. 卢璐，谢中，蒋美成. 黄埔第一杰蒋先云［M］. 长沙：湖南人民出版社，2012.

40. 陈予欢. 军中骄子：黄埔一期纵横论［M］. 台北：秀威资讯

科技股份有限公司，2012.

41. 刘育钢. 黄埔骁将：国民党抗战殉难黄埔将领［M］. 北京：
团结出版社，2013.

42. 陈予欢. 叱咤风云：黄埔二期驰骋记［M］. 台北：秀威资讯
科技股份有限公司，2013.

43. 陈宇著. 暮色黄埔［M］. 北京：解放军出版社，2013.

44. 广东革命历史博物馆，云南省保山市博物馆，云南腾冲国殇
墓园管理所. 中国远征军中的黄埔军人［M］. 北京：社会科学文化出
版社，2014.

45. 陈宇. 黄埔军校年谱长编［M］. 北京：华文出版社，2014.

46. 黄埔军校史料汇编［J］. ［出版地不详］：黄埔杂志社，2014，
增刊.

47. 抗战中的黄埔师生［J］. ［出版地不详］：黄埔杂志社，2015，
增刊.

48. 陈宇. 黄埔纪事［M］. 沈阳：辽宁人民出版社，2017.

49. 黄埔同学会.《黄埔》杂志［J］. 北京：［出版者不详］，1988—
2021.